JEAN-LOUIS GAGNON

Éditeurs:
LES ÉDITIONS LA PRESSE (1986)

Conception graphique:
JEAN PROVENCHER

Photographie de la couverture:
R. PICARD

Tous droits réservés:
LES ÉDITIONS LA PRESSE, LTÉE
© Copyright, Ottawa, 1988

(Les Éditions La Presse [1986] sont une division de
Les Éditions La Presse, Ltée, 44, rue Saint-Antoine ouest,
Montréal H2Y 1J5)

Dépôt légal:
BIBLIOTHÈQUE NATIONALE DU QUÉBEC
1er trimestre 1988

ISBN 2-89043-231-9

1 2 3 4 5 6   93 92 91 90 89 88

JEAN-LOUIS GAGNON

LES APOSTASIES

——— TOME II ———
Les dangers de la vertu

la presse

DU MÊME AUTEUR

Vent du large, grand reportage, Montréal, Éditions Parizeau, 1944.

La Fin des haricots, nouvelles, Montréal, Écrits du Canada français, 1955.

La Mort d'un nègre, nouvelle, Montréal, Éditions du Jour, 1961.

Un siècle de reportage / A Century of reporting, ouvrage publié en collaboration par le Cercle national des journalistes (National Press Club), 1967.

En collaboration : *Le Canada, images d'un grand pays,* Paris, Éditions Vilo, 1976.

Aux éditions La Presse:
Les Apostasies, tome I — Les Coqs de village
À paraître :
Les Apostasies, tome III — Les Palais de glace

LIVRE TROISIÈME

Le combat dans la nuit

Qu'est-ce que le nationalisme? C'est un patriotisme qui a perdu sa noblesse et qui est au patriotisme noble et raisonnable, ce que l'idée est à la conviction normale.

Albert SCHWEITZER,
Décadence et renaissance de la culture

AVANT-PROPOS

"Cheshire-Puss (said Alice)... Would you
tell me, please, which way I ought to go
from here?
"That depends a good deal on where you
want to go, said the cat.
"I don't much care where — said Alice.
"Then it doesn't matter which way you
go, said the cat.
"— so long as I get *somewhere*, Alice ad-
ded as an explanation.
"Oh, you're sure to do that, said the cat,
if you only walk long enough."

Lewis CARROLL

Les plaies et les bosses de l'humanité finissent toujours par
être les nôtres; mais aussi les plaisirs (quand on en fait des
produits d'exportation) et les recettes de bonheur que transmet l'air du temps. Pour se mettre à l'abri du malheur ou se
protéger de la subversion, les Pouvoirs, ecclésiaux ou politiques, ont posé des frontières. Mais rideaux de fer ou murs
d'argent, je n'en connais pas qui soient des cloisons étan-
ches: d'Amérique vient le tabac dont on dit aujourd'hui tant
de mal et, depuis l'Afrique, le sida * a pénétré l'Occident. La

---

* Acronyme du syndrome d'immunodéficience acquise; en anglais: *a.i.d.s.*

vie s'ordonne, par osmose, autour de traditions héritées et de coutumes acquises; jusqu'au jour où de nouveaux desseins et de nouvelles pratiques s'affirment, parallèlement d'abord, mais vite en opposition aux idées reçues. Tantôt du cru, le plus souvent venues d'ailleurs, ces autres façons de concevoir l'ordre des choses et de regarder l'avenir deviendront un ferment, malgré les interdits et les tabous. Comment isoler une idée, la mettre sous cloche pour l'empêcher de s'incarner dans une action qui s'appellera la Renaissance, la Réforme, la Révolution de 89?

Rares sont les êtres qui peuvent influencer «la conjoncture» ailleurs que chez eux. Et guère plus nombreux ceux qui, sur place, ont le pouvoir de changer la vie. Nous le comprenons mieux depuis que Pierre Trudeau nous a comparés à la souris qui partage la couche d'un éléphant. Nous importons beaucoup et singulièrement les idées: des petites débauches littéraires aux musiques atonales; des péchés graves de la sociologie à la magie nucléaire. Découvrir, créer, nous semble du temps perdu: à quoi bon quand «les alouettes nous tombent rôties dans le bec»? On le déplore. Mais peut-il en être autrement? Parler français et anglais n'est pas un avantage négligeable, même s'il s'ensuit que le Canada devienne un débouché naturel pour le *made in France*, le *made in Britain* et le *made in U.S.A.* Et qui voudrait arrêter sa quête du bien-être à la frontière américaine? Je doute que l'isolement, au bout du compte, nous rendrait plus sages et plus inventifs. De toute façon, les idées sont bonnes ou mauvaises, comme les langues d'Ésope, selon l'usage qu'on en fait. Qu'on les croie inspirées par Dieu ou Satan, il nous appartient de les domestiquer.

C'est en novembre 1935 que, pour la première fois, j'ai exercé mon droit de vote — contre Taschereau et le régime libéral. En août 1936, moins d'un an plus tard, je votais contre Duplessis et l'Union nationale. Dans l'entre-temps, Miguel de Unamuno * avait lancé un dernier cri contre les franquistes: «Le fascisme est la mort de l'intelligence!» Il y

---

* Professeur de philosophie, auteur du *Sentiment tragique de la vie*, Unamuno devait mourir au tout début de la guerre civile d'Espagne, en 1936, à l'âge de 72 ans.

a mille et une manières de faire sa vie. La mienne épouse de près les événements qui, depuis cinquante ans, nous ont révélé la nature fragile du Canada. Mais au moment d'en témoigner, de les raconter, force me fut de constater que s'ils vous déterminent, ils obéissent aussi à la volonté de ceux qui les provoquent et qui les font. Bonaparte, bien sûr, ne serait pas Napoléon sans la Révolution française; mais il serait mort Bonaparte même s'il n'eût été Napoléon. Quelle que soit sa conception de l'histoire, on ne saurait dissocier les événements de ceux qui en sont la chair et le sang. Qui se souvient aujourd'hui de la guerre des Gaules? Mais César reste César.

Quoiqu'il soit plus facile, dans cette perspective, d'humaniser son temps, la tâche devient plus risquée ou plus délicate quand on évoque ses contemporains au lieu de s'en tenir prudemment aux morts. Mais faut-il pour autant dépeupler ses chroniques? Je n'en vois pas la nécessité: les vivants auront toujours, sur les disparus, l'avantage de pouvoir protester ou de s'expliquer.

○ ○ ○

La plupart des Canadiens, âgés de 20 à 25 ans en septembre 1939, ont été marqués pour la vie par la Seconde Guerre mondiale. Le monde allait changer de base et beaucoup croyaient «aux lendemains qui chantent». De langue française ou anglaise, favorable ou hostile à la participation, personne ne pouvait échapper à cette secousse universelle. Et cependant certains l'ont tenté. Dans *La Crise de la conscription*, André Laurendeau explique en partie leurs mobiles. Mais il n'aborde pas la question essentielle: pourquoi tant de Canadiens français, jeunes et moins jeunes, ont-ils été incapables de comprendre la nature fondamentale de ce conflit armé qui a duré cinq ans? Pourquoi se sont-ils obstinés dans leur nationalisme quand nos querelles, linguistiques ou constitutionnelles, étaient sans rapport avec l'enjeu?

Pour beaucoup de Québécois, l'antiguerre allait de soi comme le séparatisme deviendra, trente ans plus tard, la chose à faire, mais aussi la «bonne option». Parmi ces alliés d'occasion, la plupart redoutaient surtout de se différencier, de se trouver en marge de leur milieu, quand c'est le nationalisme qui les coupait de la réalité historique. On songe au jeune conscrit qui, contre tous, est le seul à marcher du bon pas... Quelques-uns enfin, confondant patriotisme et nationalisme, y voyaient des concepts interchangeables, des mots synonymes *. Mauvaise connaissance du français? Il me paraît plus vrai d'attribuer cette confusion à un désordre de la pensée, soigneusement entretenu par un système d'éducation à sens unique. Le patriotisme est un sentiment comparable à la piété filiale, voisin de l'humanitarisme. Le nationalisme, au contraire, qu'il soit canadien ou québécois, est une difformité de l'esprit (au même titre que le jingoïsme anglais et le chauvinisme français) dont on a fait une doctrine politique pour justifier «l'égoïsme sacré des nations».

Pour la deuxième fois depuis ma naissance, c'était la guerre, la vraie. Moins d'un quart de siècle avait suffi pour que les enfants de 1914, fils de soldats, deviennent d'autres soldats. Je croyais comme beaucoup que la victoire était au bout des fusils de la coalition franco-anglaise, à la portée du cri: liberté! Mais en juin 1940, quand le fascisme en armes eût enterré la IIIe République après douze jours de combats, nous avons compris que les conscrits devaient se faire croisés, que l'affrontement des empires se transformait en conflagration idéologique et qu'à l'hécatombe succéderait l'holocauste. Seule la mobilisation de tout le continent nord-américain et un retour à l'alliance soviétique pouvaient sauver notre monde. Mais pour l'heure nous n'avions toujours qu'un allié: le temps.

La Seconde Guerre mondiale va connaître de fait une double fin: la reddition sans condition de l'Allemagne, le 8 mai 1945 peu après le suicide d'Hitler dans son bunker ** de Berlin, et celle du Japon impérial trois mois et deux bombes atomiques plus tard. Rédacteur en chef de L'Événement-Journal au moment où la Wehrmacht envahit la Pologne, je dirige le bureau de France-Presse à Washington lorsque le

---

* Voir le document A en appendice.
** Jusqu'à 1942, *bunker* signifiait en allemand une soute à charbon.

rideau tombe, comme un linceul, sur 30 ou 35 millions de civils et de combattants, hommes, femmes, ou enfants, pour la plupart morts sans sépulture. Mais la paix a aussi ses victimes. Comment oublier cette photo officielle où l'on voit Staline en compagnie de Clement Attlee, à la place de Churchill renvoyé à sa peinture, et de Truman, le successeur de Roosevelt qui s'est tué à la tâche? La décennie de 1939-1949 m'apparaît, en rétrospective, une suite de séquences dont chacune a pour sous-titre le nom d'un homme ou d'une ville. Nous étions à Québec en 1939 quand on mourait encore pour Dantzig; j'arrivais de Paris à mon retour à Montréal en mars 1949. Louis Saint-Laurent, devenu Premier Ministre du Canada en novembre 1948, venait de dissoudre les Chambres. Maurice Duplessis, deux élections derrière lui, était alors au faîte de ses espérances, — toutes lumières éteintes... Il nous faudra une autre décennie pour s'en sortir!

○ ○ ○

Moins d'un an après son arrivée au 10 Downing Street, en 1945, Clement Attlee, chef du Labour, pouvait se féliciter du retour de Léon Blum à Matignon — mais cette fois à la tête d'un gouvernement socialiste homogène. Le changement s'imposait: tant pour relever l'Europe de ses ruines que pour reconstituer, dans leur ensemble, ses sociétés déchirées. Au lendemain de la Première Guerre mondiale, les choses s'étaient passées différemment. Ce n'est qu'en 1924 que le couple France-Angleterre basculera à gauche — quand déjà le souvenir de la grève générale de 1919 s'estompe dans la mémoire des Canadiens avant de se fondre à jamais dans le folklore politique des Prairies...* Dans quelques provinces, on devancera, cette fois-ci, la réaction des Britanniques et des Français: en Ontario, la C.C.F. fait élire 34 députés dès 1943 et Thomas Douglas, porté au pouvoir en Saskatchewan

---

* À cette époque, la population canadienne atteignait à peine 8 500 000 âmes dont le quart environ habitait le Manitoba, la Saskatchewan et l'Alberta.

l'année suivante, forme le premier gouvernement social-démocrate en Amérique du Nord.

Hélas! le 30 août 1944, Maurice Duplessis reprend l'affiche!

La défaite du Bloc populaire (suivie de sa liquidation à l'élection fédérale de juin 1945) va permettre à l'Union nationale de récupérer le gros des forces nationalistes. Mais le duplessisme ne repose pas uniquement sur la prétendue «défense de l'autonomie provinciale». Car tous les gouvernements québécois ont été, depuis Mercier, plus ou moins autonomistes si l'on excepte ceux de Félix-Gabriel Marchand et d'Adélard Godbout. (De fait, s'en prendre à Ottawa deviendra vite la chose à faire dans toutes les provinces et peu résisteront à la tentation. Ce qui donne à croire que la répartition des impôts sera toujours une pomme de discorde au sein des fédérations.) La construction de l'État-U.N. requérait beaucoup plus que l'exploitation abusive du sentiment nationaliste. Il lui fallait, pour durer, une base électorale acquise parce que traditionnelle, même si elle s'était progressivement amenuisée. Certains voient Duplessis comme le fossoyeur du Parti conservateur quand, en réalité, il l'avait absorbé à la façon d'un avaleur de sabres: en l'escamotant par un tour de passe-passe. Fumisterie si l'on veut, la manoeuvre se révélera rentable. Les clercs ne pardonnaient pas encore à Marchand d'avoir institué un ministère de l'Instruction publique au tournant du siècle, même si celui-ci avait fait long feu. Et comment oublier le vote des femmes et l'école obligatoire imposés par Godbout à la Hiérarchie? Le Parti libéral sentait toujours le fagot... Et Duplessis saura le rappeler aux curés de village comme au Vatican quand viendra l'heure d'exiler Mgr Joseph Charbonneau, l'archevêque de Montréal, dans un couvent de Victoria.

Malgré quelques défections notoires dues à la guerre, le Parti conservateur restait d'autre part représentatif, au Québec, des grandes institutions et des grandes fortunes canadiennes-anglaises. Le plus fort tirage des quotidiens montréalais, *The Star*, venait, par exemple, d'en témoigner en s'opposant à l'expropriation de la Montreal Light Heat and Power votée par les *rouges*. Duplessis en avait du coup profité pour opérer un rapprochement tacite avec le colonel McConnell, propriétaire du journal et l'un des gouverneurs de l'Université McGill. De ce jour, les rapports entre les *tories* du Square Mile et les *bleus* de l'Union nationale resteront profitables aux uns et aux autres, quoique d'une nature étrangère à notre coutume depuis la Rébellion de 1837 qui vit la fin du *Family Compact* dans la province du Haut-Canada. D'où la théorie du «roi nègre» chère à Laurendeau.

À partir de la reconduction du gouvernement en 1948, personne ne mettra plus en doute l'efficacité de l'Union nationale sur le plan électoral. Pour Duplessis, les questions de politique étrangère offrent peu d'intérêt. Mais douze pays dont le Canada s'apprêtent à signer le traité de l'Atlantique Nord*. Il en retient que les événements eux-mêmes vont dramatiser l'anticommunisme de l'État-U.N., au besoin justifier ses procédés. Les Canadiens français, pas plus qu'aujourd'hui, ne font alors la queue devant la permanence du Parti communiste, si elle existe; mais la «loi du cadenas» vise moins à la suppression des marxistes-léninistes qu'à la destruction de tous les foyers d'opposition. C'est une évidence. De la Faculté des sciences sociales de l'Université Laval au Parti libéral, des syndicats catholiques aux témoins de Jéhovah**, du *Devoir* à Radio-Canada, partout Duplessis pourchassera, à compter de 1950, ceux que Robert Rumilly appellera «les gauchistes***». Mais curieusement cette chasse aux sorcières finira par rapprocher ceux que la conscription venait de séparer. Plus étrange encore: ce sera René Lévesque qui, dans les années 1960-1970, mettra fin à notre concorde, en remobilisant les nationalistes autour du monument élevé à Duplessis, par ses soins, sur la colline parlementaire de Québec!

* Les douze nations signataires, le 4 avril 1949, sont la Belgique, le Canada, le Danemark, les États-Unis, la France, la Grande-Bretagne, l'Islande, l'Italie, le Luxembourg, la Norvège, les Pays-Bas et le Portugal. Le traité fut étendu en 1952 à la Grèce et à la Turquie; en 1955 à l'Allemagne de l'Ouest, et en 1982 à l'Espagne. La France se retira de l'organisation militaire en 1966, tout en demeurant membre de l'Alliance de l'Atlantique Nord.

** *On F.R. Scott*, édité par Sandra Djwa et Robert St. J. Macdonald, McGill-Queen's University Press, 1983.

*** *L'Infiltration gauchiste au Canada français*, par Robert Rumilly, Montréal, 1956.

J'avais 23 ans à l'arrivée de Duplessis au pouvoir. J'en aurai 46, deux fois plus, quand Paul Sauvé, enfin Premier ministre, laissera tomber ce mot qui en dit long: désormais...

o o o

Enfant, ma vie se mesurait à l'aune des jours et des semaines: plus que cinq jours avant Noël et, six mois plus tard, les longues vacances d'été — dix semaines d'affilée qui éveillent en vous ce goût d'éternité dont ni les peines ni les échecs ne viendront à bout... Un jour cependant, et sans cesser pour autant d'aligner son emploi du temps sur la montre et le calendrier, l'évidence l'emporte sur le conventionnel: les heures et les jours n'ont pas tous la même durée. On découvre à tâtons que la relativité est une composante de l'événement, qu'elle découle de la nature des choses. La légende veut qu'Einstein ait répondu à quelque jeune homme qui lui avouait ne rien comprendre à sa théorie: «Le temps, voyez-vous, se mesure différemment selon qu'on est assis sur un sofa profond ou sur un poêle brûlant...»

Le tome II des *Apostasies* s'arrête à une date précise: le 21 juin 1962. Forcée de prendre congé de ses lecteurs, l'équipe du *Nouveau Journal* allait, ce jour-là, se disperser. Pour seul bagage, car c'était la faillite, chacun de nous emportait avec lui la certitude d'avoir contribué à l'avancement du journalisme canadien. La réforme, mise en chantier dans le vieil immeuble de *La Presse*, remontait, à vrai dire, à l'automne de 1958. Dans cette perspective, la seule qui compte, ce fut une entreprise et non une aventure comme certains l'ont dit. Je l'ai d'ailleurs constaté au moment de rassembler mes souvenirs. Certes, il y a douze mois dans l'année; mais la vie, la vraie, ne se découpe pas en tranches d'une épaisseur égale parce qu'elles doivent correspondre au gabarit d'un grille-pain. *La Presse* et *Le Nouveau Journal* constituent, à ce point de vue, un même chapitre de ma vie professionnelle — et le plus important. Car ils m'auront permis d'exercer de nouveau, mais dans des conditions exceptionnelles, le seul métier que je connaisse bien. La pratique du journalisme vous oblige, quand on se respecte, à développer, dans la liberté, une éthique qui ne peut souffrir d'accrocs. Les grands quotidiens existent pour informer. Tout le reste est divertissement. Pour le lecteur, l'objectivité est la règle du jeu. Si on vous fait l'honneur de vous lire, c'est qu'on vous croit et qu'on vous fait confiance. Ce qui veut dire qu'il existe une sorte d'engagement de la part du journal envers ses clients. Les tromper, qu'on le veuille ou non, équivaut à leurrer un aveugle, à s'en moquer.

○ ○ ○

Dès l'avant-propos des *Coqs de village*, j'entendais rendre à César ce qui appartient à César. Je rappelais, comme le bon usage le veut, que le Conseil des recherches en sciences sociales avait accepté d'arrondir la somme d'argent, recueillie par mon ami Roy Faibish, pour mettre mes dossiers à jour et compléter ma documentation. Ce paragraphe allait malheureusement sauter en cours de route sans que personne ne pût l'expliquer. C'est donc avec deux ans de retard qu'il m'est enfin possible de remercier le président André Fortier et ses collègues du Conseil de l'aide qu'ils m'ont donnée. Il convient d'ajouter que, par la suite, une subvention du Conseil des arts devait me permettre de consacrer tout mon temps à la rédaction des *Dangers de la vertu*. À ce sujet, je tiens aussi à noter que je dois beaucoup à Hélène, ma femme, comme à Lucien Parizeau et à Antoine DesRoches, pour en avoir révisé le manuscrit.

(Un dernier point. J'utilise dans *Les Dangers de la vertu*, comme dans *Les Coqs de village*, deux graphies différentes pour bien distinguer les Québecquois, nés *à* Québec, des Québécois, nés *au* Québec. Le sens commun et l'histoire le demandent.)

Je croyais au début que deux tomes suffiraient largement pour réunir les souvenirs de ma vie professionnelle. Il en faudra un troisième. En septembre 1963, j'ai quitté pour les affaires publiques ce que j'appelle mon milieu naturel: le journalisme et la politique. Mais ce qui m'apparaissait à l'époque un changement temporaire deviendra une autre carrière, et combien différente! La Commission royale d'enquête sur le bilinguisme et le biculturalisme, Information-Canada, l'Unesco et le Conseil de la radiodiffusion et des télécommunications canadiennes finiront par occuper vingt ans de mon âge... Et quand je quitterai la Fonction publique en 1983, ce sera pour me mettre à mon dernier reportage: *Les Apostasies.*

CHAPITRE XI

Au lendemain d'une élection générale durant laquelle vainqueurs et vaincus se sont montrés impitoyables, la nature demande qu'un armistice, par consentement tacite, permette à chacun de refaire ses forces. D'habitude, ces vacances se prolongent rarement plus d'un mois. Mais pour le gouvernement d'Adélard Godbout, porté au pouvoir le 25 octobre 1939 et en selle depuis le 9 novembre, l'accalmie ne prendra fin qu'au printemps. L'état de grâce, ce qu'on appelle la lune de miel en Amérique, durera jusqu'à l'entrée d'Hitler dans Paris. En plus d'affronter l'Union nationale, le Parti libéral avait eu à faire face aux factions déchaînées de l'antiguerre. Leur commune défaite, en les réduisant au silence, laissait aux libéraux, qui surent en profiter, la chance d'occuper aussitôt le terrain évacué sans risquer le moindre combat d'arrière-garde. Les libéraux bénéficiaient en outre d'une conjoncture favorable. Les retombées économiques d'un conflit, pour l'instant limité à l'Europe, n'étaient pas négligeables ; la participation canadienne demeurait en quelque sorte théorique, une simple question de principe, puisqu'on ne se battait toujours pas.

    La drôle de guerre, pour la plupart des gens, devient vite un temps faste qui met fin à la crise de l'économie occidentale après dix années interminables. La neutralité des États-Unis se révèle profitable : leur équipement industriel est à couvert et les commandes franco-anglaises viennent rapidement à bout des derniers chômeurs. Allié à part entière, le Canada est aussi pays d'Amérique, donc hors d'atteinte. Mais sans grands moyens de production, il fait, par comparaison, figure de nation sous-développée. Pour être lent, le démarrage semble quand même prometteur, car Londres et Washington nous reconnaissent dans les faits le statut de sous-traitant privilégié. Il faudra attendre, hélas ! le printemps de 1940, quand seuls les *Canucks* et les *Anzacs* * resteront à bord du porte-avions nommé *U.K.*, pour que la Grande-Bretagne, l'épée dans les reins, cède ses épures, ses bleus, et accepte enfin que les usines canadiennes reconverties concourent au salut de l'Empire ! L'industrialisation de l'Ontario et du Québec progressera par la suite à un rythme accéléré. À la fin des hostilités, le Canada se retrouvera au quatrième rang des puissances commerciales et deviendra un premier violon dans le concert des Nations Unies.

○ ○ ○

Le 20 février 1940, moins de deux mois après l'installation de Sir Eugène Fiset, le nouveau lieutenant-gouverneur, toutes les huiles de la Grande Allée et de la banlieue québecquoise assistent, dans leurs plus beaux atours, à la rentrée parlementaire. L'Hôtel du gouvernement vient enfin de retrouver ses propriétaires légitimes : les notables ! On sent cependant que l'assise du pouvoir, qui se confond avec l'*establishment* libéral, s'est déplacée de 300 kilomètres environ en amont de Québec. Le Premier ministre et le Numéro Deux sont de la région métropolitaine. Mais aussi Mathewson aux Finances, Groulx à la Santé et Girouard à la Justice, qui viennent de Montréal. Enfin les entrepreneurs de sang rouge, les gérants du parti, appartiennent pour la plupart à la nouvelle classe des bailleurs et des fondés de pouvoir qui

---

* Noms sous lesquels on désignait, en Grande-Bretagne, d'une part les soldats des forces expéditionnaires canadiennes et, d'autre part, les troupes australiennes et néo-zélandaises, en service outre-mer.

déjeunent tous les jours au Reform Club de Montréal, qu'on appelle le Club de Réforme pour ne pas avoir à mettre l'article *la* devant le mot Réforme de crainte que les *castors* n'y voient aussitôt un cercle de parpaillots acquis, dans le secret, à la réforme protestante! Le changement aurait été perçu comme un moindre mal si le déplacement de l'appareil n'avait du coup confirmé que Montréal était bel et bien «la vache à lait» de la province. Cette ville redoutée constitue en outre, avec Toronto et Ottawa, le triangle d'or de la finance canadienne, le centre où toutes les décisions importantes se prennent. La campagne électorale en témoignait : c'est depuis Montréal, là où se trouvait la clientèle de Lionel Groulx et d'André Laurendeau, que les nationalistes allaient organiser la résistance à l'effort de guerre. Siège du gouvernement, Québec était une capitale provinciale dans tous les sens du mot. L'enseignement de l'histoire à Laval restait marqué par l'oeuvre de Sir Thomas Chapais, la fonction publique demeurait une chasse gardée et, dans les beaux quartiers, on accueillait encore, avec une réserve certaine, les Montréalais de passage. Mais ceux-ci passaient de moins en moins vite. À croire qu'ils se sentaient de plus en plus chez eux... Ici comme ailleurs, on applaudissait du bout des doigts les va-t'en guerre; mais il y avait si peu de Québecquois que ça ne faisait guère de bruit. Il fallait en prendre son parti : les contrats de la Défense nationale iraient, comme par magie, aux usines et aux fabriques de la région métropolitaine. À cause de l'équipement, bien sûr; mais aussi pour faire échec à la propagande des anti.

Adélard Godbout ne se pardonnait pas sa défaite de 1936, dans L'Islet, aux mains d'un notaire de village*, au demeurant brave homme, qui n'avait sûrement pas inventé le fil à couper le beurre. Conscient de sa petite taille, Godbout portait la tête haute; mais moins pour se grandir que pour s'affirmer. Ce qui lui donnait l'allure d'un coq de combat poids plume quand, dans un mouvement d'éloquence, il se faisait accusateur public. Même par comparaison, ni T.D.

---

* Joseph Bilodeau, ministre des Affaires municipales, de l'Industrie et du Commerce.

Bouchard ni Maurice Duplessis ne tenaient de l'armoire à glace. Dans cet univers d'assis qu'est tout Parlement, ils avaient pris du ventre. Mais leur hauteur n'était pas entrée pour autant dans leur largeur comme on le dit dans *Les Mille et Une Nuits*. Leur embonpoint semblait au contraire les avoir allongés. Le phénomène émanait peut-être de leur assurance. Depuis des lustres, tous les Premiers ministres du Québec, comme le plus souvent les chefs de l'Opposition, se recrutaient parmi les avocats ou, à défaut, chez les hommes d'argent parvenus depuis peu. Duplessis appartenait, pour sa part, à une vieille famille de robe et Bouchard, de son côté, avait du foin dans ses bottes. Le Trifluvien faisait un peu *macho*; le Maskoutain, riche et suralimenté. S'ils occupaient toute la place, c'est que les deux se croyaient nés pour commander.

Adélard Godbout n'aimait pas Duplessis ou plutôt l'homme en lui: un affreux de naissance, exécrable dinosaure échappé au déluge. Sans aller jusqu'à mettre des gants blancs, il s'imposait cependant de le traiter en chef de la loyale Opposition, c'est-à-dire avec une certaine déférence non dépourvue toutefois d'un mépris certain. Avec T.D. Bouchard, ses relations sont autres. La loyauté du député-maire de Saint-Hyacinthe, bien qu'indiscutée, s'accompagne d'un ressentiment, toujours vivace, attribuable à «l'ancien régime» qui le redoutait pour ses idées. *Speaker* de la Chambre, donc réduit au silence jusqu'au moment où M. Taschereau se résigna en 1935 à lui confier in extremis le portefeuille des Affaires municipales, il s'était senti floué. Hier leader de l'Opposition, aujourd'hui Numéro Deux de l'appareil, fort de son expérience parlementaire et bon gestionnaire, il se veut en plus le grand argentier de la province et surtout la conscience du parti. Godbout était également ce qu'on appelle aujourd'hui «un libéral avancé». Mais muer Damien Bouchard en vice-premier ministre? Jamais! Bon catholique et sans faire profession d'anticléricalisme, Godbout allait droit son chemin, sans même se soucier des réactions du clergé. Certes il venait de loin, de très loin; n'avait-il pas pris la soutane pour se planquer lors de la Première Guerre mondiale? Initié de l'Ordre de Jacques-Cartier, il avait succombé à la tentation du nationalisme avant de dépouiller le vieil homme. Libéré de ses servitudes, le Premier ministre entend maintenant procéder aux réformes fondamentales, indifférent aux clameurs et aux frousses. Bouchard reconnaît volontiers qu'il n'existe entre eux aucun conflit «idéologique», comme il aime à dire. Car dans son esprit, le mot sous-entend que «les idées mènent le monde» — ce dont il s'est convaincu en bon autodidacte. Rien ne les sépare, sinon une évidente incompatibilité d'humeur. S'il y a du m'as-tu-vu chez Bouchard, l'ecclésiastique chez Godbout reste à fleur de peau. Leurs prises de bec n'échappent à personne. Duplessis s'en amuse, mais les fonctionnaires s'en scandalisent: «Ça ne se fait pas quand on est au pouvoir!» À la sortie d'une querelle, Bouchard, inébranlable dans sa mauvaise humeur, cherchera à se justifier en vous disant, les bras levés au ciel: «Qu'est-ce que vous voulez, ça sent la sacristie!» Et c'est une concession de sa part. Car je me rappelle qu'en 1936, après que M. Taschereau lui eut préféré Adélard Godbout, ce jour-là, «ça puait le sacristain».

○ ○ ○

Sir Eugène Fiset était un personnage inattendu: tout chez lui contredisait ce que la carte de visite annonçait. Reçu médecin en 1898, il mit sans retard le cap sur l'Europe puisqu'il en avait les moyens. Les jeunes morticoles[1] aujourd'hui vont aux États-Unis pour se spécialiser et se faire la main sur les macchabées oubliés dans les impasses. Mais à cette époque, on optait pour les hôpitaux de Londres ou de Paris selon qu'on parlait anglais ou français. Goût du voyage ou passion de l'étude? Quoi qu'il en fût, devant son refus de choisir une capitale de préférence à l'autre, son père, le docteur J.B.R. Fiset, sénateur de surcroît, consentit à ce que son fils visitât tour à tour le pays de Pasteur et celui de Lister.

Après l'Europe, ce fut l'Afrique, mais dans d'autres conditions. Enrôlé volontaire dans le corps expéditionnaire canadien au Transvaal, il est cité trois fois à l'ordre du jour et décoré du *Distinguished Service Order*. À la fin des hostilités, le colonel Eugène Fiset assume en 1903 la direction générale des Services médicaux du Canada, avant d'être nommé sous-ministre de la Milice et de la Défense trois ans plus tard. Peu de Canadiens français s'étaient illustrés dans cette guerre coloniale contre les Boers, et guère plus dans le mandarinat fédéral de ce temps-là. Mais ni la conquête impériale ni le service du roi n'avaient érodé chez lui l'homme du Bas-Saint-Laurent, haut en couleur au propre comme au figuré, qui allait être promu major général au début de la Première Guerre mondiale.

Des salles de garde et des casernes de sa jeunesse, Sir Eugène gardait l'habitude d'une langue verte dont il usait avec la même assurance en anglais qu'en français. On ne pouvait que s'en étonner au début, pour ensuite reconnaître que ce véritable argot donnait un singulier relief à ses propos. Car il semblait incapable de construire une seule phrase sans l'entrelarder de retentissants jurons, toujours empruntés à la liturgie et au royaume des cieux. Si grande était sa virtuosité étymologique qu'il en arrivait aisément à transformer en verbes actifs les noms propres et les substantifs les plus courants de la mythologie chrétienne : si, par exemple, le militaire en lui annonçait qu'on allait « leur crisser * une raclée », le fonctionnaire constatait avec horreur que le chauffeur de service « avait détabarnaqué ** » la limousine du ministère. La renommée du nouveau lieutenant-gouverneur était à ce point intégrée au folklore canadien-français, qu'au lieu d'informer la presse de la date précise de son intronisation, Ernest Lapointe avait annoncé que « le sacre de Sir Eugène » aurait lieu le 1er janvier ! Quand même soucieux de la tradition, le châtelain de Spencerwood ***, peu après son arrivée à Québec, se rendit au Palais cardinalice pour présenter ses respects au cardinal Villeneuve. Son naturel devait hélas ! l'emporter sur sa retenue au cours de l'entre-

---

* Pour c(h)ris(t)ser.
** Déformation du mot *tabernacle* dans le sens de démolir.
*** Depuis, le domaine de Spencerwood est devenu un parc public dit le parc Bois-de-Coulonge.

tien: «baptême, Éminence...» Sir Eugène s'était arrêté pile. Mais le cardinal avait eu l'esprit d'enchaîner aussitôt sur un ton amusé: «Nous l'attendions...» Et l'anecdote avait réjoui les Québecquois qui, eux aussi, s'y attendaient.

○ ○ ○

Sir Eugène avait de la présence et commandait votre attention. Mais il fallait d'autant plus prêter l'oreille à ses propos, souvent très drôles, qu'il n'était pas toujours aisé de bien l'entendre. Quoique rasé à l'anglaise, comme on disait au début du siècle, il donnait l'impression de parler à travers d'épaisses moustaches et même dans sa barbe. Lire à haute voix lui était pénible. Mais ce jour-là, si grande était sa conviction qu'il devait s'appliquer à prononcer chacune des syllabes de chaque mot contenu dans un Discours du trône qui n'en finissait plus, pour s'assurer que la tribune de la presse et les invités des galeries n'en perdraient rien. Et pour cause: le gouvernement annonce son intention arrêtée d'amender la loi électorale pour que les femmes, dans la province de Québec, aient enfin le droit de vote au même titre que les hommes!

Le représentant de Sa Majesté appartenait à la génération des *vieux rouges*. Il avait 22 ans quand Laurier devint Premier Ministre du Canada; 50 quand, major général retraité, ses états de service lui valurent d'être élu député du comté de Rimouski en 1924. Nommé lieutenant-gouverneur à 66 ans, résolu à collaborer de quelque façon que ce fût à l'effort de guerre du Québec, il jugeait scandaleux qu'on voulût utiliser le vote des femmes pour déstabiliser le gouvernement. Il savait que demain Duplessis, la *bonne presse** et tous les bulletins paroissiaux ne manqueraient pas d'invoquer les arguments d'autorité les plus rassis, comme s'ils étaient paroles d'évangile, pour s'opposer, une fois de plus, à une loi raisonnable en clamant que le gouvernement s'apprêtait à dynamiter les colonnes du temple. Sir Eugène savait aussi que la décision prise était irréversible et que l'événement deviendrait la question du jour. L'amendement sans

* Voir le tome I des *Apostasies*.

doute ne pouvait faire l'objet d'un débat avant que l'Assemblée en fût saisie. Mais connaissant les hommes, il prévoyait qu'adversaires et *supporters* allaient dès ce soir se ranger en ordre de bataille.

Le vote des femmes appartient à cette catégorie d'usages qui relèvent des droits de l'homme. Parce que ces droits vont de soi dans les sociétés libérales, aucune compétence particulière n'est requise de qui veut les exercer. Gagner sa vie par son travail (quelle qu'en soit la nature) et payer ses impôts suffisent à vous qualifier — et davantage quand on est taillable et corvéable comme le sont les mères de famille et celles qui pratiquent ce qu'on appelait hier des métiers d'homme. Les démocraties les plus avancées ne se sont cependant arrêtées à ce beau raisonnement qu'à le fin du XIXᵉ siècle — lorsque Amelia Bloomer leva l'étendard de la révolte. Ce n'est toutefois qu'en 1907 que les *bloomer girls* de la vieille et respectable Angleterre, mère des Parlements, descendirent dans la rue. En France, en dépit des efforts de Louise Weiss, de ses appels à la logique cartésienne, on ne donnera le droit d'élire ses représentants à l'autre moitié du peuple français qu'en 1945. Tous les pays catholiques boudent alors les *suffragettes*. La province de Québec se doit conséquemment de retarder d'une génération ou deux sur la réalité canadienne ; car sur le plan fédéral, les femmes votent depuis longtemps. Croyant bien faire, l'hon. Henri Miles avait saisi le Conseil législatif d'un projet d'amendement à la loi électorale dès 1922 ; mais l'Assemblée s'y était si fortement opposée qu'il ne fut même pas mis aux voix. C'est en vain qu'Idola Saint-Jean et Thérèse Casgrain tenteront, à tour de rôle, de renverser la vapeur. Pour la plupart des prédicateurs, des députés et des conseillers municipaux, seule compte la loi naturelle, d'ailleurs assimilée à la divine Providence, qui assigne aux femmes les soins du ménage, la garde des enfants et certains devoirs conjugaux. Discours qui deviendra le mot d'ordre d'Hitler aux Allemandes pour le prochain millénaire : *Kinder, Künder, Kirche* *.

Sous un titre révélateur qui en dit long sur la mentalité

---

* Enfants, cuisine, église.

de la société canadienne-française en ce temps-là: *Mères ou malades, les Québécoises de l'entre-deux-guerres vues par les médecins*, Mme Andrée Lévesque a fort bien résumé, dans *Revue d'histoire de l'Amérique française**, les débats qui ont opposé, de 1929 à 1940, partisans et adversaires du suffrage féminin à l'Assemblée législative. Inscrit au feuilleton de la Chambre à douze reprises, le projet de loi ne devait jamais dépasser ou franchir le stade de la deuxième lecture. Les libéraux favorables à l'amendement étaient minoritaires au temps de M. Taschereau, et celui-ci pouvait aussi compter sur l'appui global de l'Opposition pour venir à bout d'un *ginger group* d'ailleurs peu enclin à la dissidence.

D'abord simple député bleu sous Arthur Sauvé, puis leader de l'Opposition et enfin Premier ministre, Maurice Duplessis ne s'est jamais démenti: il est contre le vote des femmes. Chef de l'Union nationale, devenu le symbole de la réaction, pourquoi effectuer un virage de quatre-vingt-dix degrés pour plaire à Godbout, Bouchard et compagnie? Avec un gouvernement dominé par les gauchistes, l'amendement sera voté, de toute façon, en trois coups de cuillère à pot. Et après? Sans quand même croire que la femme fût la cause de tous les péchés, Duplessis ne se voit pas en train de discuter de la moralité d'une caisse électorale, constituée de prébendes, avec des *créatures*. La politique est un métier d'homme — et encore à la condition d'avoir la tripe électorale et la couenne épaisse. Si on lui avait dit que l'Union nationale pourrait tout aussi bien battre les *rouges* en remplaçant, au prochain scrutin, 50 p. 100 des «honnêtes travailleurs d'élection» par autant d'«honnêtes travailleuses» au nom de l'égalité des sexes devant la loi, il serait mort de rire, la gueule ouverte comme une baleine.

Le Chef ne songe pas cependant à diriger lui-même l'assaut contre le vote des femmes. Il a d'autres chats à fouetter. Ce n'est, après tout, qu'un combat d'arrière-garde dont le gouvernement va sortir vainqueur. Mieux vaut s'adresser nettement au corps électoral. Pourquoi pas, une fois de plus, Albini Paquette? Personne ne l'ignore: il aime se produire.

---

* Voir le document A en appendice.

Catholique pratiquant et médecin, il est taillé sur mesure puisqu'il s'agit précisément de démontrer que le suffrage féminin contredit et la volonté du Seigneur et la nature des choses. À l'oeuvre depuis 1936, on peut lui faire confiance : jamais un faux pas, pas une parole de trop qu'il dût ravaler par la suite, surtout un respect inébranlable de la loi naturelle et du serment d'Hippocrate. Son discours souffre peu de variations. Le sujet et les circonstances d'ailleurs s'y prêtent mal. On a tout dit quand on a rappelé que ce sont les femmes qui portent les enfants et que les douze apôtres étaient des hommes... Mais peut-être pourrait-il, cette fois, expliciter ce dernier propos et noter que le mot apôtre n'a même pas de féminin en français. En anglais, tout est neutre évidemment. Mais les protestants n'ayant rien à voir avec nos traditions catholiques et françaises, il valait mieux limiter le débat. Pourquoi au fait argumenter quand personne ne doute que le bien doit l'emporter sur le mal et le ciel sur l'enfer ? À cet effet, l'honnête docteur avait déjà mis au point, sous forme de synthèse, une péroraison qu'il jugeait sans réplique : « Qu'on laisse donc la femme là où Dieu l'a placée ! »

Personne ne doutait que la loi électorale serait amendée au cours des prochaines semaines. Beaucoup de libéraux cependant s'interrogeaient sur les conséquences éventuelles d'une mesure de progrès appelée à doubler ou presque le nombre des électeurs. Les plus avertis savaient fort bien que le suffrage féminin n'existait dans aucune société catholique. Pas plus en France, où la maçonnerie représentait, à droite comme à gauche, une force politique certaine, que dans les rares pays latins où les juntes émanaient de la paysannerie et de la masse ouvrière, comme au Mexique, les femmes ne participaient à la vie publique. Arthur Fontaine *, dont l'influence sur le Premier ministre était souvent déterminante, ne cachait pas ses craintes. « Si dans les pays où les hommes ne mettent jamais le pied dans une église, les femmes n'ont pas encore le droit de vote, il doit y avoir une raison », m'avait-il confié entre deux whiskies. Puis baissant la voix :

---

* Arthur Fontaine, président de l'Agence canadienne de publicité et de Canada Printing, était responsable de la propagande du Parti libéral.

«Je comprends pourquoi. On est contre, parce que les prêtres sont plus forts que les politiciens. Les femmes se confessent et, le jour venu, elles votent avec les curés... Dans les comtés, nos organisateurs se demandent ce qui va se passer à la prochaine élection. Moi aussi. Je suis pour l'amendement, mais j'ai peur que Duplessis soit en train de nous passer un *québec* *.»

À *L'Événement-Journal* nous donnions à fond pour le vote des femmes. *Le Canada*, organe officiel du Parti libéral, en faisait autant. Mais Godbout jugeait qu'étant le seul quotidien du matin de Québec, nous pouvions peut-être atteindre des milieux qui n'avaient pas encore pris parti. Nous menions aussi campagne pour un effort de guerre soutenu. Quand bien des libéraux estimaient préférable de ne pas appuyer trop ouvertement Mackenzie King, *L'Événement-Journal* dénonçait sans timidité Maurice Duplessis, les nationalistes et les curés de paroisse qui, tous les dimanches, tonnaient contre la participation. Que tant de jeunes Canadiens français fussent manipulés impunément par le clan des anti inquiétait d'autant plus le Premier ministre qu'il se sentait impuissant à contrer la propagande à tout crin du clergé enseignant. Et lorsque à l'occasion, il m'invitait à le rencontrer à ses bureaux du Parlement en fin d'après-midi, cette question dominait l'entretien. Mais ce jour-là, la conversation bifurqua presque aussitôt sur le vote des femmes. Arthur Fontaine lui avait fait part de ses appréhensions et il voulait savoir si je croyais aussi que «les libérées allaient voter contre leurs libérateurs». Je me rappelle lui avoir répondu que jamais mes collègues du journal et mes amis n'avaient évoqué, devant moi, cette éventualité.

«Mais j'avoue, monsieur le Premier ministre, que ça m'a fait réfléchir.

— C'est donc que vous croyez vous-même qu'il y a un risque?

— Je crois surtout qu'il doit être couru...

— On voit bien que vous n'avez jamais fait d'élec-

---

* Expression populaire signifiant qu'on s'apprête à vous faire lâcher la proie pour l'ombre.

tions... De toute façon, nous avons pris un engagement et nous allons le tenir. »

Le débat parlementaire s'ouvrit au début de mars. Aussitôt après le discours du Premier ministre, le Dr Paquette reprit sa longue harangue des années passées. Ce n'est qu'au moment de la troisième lecture que Duplessis se leva pour demander d'une voix blanche au chef du gouvernement s'il entendait s'obstiner dans son idée, malgré le désaveu évident de la plupart des clercs.

La réponse du Premier ministre, cinglante, fut livrée sur le ton du mépris : « Il y a encore des hommes dans cette province qui respectent la parole donnée. Je suis de ces hommes obstinés... »

Bien que toute manifestation fût rigoureusement interdite, debout dans les galeries, on applaudissait à tour de bras.

Mais moins de cinq ans plus tard, le 30 août 1944 précisément, Adélard Godbout était lui-même battu dans son comté et Maurice Duplessis reprenait en main l'exercice du pouvoir. Les femmes avaient exercé leur droit de vote...

○ ○ ○

Il y a une cinquantaine d'années, soit un an avant l'entrée en guerre du Canada et la chute de Maurice Duplessis, le P. Georges-Henri Lévesque, o.p., présidait à l'inauguration des cours de l'École des sciences sociales, économiques et politiques. Fondée à la demande expresse du cardinal Villeneuve, chancelier de l'Université Laval, l'École deviendra Faculté en 1943. Son doyen, le P. Lévesque, avait choisi de la loger, dans l'entre-temps, à l'enseigne de la Faculté de philosophie, alors qu'à Paris la sociologie relève de la Faculté des lettres et, dans la plupart des universités américaines, de la Faculté de droit. Peut-on croire que, par voie de conséquence, les Français fassent de la sociologie littéraire et qu'aux États-Unis, elle soit devenue le cousin pauvre de l'économique, science imperméable au militantisme des réformateurs au même titre que le droit ? J'ai longtemps cru que l'École se serait épargnée bien des ennuis si on avait préféré les lettres ou le droit au magistère de la philosophie. Mais la question cessa de se poser, devint en tout cas académique, dès que l'École se vit reconnaître le statut de Faculté. Dans une province cléricale, au sein d'une université dont la fondation * fut sanctifiée par l'émission d'une bulle papale à l'effigie de saint Pierre et de saint Paul, le 15 avril 1876, on tient naturellement la philosophie pour «la mère et la fille des sciences» — qu'il s'agisse de la médecine, du droit ou de l'*engineering*. Compte tenu du contexte, le P. Lévesque, quoique dominicain (ou peut-être parce que...) courait le risque qu'on l'accusât un jour d'empiéter sur l'enseignement du sacré par une interprétation tendancieuse de la doctrine sociale catholique. On doit toujours se rappeler que l'Église ne peut accepter, là où le nombre lui permet d'agir en majoritaire, qu'un système d'éducation et d'études supérieures soit résolument neutre — surtout quand elle traite avec un gouvernement à poigne qui n'hésite pas à utiliser ses subventions comme un moyen de chantage. Et ceux qui l'oublient doivent être prêts à monter au bûcher pour sorcellerie ou à boire la ciguë pour corruption des esprits!

Accueillie à bras ouverts par les autorités du séminaire et de l'université, applaudie par la bonne presse, l'École profita à ses débuts d'un large courant de sympathie. On vit même quelques membres du gouvernement provincial se joindre à ce concert d'éloges. La bourgeoisie éclairée, les affranchis et ceux qu'on appellera plus tard les gauchistes ne cachaient pas d'autre part leur satisfaction: un *risorgimento* allait enfin s'amorcer dans le domaine des sciences sociales où seuls faisaient carrière jusque-là les professionnels de l'anticommunisme. Né au Lac Saint-Jean, le P. Lévesque sortait du *cran*, c'est-à-dire qu'il appartenait vraiment à ce pays au sein du *Pays de Québec* où l'on s'exprime sans détour et le plus souvent avec éloquence. Heureusement, le sacerdoce rend prudent, et la vie en communauté vous apprend à travailler avec les moyens du bord, à s'en accommoder, quand on veut faire une oeuvre durable.

---

* L'Université Laval fut fondée en 1852 et, la même année, la reine Victoria lui octroya une charte royale. On se plaît à rattacher son origine à la fondation du Grand Séminaire de Québec en 1663 et à celle de l'École industrielle de Saint-Joachim en 1678.

Professeurs titulaires ou chargés de cours venaient d'horizons différents et les matières au programme offraient un intérêt inégal, du moins pour moi. Inscrit comme auditeur libre à compter du premier matin, rien ne m'obligeait à m'en tenir à la table d'hôte de l'École. Ce qu'on retire d'un enseignement magistral se mesure presque toujours à l'autorité intellectuelle du professeur, à sa présence, mais aussi à l'intérêt que l'on porte soi-même aux questions dont cet enseignement fait l'objet. Ce qui veut dire que les études à la carte peuvent valoir leur pesant d'or si votre choix est pertinent. Je me félicite encore d'avoir opté pour le P. Lévesque ou plutôt le Père (car pour nous il n'y en avait qu'un et c'était lui) pour Charles de Koninck, Belge émigré au Québec qui devait mourir à Rome, et pour le P. Eschmann, dominicain libéré récemment d'une geôle nazie. Quand l'un deux montait au podium, je n'ai jamais raté le rendez-vous. Quant aux autres, j'avoue que l'exercice de mon métier me fascinait plus que leurs leçons pourtant soignées. Quoi qu'il en fût, rien ne retenait plus mon attention que la longue période de questions qui faisait suite aux exposés. Je crois que jamais les étudiants de Laval n'avaient connu cette liberté dans la discussion, au point que les intervenants dépassaient souvent leur pensée. Car pour beaucoup, c'était la première fois que l'occasion s'offrait de parler enfin sans inhibition — à coeur ouvert. Pour ma part, j'en ai bien profité pour défendre la libre pensée et faire état du doute, cher à Montaigne, considéré comme le ferment des sociétés. Je ne trouvais pas toujours preneur. Mais si grand était le respect de la liberté que nul ne se scandalisait de mes propos, quitte à ce qu'un autre, à son tour, voulût proclamer sa vérité avec la même vigueur.

Des escarmouches plutôt que de véritables engagements auront marqué les toutes premières années de l'École. Dans le tome I de *Souvenance* [2], le P. Lévesque a relevé quelques-uns des accrochages qui précédèrent ces campagnes de dénigrement que l'avenir lui réservait. Antoine Rivard (dont Duplessis fit un ministre) fut le premier à dégainer. Chargé de cours à la Faculté de droit, il acceptait mal qu'on voulût former des sociologues quand, disait-il, les avocats suffisaient au besoin du Québec. Le notaire Marcel Faribault, au temps où il était secrétaire général de l'Université de Montréal, partageait aussi ce point de vue. D'où sa réponse aux partisans d'une Faculté des sciences sociales venus le rencontrer à ses bureaux : « Des sociologues, pour quoi faire ? Tout est dans le code civil... » Profitant d'une conférence de presse, Me Rivard avait jugé nécessaire d'aller au fond des choses : « Dans un pays où la spéculation toute pure de l'esprit ne fait pas vivre ceux qui s'y livrent uniquement, la Faculté de droit a cru devoir préparer, il est vrai, à la vie professionnelle. Elle a pensé qu'avant de jeter dans le monde des sociologues qui ont sur les lèvres et dans la tête des formules de la juste répartition des richesses et qui crèvent eux-mêmes de faim, elle tâcherait de donner à la société des hommes de loi qui pourraient subvenir à leurs besoins et à ceux de leur famille. » Ce n'était qu'un début qui devait le conduire, au cours de la campagne électorale de l'automne 1939, à cette explication sociologique de notre histoire : « Nous Canadiens français, nous sommes issus d'une longue tradition d'ignorance et de pauvreté, tradition que nous nous devons de conserver *. »

Ne rendons pas le diable plus noir qu'il ne l'est. Comment critiquer Antoine Rivard quand il fait état de notre « longue tradition d'ignorance et de pauvreté » — même si cette affirmation contredit ses prétentions antérieures sur la mission bénéfique des « hommes de loi » par opposition aux « sociologues » ? Que nous nous devions de la *conserver* est une autre histoire. C'est l'idée d'en changer qui le fait se dresser sur ses ergots : « Au pays de Québec, rien ne doit changer, rien ne doit mourir », comme il est dit dans *Maria Chapdelaine*... Que les respectueux de l'ordre établi puissent, dès cet instant, s'inquiéter, prouve à quel point le moindre accroc à la tradition leur semble contre nature. Et pourtant, le corps professoral de l'École, dans sa composition initiale,

---

* Antoine Rivard ne devait pas en rester là. Le 20 janvier 1942, conférencier invité du Kiwanis-Saint-Laurent de Montréal, l'ex-Solliciteur général de Maurice Duplessis, sans doute pour préciser sa pensée, décida de revenir à la charge : « L'instruction ? Pas trop ! Nos ancêtres nous ont légué un héritage de pauvreté et d'ignorance, et ce serait une trahison que d'instruire les nôtres. »

baignait dans une orthodoxie figée «basé(e) sur les principes de la philosophie thomiste et de la doctrine chrétienne». Mais leurs soupçons tenaient surtout à leur conviction profonde que les choses n'en resteraient pas là. Renoncer à cette «longue tradition d'ignorance et de pauvreté», c'est-à-dire vouloir changer la vie, mettait l'avenir en péril. Antoine Rivard, le premier à le comprendre, devait s'assurer du coup la reconnaissance du Grand Génie, des petits génies et des sans-génie de l'Union nationale, comme aurait dit le père de mon ami Paul Boudreau, mon collègue du *Nouveau Journal*.

Combien prévoyaient, en 1938-1939, que l'École traverserait plus tard une crise de croissance, bien que peu d'institutions y échappent? Provoquée par la transformation des rapports traditionnels entre l'autorité universitaire et le corps professoral, il aurait suffi sans doute de prêter plus d'attention aux changements apportés par la guerre à la corrélation des forces pour en faire l'économie. Mais j'incline à croire que, même si on avait su recenser les causes de cette évolution, le comportement des gens en place n'aurait pas été différent puisqu'ils répugnaient à changer l'ordre établi.

Tout a commencé, pourrait-on dire, en 1941 lorsque le Père trouva le moyen d'envoyer quatre étudiants aux États-Unis et un cinquième à Toronto, choisis parmis les trente premiers diplômés de l'École: «C'est ainsi que Jean-Charles Falardeau partit étudier la sociologie à Chicago avec Redfield et Hughes; Maurice Lamontagne, l'économique à Harvard avec Sorokin et Parsons; Albert Faucher, à l'Université de Toronto sous la direction d'Innis et de Bladen; Roger Marier, le service social à l'Université catholique de Washington*.»

Encore que la guerre, entre autres impératifs, justifiât cette décision, l'auteur de *Souvenances* rappelle qu'elle en fit

---

* Le P. Lévesque note que dans le cas d'Eugène Bussière, son projet d'études spéciales à l'étranger fut reporté: «Ce qui ne l'empêchait pas, entre-temps, de consacrer ses vacances à des visites et à des stages de perfectionnement au Canada anglais et aux États-Unis.»

sursauter plusieurs — sans aucun doute parce que la plupart de ces universités étaient neutres et toutes de langue anglaise:

> Si l'on nous a souvent reproché l'américanisation de notre Faculté par cette première vague de professeurs *made in USA*! Pouvions-nous faire autrement? Au demeurant n'était-ce pas aux États-Unis que la sociologie et l'économie avaient le plus progressé? Et n'était-il pas plus important d'étudier ces sciences là où elles florissaient que de se laisser attirer ailleurs par d'autres considérations moins pertinentes.(...) Dans les années 30, quand je fus envoyé à Lille, nous ne savions à peu près rien du bouillonnement des milieux universitaires américains et des centres culturels canadiens-anglais, même ceux du Québec. (...) Or la guerre a modifié considérablement notre vision de la réalité. Entre autres effets positifs, elle nous a fait découvrir l'excellence de nombreuses institutions universitaires des États-Unis et du Canada anglais.

D'où viennent ces diplômés de 1941 et pourquoi se sont-ils inscrits en sciences sociales à l'automne de 1938? La réponse du Dr Albert Faucher, ancien doyen du Département d'économique et professeur émérite de la Faculté, tient plus du diagnostic que du simple constat: «La motivation commune? N'était-ce point le besoin de mettre en question une société qu'une dépression socio-économique plongeait dans le désarroi? (...) En l'absence d'un régime de sécurité sociale, il fallait s'en remettre à la miséricorde des institutions privées. Hélas! c'était de justice qu'on manquait *.»

L'analyse du Dr Faucher est capitale si l'on veut s'expliquer, comprendre les causes profondes de l'affrontement entre fondateurs et futurs diplômés. Tous veulent cette École, mais leurs motifs diffèrent. Ce que l'auteur appelle «les deux types d'intention», peu perceptibles au moment de la fondation, se préciseront au fil des années. D'une part, *l'intention* de l'autorité, qui y voit la raison d'être de l'École, est de former des spécialistes de la doctrine sociale de l'Église; d'autre part, *l'intention* des étudiants, qui deviendront pro-

---

* Allocution prononcée à la collation des grades du Département d'économique, Université Laval, le 10 septembre 1983; publiée dans la série des *Cahiers de recherche*.

fesseurs dès 1944, est de changer la vie en utilisant pour y parvenir tout l'éventaire des sciences sociales. Et le Dr Faucher précise :

> Écoutez la voix de l'autorité qui anticipe les résultats : «Ces cours feront de ceux qui les suivront de vrais sociologues chrétiens. (Ils diffuseront) *la doctrine sociale de l'Église* — selon l'enseignement des récentes et immortelles encycliques.» Naturellement, le premier annuaire de l'École se fait l'écho de ces directives du cardinal Villeneuve : «L'École a pour but de donner un enseignement social *supérieur* basé sur les principes de la philosophie thomiste et de la doctrine chrétienne... L'École répond aussi aux désirs pressants des Souverains Pontifes qui demandent aux universités de tous les pays de former des *maîtres*, des *apôtres* et des *chefs*, sans lesquels il sera toujours vain d'espérer un ordre social chrétien.
> Voilà un type d'intention caractéristique et historiquement vrai. Dans une société récemment et très rapidement laïcisée, ces paroles semblent venir de loin et tomber de haut ; elles paraissent normales dans leur contexte.
> Plaçons-nous maintenant de l'autre côté, celui des diplômés devenus eux-mêmes professeurs ou dirigeants d'action sociale. Ces produits de l'École répondent-ils à l'expectative ? Il faudra de la longueur historique pour voir qu'ils y ont répondu d'une façon originale ! Dans l'immédiat, et plus particulièrement durant le blocus politique des années 50, on est déçu, en haut lieu. Recueillons au hasard une remarque de tonalité extrémiste qui reflète bien la mentalité du Pouvoir : «Tout le monde sait dans quel esprit le Père Georges-Henri Lévesque, Dominicain, a organisé la Faculté des Sciences sociales à l'Université Laval. Il en a fait un foyer de gauchisme.»

Incroyable, mais vrai : on se retrouve subitement à bord de la *Time Machine* de Wells au tout début du XXe siècle. À peine enterré, Mgr Bruchési (1855-1939), archevêque de Montréal, sort du tombeau pour reprendre les propos qu'il tenait jadis aux médecins canadiens-français dont la foi s'était amenuisée durant leur internat parisien : «Il vaut mieux être moins savant et meilleur catholique que plus savant et mauvais catholique.» Comme aux jours les plus sombres de notre histoire politico-religieuse, cette mentalité rétrograde est caractéristique du Canada français à la veille de la Seconde Guerre mondiale. Rien ou presque n'a bougé :

Gérard Filion continue de présider, à la façon d'un évêque, l'Union *catholique* des cultivateurs, Gérard Picard s'apprête à recueillir, des mains d'un Alfred Charpentier fatigué, la présidence de la Confédération des travailleurs *catholiques* du Canada et, pour répondre aux besoins du marché mont-réalais, on vient tout juste de fonder la Corporation des mar-chands de charbon *catholiques*! C'est à rendre fou celui qui croit encore qu'il faut rendre à César ce qui appartient à César.

On peut imaginer comment les bonnes âmes, dans ces conditions, accueillirent le discours du P. Lévesque sur la nécessité de «déconfessionnaliser» le mouvement coopéra-tif. La neutralité des organismes économiques et socio-pro-fessionnels répugnait en effet tout autant que la neutralité scolaire. On devine la suite: parce que le Père voulait laïciser ces institutions et qu'il le disait, on ira jusqu'à le traduire devant un tribunal ecclésiastique de la Curie romaine — qui refusa heureusement de le condamner. En d'autres termes, il s'était bien trouvé un jésuite montréalais pour le conduire au bûcher, mais personne au Vatican pour craquer l'allumette...

o o o

L'abcès ne devait aboutir qu'au retour des diplômés *améri-cains* en 1944 qui coïncida, mais sans plus, avec la résurrec-tion de l'Union nationale. Dans l'entre-temps, l'institution n'avait pas échappé aux démêlés que la guerre provoquait au sein de l'opinion québecquoise, quoique à un degré moindre qu'à Montréal. Le beau fixe n'était pas de saison et le P. Lévesque eut à lutter contre vents et marées. Si *L'Action catholique* voyait maintenant dans l'École un foyer de gaul-lisme, la Gendarmerie royale s'inquiétait pour sa part du comportement d'Ignatius Eschmann. Gaullistes de la pre-mière heure, nous nous félicitions, ma femme et moi, de l'amitié que nous portait ce dominicain de nationalité alle-mande qui avait choisi la liberté.

Dès notre première rencontre, j'ai compris pourquoi le Moyen Âge ne reconnaissait que trois états nobles: les ar-mes, l'agriculture et le sacerdoce. Parce qu'on l'obligeait à porter la robe blanche de son ordre, quand il aurait voulu s'en tenir au col romain, Ignatius Eschmann faisait très moine médiéval. Mais il y avait un homme d'armes derrière le dominicain et un agriculteur derrière le chevalier teuton. Allemand des pieds à la tête, cette tête était à la fois celle d'un soldat, d'un clerc et d'un terrien. Grand et sûr de lui, blond et sanguin, le regard long et le front assez bas mais prolongé par une calvitie commençante, tel m'apparut Ignatius Eschmann quand je lui fus présenté le soir de sa première conférence publique.

J'appris à le connaître assez bien durant les mois suivants, au fur et à mesure qu'il donnait libre cours à ses sentiments comme à son franc-parler. Le P. Eschmann était un universitaire, un professeur de carrière, au temps où Laval en comptait peu. Louis Saint-Laurent, par exemple, enseignait l'histoire du droit le matin avant de se rendre à son bureau d'avocat, situé rue Sainte-Anne dans l'immeuble Price, à quelques minutes de marche de l'université. Il en allait de même pour le Dr André Simard qui avait hérité de son père le cours de chirurgie, son cabinet de consultation et sa résidence de la rue d'Auteuil. À Québec comme à Montréal, on ne trouvait de professeurs de carrière qu'à la Faculté de philosophie ou de théologie. Autre découverte qui l'avait fort étonné : peu de Québecquois parlaient correctement leur langue maternelle ou la langue seconde, que ce fût l'anglais ou le français. Également à l'aise en anglais, en français ou en italien, il s'expliquait mal cette ignorance et il en cherchait la cause. Enfin, si notre mentalité cléricale lui semblait le comble du ridicule au XXe siècle, il jugeait encore plus sévèrement le puritanisme d'un clergé jaloux de ses prérogatives, mais incapable de distinguer entre le formalisme religieux et la véritable spiritualité.

Ignatius Eschmann s'exaspérait facilement. Habitué à se faire écouter des clercs auxquels il dispensait son enseignement, il souffrait mal la contradiction marquée au coin de l'ignorance ou de la sottise. Sans pitié pour les médiocres et la vanité des petits-bourgeois, l'imposture chez les forts lui répugnait avant tout. Sûr de lui comme beaucoup d'intellectuels qui jouissent d'un grand prestige, arrogant à l'instar des officiers prussiens dont il avait la prestance hautaine, il para-dait son mépris de la canaille nazie. Aussi quand il écopa, pour propos séditieux, de quelques mois de geôle hitlérienne et de résidence surveillée dans son couvent dominicain, per-sonne n'en fut surpris. Mais il dut en payer le prix et, du coup, l'irascibilité l'emporta. Comme Eschmann souffrait de tension et d'insomnie, le prieur compatissant l'autorisait, avant son internement, à monter une motocyclette et à faire du cent à l'heure dans la nuit berlinoise. Cette relaxation lui était maintenant interdite comme d'autres accommode-ments avec la règle, devenus aussi *verboten*. Dans ces condi-tions, l'invitation du P. Lévesque lui sembla un cadeau tom-bé du ciel. Du moins jusqu'au jour où, se croyant en Améri-que, il découvrit que les horloges de Québec n'étaient pas à l'heure de New York et qu'elles retardaient même sur celles de notre mère l'Europe : «Faire de la moto dans la Grande Allée ? Mais vous voulez rire ! Vous vous voyez en robe blan-che, toutes voiles dehors ? car le palais cardinalice n'autorise le col romain qu'en certaines occasions. Mais vous seriez aussitôt la cible des honnêtes gens ! Allons pas d'histoires...»

Dans ses Mémoires, le P. Lévesque note avec à-propos que, dans l'intimité, le comportement du P. Eschmann, ori-ginaire de Cologne, avait «le charme et la délicatesse des beaux esprits rhénans» et rappelle qu'«il savait... toucher l'orgue et taquiner les cordes du violon». De son départ im-posé de Québec pour Toronto, le P. Lévesque donne cette explication :

Une fois la guerre déclarée, les attitudes du père changèrent petit à petit, surtout à mesure que Hitler multipliait ses victoi-res en Europe, comme si, chez Eschmann, l'antinazisme le cé-dait progressivement à la fierté allemande. Il devint quelque peu arrogant et surtout imprudent ; assez, à la fin, pour agacer la Gendarmerie royale. Pourquoi donc, malgré nos remarques, tenait-il à ses marches de santé sur les plaines d'Abraham au-tour d'un camp de prisonniers allemands ? Pourquoi aussi, lorsque dans la Grande Allée il voyait défiler gauchement nos jeunes recrues militaires, s'arrêtait-il pour les ridiculiser ouver-tement au vu et au su des passants ? Rien de bien grave, certes, dans ces fariboles et je crois que, somme toute, la conduite du père restait foncièrement correcte. Cependant, la Gendarmerie royale était alors très soupçonneuse. Elle redoutait les espions, surtout dans les milieux canadiens-français.

C'est ainsi qu'un jour elle exigea des autorités le transfert du P. Eschmann en Ontario. Il se rendra d'abord à notre couvent d'Ottawa où, pensait-on, il sera moins dangereux et plus facilement surveillé. De là, il fut ensuite appelé à enseigner à l'Institut médiéval de l'université de Toronto, où il mourut en 1968. Nous ne l'avons jamais revu à Laval. N'empêche que nous avons gardé de lui un fidèle souvenir, qui prend les beaux noms d'estime et de gratitude.

Il est difficile de s'arrêter aux «attitudes» d'Ignatius Eschmann sans aussitôt se sentir aux prises avec cette chose mystérieuse, à vrai dire insaisissable, que Mme de Staël appelait *l'âme allemande*** bien avant que l'Allemagne existât. Mais déjà l'on savait que cette race de philosophes et de compositeurs, de rêveurs romantiques et de chercheurs patients, fut toujours la proie de débordements incroyables. Quoique sans patrie aux frontières définies, Huns, Germains ou Prussiens à l'état civil incertain, guerriers d'Attila ou soldats de Wallenstein et de Frédéric II, obéissaient à un sentiment commun de supériorité que les échecs, militaires ou politiques, nourrissaient au lieu de le réduire. Souvent battus mais jamais vaincus, l'éternelle chevauchée des Valkyries leur avait appris qu'on devait se mettre à quatre contre un pour les contraindre. Ce peuple, toujours en armes, comprit enfin, quand Bismarck en fit une nation, que la discipline seule peut rendre la force supportable.

Au temps où Eschmann fréquentait notre appartement, nous n'étions pas encore en guerre contre l'Allemagne. Il s'était lié d'amitié avec Hélène et, un soir, il lui donna à entendre qu'il avait le sentiment d'exister, mais sans vivre vraiment: «Et que voulez-vous que je fasse d'autre? Je ne sais qu'enseigner. Si je devais maintenant gagner ma vie, j'en serais réduit à me faire garçon de café...» Qu'il se sentît en exil à Québec, il ne le cachait pas, et ses propos témoignaient d'une condescendance certaine à l'égard du milieu canadien-

---

* *De l'Allemagne*, essai sur le romantisme publié en 1810.

français. En vérité, il n'avait pas l'admiration facile. Seuls les Anglais, mais les vrais, lui semblaient à peu près dignes de respect. À l'évidence, il aurait voulu être ailleurs, parmi les siens. Ce qui ne voulait pas dire avec d'autres Allemands, mais avec des individus doués d'une culture de haute volée et d'un savoir égal au sien — quelle que fût leur origine. Sa nostalgie du pays rhénan et de l'Angélicum * tenait, en partie du moins, à ce que Balzac appelle « une habitude brisée ». Antinazi, il ne regrettait ni l'Allemagne d'Hitler ni l'Italie de Mussolini. Mais il restait Allemand et sans aucun doute cette terre et ce peuple, faits de contrastes et de contradictions, lui manquaient. Pour tout dire, Eschmann se sentait déraciné, perdu au bout du monde.

Pour Ignatius Eschmann, l'inaction et le défaitisme des gouvernements français et britannique, devant l'axe Rome-Berlin, étaient inexplicables. La veulerie des démocraties, face au totalitarisme, l'excédait. Il croyait la guerre inévitable, mais, dans son esprit, cette guerre prenait la forme d'une révolte des peuples européens contre le fascisme. Quand enfin la France et la Grande-Bretagne décidèrent de respecter la lettre de leur traité avec la Pologne, sans toutefois forcer l'Allemagne à se battre sur deux fronts, il dut se rendre à l'évidence : son analyse venait de s'effondrer. Et lorsque au printemps de 1940, la France négocia une paix séparée, le comportement du Père, dit-on, devint autre. Je doute cependant que les victoires de la Wehrmacht y aient été pour quelque chose. Durant la guerre civile d'Espagne, qui se termina par la défaite des républicains, les hommes politiques et les médias des nations libérales n'avaient jamais confondu franquistes et loyalistes. Car ils considéraient ceux-ci leurs alliés naturels. Les fossoyeurs de la IIIᵉ République, Pétain, Weygand et Laval, tenaient en main le gouvernement de Vichy. Mais Churchill lui-même refusait de traiter le peuple français en ennemi. Eschmann jugeait que les journaux, les stations de radio et les parlementaires des pays libres utilisaient un langage différent pour mobiliser l'opinion contre l'hitlérisme. On n'était plus en guerre contre l'Allemagne nazie,

---

* Université pontificale des dominicains à Rome.

mais contre l'Allemagne tout court : *A good German is a dead German* («un bon Allemand est un Allemand mort»).

Les économistes patentés sont incapables, dit-on, de remplir eux-mêmes leur feuille d'impôt et doivent s'adresser à des comptables. Philosophe et thomiste de surcroît, Eschmann ne voyait pas, semblait-il, que beaucoup d'Allemands antinazis vivaient maintenant en Amérique comme lui-même enseignait à Laval : *donc* les démocraties reconnaissaient l'existence d'une opposition à la dictature d'Hitler. Juifs et chrétiens constituaient le gros de cette opposition en exil volontaire et certains servaient dans les forces alliées — par exemple Willy Brandt chez les Norvégiens. Mais comment comparer, en bonne logique, la résistance allemande aux combattants de l'Espagne républicaine et aux Français libres de Bir Hakeim ou de l'escadrille Normandie ? Surtout, nous n'étions pas en guerre contre l'Espagne franquiste et la France de Vichy...

Je n'avais pas revu le P. Eschmann depuis son départ précipité de Québec quand nous nous sommes croisés dans une rue de Toronto, près de vingt-cinq ans plus tard. Il était enfin en *clergyman suit*! Détendu et à son aise, réconcilié avec la vie, on le sentait presque heureux. L'Institut médiéval était devenu sa maison. La tâche qui l'occupait sans le paralyser, en plus d'être à sa mesure, pouvait constituer à terme un héritage intellectuel : la préparation d'une édition critique de la *Somme théologique* de Thomas d'Aquin. Elle lui permettait aussi d'échapper aux rigueurs de la règle dominicaine, d'aller et de venir à sa guise. J'étais curieux de connaître ses vues sur Vatican II, mais je me demandais surtout pourquoi il avait choisi de se fixer à demeure au Canada. J'hésitais cependant à lui poser une question qu'il pouvait juger indiscrète après tant d'années. Devinant ma curiosité, il décida heureusement de la satisfaire dès notre arrivée au bar du Royal York : «Astheur, comme vous dites à Québec, tout est derrière moi...», me dit-il avec le sourire tranquille d'un homme qui n'entend pas revenir sur sa décision. «Je ne suis pas rentré en Allemagne, parce que je ne veux pas vivre dans un pays coupé en deux, surtout pas à

Berlin.» Puis il ajouta après quelques secondes de silence: «Au fond, c'est à cause de l'Institut que je suis toujours au Canada... L'Institut est devenu ma patrie. C'est bien ça...» Et comme s'il croyait en avoir assez dit sur cette question, il enchaîna en notant qu'il se sentait maintenant beaucoup plus libre qu'avant la guerre: «Vatican II, à ce point de vue, a changé bien des choses. Pour nous, en tout cas. Vous me voyez à Québec, un an avant la guerre, dans un bar, en col romain et... avec vous?» Je lui répondis en riant qu'en 1938 les bars étaient rares dans la rue Saint-Jean, et plus rarissimes encore les moines et les pasteurs qui les fréquentaient. «En devenant cosmopolite ou multiculturelle, comme on dit au Canada, Toronto a perdu heureusement son caractère provincial de petite ville anglaise fermée comme une huître. On secoue ses partis pris comme on secoue ses puces... Vous savez, les Canadiens français aussi avaient des partis pris. J'en sais quelque chose... Peut-être en ont-ils un peu moins...», dit-il encore comme s'il se parlait à lui-même sans élever la voix, mais en appuyant sur les derniers mots pour s'assurer sans doute que je le comprenais bien. Après un moment de silence, il revint à l'Institut: «Je trouve bizarre que cet Institut, fondé par un Français catholique, Étienne Gilson, soit à Toronto plutôt qu'à Montréal... Et pourquoi pas à Laval? Vous ne trouvez pas...?» Je l'attendais: «Si l'Institut se trouve en Ontario, c'est que Québec n'en a pas voulu. Comme avant la guerre, on n'avait pas voulu d'Alexis Carrel qui, lui, s'est installé à New York. C'est aussi bête que ça... Mais je ne vous apprends rien.»

C'est peu après la Foire du livre de Francfort, à l'automne de 1971, que j'ai revu en esprit Ignatius Eschmann, mort en 1968. Seul en première dans le rapide du soir qui me conduisait à Lahr, je n'arrivais pas à lire, à la façade des gares, les noms des villes que nous traversions. Il n'y avait à bord aucun chef de train pour annoncer les endroits où nous nous arrêtions et je me demandais qui me préviendrait qu'on venait enfin d'arriver à destination. Dès l'arrêt suivant, j'eus la chance de trouver un contrôleur à la portière de mon wagon. Je lui fis part de mon inquiétude. Il me jeta un regard étonné avant de me répondre sur le ton d'un instituteur que les cancres impatientent parce qu'il lui faut toujours répéter la même chose : « Sur chacune des banquettes, il y a un indicateur de tous les arrêts du rapide depuis Francfort. Il vous donne l'heure précise de l'entrée en gare. Je vois que vous avez un bracelet-montre. Quand il marquera l'heure indiquée à l'horaire, vous pourrez descendre sans inquiétude. Car vous serez arrivé à destination. Nos trains n'ont jamais de retard. »

Revenu dans mon compartiment, j'ai en effet trouvé l'indicateur et retrouvé du même coup le souvenir d'Eschmann. Ordre et discipline. Tout au quart de seconde — et non seulement les trains. Peu à peu, je me suis réconcilié en esprit avec le contrôleur, et l'idée me vint que si Ignatius me voyait du haut de son paradis, il devait sourire doucement comme pour me dire : « Vous voyez bien, nous sommes les plus forts parce que les plus ordonnés... »

Vingt minutes plus tard, une Allemande, qui occupait ses dimanches à piloter un taxi, allait m'en persuader.

Avant mon départ de Francfort, on m'avait assuré que le commandement de la base aérienne de Lahr m'enverrait prendre pour me conduire à mon hôtel. Dans cette supersalle des pas perdus, il y avait foule — plus de deux mille personnes qui venaient d'arriver ou sur le point de partir, qui raccompagnaient ceux-ci ou qui accueillaient ceux-là. Convaincu qu'aucun chauffeur ne pourrait me repérer parmi tant de gens, je me dis qu'il m'appartenait plutôt d'identifier le planton de corvée lancé à ma recherche. Certes tous les uniformes britanniques se ressemblent ; mais comme chaque soldat porte à l'épaule le nom de son pays, on apprend vite à les distinguer les uns des autres. Il suffit de garder l'oeil ouvert. Rassuré par ce beau raisonnement, il ne me restait plus qu'à m'acheminer vers la sortie qu'une flèche situait à la droite du quai de la gare.

Plus j'avançais, plus s'amenuisait la confiance que j'entretenais d'office à l'égard du corps expéditionnaire canadien... Pas plus de militaire en uniforme que de poil dans la main ! Et chaque pas en avant ajoutait à mon inquiétude.

Arrivé au couloir qui rattachait cette première salle des pas perdus à la seconde qui, elle, donnait sur la sortie, mais ignorant qu'elle existait, je me voyais déjà seul dans la rue, en quête d'un taxi pour me conduire à un hôtel dont je ne connaissais pas le nom. J'étais à peine engagé dans ce véritable passage que j'entendis prononcer mon nom à haute voix — par une voix de femme qui me fit m'arrêter. Tournant la tête, je vis qu'elle était blonde, en tailleur écarlate, et qu'elle s'était placée le dos au mur pour ne pas nuire au va-et-vient. Donc elle n'appartenait pas aux forces armées de Sa Majesté. En m'approchant, j'eus l'impression que de m'avoir trouvé la soulageait. Elle me demanda en anglais si j'étais bien celui qu'elle cherchait : «C'est dimanche et la base n'a pu vous envoyer prendre. J'ai mon taxi et je vais vous conduire à votre hôtel.» J'avais posé ma valise par terre et elle voulut s'en emparer pour la porter jusqu'à la voiture. Je lui dis que j'allais m'en charger, car je n'arrivais pas à me faire à ces habitudes courantes depuis que les femmes pratiquent ces métiers. Intrigué par le caractère insolite de cet accueil imprévu, tant de débrouillardise en outre m'impressionnait. Je pris place sur la banquette avant et, au moment de mettre en marche, elle m'informa que l'hôtel se trouvait assez loin de la gare.

Depuis qu'elle m'avait littéralement découvert dans cette multitude comme Christophe Colomb l'Amérique, je me disais que, pour me repérer, elle avait sûrement eu recours à quelque moyen mécanique ou réfléchi. Mais lequel? L'histoire de l'oeuf de Colomb me trottait dans la tête: il suffit d'y penser, disait-il, pour le faire tenir debout; et le Génois en assurait ensuite l'équilibre en craquant légèrement l'un des bouts. Pour en avoir le coeur net, j'ouvris ce qu'on appelle *le jeu des questions* en lui disant combien je lui étais reconnaissant d'être parvenue à me trouver parmi deux mille personnes :

«Je souhaite que l'hôtel soit assez loin pour que vous ayez tout le temps de m'expliquer comment vous y êtes arrivée.

— C'est moins difficile qu'on peut le croire. On me demande souvent de venir chercher des gens que je ne connais pas et j'ai fini par savoir m'y prendre... On m'avait donné à peu près votre signalement. Je savais que vous étiez un homme dans la cinquantaine et que vous étiez Canadien. Ce qui éliminait les femmes, les jeunes gens et les vieillards.

— Mais savoir que quelqu'un est Canadien, ça veut dire quoi en théorie ou en pratique?

— Ça veut dire qu'on écarte tous ceux qui ont des bagages à main différents des vôtres... Vous avez aussi une autre façon de vous habiller... Et vous marchez différemment, comme les Américains. Tout ça veut dire que, sans vous connaître, je savais déjà que vous aviez sûrement un *trenchcoat*, car nous sommes en automne, que vous aviez une belle valise et un attaché-case.

— Le système est fascinant, mais des comme moi, il devait y en avoir quelques douzaines?

— Si on oublie ceux qui étaient accompagnés, pas plus d'une dizaine... C'est pour ça que je me suis installée entre les deux gares, la nouvelle et l'ancienne, là où c'est le plus étroit, où vous devez passer pour sortir. Et chaque fois que quelqu'un passait, quelqu'un qui pouvait être vous, je disais votre nom... Vous êtes le seul qui se soit arrêté. »

À notre arrivée à l'hôtel, elle s'offrit à m'accompagner à la réception au cas où le préposé au registre ne parlerait qu'allemand : « Vous savez, c'est dimanche et il est déjà un peu tard. » Je fis monter mes bagages à la chambre et, une fois le bar repéré, je lui demandai si elle aimerait prendre un verre. Elle me répondit qu'elle le voulait bien. J'appris que son fiancé (l'euphémisme est monnaie courante en Europe) travaillait à la base aérienne et, comme elle avait une voiture, qu'on faisait souvent appel à ses services. Lorsque je voulus régler le prix de la course, elle me dit que Sa Majesté britannique avait déjà tout payé.

Quand je fus seul dans ma chambre, sirotant un dernier whisky, le souvenir d'Eschmann m'est revenu. Je comprenais de mieux en mieux pourquoi les Allemands éprouvent fréquemment un sentiment de supériorité. Curieux pays où les uns ont la bosse de la philosophie et où les autres raisonnent comme des inspecteurs de police. Logique et déduction : Thomas d'Aquin pour le dominicain et Sherlock Holmes pour la dame en rouge! Je me surpris à rigoler en imaginant la tête que ferait un chauffeur de taxi auquel on demanderait d'aller chercher un Allemand inconnu, d'environ 50 ans, à la gare du Palais à Québec ou à la gare centrale d'Ottawa! Et je m'endormis en me promettant de raconter quelque part ce voyage de Francfort à Lahr. C'est fait.

Adieu, Ignatius...

CHAPITRE
XII

Mackenzie King avait laissé à Bennett, de 1930 à 1935, l'impossible tâche de gérer la Crise. De retour au pouvoir, remettre les Canadiens au travail devint, par la force des choses, son premier objectif. Mais ses préoccupations vont d'abord à la nature des relations que son gouvernement entretient avec celui du Royaume-Uni. Il se rappelle dans quel état, devenu Premier Ministre, il a trouvé le Canada en 1921. Maintenant, il redoute ce que tout annonce: un nouveau conflit mondial. L'Italie se bat en Éthiopie, le Japon vient de dénoncer son accord naval avec les États-Unis et la Grande-Bretagne, Hitler a répudié le traité de Versailles et le général Franco semble sur le point d'envahir l'Espagne à partir du Maroc espagnol. Certes les relations entre Londres et le Canada ont changé. Ce qu'on appelait hier *the diplomatic unity of the Empire* est aujourd'hui lettre morte. Le traité de Westminster a mis fin en 1931 à cette concordance des politiques étrangères de l'Angleterre et de ses Dominions. Mais il demeure que les textes ne pèsent pas lourd quand les vieux démons envahissent les parlements et les chancelleries.

Toute sa vie, King s'est considéré comme l'héritier spirituel de Laurier. L'unité nationale ou la solidarité canadienne repose, dans son esprit, sur l'équilibre démographique des groupes d'origine française et britannique. Ce qui lui vaudra plus tard d'être accusé de racisme quand il optera pour une politique d'immigration sélective. Petit-fils d'un rebelle, William Lyon Mackenzie, qui prit les armes contre la Couronne en 1837, il se veut à la fois un rassembleur et un réformateur. D'où le programme socio-économique ratifié, en août 1919, par le premier congrès plénier du Parti libéral dont il devient le chef au troisième tour de scrutin : la semaine de quarante heures, l'assurance-chômage, les pensions de vieillesse et les allocations familiales. Mais avant tout, le parti doit être le point de rencontre * des «deux peuples fondateurs» comme Laurier l'a voulu. Il l'exprimera clairement, sans équivoque, et les Canadiens français, groupés autour d'Ernest Lapointe, lui apporteront un appui indéfectible parce que lui-même est demeuré fidèle au vieux leader durant les heures sombres de l'élection d'octobre 1917. Comme l'écrit alors Sir Allen Aylesworth, l'ancien lieutenant de Sir Wilfrid en Ontario qui se retrouve naturellement aux côtés de Mackenzie King : *« You never saw such friends as those Frenchmen are to stick to a man they like — and they voted — just to stand by the men who stood by Laurier. »*

King, qui est un pacifiste sur les bords, craint surtout que le Royaume-Uni ne soit entraîné dans un conflit armé, étranger à la défense du Canada, pour assurer l'intégralité de son empire dispersé sur les sept mers. De là toutes ces difficultés qui dresseront plus tard une partie de l'opinion canadienne-française contre la politique de son gouvernement et l'opposition, plus discrète, à laquelle il se butera au sein même des Affaires extérieures dont il est le ministre titulaire. Que signifie exactement l'expression «défense du Canada»? Les interprétations, on s'en doute, varient. Mackenzie King, les nationalistes du Québec et les isolationnistes-neutralistes des Affaires ne sont pas sur la même longueur d'onde. C'est le moins qu'on puisse dire. À la Conférence impériale de 1937, fidèle à lui-même, il refuse de commettre le Canada et, par voie de conséquence, il écarte tout engagement à l'égard de la Grande-Bretagne. Pour les membres de

---

* Voir le document B en appendice.

son gouvernement et pour la diplomatie canadienne, cette politique dite de non-engagement devient l'élément régulateur de nos relations avec Londres. C'est ce qu'on appelle en anglais le *No commitments*. L'attitude de King est à la fois précise dans ses buts, mais ambiguë dans son expression; en tout cas suffisamment subtile, *chinoise* disent ses ennemis, pour que les gens du commun aient quelque difficulté à comprendre ce qu'il entend par «défense du Canada».

Or toute la question est là...

Le principe, la *rationale*, en est simple. Depuis longtemps, King refuse de confondre la Grande-Bretagne et l'Empire britannique. Si l'Angleterre est attaquée et sa survivance en jeu, le Canada doit prendre les armes parce qu'il est lui-même en danger; mais si elle est en guerre pour assurer la défense d'un territoire impérial menacé ou en péril, c'est alors l'affaire des seuls Anglais et non celle des Canadiens. Si forte était sa conviction à ce sujet, qu'après la Conférence de Londres et à la suite de sa rencontre avec Hitler, il avait déclaré à la presse diplomatique de Berlin que si l'Allemagne attaquait l'Angleterre, le Canada *« would be involved »*. À Ottawa, on y vit une contradiction flagrante avec le *No commitments* qu'il venait de servir à Sir Neville Chamberlain. Au Québec, les nationalistes ne voulurent voir dans cet équilibre périlleux qu'hypocrisie et duplicité. Mais il n'y avait là ni contradiction ni fausseté: la défense du Canada, qui n'était pas subordonnée à celle de l'Empire, restait liée, dans les faits, à celle de l'Angleterre. Il n'y a donc pas lieu de s'étonner qu'après l'occupation de la région des Sudètes par l'Allemagne en septembre 1938, King ait noté dans son journal* : *« I made it clear to both Mackenzie and Power* (respectivement ministre de la Défense nationale et des Postes) — *that I should not consider being neutral in the situation for a moment. »*

Après Munich où Neville Chamberlain et Édouard Daladier s'étaient présentés chez Hitler le chapeau à la main**, Mackenzie King, bien qu'en complet accord avec une politi-

---

* *The Mackenzie King Record* (1939-1948) tel qu'édité par J.W. Pickersgill.
** Voir le tome I des *Apostasies*.

que d'*appeasement* qui lui permettait de souffler, ne s'interrogeait plus sur la probabilité d'une Seconde Guerre mondiale ; mais fût-elle inévitable, il se devait de tenir compte de la nature politique du Canada. Ses compatriotes de langue anglaise allaient sûrement exiger qu'on se portât au secours de l'Angleterre. L'attachement des Canadiens français envers la France était à la fois moins vif et d'un caractère différent. Pour que le Québec acceptât de participer à l'effort de guerre, qu'il y ait consensus sinon unanimité, King croyait avec raison qu'il devait être clair que le Canada avait pris seul la décision de s'engager en Europe, que cette décision ne lui avait pas été imposée par Londres, et, en tout premier lieu, qu'il n'y aurait pas conscription pour service outre-mer. Tous les Canadiens conséquemment devaient être informés de la politique de son gouvernement, dans l'éventualité d'une guerre, comme ils devaient en connaître aussi bien les limites que les obligations. Tous les Canadiens, certes, mais d'abord le Québec.

Dès sa première intervention aux Communes, le 16 janvier 1939, il ne fait aucun doute que Mackenzie King, en ressuscitant un discours de Laurier qui remonte à 1910, s'adresse aux Canadiens français. Son libéralisme est d'une orthodoxie rigoureuse et le *« Ready, aye, ready »* d'Arthur Meighen restera lettre morte : « Si l'Angleterre est en guerre, nous sommes en guerre et susceptibles d'être attaqués. Je ne dis pas que nous serons toujours attaqués ; je ne dis pas non plus que nous participerons à toutes les guerres de l'Angleterre. Dans une question de cet ordre, on doit être guidé par les circonstances ; le Parlement canadien devra se prononcer à ce sujet et prendre une décision au meilleur de son jugement. » Cette citation de Laurier exprime l'essentiel d'une politique étrangère patiemment mise au point par le Premier Ministre avec la collaboration du Dr Oscar Skelton, le sous-secrétaire d'État aux Affaires extérieures : « Quand l'Angleterre est en guerre, nous le sommes, mais non n'importe quelle guerre de l'Angleterre ; c'est au Parlement canadien, non à Westminster, qu'il appartient d'en décider. »

Le 20 mars, King revient à la charge, mais cette fois pour expliquer le fondement idéologique d'une politique dans laquelle quelques-uns de ses ministres et certains mandarins croient flairer un relent d'isolationnisme : «L'idée que tous les vingt ans, ce pays doive automatiquement, comme une question de fait, participer à une guerre outre-mer pour la démocratie ou pour l'autodétermination d'autres petites nations, (l'idée) qu'un pays qui déjà fait tout ce qu'il peut faire pour sa propre gouverne se sente tenu de sauver périodiquement un continent qui ne peut se conduire lui-même et qu'il doive à cette fin risquer la vie de ses gens, risquer la banqueroute et la désunion politique, apparaît à plusieurs comme un cauchemar et de la pure folie*.»

Le Premier Ministre promet de nouveau, le 30 mars, que «le gouvernement, quelles que soient les circonstances, n'imposera jamais la conscription pour service outre-mer». À ce chapitre, il a déjà gagné la partie: le leader de l'Opposition conservatrice, le Dr R.U. Manion, a pris le même engagement vingt-quatre heures plus tôt! L'Europe est à six mois d'un conflit qui deviendra la Seconde Guerre mondiale. King, parfaitement informé, le sait inévitable. Et bien fol, doit-on dire, est celui qui s'engage à l'avance à ne jamais recourir aux moyens voulus pour en sortir vainqueur. Mais il lui faut maintenant calmer les nationalistes québécois et les objecteurs de conscience de l'Ouest canadien; prévenir les affrontements et pacifier les esprits. Il ne mène pas un double jeu. Le souvenir de 1917 aidant, il tient la conscription pour taboue. Toute confrontation répugne en outre à la nature de King qui n'entend surtout pas donner prise à ses ennemis. C'est à l'usure qu'il viendra à bout des difficultés et des irréductibles. L'*étapisme* ou, si l'on veut, *the salami tactics* est sa loi: une tranche à la fois, fût-elle mince comme du papier bible, vous permet de disposer du saucisson...

---

* *The idea that every twenty years this country should automatically and as a matter of course take part in a war overseas for democracy or self-determination of other small nations, that a country which has all it can do to run itself should feel called upon to save, periodically, a continent that cannot run itself, and to these ends to risk bankruptcy and political disunion, seems to many a nightmare and sheer madness.*

Conséquente dans son principe, la frontière, tracée d'une encre bien épaisse par Mackenzie King, entre la défense de la Grande-Bretagne proprement dite, donc inséparable de la nôtre, et les guerres impériales dans lesquelles nous n'avions rien à voir, devenait intangible dès qu'on la transposait sur la carte de l'Europe. Aussi, quand il devint certain que l'Angleterre et la France déclareraient la guerre à l'Allemagne si celle-ci attaquait la Pologne, beaucoup se demandèrent comment le Canada pourrait alors soutenir qu'il allait, de fait, à la défense de l'Angleterre *attaquée* si elle-même déclarait la guerre au IIIe Reich? Le Dr Skelton comprit aussitôt que, pour être habile, cette construction de l'esprit venait de s'écrouler. Le 25 août, il analysa la situation d'un oeil averti, comme elle lui apparaissait, pour en saisir sur-le-champ le Premier Ministre: « *The first casualty of this war has been Canada's claim to control over her own destinies. If war comes to Poland and we take part, that war came as a consequence of commitments made by the Government of Great Britain, about which we were not given the slightest inkling of information in advance.* »

Skelton raisonnait juste, mais en mandarin. Au contraire, King croyait fermement qu'avoir raison sur le papier tient de l'acte gratuit si l'on perd la prochaine élection. Les symboles jouent un rôle souvent plus important que la logique, tout comme les événements défient parfois la dialectique la plus rigoureuse. En d'autres termes, King est persuadé que les Canadiens verront dans l'invasion de la Pologne une attaque contre la France et la Grande-Bretagne. L'*appeasement*, en dernière analyse, deviendrait la preuve que les Alliés, pour éviter la guerre, ont mis en péril leur propre sécurité et qu'ils ne peuvent cette fois reculer sans accepter, dans les faits, l'hégémonie allemande de l'Europe.

Tout se passa tel que prévu. La décision du couple France-Angleterre fut même accueillie avec soulagement par tous les Canadiens. Quelques milliers de nationalistes répondirent, il est vrai, à l'appel d'André Laurendeau, mais à l'évidence celui-ci ne prêchait qu'à des convertis: la masse des Montréalais resta calme sinon indifférente. Le Premier Ministre convoqua les Chambres en session d'urgence le 7 septembre, pour bien démontrer qu'il appartenait au Parlement du Canada de déclarer la guerre et non au gouvernement de la Grande-Bretagne. Le 10, nous devenions belligérants. Le nombre des députés opposés à notre participation au conflit étant inférieur à cinq, il ne fut même pas nécessaire de prendre le vote. Même au sein de la C.C.F., seul J.S. Woodsworth, le leader, voulut proclamer son pacifisme dans un discours chargé d'émotion : *« I do not care whether you think me an impossible idealist or a dangerous crank — I have boys of my own, and I hope they are not cowards, but if any one of those boys, not from cowardice but really through belief, is willing to take his stand on this matter — I shall be more proud of that boy than if he enlisted for war. »*

Peu après l'entrée en guerre du Canada, Maurice Duplessis annonce la dissolution des Chambres. Rien ne l'oblige, en théorie, à précipiter une élection générale : porté au pouvoir en août 1936, il peut choisir soit d'en appeler au peuple douze mois plus tard, soit après quatre ans comme le veut la coutume, soit encore d'attendre la fin de son mandat en août 1940. Mais les banques se font pressantes. Son instinct lui conseille de surcroît de saisir l'occasion pour récupérer le vote nationaliste qui a déserté l'Union nationale en même temps que Philippe Hamel, Ernest Grégoire et René Chaloult. Les libéraux, de leur côté, comptent aussi faire d'une pierre deux coups : aplatir Duplessis et semer la discorde chez les nationalistes. Il n'y a, à cette époque, qu'un seul Parti libéral — un et indivisible. Dans tous les comtés, fédéralistes et provincialistes montent en rangs serrés contre l'antiguerre. Ernest Lapointe est partout, et partout il répète qu'il n'y a qu'un parti, le Parti libéral, « boulevard de nos libertés, rempart de nos droits, monument de notre survivance » !

Le 25 octobre, l'Union nationale est écrasée. Le 8 novembre, Adélard Godbout devient Premier ministre. Comme l'écrira plus tard J.L. Granatstein : *« The first attack on Ottawa's policies had been met* »*.

Au cours du même automne, le général McNaughton de-

---

* *Mackenzie King, His Life and World,* par J.L. Granatstein, Toronto, McGraw-Hill Ryerson, 1977.

vient commandant de la 1re division canadienne et, fin décembre, un premier contingent de volontaires quitte Halifax pour la Grande-Bretagne. En Europe, l'accalmie a gelé le front Ouest après la flambée polonaise. Mackenzie King songe à profiter de *la drôle de guerre* pour obtenir le renouvellement de son mandat et asseoir l'autorité de son gouvernement. Au Québec, l'Union nationale mettra du temps à retrouver les pédales. Mais à défaut de pouvoir s'en débarrasser, comment réduire au silence Mitchell Hepburn, Premier ministre de l'Ontario, qui a toujours agi en tandem avec Duplessis pour s'opposer aux politiques fédérales au nom de l'autonomie provinciale? Enfin! l'occasion se présente d'en finir. Au tout début de 1940, avec l'appui de George Drew, le chef de l'Opposition, Hepburn fait voter une résolution «déplorant que le gouvernement fédéral n'ait fait qu'un effort modeste pour assurer la poursuite de la guerre de la façon vigoureuse voulue par le peuple du Canada». Dès la rentrée parlementaire, le 25 janvier, le Gouverneur général annonce la dissolution des Chambres. La surprise est manifeste. Pour le Dr Manion, ce sera la catastrophe. Deux mois plus tard, King est reporté au pouvoir par 51,5 p. 100 du corps électoral. Les libéraux ont fait élire 181 députés contre 58 aux trois partis d'opposition: 40 conservateurs, 10 créditistes et 8 C.C.F.

Le Premier Ministre a gagné, mais tout est à la veille de chavirer...

○ ○ ○

Le dernier dimanche de mai 1940, ma mère m'avait demandé de l'accompagner à la messe. Quand vint le prône, le curé de la réserve huronne de Loretteville fit appel, sous le coup de l'émotion, aux prières de tous pour sauver la France en péril de mort. Il n'était plus le même homme: au lieu de prier le Ciel comme à l'accoutumée pour la conversion du peuple français, il le suppliait d'accourir à son secours. Ce matin-là j'ai compris que la foi du charbonnier est le dernier recours des désespérés... Le vieux curé de campagne devait ensuite rappeler, d'une voix mouillée, aux croyants et aux autres, que l'on comptait plus de catholiques en Italie et en Allemagne que chez les Alliés. Puis il avait ajouté sur un ton désabusé: «Eux aussi demandent au Seigneur la victoire de leurs armes.» Il fallait donc prier très fort pour couvrir les voix de l'ennemi et pour être entendus... Mais en vérité, nous en étions déjà à la prière des agonisants. La France n'en avait plus que pour douze jours exactement.

La grande offensive du printemps emporte l'un après l'autre, comme dans un maelström, le Danemark, la Norvège, la Hollande et la Belgique. Le terrain nettoyé, le drame commence. Les Canadiens français ont, comme Winston Churchill, une confiance aveugle dans l'armée française. Quand les journaux et la radio annoncent, en mai, que la Wehrmacht a crevé le front de Sedan comme en 1870, ils refusent d'y croire. Pourtant c'est déjà le commencement de la fin... Paul Reynaud remplace Édouard Daladier à la présidence du conseil et le général Maurice Gamelin est limogé. Weygand assume le commandement suprême quoiqu'il ait eu, il y a peu, ce cri du coeur: «Plutôt Hitler que Léon Blum!» Il a 73 ans... Mais qu'importe? La consigne de Foch expirant ne souffre pas d'exégèse: «Si la France se trouve un jour en danger, appelez Weygand.» C'est fait. Promu général de brigade le 15 mai par le président Reynaud, Charles de Gaulle prend le commandement de la 4e division blindée sur le front d'Abbeville. Il bloque momentanément l'avance des chars de Guderian et de Rommel. Cette courte victoire signifie tout au plus qu'on a gagné quelques jours — le temps d'atteindre Dunkerque d'où 338 000 hommes (dont 139 000 Français) seront évacués sur les ports anglais.

Rappelé à Paris le 6 juin, De Gaulle est nommé sous-secrétaire d'État au ministère de la Guerre. Pétain, rentré d'Espagne où il est ambassadeur, devient ministre d'État. Verdun, c'est lui! Mais il a 84 ans bien sonnés et, fait tout aussi troublant, il partage les vues défaitistes du généralissime Weygand. De Gaulle, à peine installé dans ses bureaux, se voit chargé le même jour d'une mission auprès du War Cabinet de Sa Majesté britannique. Il aura son premier tête à tête avec Winston Churchill dès le lendemain. Il est porteur de deux requêtes. Son gouvernement demande que les 139 000 soldats français, sortis vivants de l'enfer de Dunkerque, soient rééquipés et ramenés en France ; mais le gouvernement réclame en plus de nouvelles escadrilles de chasse et de bombardement. Va pour le retour des troupes. Mais Churchill refuse de sacrifier la R.A.F. — la bataille d'Angleterre est à venir ! De Gaulle rentre à Paris satisfait et prend note : « Churchill est à la hauteur des tâches les plus ardues, mais à la condition qu'elles ne soient pas sans grandeur[1]. »

Les événements se précipitent. Le 9 juin, Reynaud confie à De Gaulle que Pétain et Weygand réclament l'armistice à cor et à cri. Le 10, Paris est déclarée *ville ouverte* et le 11, à Briare-sur-Loire, Churchill doit faire face aux partisans de la paix séparée, de la paix à tout prix. De retour en France le 13 juin, le Premier Ministre rejoint le gouvernement français rendu à Tours et l'incite de nouveau à se transporter en Afrique du Nord. Aucune décision n'est prise. Mais deux jours plus tard, le conseil des ministres emménage à Bordeaux. De Gaulle, cette fois, partira à Londres pour obtenir des Anglais que tous les bateaux et les avions nécessaires soient mis à la disposition du président Reynaud et de ses collègues s'ils se décident enfin à gagner l'Algérie ou le Maroc, c'est-à-dire à respecter la signature de la France. Désabusé et se sentant ridicule, De Gaulle, au lieu de se rendre au 10 Downing Street, se fait directement conduire à l'appartement de Jean Monnet près de Grosvenor Square. Accueilli par Mme Monnet, qui s'informe de la durée probable de sa mission à Londres, De Gaulle a cette réponse inattendue mais prophétique : « Je n'ai plus de mission. Je suis ici pour sauver l'honneur de la France. »

Jean Monnet est un être qui n'a pas son pareil. Il n'appartient à aucun parti politique. Il n'a jamais participé à un gouvernement ou même siégé à l'Assemblée nationale. Ni diplomate ni fonctionnaire, sans profession puisqu'il n'a été inscrit à quelque université que ce fût, il serait le type même du *self-made-man* à la française si l'expression ne désignait celui qui ne doit qu'à lui-même sa réussite matérielle. Or, par droit d'aînesse, il est l'héritier d'une entreprise familiale dont le nom est largement connu : le cognac Monnet. Devenu économiste sur le terrain, son idéalisme en a fait l'éminence grise de la IIIe République, l'apôtre infatigable des États-Unis d'Europe depuis la Première Guerre mondiale. Il préside maintenant le Comité de coordination économique anglo-français.

Une fois seul avec De Gaulle, Jean Monnet lui révèle qu'il est parvenu à persuader Churchill de proposer à Paul Reynaud l'union organique de la République française et du Royaume-Uni. Il a lui-même rédigé avec Arthur Salter, son alter ego du côté anglais depuis un quart de siècle, le mémoire qu'ils ont remis au Premier Ministre à ce sujet. Le projet prévoit l'unification des deux gouvernements comme l'intégration de la Chambre des communes et de l'Assemblée nationale. Churchill, d'abord hésitant, s'est laissé convaincre d'en saisir le War Cabinet et, à son étonnement, Sir Neville Chamberlain a voulu s'en faire le parrain. Avant même que De Gaulle ait pu réagir, Jean Monnet ajoute : « Jeudi, le War Cabinet a donné son assentiment. C'est aujourd'hui samedi le 15. Vous devez tout mettre en oeuvre pour faire comprendre au président Reynaud et à ses ministres qu'il s'agit de sauver la France. »

Dimanche, dans la matinée, Monnet et De Gaulle prennent contact avec Reynaud et le supplient de ne pas céder aux instances de Pétain, de Weygand et de Pierre Laval, tous persuadés, comme le dira Churchill à Ottawa, que « l'Angleterre aura le cou tordu comme un poulet[2] ». Armé du texte définitif de la *Proclamation de l'Union anglo-française* (en anglais : *Anglo-French Unity*), De Gaulle arrive à Bordeaux en fin d'après-midi. Lundi matin, le 17 juin, le Premier Ministre, Clement Attlee, leader du *Labour*, et Jean Monnet doivent se joindre aux membres du gouvernement français pour donner vie au nouvel État. Mais ce dimanche-là, à 21 heures, *10 P.M.* à Londres, De Gaulle informera Churchill par téléphone que Reynaud a été écarté du gouvernement. Le maréchal Pétain vient d'assumer les pleins pouvoirs...

C'est la paix séparée.

Au chef du nouvel État français qui demande aussitôt l'armistice, Hitler répond que les hostilités ne seront suspendues qu'au moment où l'Italie acceptera aussi la reddition de l'armée française.

Le 18 juin, la défaite se transforme en déroute. C'est l'exode : Paris s'est vidé comme une éponge pressée et ne compte plus que 700 000 habitants. De sept à huit millions de Français ont pris la fuite devant l'avance allemande. Le 22 juin, Pétain signe, dans l'affolement, les instruments de ratification qui spécifient les conditions imposées à la France vaincue. Le nombre des prisonniers de guerre s'élève à 1 800 000 hommes. C'est Sedan multiplié par trois.

À Londres, Charles de Gaulle déclare aux Français qui sont à l'écoute de la B.B.C. : « Pour signer cette paix, on n'avait pas besoin d'un maréchal de France. N'importe qui aurait pu faire... »

○ ○ ○

La radio aidant, nous aurons vécu cette longue agonie en communion avec la France et la Grande-Bretagne. Que les émissions fussent diffusées sur ondes courtes ou relayées, nous écoutions dans le recueillement, le plus souvent en fin de soirée, des voix que les stations n'avaient plus à identifier pour qu'on les reconnût. Les appels désespérés du président Reynaud à Roosevelt nous avaient révélé, en même temps qu'une débâcle militaire sans précédent, l'ampleur du désarroi qui s'était emparé du peuple français. Mais si la paix séparée ne fut une surprise pour personne, pour tous ce fut un drame d'autant plus ressenti qu'il était difficile d'en comprendre les raisons sur-le-champ. Les malheurs de la France, de toute façon, nous touchaient plus profondément que l'arithmétique des responsabilités. Le 18 juin avait séparé gaullistes et pétainistes. Ils partageaient cependant une même morosité comme au début d'un deuil. Mais quand furent connus, le 22 juin, les conditions d'armistice, le type d'État qu'on s'apprêtait à construire sur les ruines de la République et, surtout, la nature du régime politique que des Français entendaient imposer aux Français, le clivage se transforma aussitôt en conflit idéologique dont les séquelles allaient rendre plus amers encore les affrontements de l'avenir.

Dès que le maréchal Pétain eût déclaré sur un ton de circonstance: «Je fais don de ma personne à la France», les nationalistes s'étaient aussitôt serré les coudes. Beaucoup d'anciens combattants se refusaient aussi à mettre en doute le patriotisme du vainqueur de Verdun. L'appel du général de Gaulle les fit cependant réfléchir comme tous ceux que préoccupait l'honneur de la nation française: «La France a perdu une bataille, elle n'a pas perdu la guerre; d'immenses forces n'ont pas encore donné...» Enfin Churchill, peu après, allait à son tour s'adresser aux hommes et aux femmes de France — «mère des libertés révolutionnaires» — pour leur demander d'entrer en résistance jusqu'à la libération. Ceux de 1914-1918 croient alors entendre Clemenceau et retrouvent le *Père la Victoire.*

Cette opposition irréductible, entre gaullistes et pétainistes du Québec, se prolongera jusqu'à la proclamation de la Ve République en 1959. Ironie des choses, le jour où De Gaulle lancera son «Vive le Québec libre!» du balcon de l'hôtel de ville de Montréal, en 1967, les pétainistes d'hier deviendront les gaullistes d'aujourd'hui. Mais cela est une autre histoire... Tous les pétainistes de juin 1940 ne sont pas cependant à mettre dans le même sac. Les calotins voient dans le maréchal l'homme du retour aux sources, résolu à lutter contre la maçonnerie et l'anticléricalisme, bien qu'il fût lui-même renommé pour son indifférence en matière religieuse. La révolution nationale, symbolisée par le nouvel État français, a ses propres partisans qui acceptent que Pierre Laval, l'âme damnée de saint Pétain, décrète des lois anti-juives en zone libre quand la Kommandantur n'en exige pas tant en zone occupée. Un certain nombre de nationalistes souhaitent la défaite des Britanniques, mais n'osent le crier sur les toits, et deviennent des pétainistes de circonstance. Beaucoup de mobilisables enfin se rallient à Vichy pour une raison qui n'a qu'un rapport ténu avec le comportement et la personne du maréchal. Ils ont fait le calcul qu'il faudra compenser l'effondrement de l'armée française et, en bonne logique, que le gouvernement fédéral devra recourir à la conscription quoi qu'en disent King, Godbout et Ernest

Lapointe. Ils acceptent que le Canada soit en guerre et qu'on se porte volontaire. C'est l'affaire de chacun. Eux, c'est non. Il s'agit de contrer Ottawa. Ils ne souhaitent pas que l'Angleterre soit battue. Mais ils ne veulent pas être mobilisés contre leur gré pour service outre-mer. Reconnu par les États-Unis, l'Union soviétique et... le Vatican, le gouvernement de Vichy leur donne bonne conscience.

○ ○ ○

Avoir 20 ans au Québec, à la fin des années trente, signifie qu'on accepte encore la primauté du nationalisme sur les valeurs culturelles, économiques et politiques qui rendent libres les individus et fortes les nations. Même les poètes ne peuvent échapper à cette momification des esprits; ils chantent plus volontiers (et à l'unisson) les libertés collectives, dites *nationales*, que la libération de l'homme prisonnier des contraintes et du conformisme propres aux sociétés ethno-centristes. Si forte est l'empreinte que le sens des responsabilités, qui fait l'adulte, ne s'acquiert qu'après 30 ans. Mais nul ne s'étonne d'avoir à sacrifier le quart ou le tiers de sa vie avant de parvenir à se purger l'esprit de l'enseignement reçu pour que le culte de l'humanisme et de la compétence puisse enfin y trouver place! Parce que la liberté est devenue une vocation, qu'elle entraîne des risques, on hésite longtemps avant de s'engager à son tour sous les fourches caudines qui ferment la sortie du ghetto.

L'influence des doctrinaires du nationalisme est partout prépondérante: au collège Sainte-Marie bien sûr, mais aussi au séminaire de Nicolet (la grande pépinière des vocations religieuses au Québec) ou encore à l'école du Plateau, institution montréalaise d'enseignement supérieur. De fait, aucune maison n'est imperméable à cet endoctrinement pernicieux, et nombreux sont les élèves qui, à un moment ou l'autre de leurs études, croient entendre *l'appel de la race...*

Dans les salles de classe, le buste de Dollard des Ormeaux, le détrousseur du Long-Sault, occupe la place d'honneur. On connaît peu de chose à son sujet, si ce n'est qu'il soit mort à 25 ans, au cours d'un coup de main contre des bandes d'Iroquois chargées de pelleteries. D'où vient-il? On ne le sait trop. En tout cas, il ne portait ni la soutane ni l'uniforme des réguliers de la milice. De toute façon, on avait déjà tout plein de héros militaires et de martyrs. Place aux jeunes! La croisade des adolescents requiert un symbole. Pourquoi pas Dollard qui s'est fait tuer par les *sauvages* après avoir communié... Vocation pour les uns, le nationalisme devient un devoir pour les autres. Comme dans *Les Animaux malades de la peste*, «ils n'en mouraient pas tous, mais tous étaient frappés». Quand vient l'heure de séparer le grain de l'ivraie, on procède toutefois avec perspicacité. Les fils de la bourgeoisie (*upper and middle*) font l'objet d'un recrutement méthodique. Non qu'ils soient le sel de la terre, mais les jésuites, comme Molière, croient que «l'argent est la clef de tous les grands ressorts[3]». Ils feront donc pour la plupart leur apprentissage de la vie en société dans les rangs de l'A.C.J.C.* *L'Action nationale*, fondée en 1933 par l'abbé Groulx, devient dès sa parution le vade-mecum de l'acéjiste conscient et organisé. S'en prendre aux juifs et se méfier des Anglo-Américains est le corollaire du mot d'ordre donné aux élus: «Catholiques et français toujours.» L'A.C.J.C. apportera conséquemment son appui à Saluste Lavery, candidat à la mairie de Montréal à l'élection de 1934. Ami privilégié d'Adrien Arcand (dit le Pontifex maximus du fascisme canadien), Lavery mène une virulente campagne antisémite. Jean Drapeau, qui fait alors ses classes à l'école du Plateau, choisira curieusement ce moment pour demander à Lionel Groulx de donner son nom à la cellule acéjiste qu'il s'apprête à fonder. Mais il vient d'avoir 18 ans et il se réclame de Maurras...

Loin d'être l'apanage des «futures élites», cet endoctrinement est commun à l'ensemble du système. Depuis les années trente, sous la pression des événements, le Québec a sûrement évolué. Il suffit cependant de prêter l'oreille à ce qui se dit comme à ce qui se passe dans les cégeps pour se rendre compte que ce corpus de «désinformation» est tou-

---

* L'Association canadienne de la jeunesse catholique.

jours en place et qu'il fait loi. La réforme de l'enseignement des années soixante devait, en nivelant par le bas au nom de la démocratie, libérer les soi-disant «nègres blancs d'Amérique» par l'accès à la civilisation des Lumières. Mais la catéchisation des petites têtes est malheureusement demeurée vivace comme ces plantes vénéneuses qui résistent à tous les insecticides. Les coeurs simples et les gagne-petit du primaire restent soumis, comme on l'était hier, à l'influence indue des enseignants laïcs qui ont remplacé les clercs au podium. Le mal s'est plutôt généralisé. Il y avait jadis une exception à la règle. L'enseignement technique (les arts et métiers), neutre et subventionné par le gouvernement fédéral, formait moins de politicailleurs conditionnés pour servir de claque aux politicards. Parce que conscients, ils devinaient au pifomètre qu'il y avait collusion quelque part. On reconnaissait l'ennemi à son comportement et non à son appellation d'origine, si l'on peut dire. La messe dominicale était alors un *must* et on apprenait sur le tas qu'il existait bien deux vérités à l'image des deux versants du Mont-Royal. «Quand j'étais jeune comptable, me disait Hector Langevin*, tous les dimanches le curé nous rappelait les devoirs des employés envers leurs patrons. Devenu président de la compagnie Valiquette, une fois rendu à Outremont, jamais je n'ai entendu mon curé nous parler des responsabilités des patrons envers leurs employés.»

La création d'un ministère de l'Éducation devait conduire à une renaissance. La réforme espérée est une fausse-couche. On quitte l'école souvent plus ignorant que le jour de son entrée en classe, sans savoir écrire et parler correctement. Au lieu de vous apprendre à raisonner, on vous enseigne que la chose importante est de faire comme les autres et de se comporter en veaux. Faut-il s'étonner que, dans ces conditions, les syndicats de la province de Québec aient presque tous sombré dans un nationalisme aberrant? Le jour où les cols blancs, fonctionnaires ou enseignants, sont devenus majoritaires au sein des assemblées syndicales, celles-ci se sont embourgeoisées du coup. Ceux qu'on appelle les per-

---

* L'un des responsables de la trésorerie libérale, Hector Langevin se définissait comme «un libéral de gauche».

manents des fédérations se voient en croisés d'une nouvelle Église. Ils parlent ex cathedra et ce qu'ils nomment consensus ressortit au conformisme le plus abject. Leur prosélytisme politique est parvenu à convaincre tous ces petits-bourgeois syndiqués, car il y a peu d'ouvriers chez eux, 1) que l'État est un patron comme les autres, fût-il toujours déficitaire et 2) que les citoyens moyens — les riches étant hors d'atteinte — sont des otages naturels, désignés, qui ne peuvent se passer des transports en commun, des hôpitaux, de la poste et des écoles. Donc le gouvernement, quel qu'il soit, finira bien par payer... avec l'argent des non-syndiqués et des pauvres!

○ ○ ○

De tous les antiguerre, nationalistes, isolationnistes ou neutralistes, André Laurendeau est un cas d'espèce. Il a été le premier à s'inscrire contre la participation et à mobiliser l'opinion. Certes la désintégration de la France républicaine le trouble profondément. Le totalitarisme, de droite ou de gauche, lui répugne comme à tous les civilisés. Né dans un milieu bourgeois où la musique, la littérature et les beaux-arts ressortissent à l'ordinaire de la vie, son éclectisme s'arrête cependant à l'histoire qui, à l'image de l'homme, est faite des victoires des uns sur les autres. Du bûcher de Jeanne d'Arc à la mort de Napoléon exilé à Sainte-Hélène, les victimes sont toujours les mêmes. S'agit-il de la guerre de Cent Ans entre la France et l'Angleterre aux XIVᵉ et XVᵉ siècles, de la guerre de Trente Ans des catholiques contre les protestants, enfin de la guerre de Sept Ans qui voit le triomphe éclatant des Anglais en 1763, les Français catholiques sont toujours vaincus. L'histoire du Canada lui apparaît du coup comme un appendice irrécusable de l'éternel conflit entre le royaume de France et la Couronne anglaise. Mais depuis la guerre de Crimée, en 1854-1856, *la fille aînée de l'Église* et *le défenseur de la Foi* ont pris l'habitude de se battre au coude à coude. Leur antagonisme historique a fait place à l'Entente cordiale. À l'automne de 1939, Laurendeau arrive, à son tour, à la croisée des chemins. Son nationalisme instinctif va se métisser peu à peu de neutralisme, car cette attitude lui permet de transposer un sentiment d'ordre moral au plan politique. Ce qui est de nature à calmer ses appréhensions. Son pacifisme le justifie, en quelque sorte, de s'opposer, avec un semblant de logique, à toute mesure que la situation militaire peut exiger du gouvernement d'un pays en guerre résolu à ne pas la perdre par défaut.

André Laurendeau a de la suite dans les idées. Mais son isolationnisme s'alimente d'arguties, pour la plupart empruntées au passé, qui ne tiennent aucun compte du danger mortel auquel fait face la civilisation libérale — alors qu'il en est instruit. Sa démarche historique — on n'ose écrire la voix du sang — l'emporte sur la dialectique des événements qui commandent les rapports de cause à effet. Quand Mackenzie King demande au Parlement, en juin 1940, de voter la Loi de l'enregistrement obligatoire, il n'y voit qu'un pas de sept lieues vers la conscription. Si les faits vont lui donner raison, il lui échappe que l'avenir va justifier tout autant la décision du Premier Ministre. Parce que antiguerre, Laurendeau est contre tout enregistrement; mais quand Camillien Houde, le 2 août 1940, exhorte les Canadiens français à la désobéissance civile, il refuse de s'engager dans l'illégalité. Quoique maire de Montréal et député à l'Assemblée législative, Houde se retrouve en cinq sec dans un camp d'internement — seul de son avis. La rue n'a pas bougé. Le peuple a préféré suivre le conseil du cardinal Villeneuve à ses ouailles. Précisément ce qu'a fait Laurendeau. Mais outré, il se soulage dans une lettre vengeresse adressée à l'abbé Groulx : «Le Cardinal est vorace. Il aime cumuler les erreurs. Il traite d'esprits mesquins et dénaturés ceux qui n'acceptent pas les yeux fermés la propagande anglaise [4].» Beaucoup plus tard, dans *La Crise de la conscription*, il se mettra franchement à table :

> J'allai donc m'inscrire comme les autres. Cela se passait à la campagne. Je revois le petit bureau où j'ai livré mes réponses et ma signature au représentant de l'État; j'en suis sorti avec l'impression que je venais de me contredire, peut-être de me trahir moi-même.

En vérité, Laurendeau est globalement en contradiction avec lui-même. Le fascisme lui répugne et il écrit dans *Ces choses qui nous arrivent* [5] : «Cette bestialité au service de ce cynisme nous fait désirer plus ardemment la défaite d'Hitler.» Mais d'autres doivent s'en charger... Il croit au suffrage universel. Il rejette cependant la décision du Parlement canadien élu par des hommes libres et le verdict du corps électoral québécois. Si, d'une part, la Chambre des communes et le Sénat ont voté, à l'unanimité ou presque, la déclaration de guerre, d'autre part le gouvernement de l'Union nationale a été culbuté deux mois plus tard pour faire place au Parti libéral qui dispose, à l'Assemblée législative, d'une écrasante majorité favorable à la participation du Canada au conflit. Tant pis. Certes il est démocrate, mais il arrive que le peuple... se trompe! Les Canadiens français se sont toujours donné des gouvernements fédéralistes? Ils viennent en outre de battre Maurice Duplessis, l'exception à la règle, avant la fin de son mandat? Cette pérennité lui paraît être de l'obstination dans l'aveuglement. En conséquence, il agit comme si le Canada français était en marge de l'histoire et de la géographie. Car il est persuadé que le Québec est seul au monde, qu'il constitue une société à part. Pourtant Laurendeau ne cédera jamais à la tentation de l'État-nation ou du séparatisme. À l'exemple de Bourassa qui avait rejeté la folie de la sécession quand Tardivel s'en était fait le prédicateur, il juge que «le principe des nationalités est fallacieux» et que «cette doctrine conduit à l'anarchie». Mais il avait applaudi des deux mains quand Groulx proclamait à Québec, au 2e Congrès de la langue française en 1937: «Notre État français, nous l'aurons [6].» Toute son action comme ses réactions obéissent, en dernière analyse, à un mobile d'ordre psychologique: que les francophones soient minoritaires au sein de la fédération canadienne est une injustice à laquelle on se résigne par la force des choses, mais sans jamais s'y faire...

Dans la faune du nationalisme québécois, André Laurendeau demeure un être à part. Son incontestable intégrité s'inscrit dans le contexte d'un humanisme généreux. Le cours d'André Siegfried sur le Canada de langue anglaise lui avait révélé, durant son séjour à Paris, l'existence parallèle d'un autre Canada. Comme dans le mime chinois, ses affrontements avec *les autres* avaient toujours tenu du combat dans la nuit. Pour en avoir le coeur net, il s'impose, dès son retour à Montréal, de suivre durant deux ans les cours d'histoire et de géographie politique de l'Université McGill. Il découvre de l'intérieur une institution typique de langue anglaise, implantée dans une ville bilingue qui est aussi la métropole du Canada français. Il y noue des amitiés durables. Ce qui ne modifie en rien son comportement nationaliste. Mais dans une certaine mesure, l'expérience de McGill l'incitera, en 1963, à donner son accord à Maurice Lamontagne, le secrétaire d'État, qui lui propose de présider conjointement avec Davidson Dunton, le président de l'Université Carleton, la Commission royale d'enquête sur le bilinguisme et le biculturalisme. Certains ont prêté à ses écrits et à ses discours une lecture anti-anglaise. Pour y parvenir, il faut vraiment n'avoir jamais connu l'homme Laurendeau. Autant dire qu'il était antifrançais puisque neutraliste. Le P. Doncoeur, auquel les Laurendeau avaient demandé de bénir leur appartement à leur arrivée à Paris en 1935, fut le premier à le noter dans une lettre qu'il lui adressa à l'heure où Pétain demandait l'armistice : « Votre attitude, en ce moment, est sans grandeur. Je la crois sans intelligence. Je vois pourquoi vous voulez vous désolidariser de la France. Mais vous devez voir aujourd'hui à quel prix sanglant on paie sa neutralité. » Laurendeau encaisse. Mieux, il a le courage, combien rare, de publier cette lettre dans *L'Action nationale* de juin 1940.

À des degrés divers, pour une durée plus ou moins longue, nous avons tous été victimes d'un système d'éducation qui, encore aujourd'hui, tient l'ethnocentrisme pour une vertu théologale. Même s'il renonce à l'État-nation, Laurendeau se sent gêné par la présence au Québec d'une forte minorité anglophone issue de différentes ethnies. Il le reconnaît honnêtement et sans détour dans une lettre au P. Georges Simard datée du 27 août 1940 :

Vous me croyez séparatiste. Cela me reporte cinq ans en arrière alors que je publiais aux éditions des Jeunes-Canada un tract intitulé *Notre nationalisme*. Depuis ce temps, mes idées ont évolué. Voici ma position actuelle. J'estime que si la chose était possible, il vaudrait mieux que la nationalité canadienne-française fût seule chez elle et dirigeât ses propres destinées...

Ne pas être un déraciné dans le sens où l'entendait Maurice Barrès (auquel nous devons le culte de la terre et des morts par opposition à celui de la mer et des vivants qui fascinait De Vogüé, résolument proanglais) fut toujours la préoccupation fondamentale d'André Laurendeau. Qu'il s'agisse de la guerre d'Espagne, de la réforme de l'enseignement ou de l'omnipotence du clergé, il justifiait ses attitudes et surtout ses silences en me disant qu'il préférait se montrer discret que «de se couper de sa base». Un soir où je lui rappelais (avec ménagement) qu'à la veille du scrutin de 1955 il recommandait une fois de plus aux lecteurs du *Devoir* de voter pour Duplessis et ses candidats quand lui-même avait dénoncé les politiques de l'Union nationale quelques jours plus tôt, il avait eu cette réponse désarmante: «Au moins Duplessis était autonomiste. Après Taschereau et surtout Godbout, je ne pouvais faire autrement sans courir le risque de m'isoler de la clientèle du *Devoir*.» L'école gratuite et obligatoire, le droit de vote donné aux femmes, la nationalisation de la Montreal Light Heat and Power et la protection de l'enfance comptaient moins, dans son esprit, que la collaboration du gouvernement d'Adélard Godbout à l'effort de guerre du Canada, son pays...

Dans un article d'une excellente tenue, intitulé *En guise de supplément au Laurendeau de Monnière**, son fils Yves, le cadet de ses six enfants, s'est étonné que l'auteur ait choisi de taire l'agnosticisme d'André Laurendeau. Quoiqu'il fût toujours d'une grande discrétion à ce sujet, je m'étais rendu compte qu'il n'allait guère à la messe et je le devinais indifférent en matière religieuse. J'ignorais cependant que Laurendeau fût agnostique. Mais d'apprendre qu'«officiellement, extérieurement, Laurendeau a toujours tenu à se montrer

---

* Voir le document C en appendice.

croyant et pratiquant» ne m'a pas surpris, car l'aveu venait confirmer ce que je savais déjà : sa résolution bien ancrée d'être, en tout et pour tout, solidaire de ceux qu'il appelait les siens.

Yves Laurendeau a eu raison de souligner l'influence que son grand-père, Arthur Laurendeau, a exercé sur son fils André qui, avant même de quitter Paris, à l'été de 1937, sait que son lit est fait, la table déjà mise et qu'il n'échappera pas à sa destinée — quelle que soit sa vocation. *L'Action nationale* et, dans une certaine mesure, *Le Devoir* font partie d'un héritage presque imposé d'office. Car ce n'est pas un plan de carrière qu'on lui suggère à son arrivée à Montréal. On l'investit plutôt d'une mission à l'instigation de Lionel Groulx : assurer la victoire du pays réel sur le pays légal. Comment ne pas songer à Éliacin, guidé par le grand-prêtre Joad à l'insu d'Athalie, dont le dessein est de faire triompher la légitimité sur l'usurpatrice du pouvoir royal ?

C'est à Charles Maurras que l'on doit cette distinction pernicieuse d'un pays réel en opposition constante au pays légal. Groulx, faut-il le préciser, s'en est largement inspiré pour justifier son combat incessant contre les Canadiens de langue française qui, en choisissant de servir les leurs au sein des partis, optaient de fait pour la démocratie parlementaire. Les nationalistes en ont conclu qu'il était par conséquent légitime de s'opposer à toute collaboration avec le pays légal. C'est là et nulle part ailleurs qu'il faut chercher l'explication de l'hostilité et du mépris dont les soi-disant intellectuels ont toujours fait preuve à l'égard des «partis traditionnels» qui sont les arcs-boutants du pays légal comme le Parlement en est l'assise. La théorie maurrassienne du *nationalisme intégral* découle d'une problématique qui se présente à la façon d'un diptyque florentin. Le premier volet affirme que toute révolution ou conquête conduit à un ordre politique inacceptable : l'ordre républicain pour Maurras et, pour Groulx, l'ordre imposé par le traité de Paris, c'est-à-dire par les Anglais. Le deuxième volet s'adresse au comportement des *aficionados* de la restauration monarchique en France ou de l'État français en Amérique. On est en face d'un refus global de la démocratie parlementaire ou présidentielle. Les tenants du *nationalisme intégral* se voient en effet comme les détenteurs d'une vérité qui transcende l'histoire et la vie des peuples — donc les seuls dépositaires de *la* vérité. Pour ces élus imaginaires de quelque divinité — que ce soit l'Être Suprême de Robespierre ou la Déesse Raison de Pierre Chaumette dit Anaxogaros — le pays légal, fondé sur la loi du grand nombre, n'a aucun rapport avec la légitimité qui elle seule réside dans le pays réel.

CHAPITRE
XIII

La débâcle des armées de la République, d'autant plus ressentie qu'elle semblait inexplicable, avait entraîné le rattachement de l'Alsace-Lorraine à l'Allemagne et l'occupation des deux tiers du territoire de la France métropolitaine. Sous le choc de l'événement, le Québec n'avait pas trouvé anormal que le Parlement votât, en juin 1940, la Loi des mesures de guerre et qu'on procédât, en août, à l'enregistrement des Canadiens. Habile politicien, tacticien redoutable, Mackenzie King avait su choisir le moment opportun. Il tenait aussi pour acquis que, si l'opinion demeurait divisée sur la conscription pour service outre-mer, nul ne s'opposait à l'entraînement militaire obligatoire pour la défense territoriale du Canada. Bien sûr, dans les grandes villes, les témoins de Jéhovah, transformés en secte pacifiste, manifestaient contre toute participation au conflit comme, dans les provinces de l'Ouest, les mennonites et les doukhobors refusaient de se laisser mobiliser. Mais à cause de leur petit nombre, ces objecteurs de conscience inquiétaient peu. Seule comptait, à vrai dire, la réaction des Canadiens français. Il fallait sans doute s'attendre à quelques meetings de protestation. Mais de quelle influence jouissaient les nationalistes?

King et ses conseillers avaient vu juste. Et tout en reconnaissant l'existence de quelques foyers d'agitation dans la région de Montréal, Ernest Lapointe pouvait déclarer en septembre, devant le *caucus* parlementaire libéral, que «toute la province acceptait la *yerre*», car il n'arrivait pas à prononcer correctement le mot *guerre*. Puis il avait ajouté: «Même l'arrestation de Camillien Houde n'a provoqué aucun incident et on n'a pas perdu un vote...» Les raisins de la colère mettront en effet du temps à mûrir — et quand Lapointe sera mort.

Si Mackenzie King gagnait à tous les coups sur l'échiquier canadien, la Grande-Bretagne et ses alliés, par contre, étaient en train de perdre la guerre. Depuis le début des hostilités, les défaites s'empilaient. L'horizon aurait même été complètement bouché si les jeunes seigneurs de la *gentry* anglaise n'avaient remporté la bataille d'Angleterre, en tenant l'air durant deux mois d'affilée contre les stukas du feldmaréchal Goering. Certes elle avait obligé von Keitel, le chef du grand état-major allemand, à remettre *sine die* le projet d'un débarquement dans les Îles britanniques, mais cette victoire ne pouvait être qu'un cran d'arrêt. Sur l'Atlantique, les sous-marins de l'amiral Dönitz coulaient nos bateaux plus vite qu'on n'arrivait à les remplacer. Le War Office avait dû même renoncer à défendre Jersey et Guernesey aussitôt transformées en camps de prisonniers. Au printemps de 1941, la Wehrmacht entrait en Roumanie comme on rentre chez soi, cependant que l'Italie se faisait les dents sur les Grecs. Plus grave encore, le Japon, maintenant complice à part entière de l'Axe Rome-Berlin, venait de signer le Pacte à trois. L'Angleterre assiégée pouvait tenir — et longtemps! Mais gagner la guerre? Crucifier Hitler sur sa croix gammée? Il fallait croire aux miracles pour y songer, tant la situation semblait à tous désespérée.

Contre toute espérance, le miracle se produisit le 22 juin à l'aube. Sous la protection d'une couverture aérienne ininterrompue, les panzerdivisions attaquaient en force sur un front de 2 500 kilomètres. L'armée allemande menait un train d'enfer et les Russes, sous le choc, battaient en retraite.

Mais nous savions, l'histoire aidant, qu'il a toujours été plus facile de pénétrer en U.R.S.S. que d'en sortir. En Europe occupée comme dans tous les pays en guerre contre le fascisme, on retrouva l'espoir en même temps que le souvenir de Napoléon marchant sur Moscou à partir de Varsovie, le 24 juin 1812, pour regagner Paris en décembre, seul ou presque au fond d'un traîneau, abandonnant la Grande Armée aux Cosaques et au général Hiver.

Ce même jour, nous nous trouvions à Ottawa où Radio-Canada parvint à me joindre au Château Laurier pour me demander si j'accepterais de commenter l'événement en fin d'après-midi. C'était la première fois que la Société recourait à mes services. Et pour éviter tout malentendu, on précisa que si on s'adressait à moi, c'est qu'on me savait favorable à l'alliance soviétique : « Churchill doit faire une déclaration à la B.B.C. qui sera relayée par nos deux réseaux après 16 heures cet après-midi. S'il annonce que la Grande-Bretagne et la Russie soviétique se sont alliées, votre commentaire passera entre 16 h 30 et 17 heures. S'il n'y a pas d'alliance, il n'y aura pas de commentaire ou quelqu'un d'autre s'en chargera... »

(De toute évidence, on n'avait personne sous la main qui fût disposé à se commettre sur ce sujet tabou : quelle allait être dorénavant la nature de nos relations avec le gouvernement de Staline et fallait-il, en extrapolant, dédouaner le Parti communiste canadien frappé d'illégalité depuis le Pacte germano-soviétique ? Ces questions ne pouvaient demeurer longtemps sans réponse. Grâce à l'intervention du cardinal Villeneuve et de Louis Saint-Laurent, qui devint ministre de la Justice six mois plus tard, elles furent résolues d'habile façon et sans éclat, comme nous le verrons.)

L'alliance soviétique m'apparaissait inévitable. Le discours de Churchill allait confirmer ce que je tenais pour un fait accompli. Ce qui importait surtout, c'est que depuis ce matin on se battait sur le continent. Nous n'étions plus seuls. Hitler avait lui-même choisi d'ouvrir un deuxième front en attaquant l'U.R.S.S. La signature du Pacte à trois donnait aussi à réfléchir. Le président Roosevelt voulait la guerre, disait-on, et on pouvait croire que le Japon entendait également y participer. Je fis part à ma femme de cette analyse rapide d'une situation devenue subitement aussi mobile qu'elle me semblait figée vingt-quatre heures plus tôt. Et je me rappelle lui avoir dit, au moment de quitter Ottawa, que j'avais le sentiment d'être un profiteur de guerre; je devais la direction de *L'Événement* à l'entrée en guerre du Canada contre l'Allemagne et mes débuts au réseau français de Radio-Canada à l'invasion de l'U.R.S.S., notre alliée...

Deux heures plus tard, nous atterrissions à Québec, le *jet* n'ayant pas encore dépassé le stade de la planche à dessin. Les studios de la Société étaient alors logés au Château Frontenac. Je m'y rendis sur-le-champ pour taper mon laïus après avoir écouté Churchill. À cette époque, un commentaire durait un quart d'heure et tout se faisait en direct. Je pris ensuite quelques minutes pour téléphoner à Léon Roberge, mon adjoint, afin de m'assurer que la Une serait entièrement libérée. Du Château, je dus me rendre rapidement à CKCV pour rédiger mon commentaire du dimanche qui passait à 20 heures. En plus d'expliquer la décision de Churchill — comme s'il y avait lieu de la justifier — j'avais analysé, pour Radio-Canada, les conséquences de l'alliance soviétique sur le plan militaire. Je me sentais beaucoup plus libre d'aborder maintenant les questions d'ordre politique qui se posaient. Les partis communistes de l'Europe occidentale, en premier lieu le Parti communiste français, allaient sûrement s'engager à fond dans la résistance. Il me semblait insensé qu'on pût songer à les exclure des mouvements de libération. Ce qui était valable en Europe l'était aussi au Canada. Bien entendu, la Gendarmerie royale était à l'écoute... À 20 h 30, j'arrivais enfin à *L'Événement*. Le discours de Churchill et la portée de l'alliance soviétique, l'appel de Staline au patriotisme russe et l'état des opérations sur le front Est, car maintenant il y en avait un, la réaction américaine et celle des gouvernements alliés — tout devait trouver place à la Une. Léon Roberge me dit que l'équipe n'avait jamais travaillé autant et si bien. L'ambiance rappelait celle des grands soirs, quand la manchette du journal annonce un événement qui demain va modifier l'ordre des choses. Nul ne semblait pressé de

rentrer chez lui et, la copie terminée, on allait lire les dépêches dévidées par les téléscripteurs. L'avance des panzerdivisions s'accélérait. Mais à la salle de rédaction comme aux
ateliers, on éprouvait une sorte de soulagement à la pensée
que si l'Armée rouge retraitait, elle creusait ce faisant le tombeau de la Wehrmacht.

L'entrée en guerre de l'U.R.S.S. provoqua d'abord un
sentiment de réconfort chez les leaders politiques du Canada
français. Brève toutefois fut l'euphorie, car l'ouverture du
front Est ne pouvait qu'ajouter aux obligations militaires du
gouvernement fédéral. Il était exclu que les Britanniques
puissent gagner cette guerre sans envahir le continent. Mais
à quel prix ? L'intervention éventuelle des États-Unis en Europe était chose acquise. Ce qui signifiait que nous devions
gagner du temps. Personne n'avait prévu, par contre, l'assaut
allemand contre l'Union soviétique. Si peu d'ailleurs s'y attendaient, qu'hier encore on associait le nom de Staline à
celui d'Hitler dans les discours officiels. Il s'imposait qu'on
inversât l'éclairage. Mais cela n'allait pas sans risque et comment éviter le ressac ? Les Russes un jour appelleraient au
secours. Cela donnait à réfléchir : comment augmenter notre
effort de guerre sans créer un sentiment d'inquiétude au Canada français ? La conscription demeurait la bête noire de
Lapointe, Cardin, Godbout et compagnie. Hélas ! Staline
était aussi le pape du communisme international, du Ko-
mintern *. Même si Churchill avait déjà déclaré qu'une alliance avec le diable lui apparaissait de bon aloi pourvu
qu'on pût écraser l'Allemagne nazie, tous savaient d'expérience que l'anticommunisme au Québec conservait un caractère quasi religieux.

Depuis quarante ans, Mackenzie King s'intéresse de près
à la société canadienne-française. Ministre du Travail sous
Laurier, en 1908, elle lui apparaît, sinon fermée à l'éthique
protestante de la révolution industrielle, en tout cas réfractaire aux normes socio-économiques qui, depuis les États-
Unis et la Grande-Bretagne, façonnent le comportement po-

---

* Nom donné par les communistes russes à la IIIe Internationale. Dissous en 1943,
cet organisme fut remplacé en 1947 par le Kominform, qui fut dissous à son tour
en 1956.

litique de ses compatriotes anglophones. Il sait que les Canadiens de langue française, d'esprit conservateur et à l'écoute de leurs pasteurs, ne se sont ralliés au Parti libéral qu'à la suite d'un concours de circonstances dont la pendaison de Louis Riel en 1885 et l'arrivée au pouvoir de Wilfrid Laurier en 1896. Redoutant les hérétiques de l'Institut canadien et les idées avancées des «vieux rouges», le clergé dans l'ensemble, sans hésiter, avait osé apporter son appui aux *pendards*, — et plus de la moitié des ouailles avaient respecté la consigne donnée: «Le ciel est bleu et l'enfer est rouge.» À l'élection de 1887, une majorité de députés conservateurs se faisait élire dans le Québec, 33 exactement, contre 32 libéraux; en 1891, on compte encore 30 *tories*, mais quand même 35 *grits*. Ce n'est qu'en 1896, onze ans après la mort de Riel, que Laurier, chef du Parti libéral depuis la démission d'Edward Blake à la suite de la défaite électorale de 1887, parviendra enfin à faire élire 49 députés au Québec. Mais les candidats de Sir Charles Tupper auront réussi, avec l'aide des curés intégristes et des *castors*, à réchapper 16 comtés... Et beaucoup se demanderont, une fois le *score* connu, quel aurait été le sort des libéraux si Macdonald et Cartier avaient encore tenu la barre.

À l'élection de 1917, King fera campagne comme «libéral-Laurier», c'est-à-dire contre la conscription, et sera bien battu. Doué d'une plus grande sincérité qu'on ne lui en reconnaît, il se veut l'homme de la réconciliation et le gardien de l'unité nationale. Le Québec devient alors à ses yeux la plaque tournante de la fédération et, jusqu'à son dernier combat, restera au coeur de sa stratégie électorale. Le congrès plénier de 1919 le confirme dans sa conviction d'être, de fait et de droit, l'héritier de Wilfrid Laurier. Mais il sait aussi que, sans l'appui global des délégués canadiens-français qui ont opté pour Ernest Lapointe contre Lomer Gouin, Fielding passait comme une lettre à la poste au lieu d'être mis échec et mat au 3e round. Depuis, il existe une alliance King-Lapointe: King doit tout à Lapointe qui doit tout au Parti libéral. À vrai dire, ils ont peu en commun, à commencer par la taille. Mais quand Lapointe lui parle, King entend la voix du Québec, celle du sens commun qui, dans la bouche du député de Québec-Est, devient « le gros bon sen-se ». L'un et l'autre savent que le Parti libéral, dans *la belle province*, n'a jamais été celui que ses leaders et l'histoire ont façonné. Le Parti libéral est devenu, grâce à Laurier et grâce à Lapointe, le parti des Canadiens français catholiques, mais le Parti abhorre les nationalistes et les cléricaux. Tant pour la Hiérarchie que pour les chefs politiques du Canada français, l'alliance soviétique ne peut être qu'une source de problèmes. King se tourne une fois de plus vers Lapointe et lui confie la tâche de pacifier les esprits.

Pour les Canadiens de langue anglaise, Ernest Lapointe est le fer de lance du Parti libéral au Canada français et le garant de l'effort de guerre du Québec. Bien incapable de se prendre pour un autre, de se jouer cette comédie à lui-même, il est à la fois simple et authentique ; ni stratège ni penseur, mais un homme de bonne volonté qui, cependant, ne recule pas quand son devoir d'État lui commande d'agir et s'il se sent tenu d'assumer des responsabilités précises, fussent-elles pénibles. Sa nature l'oppose à l'influence indue du clergé québécois, mais il lui répugne aussi d'intervenir dans les relations entre l'Église et l'État. Député de Kamouraska puis de Québec-Est depuis trente-sept ans, ministre de la Justice pérennisé (1924-1941), il lui appartient d'empêcher que les clercs nationalistes, qui sécrètent l'anticommunisme comme ils respirent, s'agitent et sabotent. C'est donc au Cardinal qu'il s'adressera.

L'entretien eut lieu à Québec et la démarche de Lapointe ne connut aucune publicité. On n'en parla ni sur la place publique ni dans les journaux. Non par goût du secret, mais parce que l'usage et le sens commun s'y opposaient. À cette époque, quand l'Église et l'État négociaient, aucun des interlocuteurs ne se sentait obligé d'en informer la presse. On croyait au contraire qu'il fallait traiter ce genre de questions dans la plus grande discrétion si on voulait parvenir à d'utiles conclusions pour les deux parties. Il fallait donc éviter tout débat public susceptible de soulever la rue et de faire mousser les enchères. Fussent-ils bénéficiaires d'une fuite, accidentelle ou voulue, les journalistes auraient hésité longtemps avant d'en révéler le contenu. Et qui plus est, le *news editor*, qui jouissait du pouvoir indiscuté d'accepter ou de rejeter les articles qu'on lui soumettait, aurait éprouvé lui-même le sentiment de violer le bon usage s'il en avait autorisé la publication. («L'État n'a pas à s'immiscer dans les chambres à coucher de la nation», disait avec raison Pierre Trudeau au temps où il dirigeait le ministère de la Justice. Parce qu'ils n'ont de comptes à rendre à qui que ce soit, les journaux canadiens ont cru que, dans ces conditions, il leur revenait de se substituer à l'État comme celui-ci avait jadis remplacé l'Église dans ce rôle, et qu'il leur appartenait de tenir la chandelle. Ils font aujourd'hui commerce des sept péchés capitaux: la vie des hommes publics est... publique!)

Le cardinal Villeneuve avait beaucoup appris en devenant prince de l'Église à 50 ans. De règle, on s'adressait à lui à la troisième personne: «Votre Éminence veut-elle...» Mais un jour, m'entraînant à l'écart au cours d'une réception, il tourna sur son doigt l'anneau cardinalice de manière à placer le chaton à l'intérieur de la main; puis il voulut bien m'expliquer la signification de ce geste rapide. «Maintenant, vous pouvez vous adresser à moi à la deuxième personne», me dit-il avec le sourire amusé d'un homme qui sait, alors que son interlocuteur connaît peu ou prou le protocole du Sacré Collège. La guerre commençait et il tenait à me dire que si nous avions le devoir de ne pas la perdre, nous ne devions jamais oublier qu'elle opposait des peuples chrétiens. Je me gardai bien de lui rappeler que, quelques années plus tôt, dans son évêché de Gravelbourg, en Saskatchewan, il se réclamait volontiers de l'abbé Groulx, l'initiateur de la croisade des adolescents d'où sortit cet énorme canular: le culte de Dollard des Ormeaux, sacré «héros de la jeunesse catholique du Canada français». Mais il est vrai que les Iroquois détroussés n'appartenaient pas encore à la chrétienté...

D'avoir été le premier évêque de Gravelbourg flattait sûrement sa vanité; mais de se retrouver archevêque de Québec un an plus tard et bientôt cardinal l'avait convaincu que la vie lui réservait d'importantes missions. De ce jour, la grâce d'État qui commandait ses actions atténuait en même temps son nationalisme d'antan. Quelques mois à peine après son installation dans le palais cardinalice qui domine les remparts de Québec, le sort voulut que la reine Astrid trouvât la mort dans un accident de voiture. Le Cardinal y vit, semble-t-il, un signe du destin. L'heure de l'annonce aux Québecquois venait bel et bien de sonner : si le cardinal veillait au salut des âmes, le prince régnait sur la ville. Ce qui nous mérita l'honneur d'être conviés à la basilique où Son Éminence, en plus de célébrer une messe de Requiem, prononcerait l'oraison funèbre de la reine morte. On comprit mal tout d'abord le pourquoi de cette initiative. Astrid, belge et jolie, n'était pas pour autant un *household name* dans notre capitale. Mais ce n'était ni un malentendu ni un imbroglio. Dès les premiers mots de l'homélie, tout devint clair : « *Mon cousin*, le roi des Belges, vient d'être frappé d'un grand deuil... » Le fils du cordonnier venait de faire son entrée au parterre des rois et des princes. Peut-être songea-t-il, la durée d'un instant, à préciser qu'ainsi le voulait la loi du Seigneur : « Les premiers seront les derniers et les derniers seront les premiers. » Mais il n'en fit rien voir et c'est en grande pompe, baignant dans un chant d'orgue et un parfum d'encens, qu'il sortit du choeur, sûr de son rang dans le noble monde...

Tel était ce prince de l'Église qui attendait maintenant le ministre de la Justice dans ses appartements du palais.

Rien n'a jamais transpiré de cet entretien et des négociations qui probablement lui firent suite. Il en existe peut-être quelque trace aux Archives ou dans les papiers personnels d'Ernest Lapointe — hormis que tout ait été décidé verbalement. Chose certaine, on en vint à une entente. Grâce au ciel, si l'on peut dire, le cardinal Villeneuve accepta de payer de sa personne pour exorciser l'alliance soviétique de ses vieux démons. Peu après l'invasion de l'U.R.S.S., l'Association de l'amitié canado-soviétique, fondée à Montréal, fit souche à Toronto d'où elle gagna bientôt l'ensemble du pays. Selon l'usage, un comité d'honneur coiffait notre entreprise. Pour assurer son efficacité autant que pour répondre au besoin d'un appui prestigieux, nous avions sollicité le concours des personnalités les plus notoires du Canada français et des provinces de langue anglaise. À la surprise de quelques-uns d'entre nous, le Cardinal s'était rendu à notre requête et son nom apparaissait en tête du gotha des célébrités d'alors.

Il va sans dire qu'aucun journal n'osa, dès lors, mettre en doute la nécessité d'une association dont le caractère humanitaire était prépondérant, même si sa fondation ressortissait aux impératifs d'un effort de guerre commun. Partout, dans les usines comme dans les bureaux, on faisait chaque jour la collecte des médicaments, des vêtements et des vivres pour le peuple russe qui recourait, de nouveau et sans hésiter, à sa politique de la terre brûlée, oubliant même de compter ses morts. C'était bien *la guerre patriotique*, et tous voulaient que Staline eût raison : « La bataille doit se faire et se fera à l'ouest de Moscou. » Comment pourrais-je oublier l'hommage de Montréal aux défenseurs de l'U.R.S.S.? Comment ne pas me rappeler de l'arrivée du cardinal Villeneuve, en compagnie de Brooke Claxton et du colonel Zabotine, respectivement ministre de la Santé et attaché militaire soviétique, à l'extraordinaire rassemblement du Forum organisé par l'Association de l'amitié canado-soviétique que Sir Ernest Flavelle présidait et dont j'étais le vice-président?

○ ○ ○

En ce temps-là, les avions mettaient vingt-huit heures à faire la liaison New York-Lisbonne. Les *clippers* de la Pan-Am plafonnaient en moyenne à 2 000 mètres d'altitude et la vitesse de croisière ne dépassait pas 225 km/h. On devait souvent refaire le plein. Si un itinéraire fantaisiste vous conduisait en zigzag d'une escale à l'autre, chacune valait le détour comme l'eût sûrement annoncé un Michelin des routes aériennes. L'hydravion décollait à 11 heures, le matin, de l'aéroport La Guardia, avec ses 40 passagers pour amerrir le lendemain soir, à 20 heures, à l'embouchure du Tage. Dans l'entre-temps, nous avions pris le thé à Hamilton, capitale des Bermudes britanniques, et, le lendemain midi, l'apéritif à Horta, petit port des Açores dont chacune des îles ressemblait, vue d'un hublot, à un bouquet d'arbres noyés de soleil et battus par les vents de l'Atlantique.

L'archipel était portugais et neutre le Portugal. Mais en fouillant bien les archives du ministère, le Foreign Office venait de découvrir un ancien traité, datant de 1373, qui disait expressément :

> En premier lieu, nous réglons et convenons qu'il y aura, à partir de ce jour et désormais, de vraies, fidèles, constantes, mutuelles et perpétuelles amitiés, unions, alliances et entr'aides ; et que nous aiderons, maintiendrons et soutiendrons l'un l'autre mutuellement par mer et par terre contre tous les hommes qui peuvent vivre ou mourir.

Personne ne se doutait que le Dr Salazar, le sage de Coïmbre maintenant président à vie de son pays, ne reconnût un jour la validité de cet accord ; qu'il valait mieux surtout s'y conformer que de le dénoncer. On ne badine pas avec les seuls « connoisseurs » de jerez et de porto qui vous restent... Deux ans plus tard, le maréchal Badoglio succédait à Mussolini (qu'on pendra par les pieds en avril 1945) et déclarait la guerre à l'Allemagne hitlérienne. Il n'en fallut pas davantage pour que les navires fatigués de la Royal Navy retrouvassent aussitôt l'usage des bases navales de l'empire portugais.

Parce qu'ils n'étaient pas en guerre avec la Grande-Bretagne et le Canada, le Dr Salazar, le général Franco et le maréchal Pétain jouissaient d'un préjugé favorable dans la plupart des pays de tradition britannique. Bien qu'ils eussent aboli les parlements élus, interdit les manifestations populaires et supprimé la presse libre, on refusait de les confondre avec Hitler et Mussolini. Leurs gouvernements, aux yeux des *appeasers* d'hier, n'étaient qu'« autoritaires » par opposition aux dictatures fascistes. Je ne partageais pas ce point de vue ; mais je reconnaissais que s'il y a des degrés dans la pratique de la vertu, il en va de même dans le comportement des États policiers. À peine installé à l'hôtel, j'en eus la confirmation quand je fis le tour des librairies de la place Rossio. Les censeurs devaient être fort occupés ailleurs. Car, devant moi, je voyais à l'étalage des essais politiques de John Gunther et de Pierre van Paasen, des bouquins de Jacques Maritain, des romans de Somerset Maugham, de Charlotte Brontë, d'Aldous Huxley et de Stefan Zweig traduits en portugais. On m'expliqua que seuls lisaient ces livres ceux qui pouvaient les *comprendre* — la grande masse ne sachant ni lire ni écrire. Admirable souplesse latine!

Il arrive que le hasard fasse bien les choses. De retour à l'Avenida Palace, je pris un taxi pour me rendre à l'Estoril où je devais dîner avec B.K. Sandwell, le directeur du *Saturday Night*, et Grattan O'Leary, le rédacteur en chef de l'*Ottawa Journal*. Nous appartenions tous les trois au premier groupe des journalistes canadiens qui se rendaient à Londres à l'invitation du British Council. En plus d'une rencontre prévue avec les volontaires du corps expéditionnaire au camp militaire d'Aldershot, nous devions participer à de longs briefings sur la coordination entre les pays alliés pour que l'effort de guerre, particulier à chacun, servît à tous. J'étais encore à leur serrer la main quand j'aperçus Pierre Dupuy au fond du bar, seul, en train de lire *Gringoire* ou, plus précisément, un article de Paul Morand, comme je pus m'en rendre compte par la suite. Voyant que j'avais fort envie de me joindre à l'ambassadeur et devinant que nous parlerions français, B.K. me dit, avec sa discrétion habituelle, que je n'avais pas à me gêner et qu'on me garderait une place à table. Pierre Dupuy représentait alors le Canada tant auprès du gouvernement de Vichy que du Comité de la France combattante à Carlton Gardens. À ce double titre, il avait ses entrées chez Churchill et l'oreille de Vincent Massey, le haut commissaire.

Les politesses d'usage expédiées, l'ambassadeur m'informa qu'il arrivait de Vichy où il avait eu, en tête à tête, un long entretien avec le maréchal: «Je reviens à Londres pour en faire part à Churchill, comme à De Gaulle et Massey. Vous savez, depuis juin, tout est changé. Je veux dire que l'invasion de l'U.R.S.S. a tout changé...

— Hitler aurait mieux fait d'envahir l'Espagne et le Portugal. C'est moins froid...

— Et il aurait rencontré moins de résistance; on se serait laissé faire une douce violence. J'ai dit au maréchal qu'une fois en Russie, on n'en sort plus.

— Il a réagi?

— À mon arrivée, il m'a d'abord parlé de son argent au Canada. Il touche ou devrait toucher une rente viagère d'environ trois cents dollars par mois. Comme nous avons toujours des relations diplomatiques avec son gouvernement, il voudrait que l'argent lui soit viré en France. J'ignore ce qu'entend faire le gouvernement canadien, mais je doute qu'on me demande de lui remettre un chèque à chacun de mes voyages à Vichy.

— Mais quelle a été sa réaction sur l'issue de la guerre?

— Rien qui engage Vichy; mais je pense qu'il a compris. En tout cas, la note que je lui ai transmise verbalement était claire: «Monsieur le maréchal, nous allons gagner la guerre; nous pouvons la gagner *avec* vous, *sans* vous ou *contre* vous. Il vous appartient de choisir[1].»

Le lendemain matin, vers 11 heures, j'ai retrouvé B.K. Sandwell et Grattan O'Leary à l'aéroport de Sintra où les inscriptions, aux portes des bureaux qui donnaient sur le hall central, annonçaient les noms des compagnies aériennes dont la présence faisait de Lisbonne le carrefour discret de l'Europe en guerre: B.O.A.C. (British Airways), Deutsche Lufthansa, Ala Littoria, Air France, etc. Dès leur arrivée, les pilotes déposaient sur une longue table les journaux apportés de Londres, de Berlin, de Rome, de Vichy ou de Paris, et chacun ramassait ceux qu'il devait prendre avec lui à son retour. L'échange se faisait sans un mot, sans le moindre signe de reconnaissance.

À midi sonné, l'avion hollandais, chaque place occupée, mit le cap sur Bristol d'où nous devions gagner Londres en fin d'après-midi. C'était le 20 septembre 1941. Depuis deux ans déjà il n'y avait plus de Pologne sur la carte du monde. Mais on sentait confusément que la guerre venait à peine de commencer...

o o o

Le *blitz,* dont l'intensité variait d'une nuit à l'autre depuis la bataille d'Angleterre, n'avait ni érodé le moral des Londoniens ni enrayé la machine de guerre anglaise. Churchill s'en était porté garant devant les Chambres: «Les blessures infligées à notre ville par les bombes allemandes ont l'importance des égratignures laissées par le rasoir!» La vie cependant dérogeait de plus en plus aux règles de l'ordinaire. Entre les immeubles crevés du toit à la cave ou partiellement démolis, on voyait dans les rues des militaires qui parlaient toutes les langues. De chambre de compensation de l'univers organisé, Londres s'était transformée en capitale du monde libre d'où la B.B.C. annonçait, d'une voix imperturbable, vingt-quatre heures par jour et aux peuples de tous les continents, ses défaites comme ses victoires. Sept gouvernements en exil témoignaient du changement de même que les cent vingt-cinq cabines téléphoniques de la Foreign Press Association que présidait M. Killer, de l'Agence télégraphique suisse, qui, malgré son nom *, était le plus amène des hommes. Les Anglais vaquaient toujours à leurs affaires; mais plus souvent qu'autrement, un masque à gaz et un *hard hat* équilibraient le parapluie et l'attaché-case des cols blancs ou la *luncheon-box* des cols bleus. Partout on croisait des soldats de Sa Majesté. Un peu d'attention suffisait cependant pour deviner le civil sous l'uniforme. Churchill n'avait pas encore présidé à la liquidation d'un Empire répandu sur les sept mers, et les Britanniques occupaient toujours les Indes comme ils contrôlaient toujours la route *Player's* **, qui va du Cap au Caire. Mais au Parlement, nul n'éprouvait le besoin d'une armée de métier.

Dès son arrivée à Londres, l'Étranger découvre avec surprise que, dans cette citadelle assiégée des droits et libertés, les combattants de la démocratie discutent de la lutte des classes, de la neutralité irlandaise et même de l'impérialisme

---

* En anglais, le mot *killer* signifie tueur ou assassin.
** Cette route, à l'époque, coupait à travers plusieurs colonies où l'on était assuré de trouver cette marque de cigarettes.

allemand avec un détachement déroutant. L'Étranger en vient vite à se demander si la guerre n'a pas émoussé chez eux l'instinct de conservation. Mais les Anglais savent d'expérience que «la haine est la colère des faibles*», que les ennemis du jour sont souvent les alliés du lendemain, de toute façon d'éventuels clients. Parce que toute conquête doit conduire à la colonisation et aux échanges commerciaux, que les Empires se construisent à cette condition, ils ont renoncé à la haine puisqu'elle reste incompatible avec l'exercice du pouvoir. D'où peut-être ce sentiment de supériorité qui les habite et qu'ils ne cherchent pas à dissimuler. L'Étranger y voit naturellement la source des préjugés qui le choquent. Du moins jusqu'au moment où il découvre qu'en vérité ce ne sont là qu'idiosyncrasies. Depuis Élisabeth et Cromwell, ne sont-ils pas *at home* partout où la terre baigne dans l'eau salée?

Je dois à l'Angleterre de m'avoir enseigné qu'il n'y a de *ligne droite* ni dans la vie des individus ni dans l'histoire des nations. La terre tourne et les hommes avec elle. Les relations entre États ne sont pas immuables. Ce que les traditionalistes appellent «les leçons du passé», souvent contradictoires, n'échappent pas à l'usure du temps. «Mes amis sont morts, / je m'en suis fait d'autres.» Ces deux vers d'un auteur inconnu, qui gardait en mémoire le judicieux conseil de l'Évangile: «Laissez les morts enterrer les morts», devraient apparaître en exergue sur toutes les études historiques consacrées aux prétendus «ennemis héréditaires». Les Canadiens d'origine britannique ou française, par exemple, sont presque tous victimes d'une illusion d'optique quand ils se regardent par-dessus un manuel d'histoire. Car au lieu de se découvrir tels qu'ils sont devenus, ils se voient à partir d'une France «malade d'hégémonie» et de la «perfide Albion».

Remonter aux Plantagenêts et aux Capétiens n'est pas une mince affaire! On sort à peine des affres de l'An Mille qu'on en vient déjà à la conquête normande et à la première croisade. On enjambe, si l'on ose dire, Aliénor d'Aquitaine,

---

* *Les Lettres de mon moulin* d'Alphonse Daudet.

qui épousa tour à tour Louis VII, roi de France, et Henri II, roi d'Angleterre; Jeanne d'Arc et Louis XIV, pour se retrouver en vis-à-vis, comme des chiens de faïence, sur les Plaines d'Abraham. Et c'est Napoléon... Au total, une chronique truffée de bleus: confrontations militaires et conflits politiques, dont Henri VIII fournit un bon exemple en se prononçant pour Charles Quint contre François 1er qui rêvait aussi du Saint Empire. Les duchés et les royaumes se font et se défont. Est-ce bien sûr cependant que les choses se soient passées telles qu'on les raconte? Où est la vérité? Et surtout, cette question que se posait Pilate et à laquelle on n'a jamais répondu: « Qu'est-ce que la vérité? »

Quand j'avais 20 ans, beaucoup d'historiens s'adonnaient au plaisir de réhabiliter les rois et les princes dont la mémoire était honnie. Mais pour ce faire, il fallait parfois en flétrir d'autres. Cet équilibre instable devait heureusement conduire à un examen sévère des méthodes en usage. La recherche se faisant plus précise, à mesure que la documentation devenait plus abondante, on en est arrivé à réécrire l'histoire — bien qu'elle échappe encore au champ des sciences exactes. (On sait maintenant que la bataille d'Hastings, par exemple, a donné naissance à une civilisation anglo-normande dont le Canada aurait dû s'inspirer au lieu de sombrer dans la platitude.) Mais les mythes sont tenaces. Jeanne d'Arc au bûcher et Napoléon à Sainte-Hélène hantent toujours le sommeil des nationalistes français. Et pourtant ce sont là des images d'Épinal qui fascinent les Anglais. Pour George Bernard Shaw, Jeanne est la première sainte protestante *, brûlée vive par la volonté de la Hiérarchie catholique parce qu'elle obéissait aux *voix* venues du ciel plutôt qu'à celles des évêques. Si durable, d'autre part, est la légende napoléonienne que, de Londres à Édimbourg, on célèbre davantage l'Empereur que le duc de Wellington, le vainqueur de Waterloo. Mais Sainte-Hélène? À moins de le mettre sous verrou dans la tour de Londres, il ne restait plus, après son évasion de l'île d'Elbe, qu'à l'exiler dans un lieu où

---

* *Sainte Jeanne*, pièce de théâtre par G.B.S.

il pourrait vivre en grand bourgeois, sans pouvoir cependant s'en évader.

Le passé ne saurait nourrir les querelles d'aujourd'hui. Depuis cent ans, d'énormes événements ont bouleversé l'ordre des choses, modifié les rapports de force et changé la vie : la fondation des États-Unis, la Révolution française, l'Entente cordiale, la Révolution d'octobre, deux guerres mondiales et la fin des empires. Mais les revanchards de tout poil se gardent d'en tenir compte et beaucoup en font même abstraction. Ils constituent, à vrai dire, des minorités remuantes, composées entre autres de demeurés dont le seul mérite est d'offrir une distraction à l'ennui qui caractérise la vie quotidienne des «deux peuples fondateurs». Mais ce sont elles qu'on entend. Les Canadiens de langue anglaise, pour leur part, parlent peu ou jamais des Plaines d'Abraham, car ils n'ont aucune raison d'en faire état ; mais ils n'oublient pas qu'ils ont gagné la guerre de Sept Ans et que la France a dû céder aux Britanniques le Canada, la Louisiane et l'Empire des Indes. Et c'est une évidence que leurs ancêtres n'ont jamais su quoi faire de notre pays : «*too much geography, not enough history*», comme devait le dire Mackenzie King deux siècles plus tard. On voudrait que ce fût un paradoxe quand c'est une lapalissade : le Canada n'a pas été pour eux cette seconde patrie qu'ils espéraient trouver en venant en Amérique. La survivance d'une société francophone dont les structures restaient inchangées, malgré l'exode des Français, leur apparut très tôt comme une maladresse de la Grande-Bretagne qui, visiblement, s'en accommodait. À l'annonce du *Boston tea party*, quand ils se rendent compte que les insurgés couperont l'Amérique en deux et mettront fin à l'hégémonie anglaise, le désenchantement le cède à la panique. La fondation des États-Unis, en effet, va tout changer : le Canada perdra sa raison d'être, sans vraiment parvenir à se donner une destinée ou une vocation précise. Les Canadiens de langue anglaise (qu'on appelle et qui se nomment eux-mêmes à l'époque «les Anglais») ne pardonnent pas à George III de s'être résigné à la victoire des Yankees sur le général Braddock et Lord Cornwallis. Leur ressentiment, en ce sens, se compare à celui des Canadiens français à l'égard de Louis XV.

Le choc est d'autant plus ressenti que le Canada du temps a été sauvé in extremis par les Québecquois * qui, au coude à coude avec les réguliers du gouverneur Carleton, ont bloqué l'assaut des troupes de Montgomery, tué sur place comme avant lui Wolfe et Montcalm. Ce qui met fin, de façon inattendue, à l'espoir que beaucoup entretenaient d'une Amérique reconstituant son unité perdue sous l'égide du général-président Washington. Cette victoire enfin signifiait qu'ils allaient devoir se satisfaire, contre leur gré, d'un pays bicéphale, se mêler à la vie organisée d'une société francophone et catholique à laquelle la Couronne chercherait sans doute à témoigner sa reconnaissance. Face au dynamisme américain, à cette nation inventée et sans passé, le Canada fera figure, dès le départ, de pays sous-développé et, aux yeux des Européens, les Canadiens resteront un peuple «sans histoire et sans littérature». Partagée entre un loyalisme figé, très *colonial*, envers la mère patrie, et la nostalgie de la *manifest destiny*, l'opinion canadienne-anglaise paraît incapable, encore aujourd'hui, de s'engager globalement dans un projet de gouvernement qui tiennne compte, pour que la nation l'emporte enfin sur l'État, de la nature bilingue du pays, de son caractère pluraliste et des minorités indigènes dont l'intégration demeure, pour l'instant, une simple vue de l'esprit.

Beaucoup de Canadiens français, pour des raisons contraires, croient trouver dans la défaite de 1760 l'explication de leur infortune. Dans cette perspective, la bataille des Plaines d'Abraham devient la grande mortaise à laquelle devront s'ajuster, comme des tenons, tous nos échecs successifs. Cesser d'en parler détruirait l'assise de l'édifice et donnerait à *la race* l'impression d'avoir perdu sa ceinture de chasteté. D'où l'existence d'une littérature hautement misérabiliste dont *Maria Chapdelaine* reste le prototype. Et pourtant, si nous avons survécu, nous le devons peut-être à cette bataille d'un matin qui a vu tomber deux généraux, mais peu de soldats. Certes, grand fut notre dérangement! Mais pour-

---

* *La Révolution américaine* (1775-1783) par Marcel Trudel, Montréal, Boréal Express.

quoi s'en prendre à Louis XV quand c'est Louis XIV, célébré par la plupart des historiens nationalistes, qui a laissé la France exsangue et dans le plus grand dénuement après cinquante-quatre ans de règne? Par le traité d'Utrecht, en 1713, le Roi-Soleil renonce à l'Acadie, bien sûr, mais de facto à son Empire d'Amérique. À telle enseigne que, 50 ans plus tard, la population de la Nouvelle-Angleterre atteint 2 000 000 d'habitants quand, du côté canadien, on dénombre à peine 60 000 âmes. Plus étonnant et plus révélateur, trois ans après le traité de Paris de 1763, les États-Unis déclarent leur indépendance que Londres reconnaîtra en 1783, par le traité de Versailles, sans que la France y gagne quoi que ce soit. Et pourtant, les insurgés auraient-ils pu triompher des Britanniques sans le concours de Rochambeau, de DeGrasse, de La Fayette et de l'amiral d'Estaing? Par contre, alliée des Américains et des Français, l'Espagne hérite de la Louisiane cédée à la Grande-Bretagne en 1763 — comme le Canada! La France reprendra pacifiquement possession de son ancienne colonie en 1800 mais, dès 1803, Bonaparte l'abandonnera aux États-Unis non pour une chanson, mais pour une chansonnette: 11 250 000 dollars. Ce qui permet aux Américains de doubler, du même coup, la superficie du territoire de la République * proclamée trente-sept ans plus tôt.

Depuis lors, les relations entre la France et le commun des Canadiens français ont toujours été difficiles. De Gaulle, il est vrai, a semblé croire «aux retrouvailles». Moins cependant par «goût du Québec» que pour emmerder les U.S.A. — tout comme Louis XVI avait voulu enquiquiner les Anglais deux siècles plus tôt.

○ ○ ○

Correctes et raisonnables. Telle fut la nature des relations entre les Canadiens et les Britanniques au lendemain de la bataille des Plaines d'Abraham. Murray était un homme de bonne volonté, mais un piètre administrateur selon Hilda

---

* *History of the World* par J.M. Roberts, Pelican Books Ltd., 1976: «*On the modern map, it includes Louisiana, Arkansas, Oklahoma, Montana, Wyoming and a big piece of Colorado.*»

Neatby *. Pouvait-il en être autrement? Général de carrière, il découvrit, une fois nommé gouverneur de la colonie,
que toute autorité militaire lui avait été retirée. La tradition
anglaise voulait que l'armée échappât au pouvoir civil. Le
commandement militaire de Québec relevait, de surcroît, de
l'état-major qui assurait la défense du continent à partir de
Boston. Médiocrement informés des besoins de cette nouvelle colonie, les ministres du roi ne savaient que faire de cette
autre conquête et les instructions adressées à Murray s'en
ressentaient. Pitt, dit le second, n'avait-il pas déclaré au
cours d'une séance du cabinet: «*Some are for keeping Canada, some Guadeloupe, who will tell me which I shall be han-
ged for not keeping?*» On optera enfin pour le Canada, en
1761, mais pour la seule raison jugée valable: «*the security
of our Colonies*», comme le Premier Ministre en fera état
dans une note à l'adresse de George III. Le Canada, en vérité, offrait peu d'intérêt aux yeux du gouvernement de Sa
Majesté. Seules les treize colonies, qui allaient s'insurger
dans un proche avenir, retenaient leur attention. Nous appartenions déjà au folklore de l'Empire.

Quand les États-Unis proclament leur indépendance à
Philadelphie, en 1774, dans la ville du quaker William Penn,
Londres n'a aucun projet précis concernant le Canada. L'histoire, à l'occasion, se répète: quand la maison brûle, on ne
s'occupe pas des écuries. Longtemps les choses en resteront
là. Il y aura, à compter de ce jour, deux Amériques du Nord:
le rez-de-chaussée habité par les propriétaires et, à l'étage, les
cousins pauvres. La politique d'émigration du Royaume-Uni
connaîtra curieusement les mêmes avatars que la politique
de peuplement des rois de France avant la conquête anglaise.
À la fin du XVIIIe siècle, la population des États-Unis représente deux fois celle du Canada et, cinquante ans plus tard,
on dénombrera autant d'Américains qu'il y a de Canadiens... aujourd'hui! Les jeux sont faits: nous devrons dorénavant diviser par dix. Les U.S.A. deviendront l'Amérique
pour le monde entier et le Canada restera cet arrière-pays
auquel personne ne s'intéresse vraiment.

* *Quebec, The Revolutionary Age* (1760-1791) par Hilda Neatby, dans «The Canadian Century Series», McLelland and Stewart Limited, 1966.

L'Acte de Québec de 1774, dont le résultat patent fut la défaite des Américains, donnait suite aux recommandations libérales du gouverneur Carleton. En plus de satisfaire aux demandes des Canadiens d'origine française et catholique, cette véritable loi-cadre prévoyait aussi la mise en route d'une politique soutenue d'implantation. Mais Londres s'intéressait peu à ces terres lointaines, et si grande était l'indifférence des affairistes de la City à cet égard qu'on eût tôt fait d'y renoncer. La guerre d'Amérique coûtait cher aux taillables. Le gouvernement du roi jugea prudent d'écarter ou de *postposer* l'aménagement d'un territoire trop vaste pour qu'on pût l'exploiter de façon rentable. Cette passivité devint évidente quand le Parlement impérial décida, en 1791, de couper en deux ce qu'on appelait alors la province de Québec: le Bas-Canada comptait déjà 150 000 Canadiens de langue française et catholiques, mais le nombre des loyaux sujets, protestants et de langue anglaise, regroupés dans le Haut-Canada, n'atteignait pas 10 000...

Au point de vue de la solidarité nationale, la guerre de 1812-1814, qui opposa l'Angleterre aux États-Unis, représente une autre occasion manquée. Pour la seconde fois, les Canadiens français se portent à la défense de la colonie. La victoire des voltigeurs de Salaberry à Châteauguay aurait dû donner corps à une entreprise politique fondée sur l'entente et le développement. Il n'en fut rien, comme Durham le confirmera dans son Rapport sur les causes de la rébellion de 1837 dans les deux Canada. On a reproché aux séparatistes du Québec, à juste titre, d'avoir brûlé en vain une génération au lieu d'utiliser à bon escient les pouvoirs et les droits que l'Acte de l'Amérique du Nord britannique leur reconnaissait. On peut en dire autant du Canada, confédéré sous l'Union et fédéré en 1867. Bien sûr, nous sommes logés à l'étage de l'Amérique, plus exposés au froid polaire que les entrepreneurs du rez-de-chaussée. Mais il reste que durant deux cents ans nous n'avons su que panser nos blessures et, par moments, nous en infliger d'autres. Nous appartenions tous à des peuples vaincus: Irlandais, Écossais, Français du Canada, Anglais des États-Unis. Les loyalistes, par fidélité à la Couronne, et les Irlandais, parce qu'il faut manger pour vivre, nous avaient rejoints à l'étage. Les Écossais administraient les lieux en bons commis et les Anglais, les seuls Anglo-Saxons, assuraient la transmission des décisions de la mère patrie à qui beaucoup ne pardonnaient toujours pas d'avoir ramassé une pelle à Saratoga (1777) et à Yorktown (1781).

○ ○ ○

L'histoire et la géographie ont placé les Canadiens au carrefour des temps modernes qui débutent, pour nous, à la signature du traité de Paris, prélude à l'indépendance des États-Unis, pour se terminer avec l'explosion de la première bombe atomique et la désintégration des empires coloniaux. Nous sommes entrés depuis dans l'ère contemporaine. Mais les choses ont-elles vraiment changé? Bien que pays d'immigration, le Canada reste une petite société formée de minorités. Pour cette raison, nous avons conservé avec l'Europe des affinités qui disparaîtraient aussitôt si notre population atteignait un jour cent millions d'habitants. À l'opposé du modèle américain, l'identité canadienne repose d'abord sur l'équilibre des groupes culturels d'origine européenne qui, de tout temps, a été l'élément régulateur de notre vie collective.

Il existe des constantes, même des constances, dans le caractère des peuples. Les Anglais, par exemple, attachent plus d'importance à leur liberté qu'à l'égalité comme en témoigne le principe énoncé par le professeur Barker: «L'Angleterre est une démocratie parce qu'elle est une aristocratie.» Ce qui revient à dire que l'élitisme tant décrié demeure le fondement de la liberté et que, sans celle-ci, la démocratie deviendrait vite synonyme de médiocrité. Paradoxe si l'on veut, l'apophtegme du professeur Barker illustre bien l'esprit des institutions politiques et juridiques du Royaume-Uni qui garantissent, d'une part, un statut aux opposants dont longtemps le complot fut le seul moyen d'action, et qui assurent à tous les hommes, d'autre part, le respect de leur liberté individuelle grâce à l'institution du jury et de l'habeas corpus. Depuis deux siècles, cette façon de faire est devenue notre coutume. Même si l'on jugeait que le nombre des consommateurs et des contribuables ne suffit pas à nos besoins, il me paraîtrait contraire à l'intérêt des Canadiens que les partis politiques, les syndicats ouvriers et les esprits à courte vue se missent à croire, à la faveur de l'immigration, que l'égalitarisme doive se trouver au coeur de leurs revendications parce qu'on le tient pour le levier de tout changement. Mais peu se préoccupent, à l'évidence, que le nivellement puisse entraîner la destruction de certaines libertés individuelles dont la pratique distingue les civilisés des primitifs et des primaires.

La nature n'est pas égalitaire. Au sein de chaque règne comme de chaque espèce, on note des différences de taille, de force, de beauté et d'instinct. Le chêne et le roseau «qui plie mais ne rompt pas» sont aussi différents que l'éléphant l'est de la souris. Dans les *brûlés* du Lac Saint-Jean et de l'Abitibi, quand la vie renaît après les incendies de forêt, les bouleaux sont les premiers arbres à sortir de terre, bientôt suivis des sapins et des mélèzes. Les conifères étouffent peu à peu les feuillus et les déracinent pour s'emparer du terrain parce qu'ils sont les plus forts. Je veux bien que la différence, en soi, ne crée pas l'inégalité. Mais elle y contribue. Elle explique aussi l'existence parallèle des grandes et des petites nations, et qu'on trouve, au sein des mêmes sociétés, des biens portants et des malades, des centenaires et des mort-nés.

D'autre part, si forte est la passion de l'égalité chez «les nouveaux démocrates» (comme on disait hier «les nouveaux riches») qu'ils s'obstinent à confondre mode de vie et culture. Autant soutenir que le *Big-Mac* est un plat cuisiné! Quant à la civilisation proprement dite, le mot a vieilli pour tomber un jour aux oubliettes du vocabulaire courant. Sans doute parce qu'il rappelle que des hommes, plus grands que nature, ont existé et que, face aux barbares, ils ont défendu un héritage qui fait la beauté du monde. On peut donc, dans ce sens, parler d'une civilisation européenne pour exprimer la somme de toutes ces cultures qui se chevauchent et se complètent parce qu'elles ont des racines historiques communes.

On trouve, par ailleurs, autant de modes de vie qu'il y a de groupes humains. Ceux-ci se distinguent les uns des autres par leurs habitudes différentes, dues aux ressources du milieu géographique comme aux difficultés rencontrées, par le degré de prospérité propre à chacun, par l'ingéniosité et la mobilité de leurs individus, enfin par les moyens dont ces groupes disposent pour assurer le développement et le progrès de la collectivité. Il s'ensuit que la culture, cet «ensemble des connaissances acquises qui permettent de développer le sens critique, le goût, le jugement» selon Robert, ne peut être que postérieure au mode de vie.

Il existe, bien sûr, un mode de vie canadien qui diffère peu, pour l'ordinaire des choses, d'une région et même d'une langue à l'autre. Riches ou pauvres, la plupart s'en félicitent. Mais s'il chante volontiers les grands espaces dans lesquels il voit un symbole d'évasion et qui lui apparaissent, à ce titre, comme la condition première de sa liberté, le Canadien moyen aime peu vivre à la campagne — sans doute, dirait Alphonse Allais, parce qu'on n'a pas encore trouvé le moyen d'y construire les villes. Que nous ayons beaucoup emprunté à l'*American way of life* crève les yeux. Les États-Unis sont le seul pays avec lequel nous ayons une frontière commune. Tout automobiliste qui s'y aventure sait qu'il y trouvera une plage en été, du soleil en hiver et des aubaines (qui se prononcent *bargains*) en toutes saisons. Mais de là à nous confondre avec *eux*, il y a loin... L'étranger ne s'y trompe pas d'ailleurs et, de Paris à Tombouctou, on a tôt fait de nous reconnaître — hélas!

Le Canada, d'autre part, est porteur de la civilisation européenne, et ses intellectuels, même quand ils refusent d'en convenir, se voient en successibles des auteurs qui ont donné du lustre aux littératures anglaise et française. Rien de fondamental ne distingue, en effet, nos valeurs culturellles de l'humanisme qui a toujours caractérisé le discours de l'Europe. Les États-Unis ont modifié, par contre, la portée de ce discours en proclamant la primauté des besoins matériels de l'homme sur l'épanouissement de la pensée individuelle, car seule la satisfaction de ceux-là peut assurer la plénitude de celle-ci. Nés de la révolte contre l'Europe, les

États-Unis iront, sous James Monroe, jusqu'à déclarer les trois Amériques *out of bound* pour les empires en expansion — exception faite du Canada dont le sort est scellé. Mais ils sont encore des Européens d'hier quand éclate la guerre de Sécession en 1861. À leur retour, ils seront des Américains, conscients de la nature des États-Unis. L'unité devient à la fois le fondement de leur identité et l'assise d'une nouvelle culture dont Henry Thoreau, Walt Whitman et Herman Melville sont les annonciateurs.

Notre destin est autre. Encore aujourd'hui l'Angleterre et la France restent nos maîtres à penser et quand on s'avise de jouer les affranchis, on devient vite des Américains de 1861. Et l'on peut craindre qu'il en sera ainsi, aussi longtemps que les francophones et les anglophones, les partisans du changement et les timorés, les *pur-laine* et les cosmopolites continueront de s'interroger sur les composantes d'une culture canadienne authentique. Au moment du centenaire de la Confédération, le magazine *Time* a voulu peser nos chances d'avenir. J'ai perdu cette coupure, mais je me rappelle suffisamment cet exercice de psychanalyse pour en résumer la conclusion : « Si tout va bien, les Canadiens jouiront un jour du *know-how* scientifique américain, de la culture française et du génie politique anglais. Mais si tout va mal, ils auront pour lot la culture des Américains, le savoir-faire politique des Français et le *know-how* scientifique des Anglais. »

Ô Kafka ! Priez pour nous...

CHAPITRE
XIV

Dès notre arrivée en Grande-Bretagne, le premier jour, on nous conduisit à Westminster où, à la requête du British Council, Churchill nous attendait. Les présentations faites, il nous souhaita la bienvenue en anglais et en français, pour enfin nous inviter à passer aux Communes. Dans ce panthéon de l'histoire d'Angleterre où il siégeait depuis 1900, l'homme était chez lui, dans sa maison. Si bien qu'il refusa nettement d'en changer, pour aller chez les *lords*, quand on lui offrit la pairie après l'étonnante victoire de Clement Attlee en 1945. Tour à tour libéral et conservateur, souvent isolé au sein de son propre parti, malmené par les uns et célébré par les autres, il devait connaître sa part d'échecs avant de devenir, in extremis, the King's First Minister après que les *appeasers* de Munich et les représentants du Labour se furent résignés, Hitler aidant, à renvoyer au lendemain de la guerre l'heure des règlements de comptes.

Au contraire de la coutume canadienne, le nombre des députés debout l'emportait sur celui des assis parce qu'ils n'avaient précisément nulle part où s'asseoir. Ce fut ma première surprise. Habitué à la rigueur arithmétique de nos assemblées où le nombre des fauteuils doit correspondre d'office à celui des élus, je mis un bon moment à m'expliquer ce désordre voulu. Réservé aux Lords, le décorum n'est pas de règle aux *Commons* où l'on peut garder son chapeau sur la tête et, quand on occupe les premières banquettes, mettre les pieds sur la table du greffier et du sergent d'armes où la Masse à tête d'or symbolise la nature indivisible parce que omniprésente, mais combien discrète, de la Couronne anglaise. Pourquoi le Canada, si respectueux de la tradition britannique, a-t-il opté pour un style plus apprêté alors qu'on se pique de tout faire à la bonne franquette et que le débraillé nous va si bien? On peut supposer qu'on espérait noyer du coup, dans un protocole propre à intimider le public des galeries, le sans-gêne de Sir John A. Macdonald qui buvait sec et pissait dru, n'importe où et à toute heure. Mais l'introduction d'un pareil formalisme, dans le cérémonial et dans la poursuite des débats, a fait des Communes canadiennes une sorte de lieu saint dont l'austérité ressortit davantage à la haute Église d'Angleterre qu'à la mère des Parlements.

Le haut-commissaire du Canada Vincent Massey et sa femme nous invitaient, à peine arrivés, à une réception en l'honneur de George Drew, le leader du Parti conservateur de l'Ontario depuis 1938. Sur le plan politique, les deux hommes ne logeaient pas à la même enseigne. Mais ils avaient une même habitude de l'argent — de l'argent dont ils avaient hérité, contrairement à beaucoup de notables de Toronto. Les Masseys occupaient un grand appartement au Dorchester, l'hôtel préféré de Mackenzie King quand il venait à Londres traiter des affaires de l'État (ou consulter quelque voyante, bien qu'à l'époque cela ne fût guère connu). En poste depuis 1935, ils avaient eu le bon goût de prendre avec eux une partie de leur collection de tableaux et quelques meubles personnels. Vincent Massey avait déjà renoncé à l'idée longtemps caressée de succéder à Mackenzie King. Sa femme continuait d'y croire cependant, mais c'était compter sans l'entêtement du Premier Ministre. Quoi qu'il en fût, cette ambition allait, pour l'heure, se révéler bénéfique. Résolue à s'assurer en temps voulu du concours discret des journaux canadiens, notre hôtesse parut s'intéresser davantage à notre groupe qu'à la présence du chef de l'Opposition conservatrice à Queen's Park.

Au cours de la soirée, je devais me trouver seul, par hasard, avec George Drew. Nous avions chacun notre bête noire : Hepburn et Duplessis, ce qui facilite toujours une première rencontre. Drew détestait le Premier ministre de l'Ontario auquel il reprochait de se montrer mollasse dans son effort de guerre et, de mon côté, je n'aimais point le chef de l'Union nationale parce qu'il utilisait des ruses de Sioux pour s'opposer, par tous les moyens, à notre participation au conflit. Les deux faisaient naturellement bon ménage aux dépens de Mackenzie King qu'ils tenaient pour un centralisateur invétéré, et leur populisme, plus souvent qu'autrement, était « à base » de démagogie. Il n'en fallut pas davantage pour qu'on en vint à parler des raisons ou des projets qui l'avaient conduit à Londres. Il me répondit qu'il entendait tout mettre en oeuvre pour que les Britanniques, désireux d'émigrer au Canada à la fin des hostilités, choisissent de préférence l'Ontario au Québec ou aux provinces de l'Ouest. À partir des moyens qu'il comptait prendre pour atteindre ce but et du ton sur lequel il m'en fit part, il m'apparut évident que, s'il croyait à la victoire alliée, Drew se voyait déjà le Premier ministre de l'Ontario. Voilà ce qui s'appelle avoir des antennes : chef du gouvernement dès 1943, il accueillait, deux ou trois ans plus tard, les premiers immigrants anglais de l'après-guerre. Mais là s'arrêtait sa double vue. Il lui aurait fallu quelque boule de cristal pour prévoir, au moment de prendre congé des Masseys, qu'il occuperait lui-même, en 1957, les fonctions de haut-commissaire en Grande-Bretagne, et surtout que les dieux réservaient à Diefenbaker la charge qu'il convoitait déjà — celle de Premier Ministre du Canada.

Nous devions à l'invitation du British Council d'avoir vu « l'Angleterre en guerre ». Nous étions maintenant pressés de nous rendre à Aldershot où les volontaires canadiens s'entraînaient au débarquement. L'ouverture d'un deuxième front à l'Est du continent, en plus de mettre fin à l'isolement des Britanniques, les rapprochait du Jour J. Dans son coeur comme dans ses tripes, chaque soldat sentait que ce serait son instant de vérité. Inévitable parce que nécessaire. La mort à portée de fusil et lourdes les pertes ! Les Russes ne

pouvaient seuls fournir cette chair à canon : l'heure viendra
où le nombre des cadavres devra s'équilibrer. Personne n'en
doutait, à commencer par le gouvernement de Sa Majesté
qui venait de décréter qu'en novembre toute la production
de guerre de chaque usine irait à l'U.R.S.S., par la voie de
Mourmansk sur la mer de Barents, le seul port libre de glace
à l'année longue. Si grande était la certitude qu'on tenait la
victoire grâce à l'Armée rouge que, dans toutes les salles de
spectacle, la vieille et respectable Angleterre, reconnaissante,
écoutait debout l'*Internationale* jouée en tandem avec le *God
Save the King*. Et je me souviens, à ce sujet, qu'un soir au
Savoy Theatre où l'on présentait *La Foire de Sorotchinsky*,
de Moussorgsky, le vieux maestro Anatole Fistoulari avait
dû s'exécuter comme les autres, bien que Russe blanc en exil
et tsariste patenté.

Des officiers et des soldats qui servaient sous McNaughton, certains avaient appartenu aux forces canadiennes inté-
grées au corps expéditionnaire britannique à la toute fin de
la bataille de France. Mais peu avant Dunkerque, on décida
de les rembarquer pour l'Angleterre. Comment les envoyer
au front quand il n'y avait plus de front ? Après deux ans ou
presque d'entraînement, l'armée, formée principalement de
recrues, semblait maintenant impatiente d'en découdre. Sûrs
du lendemain parce que jeunes et inconscients, ces hommes
n'entretenaient ni rêves de gloire ni crainte des combats.
Bien au contraire. L'humour était la règle du jeu, et l'un
deux me confia, avec un sourire moqueur, qu'il comprenait
mal qu'on veuille « lui refaire les dents » quand les *odds* de
s'en tirer lui paraissaient assez défavorables ! Mais la guerre
devait bouleverser l'ordre naturel des choses : Hong-kong devint deux mois plus tard, le 25 décembre précisément, le
cimetière des premiers Canadiens à mourir au champ d'honneur...

Au moment de quitter Aldershot, on nous informa que le
cardinal Hinsley devait, le même jour, rendre visite aux
troupes canadiennes. Nous fûmes tous d'accord pour retarder notre départ de quelques heures. D'une sobriété remarquable, le discours du cardinal révéla une honnête connais-

sance du Canada et de ses habitants de langue anglaise. Mais au moment de s'adresser aux Canadiens français, il devint évident qu'il s'y connaissait moins : « Je veux maintenant parler aux Canadiens français... » La pause dura plusieurs secondes avant qu'il n'enchaînât avec cette apostrophe qui provoqua aussitôt une réaction à laquelle lui-même ne s'attendait pas : « ...race aux flancs généreux » ! Accueillie par un tonnerre d'applaudissements, de hourras frénétiques, cette petite phrase eut pour effet de rompre la glace. Rassuré par tant de bonne humeur, Son Éminence, comme par miracle, retrouva sur-le-champ son aplomb.

○ ○ ○

Dans les couloirs de Whitehall et les rédactions de Fleet Street, chacun affiche son optimisme ou son pessimisme selon qu'il s'occupe du *long terme* ou du *court terme*. Ces expressions n'appartiennent pas encore au vocabulaire courant, mais fonctionnaires et reporters, de façon spontanée, réagissent aux événements en fonction de leur échéancier. Si tous respirent mieux depuis le 22 juin, les difficultés de la vie requièrent l'attention immédiate des services et des journaux déjà débordés par les problèmes et les questions du jour. La liste des contraintes ne cesse en effet de s'allonger. Le gouvernement vient de rendre le rationnement encore plus sévère et les Anglaises se voient soumises, comme les hommes, aux rigueurs de la conscription. Personne toutefois ne s'en plaint ni ne cherche à y échapper : la conduite de la guerre s'inscrit maintenant dans une perspective d'espoir.

Au sein des Forces françaises libres, on partage bien sûr cette certitude. Mais dans la mesure où celle-ci s'affirme, la cohésion du mouvement apparaît moins certaine. Sur un ton qui laisse deviner l'orage, on m'apprend dès mon arrivée à Carlton Gardens que De Gaulle donnera le lendemain une conférence de presse « à ne pas manquer ». Il se prépare donc un événement important. Mis en appétit, j'ai tôt fait de quitter le Q.G. de la France combattante pour me précipiter dans une cabine téléphonique d'où je prends rendez-vous avec André Labarthe, le directeur de *La France libre* dont le premier numéro remonte à plus d'un an. Le même soir, nous dînons chez Boulestin.

André Labarthe avait appartenu au cabinet de Pierre Cot, ministre de l'Aviation dans le gouvernement de Léon Blum. Rallié aux Forces françaises libres dès juin 1940, sa réputation d'homme de gauche lui vaut, sur-le-champ, la protection du Général en vertu de la théorie connue qu'on cherche toujours ce qu'on n'a pas. Quoique fondée à l'instigation de De Gaulle, la revue se montre vite jalouse de son indépendance. Beaucoup s'en méfient : quand on choisit de se nommer *La France libre*, disent-ils et non sans raison, on se doit d'être d'obédience gaulliste. Labarthe écrivait peu et, dans ces conditions, il était difficile de l'accuser de quoi que ce fût. Ses collaborateurs, par contre, en effrayaient plusieurs. On rapportait, par exemple, que Stanislas Szymanczyk, dit Staro, l'homme fort de la rédaction, ne se gênait pas pour déclarer à qui voulait l'entendre : « le général est un fasciste ». Et un jour que Raymond Aron lui avait demandé d'expliciter ce jugement, sa réponse désabusée effraya quelque peu l'auteur de l'essai sur *les limites de l'objectivité historique**: « Le communisme, c'est un fascisme de sous-officiers ; le fascisme, le régime des officiers. » De fait, *La France libre* était loin d'être antigaulliste. Mais Labarthe voulait rejoindre toutes les factions qui s'opposaient ouvertement à Vichy, sans renoncer pour autant de servir sous De Gaulle. Beaucoup d'exilés volontaires à New York ou Washington — tels qu'Alexis Léger (Saint-John Perse), Saint-Exupéry, Jules Romains, André Maurois ou Henry Torrès — se montraient réticents ou hostiles à l'égard d'un général qui leur rappelait le général Boulanger auquel ils le comparaient volontiers.

Une fois à table, André Labarthe tient à ce que je lui fasse part de ma visite à Carlton Gardens. Sur quoi, il enchaîne par une question à laquelle il répond lui-même tout de go :

« Vous voulez savoir ce que De Gaulle s'apprête à faire ? Je vais vous le dire : je ne suis pas certain qu'il annoncera,

---

* *Introduction à la philosophie de l'Histoire,* de Raymond Aron, Paris, Gallimard, 1938.

dès demain, la création du Conseil national de la France combattante. Il faut quand même que Churchill lui donne le feu vert... Mais son intention est bien de mettre en place un organisme qu'il pourra contrôler à sa guise. Je suis sûr qu'il parviendra à ses fins. Ce qu'il veut, c'est l'exercice personnel du pouvoir.

— Et qu'est-ce que cela va changer? Forces françaises libres ou France combattante, c'est du pareil au même... Dans un cas comme dans l'autre, c'est toujours De Gaulle. Comment voulez-vous que Churchill puisse s'y opposer?

— Vous avez bien fait de me téléphoner. Vous êtes Canadien... Il faut que vous compreniez ce qui se passe. Beaucoup s'opposent à la création de ce Conseil parce qu'ils craignent De Gaulle. Si ce Conseil est reconnu, croyez-moi, il faudra dire adieu à l'unité des Français où qu'ils se trouvent.

— Voyons, Labarthe, cette unité n'a jamais existé. Tout restera donc après comme avant.»

Au café, Labarthe revint à la charge: «S'il choisit d'attendre quelques jours avant d'annoncer son projet d'un Conseil national, De Gaulle le fera sûrement avant la fin de votre séjour à Londres. Dès que c'est officiel, je vous fais signe. Car vous devez rencontrer Muselier. L'amiral refuse de se prêter à cette manoeuvre. Et je vous assure qu'il n'est pas le seul.»

C'est au Savoy, où le British Council nous a logés, que le général de Gaulle, à l'heure dite, reçoit la presse écrite et parlée. Il nous fait part, en premier lieu, de son intention de procéder à des changements prochains au sein des Forces françaises libres. Mais sans préciser. D'où la nécessité de faire le point, d'expliquer son action et son rôle personnel. Il parle d'une voix lente, posée. Lui-même décide des paragraphes ou des coupures en indiquant d'un signe que l'instant est venu, pour son interprète, de traduire en anglais ce qu'il vient de dire. Des journalistes présents, peu devinent la portée politique de ses propos. Seuls les initiés comprennent que le Général répond, avant l'heure, aux critiques que lui vaudra la création du Conseil national de la France combattante:

Au même moment où le gouvernement de Vichy me présente comme l'allié des juifs et des maçons, une certaine presse américaine voudrait que je sois un croisé royaliste. On a dit aussi que j'étais l'instrument du Parti communiste, bien qu'on m'accusât, en même temps, d'être l'homme lige du capitalisme anglo-saxon. Mais je ne suis qu'un soldat... Une fois le sol de la patrie libéré, les Français se donneront le gouvernement de leur choix [1].

À la suite de cette conférence de presse, le jour même où la radio annonce que Vichy vient de le condamner à mort, le Général invite à déjeuner ceux d'entre nous qui entendent le français. L'accueil est cordial. Il a déjà pris goût au whisky et peu prennent une coupe de champagne à l'apéritif. De Gaulle est entouré du professeur René Cassin, le premier juriste français à mettre en doute la légalité du gouvernement du maréchal Pétain et à nier sa légitimité, du contre-amiral Auboyneau, à la veille d'assumer le commandement des Forces françaises navales libres en remplacement de l'amiral Muselier mis en disponibilité, et du commandant Thierry d'Argenlieu, dans le civil prieur des Carmes déchaussés, qui se prépare à partir en mission au Canada. Le Général est dans ses meilleurs jours. Churchill, après une courte valse-hésitation, a donné son accord : le Conseil national de la France combattante est chose faite. Mais il a une autre raison de se réjouir. Depuis longtemps persuadé d'incarner la légitimité des rois et des républiques d'hier, il peut maintenant se dire gardien de la légalité républicaine. Pour cause, il a suivi avec la plus vive attention le procès intenté aux grandes figures du Front populaire. Au-delà d'un acte d'accusation accessoire, il sait que les juges de Riom devront au fond se prononcer sur la légalité du gouvernement Pétain. Or, ce matin, Léon Blum, ex-président du conseil et leader de la S.F.I.O.*, a pris à son compte la thèse du professeur Cassin sur la nature usurpatoire du nouvel État français et le caractère abusif de son autorité :

Dans la constitution républicaine de 1875, la souveraineté appartient au peuple français. Elle s'exprime par le suffrage uni-

---

* Section française de l'Internationale Ouvrière, dite la IIe Internationale.

versel. Elle est déléguée au Parlement. Quand on impute une responsabilité pénale à un homme, à un chef de gouvernement, sans établir et même sans alléguer rien qui touche à sa personne, sans articuler un seul fait contraire à la probité, à l'honneur, au devoir professionnel d'application, de labeur et de conscience, quand on lui fait crime exclusivement d'avoir pratiqué la politique recommandée par le suffrage universel, souverain, contrôlée et approuvée par le parlement délégataire de la souveraineté, alors on dresse le procès, non plus de cet homme, non plus de ce chef de gouvernement, mais du régime républicain et du principe républicain lui-même.

Au dessert, après avoir porté un toast « à George VI, roi de Grande-Bretagne, au Canada et à la France éternelle », le Général nous informe de la création du Conseil national, puis, pour notre bénéfice, met les points sur les i :

La collaboration est un effet de la capitulation. La France n'a pas été vaincue parce que ses fils ne se sont pas battus, mais bien parce qu'on n'arrête pas les chars avec des poitrines... Nous pouvions continuer le combat dans l'Empire. Notre flotte était intacte, nous avions notre or et... surtout notre signature au bas d'un traité... Quels sont les responsables ?... Au Conseil de guerre, l'autorité de Pétain et de Weygand ne se discutait pas. Jamais le Parlement français ne leur refusa un centime des crédits qu'ils réclamaient pour la défense... Qui est le responsable, sinon le maréchal Pétain qui écrivait à la veille de la guerre, dans la préface d'un ouvrage de doctrine, comme l'a rappelé Reynaud : « Quant aux chars qui devaient nous ramener aux guerres courtes, leur faillite est éclatante. » Ni Pétain ni Weygand n'ont parlé. C'est Reynaud qui s'est fait l'avocat de la motorisation au Palais-Bourbon ; c'est moi qui en ai diffusé l'idée et la technique au sein des conseils de la Défense nationale. Or, aujourd'hui, Reynaud est en prison et je suis condamné à mort.

Au hasard des questions, De Gaulle rappelle comment et dans quel esprit France Libre avait regroupé, en juin 1940, ceux qui refusaient de déposer les armes.

« Nous n'étions ni un parti politique ni un conseil d'État, mais un mouvement de résistance extérieure.

— Mais pourquoi croyez-vous maintenant nécessaire de changer la structure de France Libre, mon général ?

« — Vous me demandez pourquoi nous avons décidé de constituer le Conseil national de la France combattante? C'est qu'un septième du territoire impérial rejette maintenant l'autorité de Vichy, et qu'aujourd'hui des soldats, des marins et des aviateurs français se battent partout aux côtés de nos alliés. En France même, nos réseaux de résistance à l'occupant participent au combat. Dans ces conditions, la création d'un organisme administratif s'imposait. Il lui reviendra de signer des accords, de faire respecter la loi et de protéger la souveraineté française. Telle est la mission du Conseil national. »

La note de France Libre aux nations alliées demandait, de fait, que le Conseil national devînt en quelque sorte le fondé de pouvoir du peuple français ainsi que le gardien des lois républicaines, et qu'on lui reconnût aussi le droit de veiller aux intérêts français dans l'empire. Il se trouvait encore, au sein de l'alliance, des gouvernements qui refusaient de rompre toutes attaches avec Vichy — entre autres le Canada. D'où la prudence du Général dans le choix des mots. Le Foreign Office voyait bien où l'on voulait en venir, mais il redoutait surtout qu'on donnât éventuellement à cette note une interprétation qui permettrait au Conseil national français de se comporter à la façon d'un gouvernement en exil. On se butait aussi, dans l'immédiat, à la rivalité qui opposait sur le terrain les réseaux d'obédience gaulliste aux services de renseignements britanniques en place depuis la fin du XVIIe siècle. Les Anglais craignaient surtout que De Gaulle ne voulût contrôler l'ensemble des mouvements de résistance au nom de la souveraineté française. Enfin, peu après l'entrée en guerre de l'Union soviétique, le Parti communiste français était passé à son tour à la clandestinité, et personne ne niait l'efficacité de ses maquis. Ce qui mettait en cause l'U.R.S.S., fût-ce indirectement; et dans ce cas il fallait compter avec la réaction américaine. Car si les États-Unis demeuraient en dehors des hostilités, Roosevelt pour sa part était depuis longtemps en guerre, de cœur et d'esprit, contre l'Axe Rome-Berlin-Tokyo. Selon ses calculs et ses projets, l'Armée rouge, sur le plan militaire, jouait un rôle aussi indispensable que l'Union soviétique dans la construction de la paix. Il savait aussi que le gouvernement de Vichy travaillait activement à refaire une armée française en Afrique du Nord, et il entendait bien qu'elle basculât du côté allié en temps opportun. Vue dans cette double perspective, l'action du général De Gaulle prenait peu d'importance. Ce qui explique, en dernière analyse, l'indifférence de la Maison-Blanche et du Département d'État à l'égard des *« so-called Free French »*, comme Cordell Hull les désignera au moment du coup de Saint-Pierre-et-Miquelon.

Contrairement à ce qu'on peut supposer, les événements et les circonstances, si on y regarde de près, ont rarement été favorables au Général. Sans lui être acquise, l'opinion publique cependant ne lui a jamais ménagé son appui, même quand l'*underdog* de Londres s'est fait imposteur dans le sens premier du mot : « Celui qui abuse de la confiance, de la crédulité d'autrui par des discours mensongers, dans le dessein d'en tirer profit *. » D'Alger à Montréal, c'est un long chapelet d'actes calculés, de gestes médités qui visent à mobiliser la plèbe pour mieux servir sa fortune en lui faisant croire qu'elle est seule l'objet de sa contention :

Français, je vous ai compris — quand il s'apprête au contraire à évacuer les pieds-noirs sur la Corse et le Midi ;
Vive le Québec libre ! — quand il compte bien utiliser les Canadiens français pour nourrir son ressentiment contre les Anglo-Saxons, ses alliés d'hier.

Beaucoup de choses chez lui vous fascinent ou vous troublent ; mais d'abord qu'il ait sans cesse lié son sort personnel à celui de la France elle-même. Au point de n'hésiter jamais à prendre telles décisions qui relèvent de l'*égoïsme sacré des nations* et non, comme on le croit, pour satisfaire son amour-propre blessé. Son ingratitude, à cet égard, s'est rarement démentie. Que son nationalisme s'inspirât du discours maurrassien et qu'il fût de sentiment royaliste font peu de doute. Car s'il croyait à la légitimité de son oeuvre, il s'interrogeait rarement sur la légalité de ses entreprises. À la fois jésuite et mousquetaire, réfléchi et bretteur, il semblait avoir

---

* Le *Petit Robert*, 1977.

pour devise l'appel aux armes de Danton à la Convention : « Pour les vaincre, il nous faut de l'audace, encore de l'audace, toujours de l'audace, et la France est sauvée ! »

○ ○ ○

De nombreux réfugiés français servaient dans les services britanniques et dans les missions interalliées. Mais on les voyait peu et les entendait moins encore. La plupart s'abstenaient de prendre part aux querelles des *Free French* comme les Anglais désignaient l'ensemble des opposants au régime de Vichy. Parmi ceux-ci, beaucoup redoutaient le «bonapartisme» du Général. Entre autres, les anciens de *Paris-Soir* dont le tirage, avant la guerre, atteignait 2 500 000 exemplaires — soit à l'époque la moitié du *Daily Express* de Lord Beaverbrook dit «le Canadien». Pierre Lazareff, le directeur-fondateur, dirigeait, depuis New York, l'équipe francophone de *Voice of America* (à laquelle allait se joindre René Lévesque) qui émettait, pour l'heure, en direction de la France occupée et de l'Afrique du Nord. Mais la plupart des cadres de *Paris-Soir* publiaient à Londres le quotidien *France* qui dénonçait Pétain sans pour autant ménager De Gaulle. Dirigé par Pierre Comert, *France* se distinguait par sa facture très parisienne. Charles Gombault, avec qui je devais renouer trente-cinq ans plus tard, était un pur-sang du métier, une bête de rédaction. Typique de ceux que Raymond Aron appelait alors *les nostalgiques* de la IIIe République, il s'efforçait avec succès de maintenir la tradition de Lazareff, dit «Pierrot les bretelles», avec l'aide indéfectible d'André Rabache. Ce dernier, le seul à parler l'anglais sans accent, était promis à la direction de l'Agence France-Presse en Amérique du Nord après la libération, au moment où je devins chef du bureau de Washington en 1944. On comptait en outre une troisième équipe de résistants en exil volontaire ; celle des *Français parlent aux Français*, logée à Broadcasting House, dont nous sommes encore quelques-uns à nous rappeler les messages cryptiques adressés aux maquisards sous une forme pittoresque : «la grand-mère est dans le pommier» ou «le rutabaga doit s'avaler vite». Jacques Duchesne (le neveu de Jacques Copeau), Pierre Bourdan et Jean Marin (nommé directeur général de l'A.F.P. après le départ de Bret), jouissaient d'une notoriété d'autant plus grande en territoire métropolitain, en dépit du brouillage par les autorités allemandes, qu'ils étaient accessibles alors que la presse écrite — *France* et *France libre* — ne rayonnait qu'en Angleterre et en Amérique du Nord.

Durant mes séjours à Londres, j'ai souvent participé aux émissions de la B.B.C. ou à celles de Jacques Duchesne. Seul de l'équipe des *Français parlent aux Français*, Jean Marin était un gaulliste de stricte observance. Les autres préféraient garder leur distance à l'égard de France Libre sans toutefois se mêler à la dissidence de l'amiral Muselier et d'André Labarthe. Ils refusaient la défaite ; mais s'ils se résignaient aux conséquences qui en découlaient, ils demeuraient persuadés que leur isolement servait l'intérêt de «la France éternelle».

Quand la direction de la B.B.C. m'offrit de m'intégrer à son service francophone diffusé dans le monde entier, je fus tenté d'accepter. Réflexion faite, sachant ce qui se passait alors au Canada, je crus qu'il valait mieux rentrer. Mais curieusement, nous devions, ma femme et moi, gagner l'Afrique occidentale moins d'un an plus tard dans le cadre d'une mission anglo-américaine.

○ ○ ○

On venait tout juste d'annoncer la création du Conseil national de la France combattante et sa reconnaissance par le gouvernement britannique, que l'amiral Muselier me faisait porter une invitation à dîner à la demande d'André Labarthe. J'allais enfin rencontrer celui qui ne craignait pas de s'opposer ouvertement aux visées du Général et, par la même occasion, retrouver à sa table l'équipe de France Libre. Depuis le 29 juin 1940, le commissaire à la Marine avait ses quartiers à St. Stephen's House, un immeuble d'époque réaménagé à peu de frais. Au moment d'y mettre le pied, je me surpris à me demander si l'amiral ressemblait à son Q.G. Quoique sympathique et accueillant, il était de fait indéfinissable, l'un de ces êtres que les Anglais appellent les *nondes-*

cripts. Si on excepte d'excellents états de service et le goût du whisky, il avait peu en commun avec De Gaulle — grand, sûr de lui et dominateur. Et moins encore quand on l'écoutait. Prudent et mesuré, la conciliation convenait mieux, selon lui, aux besoins fondamentaux de la démocratie française déchirée par les factions, que la poursuite de cette grandeur passée qui hantait le président du Conseil national.

«Mais ne croyez-vous pas, amiral, que «la grandeur» peut servir de catalyseur, donc se révéler aussi un besoin, peut-être même provoquer le rassemblement des Français, en tout cas y contribuer, en transcendant les différences attribuables à la défaite?

— Je crois que c'est une fausse piste...

— ... et qui mène au bonapartisme, ajouta Labarthe sans toutefois préciser sa pensée.

— Mettons que notre mouvement ne peut être une croisade, reprit Muselier. Car cela présupposerait que tous les autres sont des infidèles. Vous êtes Canadien et peut-être vous est-il difficile, impossible même, de vous mettre à notre place. J'ai gagné Londres immédiatement après la défaite. Mais depuis, je me dis que le jour viendra, qu'il doit venir, où tous les marins français et tous les navires français se retrouveront sous le même drapeau.

— Mais en quoi l'existence d'un Conseil national est-elle incompatible avec ce regroupement des forces françaises reprenant le combat?

— Parce qu'il nous achemine vers la formation d'un gouvernement qui devra forcément s'opposer à celui de Vichy.

— La légitimité de Vichy n'est pas chose acquise, amiral.

— Pour De Gaulle, c'est évident... Mais nous sommes républicains et je parle de la légalité républicaine. Pour les Français, Vichy n'est pas un gouvernement illégal. Les Canadiens le reconnaissent, n'est-ce pas?

— Mais pour rassembler, il faut quand même un rassembleur... J'entends quelqu'un ou quelque chose...

— Mais nous sommes là, répondit Labarthe. Nous le mouvement France Libre. Nous n'avons pas besoin d'un gouvernement en exil pour nous assurer d'une place à la table des négociations. Un jour, les Américains interviendront et l'Afrique du Nord sera libérée. Ce jour-là, il faut que nous nous retrouvions tous sous le même drapeau.

— Mais pour qu'il en soit ainsi, conclut l'amiral, France Libre ne doit devenir ni un parti ni surtout un gouvernement. Nous devons demeurer une armée de volontaires au service de la France à genoux. »

Les prédictions de Muselier et de Labarthe devaient se réaliser dans un proche avenir. Le 8 novembre 1942, les troupes anglo-américaines débarquaient en Afrique du Nord et le gouvernement de Pétain ordonnait aussitôt à l'amiral Darlan de prendre les armes. Mais après un geste symbolique, le dauphin du maréchal s'empressait, dès le 10, de négocier un armistice et, le 13, il engageait l'armée française reconstituée aux côtés des alliés. Le 24 décembre cependant il était victime d'un assassinat politique auquel le prétendant au trône de France, le comte de Paris, n'était pas étranger[2]. Le 26, le général Giraud, évadé d'une forteresse allemande, lui succédait grâce à l'appui du président Roosevelt. Et avant la fin de l'année en cours, l'amiral Muselier et André Labarthe se mettaient à sa disposition. Ils ne s'étaient pas trompés, mais la conjoncture allait donner raison à Charles de Gaulle.

Nous nous trouvions, Hélène et moi, en Gold Coast * au moment des événements d'Alger. Comme j'assurais la liaison avec les *Free French* de Radio-Accra, le colonel Petchkov nous avait invités à passer la nuit de la Saint-Sylvestre au Q.G. de France Libre où se tenait la réception organisée en l'honneur du général Catroux, le plus illustre et le plus haut gradé des militaires à répondre à l'appel du général de Gaulle en juin 1940. Tous deux de passage dans cette colonie anglaise (qui sera la première à proclamer son indépendance en 1957), Petchkov et Catroux appartenaient à cette race d'hommes dont la modestie est discrète et qui mettent toute leur fierté dans l'honneur de servir. Né russe, fils adoptif de Maksim ou Maxime Gorki, le colonel Petchkov devait aux hasards de la politique d'avoir connu la Légion étrangère

---

* La Côte de l'Or devint le Ghâna en 1960.

— où il avait perdu un bras au combat —, avant de se joindre à l'armée régulière une fois devenu français. Catroux, général d'armée à cinq étoiles, était gouverneur de l'Indochine au moment de rallier De Gaulle à Fort-Lamy. Il en avait spontanément détaché trois de la manche de son uniforme et de son képi avant de se mettre aux ordres du chef de France Libre qui, général de brigade à titre temporaire, n'en avait que deux. Représentant du Conseil national de la France combattante en Afrique du Sud, le colonel Petchkov s'apprêtait à partir pour Tchon-king; le général Catroux, pour sa part, devait sous peu gagner Alger où De Gaulle l'attendait.

Au moment de nous présenter, le colonel Petchkov nota que j'étais Canadien, lecteur de Gorki et gaulliste. «Petchkov m'a déjà tout dit sur l'Afrique du Sud, enchaîna tout de go le général Catroux. Ne sortons pas du Commonwealth et parlez-moi du Canada.» Heureusement il avait beaucoup à dire sur la libération de l'Algérie qu'il rattachait à la défaite de Rommel à El-Alamein et à la reddition sans condition du maréchal Paulus à Stalingrad. Tout annonçait la victoire des Alliés, mais le sort de la France demeurait en suspens. Pour Eisenhower et son état-major, le débarquement témoignait de l'évidente supériorité des États-Unis sur le plan logistique et en matériel de guerre. Les pertes? Minimes. Et par surcroît ce cadeau des dieux: le meurtre de l'amiral Darlan. Déjà voué au poteau par la France combattante, son assassinat disposait, comme par miracle, de l'épineuse question de l'insertion dans le haut commandement interallié du plus illustre des officiers supérieurs à servir les fins politiques du gouvernement de Vichy et, à ce titre, le plus compromis des collaborateurs après Pétain et Laval. Hélas! contrairement à ce que Roosevelt pouvait croire, la mort de l'amiral, loin de tout arranger, posait dans l'immédiat le problème de sa succession. Et si, pour le régler, on s'était cru habile en confiant au général Giraud le commandement de l'armée française d'Afrique, il fallut vite déchanter. Car à Londres, un autre général n'entendait pas qu'on l'empaillât de son vivant comme un oiseau de malheur!

Giraud, que De Gaulle tenait pour une culotte de peau, s'était empressé, une fois en selle, de reconnaître aux troupes anglo-américaines des privilèges extra-territoriaux que le Général menaçait de résilier parce qu'il y voyait une atteinte à la souveraineté de la République. Catroux partageait ce point de vue avec une conviction d'autant plus forte qu'on venait d'annoncer l'arrivée prochaine de Roosevelt et de Churchill à Casablanca. Certes, ils paraissaient disposés à reconnaître l'autorité du Comité français de libération en voie de formation, mais à la condition qu'il fût présidé conjointement par De Gaulle et Giraud. «Que le commandant en chef des forces françaises soit placé sous l'autorité du haut commandement allié, cela va de soi, déclara Catroux en se faisant l'écho du Général. Mais si le commandant en chef est aussi le coprésident du Comité de Libération, du coup le pouvoir civil se trouve soumis à une juridiction étrangère. Ce qui est incompatible avec la souveraineté française.» Puis reprenant son exposé à la lumière du différend De Gaulle-Giraud, il me dit mais en s'adressant à tous ceux qui l'entouraient:

Pour la France combattante, le gouvernement de Vichy n'a jamais existé. Conséquemment, les lois décrétées par ceux qui ont usurpé le pouvoir doivent être inopérantes dans tous les territoires libérés. Le général de Gaulle exige qu'on remette en vigueur les lois républicaines, ce qui aura pour effet de séparer immédiatement le pouvoir civil de l'autorité militaire, ce qui mettra fin à ce qu'on appelle le différend De Gaulle-Giraud. Par ailleurs, le retour aux lois républicaines est une garantie de notre souveraineté. Remarquez bien qu'il ne s'agit pas d'une position politique. Ni même de nous prononcer sur la valeur intrinsèque de ces lois. Notre position est d'ordre juridique. La dernière fois que le peuple a pu s'exprimer, il a confié l'exercice du pouvoir au Front populaire. Jusqu'au jour où il pourra s'exprimer librement, choisir son gouvernement et son régime, le peuple français ne peut être régi que par la constitution de 1875. En outre, il est naturel que nous veuillions donner à l'empire, au Bloc africain, un gouvernement de fait sinon un gouvernement de droit. Les territoires libérés doivent être administrés et, par ailleurs, il est naturel, normal, que nous veuillions négocier, en toute liberté, avec toute l'autorité nécessaire, les accords qu'il nous conviendra de signer avec les gouvernements alliés. La France combattante, depuis le premier jour de l'exil, a été aux ordres des mouvements de la résistance intérieure. Elle n'a voulu qu'une chose: sauver le principe de la souveraineté française. Sur ce point, De Gaulle fut intransigeant. Nous disons aujourd'hui: parce que la France se bat, elle a le droit strict de faire entendre sa voix. Mais cela ne peut être que si nous avons un Comité national de Libération ayant les pouvoirs d'un véritable gouvernement et qui agira, non comme l'élu des Nations-Unies *, mais comme le représentant authentique des mouvements de la résistance intérieure.

○ ○ ○

De retour à Lisbonne, je me rendis aussitôt aux bureaux de la Pan American Airways pour procéder à la confirmation de mon départ comme le règlement le stipulait. Mais j'appris que quelqu'un d'autre occuperait ma place sur l'hydravion du lendemain, selon le jeu des priorités. De fait, précisa la préposée à l'horaire, «je ne peux rien garantir pour l'avenir. Vous courrez le risque d'un contretemps à chaque décollage». Les voyageurs pour l'Amérique devaient être nombreux car, ajouta la jolie Portugaise, dans un anglais zézayant, «tous les gens de votre groupe vont sûrement se retrouver sur le même bateau». À la chancellerie de l'ambassade britannique, on m'informa que l'*Excambion* partait le surlendemain pour New York et qu'on allait faire le nécessaire pour me retenir une cabine. Mais qu'on réglât ce problème m'en créat un autre. Le contrôle des changes vous interdisait de quitter l'Angleterre avec plus de cinquante dollars américains en poche. J'en fis part à mon interlocuteur qui, le plus naturellement du monde, me répondit que le British Council assumerait les charges, mais que dans l'entre-temps, la chancellerie paierait la note d'hôtel et mes frais de séjour compte tenu du barème propre au Foreign Office. Tout ceci pour bien souligner la qualité des services dispensés par les missions britanniques sur les trois continents, et surtout le regret que je ressentis le jour où l'on cessa de mentionner dans nos passeports notre condition de sujet britannique,

---

* Peu après l'entrée en guerre des États-Unis, cette appellation désignait l'ensemble des pays alliés et un trait d'union liait logiquement le substantif à l'adjectif. Quand l'Organisation des Nations Unies fut constituée en 1945, on fit sauter le trait d'union pour bien indiquer qu'il s'agissait d'une nouvelle Société des nations et non d'une alliance.

comme s'il y avait incompatibilité entre ce privilège et la citoyenneté canadienne.

De ces dix jours en mer, je me rappelle deux moments qui illustrent bien les propos de Sainte-Beuve : « La vie n'est qu'une succession d'incidents. » Le premier s'est produit le soir de notre départ de Lisbonne ; le second, la veille de notre arrivée à New York. La coutume, qui dans ce cas correspond au sens commun, veut qu'à l'heure du dîner le commissaire du bord vous demande si « vous avez une préférence » (alors qu'il a déjà décidé) ou si on vous attend. Mais à l'instant où j'allais lui dire que j'entendais me joindre à mes amis Sandwell et O'Leary, il me proposa, en voyant mon nom, de partager plutôt la table de Mme Jeanne Peter : « Elle est Française et ne comprend pas l'anglais. C'est la table à droite, au fond. Regardez, elle est seule. Je lui ai promis de trouver quelqu'un. » Quelques secondes plus tard, je me présentais à une jolie rousse qui visiblement s'attendait à tout, sauf à se trouver en tête-à-tête avec un Canadien français. Que je fusse du Québec la mit aussitôt en confiance. « Je me rends à Washington, me dit-elle, retrouver l'ambassadeur Henry-Haye dont je suis la secrétaire. » Sénateur en disponibilité, maire de Versailles, il venait d'être nommé aux États-Unis où il comptait de nombreux amis. Il s'agissait précisément de ne pas les perdre. Visiblement heureuse à l'idée de découvrir l'Amérique à son tour, Mme Peter se félicitait en outre du fait que « le Maréchal savait que les Américains avaient autre chose à faire que d'intervenir dans un conflit européen dont l'enjeu était la défaite de l'Union soviétique ». Elle répétait à l'évidence ce qu'on disait dans l'entourage de Pétain. Mais pour elle, Pétain était « le Maréchal », le seul, donc nul besoin de l'identifier en lui donnant son nom. Elle en parlait, somme toute, comme à Londres les Français disaient le Général, — sauf les républicains *nostalgiques*. Sa cordialité et surtout le ton sur lequel elle me fit part de ses sentiments, sans jamais cependant mettre en cause les Britanniques, relevaient de la confession. Dans son esprit, comme sans doute pour Henry-Haye, être du Canada français ne pouvait que vous rendre favorable à Vichy... Il s'imposait, dans ces conditions, que je lui fisse part d'une autre réalité, — la mienne.

Mais comment démontrer, à quelqu'un qui ne veut rien savoir, l'erreur de l'armistice et l'illusion de Montoire ? Reconstruire le passé, justifier l'action de France Libre et faire la part du feu ? M'y engager me paraissait une entreprise aussi fastidieuse qu'inutile. Mais j'en savais quand même assez sur l'U.R.S.S. et les États-Unis pour affirmer qu'Hitler et Mussolini, le temps venu, passeraient à la casserole. « Les carottes sont cuites, madame, et surtout à Vichy. Vous le découvrirez d'ailleurs à Washington, car l'intervention américaine est chose acquise. » Un tantinet cocorico, Jeanne Peter ignorait tout des U.S.A. Elle ne pouvait donc deviner, moins encore imaginer, la puissance de leur équipement industriel. Mais résolue à tenir son bout, elle me dit, un soir où je m'étais montré particulièrement éloquent sur le sujet, qu'elle aimerait bien me présenter à son ambassadeur « qui lui aussi pouvait parler des Américains, parce qu'il savait... ».

À notre arrivée à New York, assez tôt le matin, les contrôles et les formalités furent vite expédiés — le nombre des passagers ne dépassant pas la cinquantaine. Gaston Henry-Haye, suivi de son chauffeur en livrée, l'attendait au débarcadère. Porteuse d'un passeport diplomatique et flanquée de son chef de mission, Mme Peter fut la première à récupérer ses bagages de cale. Mais avant de prendre congé, elle me présenta à l'ambassadeur en précisant que j'étais Canadien et « très engagé dans la guerre ». Comme beaucoup d'hommes politiques, Henry-Haye parlait avec assurance. Sa cordialité spontanée vous faisait oublier, par contraste, les diplomates feutrés du Quai et du Foreign Office d'avant-guerre auxquels on enseignait que *familiarity breeds contempt.* Sur-le-champ, il me demanda si je comptais demeurer à New York quelques jours. Je lui répondis que je prenais l'avion le lendemain, au début de l'après-midi, et qu'une fois à Montréal il me faudrait encore gagner Québec par le train. « Dans ce cas, me dit-il, dînons ensemble si vous êtes libre. Mettons qu'on se retrouve au Waldorf à 18 heures. À mon appartement. »

Quand il s'agit de sa représentation à l'étranger, la France sait faire. Pour le Maréchal comme pour le Général, aucun grand dessein ne pouvait se concevoir sans grandeur. Pour l'heure, le projet que Vichy entretenait visait à démontrer aux Américains que, si elle avait été vaincue, la France n'était pas *défaite* pour autant. Le train de maison de Son Excellence M. Henry-Haye devait donc en témoigner. Prévenu de ma visite, la réception de l'hôtel me fit accompagner jusqu'à l'appartement de l'ambassadeur, à l'un des étages supérieurs du Waldorf dont la direction, à cette époque, administrait aussi le Georges V à Paris. Les huit ou dix pièces qu'il y occupait en permanence lui servaient de pied-à-terre quand il venait à New York. Au deuxième verre de bourbon, il m'informa de façon fort naturelle que Jeanne, sa secrétaire, lui avait fait part de mes vues. Puis il ajouta avec une certaine candeur :

«Comme je représente le Maréchal aux États-Unis et que je jouis de sa confiance, vous connaissez sûrement les miennes. Autant en venir aux faits. Comme vous dites : *there is a war on...* — Avant tout, cependant, je tiens à noter que je ne suis pas un homme de Pierre Laval. Vous le savez sans doute, je n'appartiens pas à la carrière et, si j'en ai une, c'est la politique. Mais d'abord je suis un Français... Voyez-vous, rien ne m'insulte autant que d'entendre de jeunes Américains, qui ne savent rien de ce qui s'est passé en juin 1940, répéter comme des perroquets que la France est proallemande. Ma famille a dû quitter l'Alsace après la guerre de 1870 en y laissant tout ce qu'elle possédait. En 1918, j'ai entendu le clairon de l'armistice, blessé et couvert de sang au fond d'une tranchée. Et mon fils s'est fait tuer durant ce qu'ils appellent *la drôle de guerre*. Je n'ai à recevoir des leçons de patriotisme de personne. Nous voulions la paix parce que nous étions battus et non parce que, subitement, nous étions devenus proallemands. Il y a une chose que De Gaulle ne dit pas. L'armée française ne s'est pas rendue. Weygand s'y est opposé. Nous avons demandé l'armistice. Ce n'est pas la même chose. Cela nous a permis d'avoir un gouvernement à nous. S'il y avait eu reddition, la France entière y passait. Le

Maréchal a sauvé l'essentiel, et la preuve, c'est que je suis ici à New York et en train de vous parler. »

J'ai bien mis trente secondes à rassembler mes esprits. Mais je me rappelle lui avoir dit, sans savoir si j'abordais la question par le bon bout, que les peuples en guerre réagissent toujours en fonction de leurs intérêts immédiats.

«Churchill a traité Mussolini de chacal et il s'est dit prêt, pour vaincre Hitler, à s'allier avec le diable. Mais jamais il n'a dénoncé le maréchal ou Weygand dans des termes comparables. Laval peut-être... Churchill a toujours été profrançais et...

— Mais De Gaulle ?

— Je suis Canadien français et j'ai donc deux raisons d'être gaulliste. J'estime, en premier lieu, que De Gaulle travaille pour la France en continuant le combat et, en second lieu, que ce sont les marins de Muselier qui protègent nos convois quand ils prennent la mer pour assurer le ravitaillement de la Grande-Bretagne. Avant tout, il s'agit de gagner la guerre, et nous allons la gagner... Mais quand je dis *nous*, je pense aussi à la France, monsieur l'ambassadeur. »

Après un moment de silence, Henry-Haye ajouta, comme s'il se parlait à lui-même : «En effet, toute la question est là : *to be or not to be...* » Puis revenant à notre conversation, il ajouta : «Nous en avons pour la soirée à discuter. Au lieu d'aller dîner en ville, nous serions sûrement plus à l'aise si nous mangions ici. »

Une fois à table, le ton changea. Il ne croyait pas qu'il entrait dans l'intérêt de l'Amérique de déclarer la guerre à l'Allemagne.

«N'oublions pas le Japon, monsieur l'ambassadeur.

— Vous-même croyez qu'Hitler a commis une erreur coûteuse en envahissant l'Union soviétique. Pourquoi se répéterait-elle ? Le Japon et l'Allemagne ont tout intérêt, au contraire, à ne rien faire pour provoquer les États-Unis.

— La logique est de votre côté. Mettons que c'est une habitude française... Mais beaucoup de choses sont en jeu. Souvenez-vous de Blenheim et de Waterloo. Pour les Anglais, Louis XIV et Napoléon symbolisaient l'hégémonie européenne. Comme Hitler en juin 1940. C'est pour ça qu'ils se sont accrochés à leur île comme des naufragés et sans d'autres alliés que les dominions britanniques. Quant aux Américains, Roosevelt sait bien que, dans les conditions données, une victoire allemande ferait tôt ou tard le lit du communisme en Europe et que, dans l'immédiat, le Japon dominerait tout le continent asiatique. L'Amérique est sans doute isolationniste. Sur ce point, je crois que vous avez raison. Mais cette fois, elle serait isolée. Ce n'est pas la même chose et cela change tout. »

Vers 22 heures, je pris congé. Au moment où j'allais partir, Henry-Haye me dit qu'il voulait garder le contact et je lui remis la liste des numéros de téléphone où il pouvait me joindre — sans songer un instant à la Gendarmerie royale. «J'aurais voulu que le chauffeur vous reconduise demain à l'aéroport, dit-il en me serrant la main. Mais je dois rentrer à Washington et nous partirons tôt. Si je peux vous être utile, n'hésitez pas à me téléphoner.»

De retour à mon hôtel, je me sentis gagné par un sentiment d'ambivalence qui me gênait. Pour la première fois sans doute depuis son installation à Washington, Henry-Haye avait pris l'initiative de discuter des mobiles et des vues du nouvel État français avec un journaliste canadien opposé globalement aux politiques de Vichy. Non seulement je pouvais tirer de ses propos, sans aller jusqu'à les lui attribuer, un article propre à retenir l'attention des autorités fédérales, mais rien ne s'opposait à ce que je fisse de nouveau appel à ses bons offices. Je n'en éprouvais cependant ni le désir ni l'intention. Car la poursuite de la guerre et ses nécessités m'apparaissaient chose plus importante que l'exercice de mon métier. Seule m'intéressait, en vérité, la suite que le sous-secrétaire d'État aux Affaires extérieures, Norman Robertson, allait donner à cet entretien fortuit, mais prometteur, avec le fondé de pouvoir du maréchal Pétain aux États-Unis.

Quelques jours plus tard, à Ottawa, j'entrais sur la pointe des pieds dans le Saint des Saints. En ce temps-là, l'État tout entier logeait, si l'on peut dire, dans l'*East Block* que beaucoup de francophones, qui se préoccupaient davantage du bilinguisme dans son principe que du génie de la langue française, appelaient curieusement « le Bloc de l'Est ». Sous son toit de cuivre verdi, couronné d'élégantes dentelles de fer forgé, derrière les portes closes tendues de feutre vert par respect du secret, on y trouvait les bureaux du Premier Ministre et ceux du Conseil privé, les pièces réservées au Gouverneur général et, groupé autour du cabinet de Norman Robertson, le corps d'élite de la fonction publique canadienne qu'on désignait collectivement sous le nom d'*External*, comme on dit les Affaires quand on se réfère à la diplomatie française.

De tous les mandarins d'hier et d'aujourd'hui, je n'en ai connu aucun qui fut plus respecté que Norman Robertson. Nous nous connaissions surtout par personnes interposées. Mais au cours d'un déjeuner au Rideau club, quand celui-ci faisait face au Parlement, en compagnie du professeur Henri Laugier, il m'avait été donné d'apprécier son humanisme. Laugier, qui allait plus tard créer de toutes pièces le département de physique nucléaire à l'Université de Montréal, dispensait alors son enseignement à l'École libre des Hautes Études de New York dirigée par Jacques Maritain. Toujours à la recherche du beau, il avait noté la qualité du plafond de cuivre jaune de la salle à manger et l'allure de la longue terrasse située à l'étage, qui lui rappelait l'architecture du Vieux Carré de la Nouvelle-Orléans. Avant de quitter Paris, il avait réussi à prendre dans ses bagages quelques tableaux de Pablo Picasso. Laugier ne connaissait pas l'anglais, mais Robertson s'exprimait fort honnêtement en français. Et de Proust, il savait tout. Il en parlait d'ailleurs comme si l'auteur de *À la recherche du temps perdu* appartenait à la littérature anglaise — à la manière des Allemands qui ont annexé Shakespeare à la leur. Mais avant tout, je conservais de ce déjeuner le souvenir du grand intérêt que Norman Robertson portait à France Libre et de la pertinence des questions posées à Henri Laugier qui se hérissait dès qu'on mettait en doute l'intégrité intellectuelle de Joliot-Curie parce que inscrit au Parti communiste.

Au moment où j'entrais dans son bureau, Norman Robertson se leva pour venir à ma rencontre. Une fois informé de mon entretien avec Henry-Haye, sa réaction fut spontanée: «Je vais vous demander deux choses: n'en faites pas état dans votre journal et gardez le contact avec l'ambassadeur.» Puis désireux de me mettre à l'aise, il ajouta comme pour écarter toute idée d'une indélicatesse de ma part: «Vous pensez bien qu'il ne vous a dit que ce qu'il voulait vous dire. Nous sommes en guerre et le fait est que personne ne sait ce qui se passera à Vichy ou en Afrique quand les Américains interviendront. L'ambassadeur en sait sûrement plus qu'il ne vous en dira. Mais s'il veut demeurer en relations avec vous, tant mieux. L'entrée des États-Unis dans la guerre va changer la nature du conflit. Il n'est pas impossible que lui-même se demande ce qu'il devra faire à l'heure du choix.»

Henry-Haye parvint à me joindre à la tribune des journalistes le surlendemain de Pearl Harbor. Les bombardiers japonais, les kamikazes au besoin, venaient de couler d'un seul coup la moitié de la flotte américaine. Malgré l'ampleur du désastre, la Grande-Bretagne, l'U.R.S.S. et le Canada se félicitaient discrètement que l'outrecuidance nipponne ait provoqué l'entrée en guerre des États-Unis contre l'Axe Rome-Berlin-Tokyo. Mais l'ambassadeur en tirait des conclusions qui prouvaient à quel point il sous-estimait la puissance du complexe militaro-industriel des U.S.A. «Il faut du temps, me dit-il, pour reconstruire une marine de guerre. L'effort du gouvernement américain portera maintenant sur la défense du Pacifique. Et avant que l'Amérique soit en mesure d'arrêter Hitler, les Russes auront été vaincus.»

Je reçus un nouveau coup de fil d'Henry-Haye au cours de la semaine de Noël. L'amiral Muselier et le lieutenant de vaisseau Alain Savary (qui deviendra ministre de l'Éducation sous la présidence de Mitterrand) viennent de récupérer Saint-Pierre-et-Miquelon sans que De Gaulle en ait informé les États-Unis au préalable. Le chef de la diplomatie américaine, Cordell Hull, qui avait négocié dans le secret un accord concernant le statut de l'archipel français, se montre indigné qu'une flottille des «*so-called Free French*» se soit livrée à un acte de guerre en territoire nord-américain sans l'aval du Département d'État. Persuadé que ce faux pas aurait pour effet de modifier, dans un sens défavorable à De Gaulle, les rapports entre Londres et Vichy, l'ambassadeur nageait dans le contentement tout en feignant une sainte colère. Il tenait naturellement à connaître l'attitude du Canada. Je lui répondis en anticipant quelque peu sur les faits : « Le gouvernement fédéral, c'est le temps de le dire, va noyer le poisson... Si Washington lui demande d'agir, Mackenzie King répondra oui comme à l'accoutumée. Mais il ne fera rien... comme d'habitude. Après tout, le Canada est voisin des États-Unis, mais l'archipel est *notre* voisin... »

Un an plus tard exactement, les Américains occupaient l'Algérie et les Britanniques prenaient en chasse l'Afrikakorps de Rommel. Sur le front Est, Guderian, Hoth et Hoepner parvenaient à boucler la boucle : un million d'hommes assiégeaient Moscou. Mais en décembre, les panzers embourbés, la Wehrmacht s'immobilisa — sans espoir de pouvoir reprendre l'offensive.

L'ambassadeur du maréchal Pétain à Washington n'avait plus qu'à faire ses valises.

○ ○ ○

C'est au bar, comme de bien entendu, que j'avais connu Pastuhov à l'heure où l'*Excambion* appareillait pour retourner aux États-Unis. Je le savais Tchécoslovaque, mais rien de plus. Je m'étais donc empressé de lui dire que je tenais le président Masaryk, mort depuis deux ans, pour un homme d'État plus grand que nature. Aussitôt amis, nous devions par la suite nous retrouver au même endroit tous les jours, à l'apéritif et pour le *nightcap*. Mais comme le voulait la règle du temps, nous évitions soigneusement les confidences qui risquaient, disait-on, de mettre la puce à l'oreille de quelque Mata-Hari. D'humeur égale, tranquille et doux, Pastuhov parlait moins qu'il n'écoutait. Blond et de taille moyenne, on le reconnaissait en vérité à ses lunettes cerclées d'argent quand l'époque exigeait d'épaisses *goggles* de corne noire. En d'autres termes, on ne le voyait pas — du moins jusqu'au moment de découvrir, derrière ces verres, deux yeux bleus dont le reflet rappelait moins le ciel des hivers canadiens que l'acier luisant des orgues de Staline.

Les bateaux vont toujours trop vite. C'est à moins d'un jour de New York que nous sommes passés aux leçons de l'histoire, à la littérature et aux joies que la vie réserve, malgré les ennuis, à ceux qui s'efforcent d'en tirer chacun des instants de bonheur qu'elle offre à ceux qui l'aiment vraiment. De façon imperceptible, sans toutefois passer aux confidences, nous avions appris à nous connaître : de la nationalité, on en vient vite à la soupe, de celle-ci à ses ambitions pour demain et, par magie, on se surprend à parler des choses qui font l'étoffe des peuples et la substance des êtres. Pastuhov était un homme réfléchi qui savait faire confiance, se fiant à son instinct. Il suffisait d'ailleurs de le regarder dans les yeux pour comprendre que, peu disposé à céder la moindre parcelle de sa liberté, les tâches difficiles ne l'effrayaient pas. Je le devinais redoutable.

À quelques heures de l'arrivée, vers minuit, le barman, fidèle à la tradition, nous remit les ardoises. J'avais quitté Londres avec cinquante dollars américains et, malgré l'aide de l'ambassade britannique au Portugal, il me restait à peine de quoi distribuer quelques pourboires et régler un taxi pour me conduire à l'hôtel. Après avoir regardé la note, je n'avais plus qu'à câbler au consul général du Canada et à demander au barman de me représenter l'addition une fois à New York. Mais avant même que celui-ci eût le temps de faire un geste d'acquiescement pour donner suite à son sourire, Pastuhov, tirant une enveloppe de sa poche, me demandait combien il m'en fallait en étalant sur le bar quelques coupures de cent dollars américains.

« Remballez la monnaie, lui dis-je. Je connais mon ami Manion ; il fera le nécessaire.

— Mais non. Vous risquez de l'embêter. Il devra envoyer quelqu'un vous chercher. C'est beaucoup plus simple d'accepter. Cette guerre n'est pas finie... Nous allons sûrement nous retrouver un jour. Et si nous la perdons, cela n'aura plus d'importance. »

Je lui dis que peut-être je pourrais lui rendre l'argent en passant par le consulat tchécoslovaque à Montréal, mais que nous allions sans doute nous buter au contrôle des changes. Dans ces conditions, il valait mieux m'adresser à Manion. Pastuhov ne l'entendait pas ainsi :

« Prenez ce qu'il vous faut et n'en parlons plus. Vous me remettrez ça à notre prochaine rencontre. Un dernier verre et allons nous coucher... avant d'arriver à New York ! »

À mon retour d'Afrique au printemps 1943, je devais toujours quatre cents dollars américains à mon ami Pastuhov... Je rédigeais, à cette époque, une *news letter* bihebdomadaire à laquelle beaucoup d'entreprises et de journaux canadiens s'étaient abonnés. *Press Information Bureau* (P.I.B.) avait pu voir le jour grâce aux bons offices de Réal Rousseau et de L. G. Giguère *. Nous étions au Kieffer Bldg, rue Sainte-Catherine, où logeaient aussi certains services du gouvernement tchécoslovaque en exil. Quand j'eus informé le directeur du bureau de l'objet de ma visite, il se mit à rire avant de me répondre sur un ton amical, mais quand même intrigué : « M. Pastuhov ne reste jamais très longtemps à la même place. Le président Benes et Jan Masaryk lui confient constamment des missions à l'étranger. Nous n'avons aucun moyen de lui remettre l'argent que vous lui devez. Je vais quand même tenter de savoir où il se trouve pour lui faire part de votre visite. Mais je suis sûr qu'il n'est pas inquiet et qu'il viendra au Canada un jour ou l'autre. »

Le directeur des services tchécoslovaques m'invitait, un mois plus tard, à passer à ses bureaux. « Je n'ai pu communiquer avec M. Pastuhov, me dit-il. Mais mon message l'a atteint et j'en suis très heureux. Car on m'a demandé de vous remettre cette médaille commémorative que le gouvernement en exil décerne à ses amis. » Frappée aux armes de la Tchécoslovaquie, elle portait une date qui en disait long : *le 15 mars 1939*. Elle représentait, en effigie, un jeune patriote,

---

* Attaché aux services du ministre C.D. Howe, Réal Rousseau avait été en poste à Londres durant les premières années de la guerre. Louis de Gonzague Giguère, longtemps secrétaire de l'Institut canadien des Affaires publiques, fut nommé au Sénat en 1968.

au torse nu, cloué à deux colonnes qui symbolisaient la Bohême et la Moravie — annexées ce jour-là au Reich hitlérien.

Je venais de prendre la direction de l'Agence France-Afrique * au Canada quand j'ai retrouvé enfin Pastuhov dans un couloir de l'ancien hôtel Windsor où se tenait une conférence de l'U.N.R.R.A. ** déjà à l'oeuvre dans les territoires libérés. C'était le début de l'automne. Je me dirigeais vers la salle de presse pour envoyer ma dépêche quotidienne à Alger. Subitement, une porte s'ouvrit. Le comité de travail que Pastuhov présidait venait d'ajourner ses travaux pour le déjeuner. Je n'en croyais pas mes yeux. «Dites à vos collègues que la réunion ne reprendra qu'à 15 heures. Je vous enlève. Il y a deux ans déjà...»

J'appris que, depuis la fin de l'été, sa femme habitait Montréal où ses fils continuaient leurs études au collège Jean-de-Brébeuf. Au cognac, je voulus lui dire à quel point le fait de recevoir la médaille commémorative du 15 mars 1939 m'avait touché. Mais il coupa court à toute émotion: «Mettons qu'il s'agissait d'un aide-mémoire... Il n'y a pas que les éléphants qui aient la mémoire longue... Le 15 mars 1939, il faudrait que ça devienne aussi pour les autres un mauvais souvenir... Vous me comprenez?»

Sachant maintenant qui nous étions, nous pouvions oublier la règle et passer enfin aux confidences...

---

* Après la libération de Paris, l'Agence France-Afrique devint l'Agence France-Presse — dont le premier directeur général fut Géraud-Jouve — grâce au concours des anciens d'Havas passés à la résistance.
** United Nations Relief and Rehabilitation Agency.

LIVRE QUATRIÈME

Des souris et des hommes

Il y a des chefs de parti qui sont prêts à
sacrifier le pays à une doctrine ou à des
principes.

André MAUROIS

CHAPITRE
XV

À mon retour à Québec, je m'attendais de trouver la situation politique inchangée et de reprendre mes fonctions à *L'Événement-Journal*. Mais la mort d'Ernest Lapointe allait devenir le prologue d'une longue suite de revirements. Ministre de la Justice depuis 1924, les Québecquois le voyaient comme un notable de conséquence quand il participait à quelque cérémonie officielle dans son bel habit Windsor des membres du Conseil privé de Grande-Bretagne. Quoique moins pénible que celle d'un alpiniste lancé à la conquête de l'Himalaya, son ascension tenait quand même de l'épreuve d'endurance. Élu député de Kamouraska en 1904, il siégera dix-sept ans sur les banquettes arrière des Communes. Donc un autre *back-bencher* parmi tant d'autres... À cette différence près qu'il a la taille et la résistance d'un *warhorse*, d'un «donné» pour les jésuites. Car il appartient à cette race de partisans qui héritent des tâches les plus ardues et les plus pénibles, mais qui ne détellent jamais. On hésite cependant à qualifier de traversée du désert cette longue décennie qui sépare la défaite de Laurier, en 1911, de l'arrivée au pouvoir de Mackenzie King en 1921. Intolérables pour Lapointe le député, ces années d'opposition, grâce à la conscription, vont se révéler d'une rare rentabilité pour Lapointe le libéral! Au point que la majorité des Canadiens français — pour lesquels il est devenu « le rempart de la race » — éprouvera, le 26 novembre 1941, un sentiment de confusion comparable au désarroi qui s'empara des juifs à la mort de Moïse. Mais c'était faire injure à la virtuosité de Mackenzie King.

Lapointe était encore *sur les planches*, selon la pittoresque description de l'époque, que le Premier Ministre lui cherchait déjà un successeur. Il lui fallait faire vite : le *caucus* québécois ne pouvait longtemps demeurer sans leader et « la belle province » sans oracle. Après avoir longtemps tergiversé, King acceptait maintenant le principe de la conscription. Il avait promis, en 1940, de ne jamais y recourir. Seul le corps électoral pouvait donc le relever de cet engagement gênant. D'où sa décision de profiter du discours du Trône pour annoncer, dès janvier, la tenue d'un référendum. Ce qui exigeait le choix immédiat d'un Numéro Deux de langue française.

Mais à qui confier les cordons du poêle ? Rien n'obligeait Mackenzie King, la guerre aidant, à désigner un libéral dit de la haute volée. En septembre 1939, n'avait-il pas exprimé son intention de constituer un cabinet d'experts ou de technocrates, de préférence à la formation d'un gouvernement de coalition ? Il s'imposait en conséquence que le nouveau ministre de la Justice jouît d'un prestige professionnel certain et que son autorité fût incontestée. Mais compte tenu du référendum, il fallait avant tout que l'homme sût faire comprendre aux électeurs de Québec-Est, comme à tout le Canada français, qu'un nouvel impératif dominerait dorénavant l'action de l'État fédéral : gagner la guerre ! De toute évidence, le choix devait enfin s'arrêter sur quelqu'un dont la moralité ne fût pas disputée et sur lequel le Cardinal, au besoin, pourrait se reposer.

Jos. Barnard, le rédacteur en chef du *Soleil*, avait pris l'habitude, en mon absence, de venir travailler dans la salle commune, que les deux rédactions partageaient, au lieu de s'isoler dans son bureau derrière un monticule de périodiques et de documents. Depuis plusieurs jours déjà, Lapointe n'en finissait plus de mourir. Ce soir-là, dès mon arrivée, Barnard m'annonça que Chubby Power, le ministre de la

Défense nationale pour l'air, s'efforçait, à la demande de King, de persuader Louis Saint-Laurent de se porter candidat dans Québec-Est. La rumeur voulait même que le Cardinal lui en fît un devoir. Au moment où j'allais le quitter pour gagner la rédaction de *L'Événement-Journal*, Barnard ajouta: «Une fois votre première édition expédiée, si ça vous convient, nous irons casser la croûte. J'ai vu Nicol cet après-midi. J'ai bien des choses à vous raconter.» C'est devant une friture d'éperlans qu'il m'informa, après minuit, que Saint-Laurent avait donné son accord et que Mackenzie King se proposait de le nommer ministre de la Justice avant même qu'il ne fût élu.

«Le sénateur voudrait, me dit-il, que vous preniez en main tout ce qui concerne la mort de Lapointe et l'élection de Saint-Laurent. Je crois que nous pourrions aisément nous arranger. Vous gardez la direction de *L'Événement-Journal*, mais je m'en occuperai avec Parrot et Roberge comme durant votre voyage.

— Et le référendum? Le sénateur vous en a peut-être parlé...

— En effet. Le Premier Ministre compte sur l'appui de la chaîne Nicol. C'est un peu gênant pour *Le Soleil*, mais vous, vous aurez un *field day!* De toute façon, la chaîne devra se commettre, qu'on le veuille ou non. Godbout, pour sa part, ne mettra pas de gants blancs. Il désire aussi qu'on vous libère pour la durée du référendum. Il a demandé à Nicol de vous rendre disponible. Qu'en pensez-vous?

— Vous connaissez mes vues à ce sujet. S'il y a un référendum, nous devrons tout faire pour le gagner.

— Dans ce cas, je vais dire au sénateur que vous acceptez. Nous improviserons en cours de route... Commençons par le commencement: d'abord Lapointe et Saint-Laurent. Ensuite, on avisera.»

o o o

Rien ne vous absorbe plus que la publication d'un quotidien. Une règle commande tout votre emploi du temps: ne jamais remettre au lendemain ce qui doit être publié le jour même.

Mais vivre au coeur de l'actualité devient vite une seconde nature et s'en couper est aussi difficile que de renoncer à l'usage du tabac. Chaque information qui vous tombe sous les yeux vous donne le goût d'une cigarette qu'on oublie aussitôt dans un cendrier — jusqu'au moment où une nouvelle plus récente en réclame une autre. Mais on apprend vite à distinguer entre un événement et un fait divers. Le premier exige un bon moment de réflexion; seule la nature insolite du second retient votre attention. On se fait aux accidents de la route, aux crimes passionnels et aux règlements de compte comme les confesseurs s'habituent aux péchés toujours recommencés, toujours les mêmes...

La mort d'Ernest Lapointe fut un événement; mais ses funérailles, pour moi, restent un fait divers. Les pompes funèbres et l'opéra ont en commun que la moindre fausse note en fait une comédie bouffe. Je me rappelle encore avoir assisté à une représentation de *Faust*, avec Hélène et Pierre Chaloult, au Palais Montcalm à Québec. Comment oublier cette Marguerite enceinte qui prenait des airs de pucelle en présence d'un docteur Faust affligé d'une laryngite striduleuse? Quoique régénéré de fraîche date par un Méphisto qui ressemblait au comte Dracula, le docteur miraculé avait opté pour l'aphonie. Aucun son ne sortait de cette bouche qui mimait les paroles d'une musique enregistrée à Paris qu'un pick-up de location diffusait. Comble du ridicule, six figurants armés de hallebardes de fer-blanc devaient tourner en rond, autour d'un mur de carton-pâte, avant de revenir en scène. On voulait ainsi donner l'impression du nombre... Malheureusement, tous marquaient le pas comme des zombis, sans jamais avancer: le disque craquelé, qui tenait lieu d'orchestre, répétant sans arrêt la première mesure du *Gloire immortelle de nos aïeux*... Le directeur du théâtre municipal avait offert de rembourser le prix des places. Mais c'était si drôle que, loin de vouloir abandonner, nous avions réclamé à cor et à cri que l'opéra fût joué au complet. Merveilleuse soirée qui illustre le triomphe du fait divers sur l'événement musical de la saison!

Ernest Lapointe habitait la Grande Allée, au Claridge. C'est donc à la basilique, à la Haute-Ville, qu'on aurait dû lui rendre les derniers honneurs. Mais les frères Lépine, entrepreneurs de pompes funèbres de la Basse-Ville, veillaient au grain. Cette maison centenaire, dont la fortune tenait à la peste qui s'était abattue sur les colons irlandais transportés au Canada à fond de cale et au «grand feu de Saint-Roch», ne se pardonnait pas d'avoir raté Sir Wilfrid. Elle entendait cette fois enterrer Lapointe. Les funérailles de Laurier, mort dans l'Opposition, comme on dit, avaient été adjugées par contrat, en 1919, à un ordonnateur de pompes funèbres de Hull ou d'Ottawa. Les *rouges* exerçaient maintenant le pouvoir. Les funérailles nationales d'Ernest Lapointe ne pouvaient avoir lieu qu'à Québec et nulle part ailleurs qu'à Saint-Roch, dans son comté.

Si elle se comprenait, cette détermination des frères Lépine soulevait quand même des problèmes de logistique — chose peu courante dans un métier dont la pratique doit s'entourer d'une grande discrétion pour se faire oublier. La rue Saint-Joseph, à l'époque la plus achalandée et l'une des plus étroites, était au coeur de Québec-Est. Dominée par la masse imposante d'une église en pierre taillée dont le parvis favorisait les rassemblements, elle tenait déjà du mail qu'elle est devenue depuis; mais à l'époque, elle ressemblait à un long couloir d'étranglement entre les grands magasins et ce temple démesuré à vocation de cathédrale.

Quelques années plus tôt, les frères Lépine avaient fait l'acquisition d'une énorme machine que seuls quatre ou six chevaux pouvaient tirer, et qu'ils aimaient exhiber aux clients modestes d'un faubourg ouvrier qui n'en demandaient pas tant. C'était l'orgueil de leurs écuries et leur publicité ne manquait jamais de faire état de la splendeur sans pareille du «corbillard-cathédrale». Avec ses panaches de plumes noires, ses enjoliveurs d'argent et son gabarit hors série, il ne pouvait que témoigner, en effet, du destin peu commun de l'occupant! Mais comment le faire passer dans la rue Saint-Joseph?

Nous étions à la toute fin de novembre, au lendemain d'une tempête de neige qui avait paralysé Québec. Mais rien ne pouvait résister à la *furia lepina* quand l'honneur de la maison était en jeu. Impétueux mais habiles, les frères Lépine bravaient tous les obstacles, contournaient toutes les difficultés de terrain, pour avancer en direction de l'église comme on marche sur un objectif militaire. Imperturbables, ils allaient devant les chevaux eux-mêmes en grand deuil, comme s'il se fût agi d'une parade. Mais quand il fallut, à partir de la rue Saint-Joseph, engager l'équipage dans une courbe pour arriver enfin au parvis de Saint-Roch, le corbillard, embourbé dans une congère, faillit basculer. Et sans le savoir-faire de l'ordonnateur des pompes funèbres, il est douteux que les chevaux eussent pu, d'un coup de reins, rétablir l'équilibre de cette énorme machine et conserver sa dignité au convoi.

Mais pour des milliers de Québecquois qui se trouvaient là comme au spectacle, l'événement était devenu un fait divers : la mort d'Ernest Lapointe avait fait place à ses funérailles...

○ ○ ○

De sa vie, Louis Saint-Laurent n'avait encore participé à une élection. À 59 ans et sans le bénéfice d'un long noviciat, rien ne le prédisposait à s'engager dans une nouvelle carrière où l'injure tient souvent lieu d'argument. Plaider devant les lords du Conseil privé (qui était alors notre tribunal de dernière instance) se compare mal au débat politique pour lequel il n'avait d'ailleurs jamais témoigné d'intérêt. Il s'apprêtait à servir au sein d'un gouvernement libéral parce que la guerre lui en faisait un devoir d'État. Mais sa décision eût été la même si Arthur Meighen se fût trouvé Premier Ministre. Son humeur, sur ce point, peut être comparée à celle du général Eisenhower qui se demandait encore, six mois avant son élection à la présidence des États-Unis, s'il ferait campagne comme l'héritier de Truman ou le *white hope* du Parti républicain. Avocat, il croyait à la nécessité de l'ordre et au respect des lois. Pour le reste, ses vues relevaient d'une confortable philosophie qui faisait aux attitudes une part plus grande qu'aux principes. S'il en allait autrement, comment pourrait-on vivre les uns avec les autres, en bons voisins ?

Louis Saint-Laurent entend respecter la règle du jeu, c'est-à-dire s'en remettre à l'organisation libérale de Québec-Est; ne connaît-il pas tous ceux qui la dirigent? Louis Dessurault, l'un des rares notables qui habitent toujours le comté, jouit de sa considération. Riche et parlant peu, il inspire confiance. Il tient la caisse, en louchant, bien sûr, du côté du Sénat comme les Bock et les Daigle de Montréal, autres marchands de bois *. On lui sait gré, au sein du parti, de s'en rapporter à Oscar Drouin pour tout ce qui fait qu'une élection se gagne ou se perd. Cela effraie quelque peu M. Saint-Laurent, qui se rend bien compte que les succès répétés de l'*ami du peuple* reposent sur des ambiguïtés commodes. Mais Louis Dessurault l'assure que la campagne sera exemplaire; que toutes les dispositions de la loi électorale seront respectées. «Sans compter que l'affaire est dans le sac», précise Oscar Drouin.

Tant de vertu conforte Louis Saint-Laurent. Ce triomphalisme éveille, par contre, ses soupçons. Il ne doute pas d'être élu; mais il se refuse à semer la confusion dans les esprits. King, en lui confiant la Justice, vient d'affirmer que Québec-Est demeure la voie royale qui mène au Saint des Saints. Et Pearl Harbor justifie, fût-ce après coup, la décision prise en septembre 1939. Ce qui lui fait un devoir de dire aux libéraux de Saint-Roch qu'il reviendra leur demander, une fois élu, de répondre *oui* au référendum. La cause est bonne. Il veut jouer cartes sur table. La conscription fait partie du dossier comme elle explique son engagement politique. Oscar le magouilleur y voit un accès de folie douce. Pourquoi parler de conscription? On s'en occupera en temps voulu. Mais si les circonstances le réclamaient, au hasard d'une assemblée publique ou si, par exemple, on lui posait directement la question? Oscar a trouvé la parade: Saint-Laurent doit faire la distinction entre l'élection du continuateur de Laurier ou de Lapointe, et un «plébiscite» qui permettra à chaque électeur de voter selon sa conscience. «C'est clair et tout le monde va comprendre.» Mais Saint-Laurent

---

* Pour leur part, les conservateurs faisaient appel aux marchands de charbon, dont le sénateur Webster à Montréal et Louis Bérubé à Québec.

ne mange pas de ce pain-là et l'ami du peuple ne cache pas qu'«on a choisi un mauvais candidat qui ne comprend rien»!

Les contradictions intérieures sont typiques des grands partis politiques. Comment accéder au pouvoir si on ne s'adresse simultanément à plusieurs clientèles électorales? Dans cette perspective *small is beautiful*. Seuls, en effet, les mouvements doctrinaires, intransigeants et voués à l'opposition perpétuelle, peuvent offrir une garantie de pureté. Mais grande reste la tentation du pouvoir, et la plupart y succombent. Il se produit aussi que la vertu devient vite une idée fixe, au point où chacun se croit plus rigoureux que son voisin. L'idéologie, comme la foi, se prête à de subtiles déviations. Le Parti québécois, par exemple, n'a pu échapper à ce cercle vicieux. Comment rester pur et s'assurer l'assiette au beurre? Faire appel en même temps aux idéalistes et aux budgétivores? Seuls les partis de gouvernenent savent d'autant mieux s'accommoder de leurs contradictions qu'ils en vivent.

Louis Saint-Laurent n'était pas un homme de sérail. Mais les électeurs de Québec-Est le savaient aussi du bon bord. De même, ils se rendaient compte que Mackenzie King allait se trouver au pied du mur. Pour la plupart anti-conscriptionnistes, ils faisaient cependant confiance à l'un et à l'autre pour retarder l'échéance. Au fond, ils pensaient comme Oscar Drouin: chaque chose en son temps. Mais parce que Louis Saint-Laurent leur avait dit sans détour qu'il reviendrait leur demander de voter *oui*, ils lui en étaient reconnaissants. Ce disant, il ne leur avait rien appris — si ce n'est qu'il les voyait comme des êtres respectables.

Bien des gens s'imaginent que cette élection provoqua un profond remous au sein de l'opinion publique du Canada français. Il n'en fut rien. La partie était jouée et on acceptait que Mackenzie King voulût avoir à ses côtés un homme qui jouissait de la considération des siens, fussent-ils opposés à la conscription pour outre-mer. L'entrée en guerre des États-Unis venait en outre de sceller le sort de l'Axe Rome-Berlin-Tokyo. Seuls se sentaient menacés ceux que la campagne des nationalistes affolait. Mais, à défaut de soulever un grand intérêt au Québec, cette élection haussa d'un cran la cote morale de la classe politique canadienne-française. Louis Saint-Laurent ne mentait pas de façon impulsive ni ne cherchait à semer la confusion dans les esprits. Il avait le courage de ses idées. Ce qui était déjà beaucoup dans une province où l'*establishment* libéral n'hésitait pas à maquiller la vérité, à souffler le chaud et le froid sous prétexte qu'on souffle sur la soupe pour la refroidir et sur ses doigts pour les réchauffer!

○ ○ ○

Loin d'être perçue comme un énorme désastre, l'hécatombe de Pearl Harbor prit l'aspect d'une victoire partout au Canada. Pour Churchill et De Gaulle, enfin d'accord, la guerre était gagnée. Il s'agissait, hélas! d'une vérité à retardement. L'occupation de Hong-Kong par les Japonais * et le débarquement des fusiliers marins de Muselier à Saint-Pierre-et-Miquelon devaient le démontrer dès le jour de Noël. En moins d'une semaine, tout allait changer. Le magazine *Time* se chargea d'ailleurs d'en fournir la preuve dans un article astucieusement illustré sur la nouvelle alliance. Staline faisait cavalier seul. Mais, sous les photos, les légendes précisaient la place de chacun au sommet de la pyramide: Roosevelt, identifié comme «*the commander in chief*» regardait Churchill ramené au rang de «*its brilliant second*». *Time*, à tout prendre, avait raison: l'Amérique, attaquée à l'ouest sur le Pacifique, allait d'abord engager le gros de ses forces à l'est, sur l'Atlantique et la Méditerranée.

Le secrétaire d'État Cordell Hull, de droit le Numéro Deux du gouvernement des États-Unis, se percevait de fait comme l'ange gardien du Président. Chef de la diplomatie américaine, il se voulait l'homme des grands desseins. Staline l'horrifiait et De Gaulle l'horripilait. Si Churchill, à tu et à toi avec Roosevelt, se comportait avec lui comme l'eût fait le duc de Marlborough, son ancêtre, Mackenzie King, pour

---

* Des 2 000 soldats canadiens en garnison, 1 000 environ furent tués sur place; faits prisonniers, les autres devaient envier leur sort.

des raisons contraires, l'énervait tout autant. On avait beau lui tenir le poignet, King s'estompait à la façon d'un ectoplasme dès l'instant de signer quoi que ce fût. Hull, enfin, aimait le secret.

Depuis l'armistice de juin 1940, Washington entretenait des relations cordiales avec le gouvernement de Vichy. Les expéditions de produits dits de première nécessité, entre autres, s'inscrivaient dans le grand dessein de la diplomatie américaine. Roosevelt prévoyait, en effet, qu'une armée française reconstituée pourrait participer, le moment venu, à la libération de l'Europe. Dans cette perspective, l'amiral Leahy, ambassadeur des États-Unis, avait même été jusqu'à négocier avec le maréchal Pétain un accord concernant Saint-Pierre-et-Miquelon. Mais jamais le Président n'avait jugé nécessaire d'aborder cette question au cours de ses entretiens avec Churchill. Que cet archipel fût situé à quelques milles de Terre-Neuve, alors colonie de la Couronne, ne préoccupait à l'évidence ni Roosevelt ni Cordell Hull.

Le Foreign Office, pour sa part, s'inquiétait depuis longtemps qu'on pût informer les sous-marins allemands, à partir de Saint-Pierre, par radio, de l'itinéraire des convois interalliés venant d'Halifax. Anthony Eden s'étonnait même que la France combattante n'eût pas encore mis fin à cette complicité. L'amirauté britannique évitait soigneusement, depuis Mers El-Kébir, tout accrochage avec Vichy et, de son côté, le War Cabinet refusait de poser un geste que le Général pût interpréter comme une provocation. Seuls des Français pouvaient vider cet abcès. Aussi Eden se frotta les mains d'aise quand De Gaulle lui annonça son intention de libérer ces îles situées au large du Canada. Car il ignorait de toute évidence que son collègue américain avait mis au point un autre scénario avec l'aval du maréchal Pétain. Pour faire taire la radio saint-pierraise, Cordell Hull envisageait de placer la station sous contrôle canadien sans mettre en cause le statut politique de l'archipel, négocié en juin 1940. Pareille acrobatie diplomatique n'avait pas été sans faire tiquer l'entourage de Pétain; mais suite à l'entrée en guerre des États-Unis, le gouvernement de Vichy s'y était résigné. Quand Churchill eut vent du projet de la France Libre, il donna ordre au Foreign Office d'en saisir aussitôt le Département d'État : il s'agissait quand même d'un territoire nord-américain. La note britannique fit sursauter Cordell Hull. Il faillit, dit-on, crever le plafond ! Mais l'amiral Muselier et le lieutenant de vaisseau Alain Savary avaient déjà atteint le point de non-retour.

Déjà informé par les services britanniques de l'opération en cours, Mackenzie King s'en félicite pour des raisons de politique intérieure, tout en s'interrogeant sur la réaction probable des États-Unis. Jamais Cordell Hull ne lui a fait part de son grand dessein. C'est maintenant l'avant-veille de Noël, mais le Premier Ministre ignore toujours qu'on lui réserve un rôle dans le déroulement du *Vichy Gamble*, comme on désigne à Washington la machination et les manigances du chef de la diplomatie américaine. Ce n'est qu'après le débarquement des fusiliers marins de Muselier que Hull se décidera enfin à lui téléphoner. Et ce sera pour lui intimer que le Canada doit s'interposer, prendre le contrôle de la station de radio et forcer les *Free French* à faire demi-tour.

C'est mal connaître Mackenzie King que d'en espérer autant. Puisque la consigne ne souffre pas de réplique, il a tôt fait d'opter pour l'immobilisme. Sa nature ne le porte pas aux actions d'éclat. Tout ce qui peut compromettre les relations du Canada avec ses alliés naturels répugne par surcroît à son traditionalisme. Son sens commun lui commande enfin de rejeter cette politique de non-agression. Car pour être inacceptable aux peuples en guerre depuis 1939, cette neutralité inavouée met en cause l'avenir des gouvernements en exil qui jugent, comme De Gaulle, qu'elle doit être contrée — y compris par la force :

> S'il arrive que, pour des raisons d'opportunité, nos alliés s'accommodent de la neutralité française, générale ou locale, nous ne l'acceptons pas. En toute occasion, nous faisons tout pour faire cesser cette neutralité de gré ou de force partout où nous en avons les moyens *.

---

* *Lettres, notes et carnets* du général de Gaulle pour la période allant de juillet 1941 à mai 1943.

Même aux États-Unis, beaucoup se firent un point d'honneur de dénoncer cette complicité. Et la coupe déborda quand Cordell Hull s'en prit au débarquement des « *so-called Free French* » à Saint-Pierre. C'est par milliers qu'il reçut, entre Noël et le premier de l'an, lettres et cartes de bons voeux adressées au... *so-called Secretary of State !*

○ ○ ○

Que faire de France Libre ? La question se posait depuis juin 1940. Car s'il était prêt à certains accommodements, le gouvernement canadien se refusait à lui accorder le moindre statut politique. Les intentions du général de Gaulle, bien sûr, demeuraient imprécises, quoique son ambition, à cet égard, apparût certaine. King, pour sa part, ne répugnait pas aux ambiguïtés. Dans le commerce des hommes comme chez les voyantes, il appréciait le clair-obscur. Mais il avait d'autres raisons de se méfier des solutions de compromis envisagées par les Affaires extérieures. Le Général était loin et c'était à Churchill d'y voir. Le Canada français, par contre, vénérait la personne du maréchal Pétain et les nationalistes le voyaient en martyr. Aux yeux du bas clergé, les gaullistes faisaient figure de mécréants. Le général Vanier * lui-même n'échappait pas à cette réprobation. Une autre question troublait tout autant le Premier Ministre : l'illégalité du Parti communiste canadien. Les militants demandaient, depuis juin 1941, à sortir du ghetto. Mais comment renverser la décision du Parlement à cet effet ? Comment conférer à Tim Buck et aux cotisants du P.C. une reconnaissance *de facto* sinon *de jure* ? Ces problèmes empoisonnaient la vie de Mackenzie King. S'il avait cédé à ses humeurs, il aurait sûrement avoué que ce sont des questions de ce genre qui rendent les guerres insupportables.

Mais l'évolution est une loi de nature et l'opinion publique se réconciliait peu à peu avec les faits. On avait même reconnu aux *Free French* le statut de combattants ! Pour les

---

* Le général Vanier commandait alors le 5e district militaire dont le Q.G. était situé à Québec.

esprits butés, l'évidence souvent semble incroyable. À la suite de la libération de Saint-Pierre-et-Miquelon, le gouvernement avait été jusqu'à autoriser un envoi d'armes aux fusiliers marins de Muselier. Tout avait commencé en mars 1941 avec l'arrivée à Montréal de Georges Thierry d'Argenlieu, prieur des carmes déchaux dits déchaussés. Simple commandant de vaisseau à cette époque, il se comportait déjà comme l'amiral qui était en lui. À la fin de la Première Guerre mondiale, il était passé, sans avis préalable, de la passerelle du *Tourterelle* au cloître du Carmel. Mais au début de la Seconde Guerre mondiale, un nouveau coup d'aile devait le ramener tout aussi brusquement à son poste de commandement. Cela dit, De Gaulle avait vu juste en lui confiant la tâche d'aller mettre fin aux inimitiés qui divisaient les Français libres de Montréal comme ceux de New York. L'officier de marine savait se faire obéir, et le prieur n'acceptait pas qu'on pût discuter ses ordres. Informé de l'arrivée prochaine du moine-soldat, le cardinal Villeneuve s'était d'abord inquiété des remous que ce voyage pourrait provoquer dans l'âme populaire. Réflexion faite, il avait cependant consenti à le recevoir en audience privée.

La mission d'Argenlieu s'était mal engagée. Son bateau resté en rade d'Halifax, aucun matelot de service ne l'accompagnait. Seul le lieutenant de vaisseau Alain Savary le suivait comme une ombre. En ce temps-là, l'aéroport de Montréal ressemblait à une gare de banlieue. On empilait les bagages à l'extérieur de l'immeuble où chacun devait patauger pour aller ramasser les siens. Il va sans dire qu'il n'existait aucun salon de réception, mais nul ne s'en étonnait. Sauf d'Argenlieu — qui nota en outre qu'il ne se trouvait personne du gouvernement canadien pour l'accueillir à Dorval. Les journalistes, par contre, étaient venus nombreux. Tous malheureusement tenaient à préfacer chacune de leurs questions d'un «mon Père» bien appuyé. Le futur amiral s'empressa de les ramener à l'ordre protocolaire: «Appelez-moi commandant!» Parce qu'il avait le verbe haut, l'admonition coupa court à la conférence de presse. Mais les reporters en avaient suffisamment appris pour annoncer, dans les quotidiens du soir, que *le commandant* s'apprêtait à faire maison nette et que des têtes allaient rouler !

Au moment de la mission d'Argenlieu, Montréal se voulait la citadelle de France Libre au Canada. Le nombre de ses activistes et les ressources financières dont ceux-ci disposaient conféraient à ses représentants une grande mesure de prétention sinon d'autorité. Mais leur rivalité était proverbiale et l'intrigue leur raison d'être. Tous se réclamaient du général de Gaulle. Mais aucun n'y allait avec plus d'assurance, d'outrecuidance même, que le Dr Vignal et le baron de Roumefort qui se disputaient la direction du mouvement. D'Argenlieu décida, dès son arrivée, que nul ne pouvait prétendre au leadership s'il n'avait d'abord reçu une délégation de pouvoir en bonne et due forme. Il lui appartenait, de toute façon, d'en décider. Pour l'heure, tous devaient rentrer dans le rang. D'autre part, chacun des comités d'action, qui s'étaient constitués un peu partout en province, jouirait d'une complète autonomie, n'ayant de comptes à rendre qu'au Général ou à ses fondés de pouvoir.

Aussitôt alerté, le Cardinal, dans le but de désamorcer ces querelles, profita de la chaire de Notre-Dame pour lancer un appel à la fraternité. D'Argenlieu jugea incongrue cette intervention de l'autorité religieuse dans une affaire d'État, fût-ce pour le bon motif. Puis il partit pour Québec où l'attendaient Marthe Simard et ses amis, qui avaient été les premiers à arborer la Croix de Lorraine au Canada français. Dès le lendemain, il se présentait au palais cardinalice dans son uniforme de commandant de navire. L'audience fut brève et, dit-on, cordiale. Du moins jusqu'à l'instant où le cardinal crut devoir lui dire qu'il comprenait bien qu'on voulût faire son devoir de Français ; mais il eut le malheur d'ajouter que «son caractère de prêtre lui commandait aussi de jeter un peu d'eau sur le brasier de la discorde au lieu d'attiser les flammes». Piqué au vif, d'Argenlieu prit aussitôt congé en rétorquant : «Éminence, le Général ne m'a pas envoyé au Canada pour y faire le pompier !»

Quand d'Argenlieu se présente à Ottawa, l'ordre règne enfin dans les rangs de France Libre ! Il reste néanmoins que l'ambassade, aux mains de Vichy, conserve son statut et que

M. Ristelhuber, qui a rang de ministre, peut exercer normalement ses fonctions. La situation est délicate. Mais que faire? Compte tenu du travail de sape des partisans du maréchal Pétain, on peut même se demander si la mission du commandant aurait abouti au résultat souhaité sans le concours indéfectible de Norman Robertson, le sous-secrétaire d'État, et de son collègue Thomas Stone. Grâce à eux, écrira l'infatigable Élisabeth de Miribel, «ces portes entrebâillées au ministère des Relations extérieures, au Parlement d'Ottawa et ailleurs, ne se sont plus refermées*». Le gouvernement canadien convient, en deux temps, d'accorder le statut de combattants aux gaullistes et de reconnaître le colonel Martin Prével comme fondé de pouvoir du Général au Canada. On le libère à cet effet de ses fonctions au ministère des Munitions et des Approvisionnements. Ce qui met fin aux dissensions des *Free French*. Pour des raisons de sécurité familiale, Prével servira toutefois sous le nom de Pierrené** jusqu'à l'arrivée du commandant Bonneau en 1943, peu après l'assassinat de l'amiral Darlan.

о о о

À son arrivée au ministère de la Justice, Louis Saint-Laurent trouvera sur sa table le dossier du Parti communiste canadien. Frappé d'illégalité à l'automne de 1939, le P.C. cherche à se dédouaner depuis l'offensive de la Wehrmacht contre l'U.R.S.S. D'abord neutralisés par le pacte germano-soviétique, puis traumatisés par le partage de la Pologne (qui ramène l'Europe au temps de Marie-Thérèse d'Autriche, de Catherine de Russie et de Frédéric de Prusse) activistes et *poputchicks*** sont maintenant résolus de participer pleinement à l'effort de guerre. La levée de l'interdit devient l'objectif immédiat. Mais seul le gouvernement peut annuler le décret d'excommunication. Pour y parvenir, le parti a mis

---

* *La liberté souffre violence,* préface de Pierre Emmanuel, Paris, Plon, 1981.

** Du prénom respectif de ses deux fils, Pierre et René.

*** Nom sous lequel on désigne en russe les *sympathisants* de la cause à l'étranger. Traduit en anglais par *fellow traveler,* le mot n'a, pour équivalent en français, que l'expression boiteuse de «compagnon de route».

au point une tactique de harcèlement qui, depuis juin 1942, énerve le contentieux et les agents de la Gendarmerie royale. Chaque jour, un militant se présente à la R.C.M.P. et s'avoue communiste pratiquant. Mais les ordres sont les ordres : au lieu de le mettre sous les verrous, on le fait poireauter jusqu'à l'heure de fermeture, si l'on peut dire. Le lendemain, le manège recommence : il ne se trouve personne en autorité pour recueillir, dans les formes, les aveux du coupable auquel on demande de repasser au confessionnal un jour ou l'autre...

Ernest Lapointe, pour sa part, ne sut jamais comment sortir de ce cercle vicieux : le Parti communiste était illégal et son «gros bon sens» lui disait qu'aucun moyen n'existait de lui refaire une virginité. Si Tim Buck, le secrétaire général, croyait qu'on allait avoir à l'usure le ministre de la Justice, il pouvait aller se rhabiller! Mais le Parlement et le corps électoral comprendraient que le gouvernement voulût fermer les yeux si, en échange, on demandait simplement aux militants de ne pas «faire de vagues». C'était de bonne guerre.

Son successeur, Louis Saint-Laurent, ne l'entendait pas ainsi. Ni le Conseil privé ni les Chambres ne pouvaient, bien sûr, re-légaliser le P.C., le normaliser pour en faire un parti comme les autres. Mais l'idée de mettre en prison des gens résolus à servir, surtout au moment précis où l'on a besoin d'eux, lui paraissait également saugrenue. À la réflexion, une seule solution tenait debout : que les communistes changent de parti, qu'ils en inventent un autre au besoin — mais à la condition que celui-ci ne fût marxiste ni dans son principe ni dans son programme électoral. En d'autres termes : que le P.C. se saborde s'il veut retrouver sa place sur l'échiquier politique canadien. La négociation, conduite en toute discrétion, donne rapidement les résultats attendus. À telle enseigne que Fred Rose, peu après candidat du Parti ouvrier-progressiste (en anglais, Labour Progressive Party) dans Montréal-Cartier, s'y faisait élire député aux Communes contre David Lewis, l'une des têtes pensantes de la C.C.F.

Mais l'homme qui venait, à toutes fins utiles, de banaliser le P.C. comme s'il se fût agi d'un car de police, se retrouvera au coeur de l'Affaire Gouzenko en septembre 1945, de nouveau confronté au dossier du communisme canadien.

○ ○ ○

L'année 1942 sera pour toujours celle du *Manhattan Project* qui, à terme, aboutira à l'explosion de la première bombe atomique sur Hiroshima, le 6 août 1945, à 8 h 14, heure locale. J'étais à Washington quand un communiqué de la Maison-Blanche en informa les correspondants de presse. Il me fallut, comme aux autres, relire à deux reprises ce texte d'une trentaine de lignes avant d'en saisir la portée. Et pourtant, les scientifiques étaient à l'oeuvre depuis dix ans! En Europe et en Amérique, les adolescents, déjà familiarisés avec les armes nucléaires par les exploits de Flash Gordon, participaient fascinés à la guerre des étoiles, aux côtés de Buck Rogers, un demi-siècle avant Reagan... Mais en ce temps-là, la culture et la science faisaient chambre à part — alors qu'aujourd'hui celle-ci occupe les meilleures pièces de la maison; depuis la cuisine jusqu'au living où l'écran de télévision, les cassettes, la *hi-fi* et tout le bataclan de l'informatique ont remplacé les vrais livres...

Comment sommes-nous passés à côté du *Manhattan Project* sans le voir, sans même en soupçonner l'existence? Bien sûr, on veillait sur le Secret. Mais enfin... En vérité, nous avions la prétention de tout savoir, mais nous étions ignorants comme des veaux*.

C'est avec dix ans de retard sur l'Europe que les États-Unis s'engagèrent dans un projet qui allait changer la nature des conflits et rendre la guerre inacceptable à la conscience des civilisés. Depuis Grotius, l'auteur du *De jure belli ac pacis* (1625), les belligérants acceptent le principe de ne s'en prendre qu'à des objectifs militaires et d'épargner la population des villes qui se déclarent «ouvertes» ou non défendues. De violer cette loi de la guerre vaut aux envahisseurs

---

* Ce n'est qu'à la lecture du *Robert Oppenheimer, Shatterer of Worlds,* de Peter Goodchild, publié aux éditions de la British Broadcasting Corporation en 1980, que j'ai constaté pour ma part à quel point cette course à l'arme nucléaire s'est faite au grand jour, comme s'il se fût agi d'une compétition sportive.

l'opprobre des honnêtes gens. La bombe atomique, par définition, anéantit au même titre les objectifs militaires et les installations civiles, femmes et enfants comme les hommes; en d'autres termes, tout et tous deviennent des otages voués à la désintégration. Est-il besoin de préciser que le recours aux engins nucléaires a contaminé la qualité morale de l'homme tout comme son habitat? Au point que les syndicats ouvriers eux-mêmes n'hésitent plus à prendre en otages les enfants des écoles, les malades et les vieillards relégués à l'hospice. Comment en sommes-nous venus là? La question, hélas! se pose toujours plus de quarante ans après Hiroshima.

En 1931, deux physiciens anglais, Cockcroft et Walton, désintègrent l'atome. Sir James Chadwick découvre l'existence des neutrons en 1932 et, deux ans plus tard, les Joliot-Curie celle de la radioactivité. En 1934, c'est l'importante découverte de la fission atomique par Enrico Fermi. Mais il hésite à s'en réclamer et il n'en décrira le procédé que le 22 décembre 1938. Léo Szilard, de nationalité hongroise, démontre en 1939 que la fission conduit à la production de neutrons et conclut à la probabilité d'une explosion en chaîne. Le 22 avril de la même année, à la veille de la guerre, Joliot-Curie et sa femme confirment, dans une lettre à la revue anglaise *Nature*, que la fission provoque à l'évidence la production de neutrons qui entraînent une réaction en chaîne.

Cette lettre d'Irène et de Frédéric Joliot-Curie est à l'origine de la crise de conscience qui divisa profondément l'aréopage des Prix Nobel et l'univers des savants. Les gouvernements savent maintenant que l'arme atomique appartient, en théorie tout au moins, à la panoplie des états-majors et que la course aux armements va bifurquer sur un nouvel objectif: la Bombe! Dès le 29 avril, soit une semaine plus tard, Hitler ordonne de stocker tout l'uranium disponible et d'accélérer la production du minerai dans les régions tchécoslovaques — qui viennent d'être annexées —, où se trouvent les seuls gisements d'uranium en Europe... Ironie des choses, c'est au ministère de l'Éducation que les ministres concernés informent de cette décision les officiers supérieurs de la Wehrmacht! Mis au courant de ce conciliabule, le Dr Siegried Flugge décide, en dépit des risques qu'il encourt, d'alerter ses collègues étrangers avant qu'il ne soit trop tard. Son article, qui dit tout, paraît en juin dans *Naturwissenschaffen*, l'édition allemande de *Nature*, mais provoque, hélas! une réaction imprévue.

Léo Szilard avait émigré aux États-Unis avant que la bombe atomique fût perçue, par des Clausewitzs déments, comme l'ultime moyen de parvenir à des fins politiques. Lorsque, en février 1939, poursuivant dans un laboratoire emprunté une expérience parallèle à celle des Joliot-Curie, il découvre de son côté le phénomène de la fission nucléaire, il est saisi d'un effroi compréhensible. Il s'impose d'en garder le secret et décide d'écrire aux scientifiques européens de ses relations pour leur demander d'en faire autant. Pour toute réponse, on lui adresse la livraison de *Nature* qui reproduit la lettre des Joliot-Curie. Aussi, lorsque, en juin, il prend connaissance de l'article du Dr Flugge, il en conclut que celui-ci a choisi d'informer les Français et les Anglo-Américains que l'Allemagne s'engage à son tour dans la course. Comment expliquer autrement que la censure nazie en ait autorisé la publication?

Ce malentendu allait provoquer une réaction en chaîne. Convaincu qu'Hitler, une fois en possession de la bombe atomique, n'hésiterait pas à s'en servir, Szilard jugea que les États-Unis se devaient avant tout de constituer d'importantes réserves d'uranium. Exception faite de la Tchécoslovaquie, seule la colonie belge du Congo pouvait alors en produire en quantité industrielle. Ce qui présupposait un accord avec Léopold III. Pour Szilard, qui se comportait en savant, en homme de laboratoire, Albert Einstein était aussi le seul auquel le roi, par respect pour son génie comme sur le plan de l'amitié, pût prêter son concours. Mais à la réflexion, il en vint à la conclusion que, même si on lui en faisait cadeau, tout l'uranium du Congo resterait sans objet si le gouvernement américain refusait de s'engager dans la fabrication d'armes nucléaires. Mais comment faire appel à Roosevelt? L'un de ses amis, le banquier Alexander Sachs, lui fit vite comprendre qu'une requête de cette sorte aurait un autre poids si elle venait d'Einstein. Celui-ci se prêta volontiers à cette double démarche, qu'il devait par la suite regretter — mais c'est Sachs qui fut convoqué à la Maison-Blanche. Quand il eut en main tous les éléments du dossier, le Président, selon Goodchild, aurait donné son accord en lui disant tout simplement : *« Alex, what you are after is to see that the Nazis don't blow us up... »*

Oppenheimer se mit à la tâche presque aussitôt. Mais ce n'est qu'en juin 1942, à la suite de Pearl Harbor et une fois l'Amérique en guerre contre l'Allemagne, que le *Manhattan Project* fut mis en route.

Trois ans plus tard, Hiroshima apparaîtra en lettres de feu sur la carte du monde !

CHAPITRE
XVI

Au tout début de 1942, Mackenzie King annonce qu'il demandera aux Canadiens de le relever de l'engagement pris deux ans plus tôt: pas de conscription pour outre-mer. Valable pour l'ensemble du corps électoral, cette promesse s'adressait tout particulièrement aux Canadiens de langue française qui, depuis la semaine sainte de 1917, constituaient le gros de la clientèle libérale. Le danger, cette fois, vient du Canada anglophone. Mais comment se faire libérer, par les provinces anglaises, d'un contrat jugé incompatible avec nos obligations militaires, sans s'aliéner le Québec? La situation est délicate. King n'oublie pas que nous avons aussi des alliés. L'U.R.S.S. et les États-Unis ne comprendront jamais que le gouvernement canadien demande à ses électeurs la permission de les conscrire pour servir là où l'on se bat! Le conflit du couple France-Angleterre contre l'Allemagne est devenu la Seconde Guerre mondiale: ce qui était n'est plus. Mais pour les nationalistes québécois, nous n'avons toujours rien à faire dans cette maudite galère... King estime qu'à tout prendre il vaut mieux perdre la face que d'y laisser sa peau: le référendum aura lieu le 27 avril.

Le sens du ridicule présuppose un humour certain. Ce n'est pas là *the cup of tea* du squire de Kingsmere. Mais il possède un autre don : le sens du pouvoir. On a toujours la bosse de quelque chose. Nul cependant ne parvient sans peine à la virtuosité. Pour le Premier Ministre, la clairvoyance est à l'opportunisme ce que la patience est à l'entêtement. Exercer comme un art la simple pratique d'un métier exige autant d'abnégation que d'ambition. Car il faut renoncer à bien des choses pour rester maître du jeu, contraindre les esprits et les hommes quand on a perdu prise sur les événements ou qu'ils vous accablent. Dans sa volonté de balayer toute opposition, King s'est engagé à ne jamais recourir à la conscription — comme si les dieux lui devaient de respecter ses calculs ! Le piège vient de se fermer. Le Canada peut-il, contre le sens commun, assumer simplement sa défense territoriale ? Le colonel Layton Ralston, ministre de la Défense nationale, et son collègue Angus Macdonald, ministre de la Marine, le pressent de soumettre cette question au Parlement. King s'y oppose. Certes la conscription s'impose et l'exercice du pouvoir a son prix. Mais un référendum lui permettra de gagner du temps. Premier Ministre depuis quinze ans, il sait que les solutions d'attente sont souvent les meilleures. La Bible ne dit-elle pas que « mieux vaut un chien en vie qu'un lion mort » ?

Mackenzie King a plus d'as dans son jeu que les tories et les conscriptionnistes du conseil des ministres n'ont ensemble de bonnes cartes dans la main. Le Parti conservateur décapité mettra longtemps à se trouver un nouveau leader. Le Premier Ministre a dirigé lui-même l'opération qui s'est faite en deux temps. Manion, chef de l'Opposition, a vidé les étriers en mars de 1940, et Meighen s'est fait déculotter dans York South, dès l'automne suivant, à l'occasion d'une élection partielle. King depuis rumine cette victoire avec délectation. Rapatrié du Sénat pour redevenir chef du parti, Meighen se jette sur ce comté de Toronto comme on se précipite dans une chambre de réanimation. Il réclame un gouvernement d'union comme en 1914 et la conscription comme en 1917 ! King, peu scrupuleux sur les moyens, décide d'enterrer à jamais son vieil ennemi dans les poubelles de l'histoire... Le Parti libéral, dans ce but, ne présente pas de candidat contre le leader désigné de l'Opposition. Mais les libéraux reçoivent pour consigne de reporter leurs voix sur son adversaire C.C.F., Joseph Noseworthy. King fera d'une pierre deux coups : Meighen, qui n'est plus sénateur, ne sera jamais député. Amen.

Au sein du conseil des ministres, King doit manoeuvrer à vue pour retarder l'affrontement entre partisans et opposants de la conscription. Pour l'heure, il lui suffit d'accuser le coup : «la conscription si nécessaire, mais non nécessairement la conscription», comme il vient de le déclarer aux Communes. Lui-même est heureux de cette formule qui appartient aujourd'hui à notre folklore politique. Mais beaucoup, à l'époque, n'y voient qu'une grosse astuce ou qu'un mauvais jeu de mots. De fait, elle décrit littéralement une stratégie qui ne deviendra évidente qu'en 1944 — trop tard pour que le Bloc populaire y trouve son compte. La formule lui permet, en effet, de donner satisfaction au Canada anglais en général et de calmer en même temps l'appréhension des Canadiens français. Grâce au référendum, tous auront l'impression qu'on leur demande leur avis quand la réponse, en dernier ressort, appartient au Parlement. Mais telle que posée, la question fournira surtout au Québec francophone un moyen pacifique de rejeter la conscription, en lui faisant comprendre à demi-mot que l'impôt du sang n'est pas pour demain... King se rappelle, à ce propos, comment les choses se sont passées en juin 1940, au moment de la mobilisation redoutée. D'abord trente jours d'entraînement obligatoire pour assurer la défense du Canada ; puis la durée du service militaire portée, par la suite, à trois mois et enfin *for the duration*! Patience et longueur de temps... Qu'importe qu'on lui fasse la vie dure, pourvu que l'opposition des Canadiens français s'exprime dans les bureaux de vote et non dans les rues comme en 1917.

○ ○ ○

Dès l'annonce du référendum, tout le gratin de l'antiguerre se donne rendez-vous chez André Laurendeau. Le mouvement nationaliste accouchera, ce soir-là, de la Ligue pour la défense du Canada! Le choix des mots est révélateur... Lorsqu'on en fait parade, la pratique de la vertu doit s'habiller d'atours trompeurs. Au XVIIIᵉ, quand une dame de la cour se prêtait à une aventure galante, un loup de velours noir la protégeait des yeux indiscrets au moment de s'envoler dans un carrosse. De même, on s'apprête à déstabiliser l'effort de guerre canadien, mais on prétend courir à la défense du Canada! Beaucoup ont répondu à l'appel de Laurendeau. Entre autres: l'abbé Groulx, qui se fait discret *because* le Cardinal, et Paul Gouin, toujours à la recherche d'une mission; mais aussi Gérard Filion, le président de l'Union catholique des cultivateurs, et Philippe Girard, le président de la centrale montréalaise de la Confédération des travailleurs catholiques du Canada, qui représentent «le peuple» et auxquels on a cédé les meilleurs fauteuils. Aucun d'eux n'a dans sa poche un mandat en bonne et due forme. Mais c'est là pratique courante, qu'il s'agisse de la Ligue du Sacré-Coeur ou de la Société Saint-Jean-Baptiste. Tous s'en remettent à André Laurendeau, proclamé aussitôt secrétaire général. Jean Drapeau devient son adjoint dans la foulée, et le Dʳ Jean-Baptiste Prince hérite de la présidence [1]. Les ligueurs se diront dorénavant *les élus de la race* et les mandataires d'un peuple qu'ils n'ont jamais consulté. Mais on se garde bien de rappeler, au cours de la réunion, que des milliers de Québécois francophones se sont portés volontaires pour assurer «la défense du Canada» — là où il est en danger.

Puisque Mackenzie King lui demande son avis, Laurendeau va le lui donner sans ménagement. Il n'oublie ni son comportement lors de l'enregistrement national ni comment il a laissé tomber Camillien Houde. Mais l'occasion lui apparaît cette fois taillée sur mesure: elle lui permettra d'aller jusqu'au bout de son souffle sans courir le risque de quelque déclaration illégale. Isolationniste sur le plan politique et neutraliste sur le plan moral, la crise de la conscription devient l'occasion attendue de mobiliser la rue contre l'effort de guerre. Son opposition est globale: ni la participation des Russes au conflit, ni celle des Américains ne le font bouger d'un iota. C'est l'occasion ou jamais de passer à l'action!

La Ligue confie à Jean Drapeau l'organisation de l'assemblée publique du 11 février. Dès 7 heures du soir, le vieux Marché Saint-Jacques se remplit d'activistes en colère qui s'empressent d'occuper la rue. On distingue au premier rang un carré de militants en tenue : chemise marine et croix gammée. Ce sont les hommes de main d'Adrien Arcand, le Pontifex Maximus du Parti de l'unité nationale (!) qui a rejoint Camillien Houde dans un camp d'internement. Les orateurs sont déchaînés. Seul Henri Bourassa refuse de se laisser entraîner par sa propre éloquence et celle de Laurendeau, de Filion, de Drapeau...

Henri Bourassa vient d'avoir 74 ans. Il a connu, au cours de sa longue carrière, beaucoup d'assemblées houleuses et désordonnées. Il se rend compte que la foule, cabrée contre *les Anglais*, est à la veille de prendre le mors aux dents. Pour ramener les chefs de la Ligue à la raison, il déclare sans aucun préambule que « Jean Drapeau se trompe lourdement » :

> Les Canadiens français ne sont pas les seuls Canadiens authentiques parce que, pour eux, la défense du Canada passe avant la défense de l'Angleterre. Que nous soyons ici depuis plus longtemps que les autres ne suffit pas à faire de nous de meilleurs Canadiens.

Cette semonce provoque un silence étonné. Bourassa en profite pour rappeler qu'à Toronto, comme au coeur des comtés les plus orangistes de l'Ontario, jamais il n'a été insulté par des auditeurs qui, à l'évidence, ne pensaient pas comme lui. Puis il ajoute simplement : « On serait mieux entendus et compris si on s'adressait à l'intelligence des interlocuteurs qui entretiennent une autre opinion que la nôtre. » Mais c'est en vain que le lion devenu vieux s'efforce de calmer les jeunes loups qui se sont déjà répandus dans tout le quartier. Deux heures plus tard, ils auront saccagé vingt-huit tramways, une trentaine de magasins, une taverne et le mieux fréquenté des bordels de la rue Panet.

○ ○ ○

Fondé en 1935, l'Institut Gallup avait depuis longtemps mis au point sa technique des sondages quand débuta la campagne du référendum en février 1942. Mais ceux-ci ne jouaient encore aucun rôle quand on s'efforçait de séparer le bon grain de l'ivraie. Tout parti politique structuré disposait cependant d'un réseau d'information, relativement sûr, par sa seule présence dans les comtés. Sans être en mesure de prendre le pouls d'un échantillonnage dit scientifique, il pouvait au besoin rectifier le tir ou appuyer sur l'accélérateur. De leur côté, les observateurs «informés» tablaient sur l'expérience acquise et prophétisaient. À la fin du carême, nos organisateurs et les experts, pour une fois, se disaient d'accord : nous étions en perte de vitesse dans la région de Québec et battus à Montréal.

Dans la Vieille Capitale, la mort d'Ernest Lapointe se fait durement sentir : on croit toujours que s'il eût été là... De fait, la décision de King aurait été la même. Avant de s'adresser au corps électoral plutôt qu'au Parlement, il a pesé le pour et le contre. Majoritaire aux Communes, le gouvernement peut compter en outre sur l'appui de l'Opposition officielle et de la C.C.F. Mais en dernière analyse, la fortune du Parti libéral ne se joue ni à la Chambre ni au Sénat. King sait bien que le Canada français refusera de le relever de son engagement. Mais il sait aussi que, dans l'immédiat, il doit en appeler directement à l'ensemble des Canadiens de langue anglaise. À leurs yeux, l'opposition du Québec à la conscription se révèle incompatible avec les besoins de la défense nationale. Ils devront le dire clairement. Leur appui (dont il ne doute pas) fera sauter l'obstacle — tout en lui permettant de manoeuvrer. Il croit comme George Brown, le fondateur du *Globe*, dans le *vox populi, vox Dei* ; il y voit le fondement du pouvoir, mais il entend l'exercer à sa guise. Le référendum ne va pas sans risque ; mais c'est un risque calculé qui fait la part du feu. Il lui faut, pour l'instant, sacrifier P.J.A. Cardin et les nostalgiques de l'Action libérale nationale. Demain, il sera en mesure de mettre la conscription au réfrigérateur. Les scrupules ne sont plus de saison... C'est au nom de l'«intérêt supérieur de l'unité nationale» qu'il a convaincu Louis Saint-Laurent d'assumer la relève de Lapointe. Il lui reste à persuader Chubby Power que le sens commun lui commande d'attendre, avant de résigner ses fonctions, le départ des premiers conscrits pour outre-mer.

Québec et Montréal réagiront de façon différente à la campagne référendaire. Cardin ne remettra sa décision qu'en mai; mais on sait, dès février, que sa décision est prise. S'il y sursoit, c'est à seule fin d'empêcher les nationalistes d'en faire état ou de s'en servir comme preuve à l'appui. Son silence va cependant paralyser la contre-offensive libérale, car il laisse le champ libre aux partisans du *non*. Sans compter l'effet d'entraînement. Nul ne conteste que P.J.A. (pour Pierre-Joseph-Arthur) soit le meilleur tribun de la région métropolitaine où vivent plus de la moitié des Québécois. Se taire équivaut à céder la place aux ténors de l'antiguerre, qui n'hésiteront pas à s'accommoder des démagogues désireux de prendre le train en marche.

Dans la région de Québec, la présence de Louis Saint-Laurent ne changera rien au résultat du référendum. Certes on ne peut l'accuser de duperie; mais on reste fidèle à la mémoire de Lapointe. Le climat cependant est autre qu'à Montréal. Les Québecquois savent que le nouveau ministre de la Justice a l'oreille du Cardinal, comme ils le voient déjà Numéro Deux de Mackenzie King. Quels que soient ses sentiments, on se refuse aux manifestations incongrues et à toute violence verbale. La campagne s'enlisera, du même coup, dans une indifférence impénétrable qui ressortit au désenchantement des libéraux et à l'amertume des nationalistes. Louis Saint-Laurent semble d'ailleurs incapable de plaider une cause dès que le nombre des auditeurs dépasse la taille normale d'un jury. Et Chubby Power, de son côté, n'a plus le coeur à l'ouvrage. Partagé entre ses sentiments d'hier, entre l'héritage de Lapointe et les calculs de King, l'Irlandais bagarreur ne sait plus sur quel pied danser et conséquemment reste assis.

Seul ou presque, Adélard Godbout va se battre, avec la fougue d'un croisé, contre les partisans et les complices de Groulx, Laurendeau, Filion et Drapeau, comme s'il se fût agi d'une élection générale. Même Damien Bouchard, traumatisé par le départ attendu de Cardin, se contente, à l'occasion, de faire un geste symbolique. Le résultat aurait-il été différent si tous les députés avaient donné? On peut en douter; mais l'enjeu valait, tout au moins, un baroud d'honneur. Quoi qu'il en fût, plutôt que d'afficher leur ressentiment sur la place publique, les Québecquois avaient choisi de boycotter les assemblées où le Premier ministre venait les inciter à voter *oui*. La tactique devait se révéler cruelle. Car les M.P.P.*, qui avaient également opté en grande majorité pour l'abstention, restaient aussi au chaud. Avec le résultat que Godbout, le plus souvent, se trouvait seul à la tribune, face à quelques auditeurs somnolents mais résolus à voter *non*, qui s'étaient dérangés, disaient-ils, «par respect pour le chef».

À Québec et dans les centres les plus importants, l'isolement se faisait moins sentir car tous les députés fédéraux n'avaient pas abdiqué. Mais il en allait autrement dans les petites villes de province. Pareil comportement m'écoeurait, et j'avais offert à M. Godbout de l'accompagner s'il le jugeait à propos. Nous devions nous retrouver, deux semaines plus tard environ, un soir de février, devant trois ou quatre fidèles, perdus dans le vide et le silence d'une école de banlieue, réquisitionnée par le parti. La coutume voulait qu'il y eût toujours un orateur présent, pour réchauffer l'atmosphère, avant que le président de l'assemblée ne fît appel à l'hôte d'honneur. Comme j'étais seul aux côtés de Godbout, il m'appartenait et de présider, et de réchauffer, et de présenter! Mais au moment de prendre la parole, il me revint qu'en fin de soirée nous devions nous rendre à Rivière-du-Loup où quelques députés de la région nous avaient donné rendez-vous. À la pensée qu'ils se préparaient déjà à faire des fleurs au Premier ministre après s'être barrés comme des pleutres, la moutarde me monta au nez. Oubliant mon rôle, j'entrepris le procès des nationalistes qui s'obstinaient à répéter que d'autres devaient se battre à notre place. Mais il n'y avait personne pour applaudir...

* Peu utilisaient, à cette époque, le sigle M.A.L., c'est-à-dire membres de l'Assemblée législative. La plupart des députés provinciaux ajoutaient tout simplement un P (pour provincial) aux deux initiales (M.P.) qui désignaient, en l'occurrence, les membres du Parlement.

Godbout se rendit compte aussitôt du ridicule de la situation. Mais il avait appris à se dominer et peu devinaient, sous son calme figé, la colère qui, à certains moments, l'envahissait comme l'inondation s'empare des terres basses à la fonte des neiges. Blessé d'être seul quand tant d'autres auraient dû se trouver là, cette imposture réveilla en lui le sentiment d'indignation qu'il refoulait depuis longtemps. Il se vit enfin comme la victime de leur veulerie. Et l'orateur qu'il était se fit tribun. Dans un mouvement d'éloquence que je n'ai pas oublié, il s'en prit avec passion aux têtes d'affiche de l'antiguerre, «semeurs de haine et de peur qui en faisaient leurs beaux dimanches». Et vint le tour de tous ceux qui, «par lâcheté, mesurant l'impact du plébiscite sur la prochaine élection, se terraient comme des cloportes» pendant que «nos ennemis s'emparaient de la moisson».

Au moment de monter en voiture, le Premier ministre rappela au chauffeur que nous étions attendus à Rivière-du-Loup. Puis, me regardant, il ajouta: «J'aimerais mieux rentrer à Québec, mais j'ai promis de m'y rendre.

— Mon cher Premier ministre, je parie qu'il y aura plus de députés à la réception qu'on en a vus à l'assemblée.

— Nous avons parlé devant des chaises...

— ... et vides! Mettons qu'il s'agissait d'une répétition générale... Comme disent les coureurs à pied, on fera mieux la prochaine fois.

— Vous avez raison. Allons voir les braves et mettons ça au pied de la croix, comme dirait notre ami Fontaine.»

○ ○ ○

La crise de la conscription ne connaîtra qu'un temps fort: le référendum. Faite d'épisodes qui tiennent davantage du coup par coup que d'un dessein bien conçu (encore que l'intention y fût), cette crise, grosso modo, va de la déclaration de guerre à l'effondrement du Bloc populaire. Moins d'une décennie! Tout ce qui précède le scrutin et le suit appartient au contexte d'un projet avorté que déjà l'histoire oublie... On peut phantasmer sur les effets indirects de la conscription au temps de la Seconde Guerre mondiale, mais sur le plan politique son impact reste nul. Les émeutes de Québec, durant la semaine sainte de 1917, demeurent au contraire un événement perdurable qui, un demi-siècle plus tard, continue de fausser l'équilibre électoral au Canada français. Les tenants du théâtre classique y verront peut-être la confirmation de la règle dite des trois unités : d'action, de lieu et de temps. Lui-même auteur dramatique, Laurendeau apprécierait sans doute l'exégèse. Elle démontre, en tout cas, qu'en politique comme à la scène, l'argument doit être croyable et son développement plausible.

La crise de 1939-1948 est demeurée un scénario. Car, en vérité, c'était du mauvais cinéma comme en témoigne cette déclaration de Laurendeau :

> Il suffira d'un vote de la majorité pour arracher tout Canadien français à son pays et le conduire à la mort contre son gré dans l'une des cinq parties du monde où l'intérêt britannique place l'intérêt du Canada.

Cette envolée du secrétaire général de la Ligue lui vaut peut-être, dans l'immédiat, de majorer d'une fraction le pourcentage des *non*. Mais par son invraisemblance, pareil propos détruira, dès 1944, la créance qu'on prêtait à Laurendeau deux ans plus tôt. Parler de « mourir » pour défendre l'« intérêt britannique » au moment où les Russes se font tuer par centaines de mille et au moment où les Américains sont appelés à payer la note, cela frise l'idée fixe !

Comme le vrai, la démagogie aussi doit être vraisemblable.

Le 27 avril, on s'en doute, ne fut pas une journée comme les autres. On savait, des deux côtés de la barricade, qu'il s'agissait au fond d'un sondage qui n'avait qu'une valeur indicative. Car il appartenait au Parlement de modifier, en dernier ressort, « les méthodes de mobilisation pour le service militaire ». Mais tactique ou manoeuvre, le référendum, dans l'esprit de Mackenzie King, prenait figure de symbole. Québec y voyait, au contraire, une machination : le gouvernement entendait se faire délier par les anglophones de la parole donnée aux Canadiens français.

La question posée, a-t-on écrit *, apparaît à Jack Pickers-gill, encore aujourd'hui, du Mackenzie King tout craché. Je la juge, pour ma part, sans ambiguïté ou, si l'on veut, transparente. Qu'on ait mis des semaines à la retourner dans tous les sens se comprend aisément. On aurait pu faire, en français comme en anglais, l'économie de quelques participes présents. Mais je doute que cet abus ait été cause de la moindre confusion, comme le démontre d'ailleurs l'arithmétique du scrutin. Enfin, pour une fois — car nous sommes en 1942 —, aucune nuance ne permet de distinguer la version du thème, quelle que soit «la langue officielle» d'origine:

Consentez-vous à libérer le gouvernement de toute obligation résultant d'engagements antérieurs restreignant les méthodes de mobilisation pour le service militaire?	*Are you in favour of releasing the government from any obligation arising out of past commitments restricting the method of raising men for military service?*

Les référendums comme les plébiscites soulèveront toujours un plus vif intérêt que tout autre type de consultation. Au moment d'une élection générale, le face à face est multiplié par le nombre des comtés, et toutes les questions sont à l'ordre du jour. Il en va autrement lors d'un référendum: les inimitiés personnelles s'estompent et, en général, font place au choc des idées. Enfin, parce qu'on croit faire un geste définitif, on vote avec sa tête, son coeur ou ses tripes, mais à tour de bras. Dans les provinces de langue anglaise, si grand avait été le nombre des bulletins marqués *oui* qu'ils donnaient l'impression d'une épaisse giboulée. De même au Québec la pluie des *non* ressemblait davantage à une bourrasque de novembre qu'à une ondée d'avril. Personne cependant ne fut surpris ou déçu du résultat, car tous s'y attendaient: 63,7 p. 100 de *oui* et 36,7 p. 100 de *non*. À vrai dire,

---

* *Drapeau*, de Brian McKenna et Suzanne Purcell, Toronto, Clarke Irwin and Co., 1980: «*Jack Pickersgill, a senior aid to King at the time, recalls that meticulous care was given to the drafting of the referendum wording. The calculation was that perhaps the more confusing the question, the better, Pickersgill remembers that the eventual wording was «almost pure Mackenzie King... I thought that by the time anyone finished reading it, he wouldn't really know whether the answer was yes or no.»*

tout observateur quelque peu diligent aurait été en droit de s'en étonner. Toutes les minorités francophones, des Acadiens aux retraités de Victoria, s'étaient sans doute solidarisées avec «la belle province». Mais comment expliquer que 36,3 p. 100 des Canadiens aient voté *non* quand le recensement de 1941 ne dénombrait que 29,16 p. 100 de Canadiens français? D'un autre côté, 9 des 65 comtés québécois s'étaient prononcés pour le *oui* et, grosso modo, 15 p. 100 des francophones avaient fait bloc avec «les Anglais»...

○ ○ ○

Dieppe!

Encore aujourd'hui, on connaît mal les raisons qui décidèrent l'autorité militaire anglaise à lancer 4 963 Canadiens à l'assaut des fortifications d'une ville construite au niveau de la mer dont les Allemands avaient fait un bastion imprenable. Mais même si on les connaissait, je doute qu'on les comprendrait mieux. Il s'agissait, a-t-on dit, d'éprouver la défense ennemie; de démontrer, en prévision du débarquement, qui n'aura lieu que le 6 juin 1944, si l'on pouvait enlever ou non une place forte à la faveur d'une opération amphibie. L'attaque frontale du 19 août 1942, confiée à la 2e division, ne prouvera malheureusement rien d'autre que l'ineptie du haut commandement. Qu'on ait pu croire à la possibilité d'établir une tête de pont en Normandie et de s'y maintenir jusqu'à l'arrivée des Américains tient en effet de l'aberration. Et si cette folle perspective n'entrait pas dans les vues de l'état-major de Sa Majesté, quel but visait-on? À défaut de pouvoir regagner l'Angleterre, les Canadiens n'avaient d'autre choix que de mourir devant Dieppe ou d'y entrer pour être faits prisonniers. De fait, 2 753 hommes allaient y laisser leur peau... Ces morts, hélas! s'ajoutaient à la perte des 2 000 soldats tués ou réduits par les Japonais, 8 mois plus tôt, dans la souricière de Hong-Kong. Déclenchée à partir de Canton, l'offensive nipponne devait trouver la forteresse anglaise sans défense: les canons du port, rivés au sol, étaient tous braqués en direction de la mer d'où l'amirauté attendait l'assaut!

L'horreur de Dieppe ranima au Canada le souvenir cruel de la chute de Hong-Kong. Le désastre, dans les deux cas, était imputable aux Britanniques; mais on s'en prit préférablement à Mackenzie King. S'attaquer à l'état-major impérial apparaissait d'autant plus futile à l'Opposition et aux nationalistes que le propre d'un *whipping boy* est d'être là à l'heure de la fessée. Le Premier Ministre ne se gênait guère, en outre, pour répéter, face aux sceptiques, que son gouvernement disposait d'une large mesure d'autonomie dans la conduite des opérations. Il s'imposait ou presque, dans ces conditions, qu'on lui rendît la monnaie de sa pièce et qu'on lui demandât de rendre compte. Mackenzie King ne pouvait ignorer tant de morts inutiles et s'en laver les mains. Quelle que fût sa responsabilité, il fallait, de toute façon, compter les pertes. Le débat parlementaire portait fruit: l'opinion publique, dans les provinces anglaises, se faisait de plus en plus pressante et le spectre de la conscription renaissait déjà au Canada français.

L'appel au peuple demeurait l'arme préférée de Mackenzie King. Personne ne savait en jouer avec la même expertise et la même résolution. Elle lui avait permis en 1924 de venir à bout de lord Bing of Vimy, chloroformé par Arthur Meighen, comme de digérer en 1940 et les nationalistes et les conscriptionnistes. Partielle ou générale, une élection lui apparaissait encore la façon la plus sûre de surmonter un problème épineux et de faire dévier une question délicate. Mais il fallait savoir s'y prendre. Au Québec, 72,9 p. 100 des Canadiens français avaient refusé de le relever de son engagement. Une victoire électorale, quelle que fût son importance fondamentale, devenait donc un impératif. Ce qui aurait pour effet secondaire, mais tout aussi impérieux, de faire comprendre aux Canadiens de langue anglaise que, sans lui, le pays s'en irait à vau-l'eau, tout en reléguant à l'arrière-plan Dieppe et ses morts!

Il ne restait plus qu'à trouver le comté sûr, historiquement canadien-français, sur lequel l'antiguerre viendrait se casser les dents. Quand on eut arrêté le choix sur Outremont, deux questions se posaient: libérer la place et désigner un candidat à la hauteur, doré sur tranche. Sans se faire prier, Thomas Vien, somme toute heureux de s'effacer devant Léo Richer LaFlèche, accepta de passer des Communes au Sénat dont il deviendra le Speaker. Né en 1888, gravement blessé au mont Sorel, laissé pour mort sur le champ de bataille, le général avait l'âge et la qualité de l'emploi. Ancien du 22ᵉ, l'un des fondateurs de la Légion canadienne, par la suite sous-ministre de la Défense nationale, LaFlèche était attaché militaire à l'ambassade du Canada en France quand Pétain avait mis bas les armes. L'annonce de sa candidature fit grand bruit. Sorti du rang, promu lieutenant-colonel en 1917 et grand blessé de guerre, son avancement dans la fonction publique devait peu au favoritisme et rien à l'engagement politique. LaFlèche avait répondu à l'appel de King parce que les circonstances lui en faisaient un devoir. À telle enseigne que sa candidature transcendait toutes les lignes de parti et que son arrivée dans Outremont sonnait le rappel de tous les participationnistes.

La Ligue pour la défense du Canada, de son côté, était en pleine mutation. Depuis le référendum, Maxime Raymond, André Laurendeau, Édouard Lacroix, Paul Gouin et tous les autres notables qui occupaient l'avant-scène se proposaient de saisir la première occasion venue pour rallumer les lampions de 1911. On ne savait trop si la vocation du Bloc populaire devait être fédérale, provinciale ou les deux à la fois. Mais le regroupement de toutes les factions du nationalisme québécois leur apparaissait comme un objectif indiscutable, de fait la raison d'être du Bloc. Les plus futés se demandaient cependant si Outremont était le bon terrain et LaFlèche l'adversaire voulu. Réflexion faite, la hiérarchie de l'antiguerre jugea que, dans la foulée du référendum, un affrontement s'imposait, mais qu'il valait mieux remettre la fondation du parti à des temps plus propices. Cette décision arrêtée, on se pencha sur le choix du candidat. Laurendeau, pour sa part, refusait de jouer son prestige dans une élection partielle qui fleurait l'embuscade. Restait Gouin, toujours prêt à répondre à l'appel du destin. Mais si, par miracle, il l'emportait, comment s'en débarrasser par la suite? On en vint, par élimination, au nom de Jean Drapeau. C'était pourtant une évidence : un jeune baroudeur de 26 ans contre un général à la retraite ! Surtout, il n'appartenait pas à la chapelle nationaliste des beaux quartiers. Il était devenu la cheville ouvrière de la Ligue parce que certaines tâches apparaîtront toujours déplaisantes aux intellectuels comme étrangères aux hommes d'argent, et trop risquées pour la nouvelle bourgeoisie forcément sur son quant-à-soi. Le seul enfin qui, réfractaire aux états d'âme, sache en découdre.

○ ○ ○

Quel parti politique n'a sa mafia ? Au sein des formations électorales dont l'idéologie se veut rigoureuse, une sorte de logique interne semble exiger que l'autorité soit structurée comme dans toute église. Dans les partis *politiciens*, la direction des opérations est laissée, de préférence, aux mains d'une franc-maçonnerie faite d'intérêts parfois contradictoires, mais qu'on tentera de satisfaire plutôt que de recourir à l'excommunication. Chez les nationalistes, lourd est le poids de la hiérarchie ! Jean Drapeau, qui rêvait d'être le premier candidat du Bloc, doit se présenter comme *indépendant* quand il se veut «engagé» ! À l'âge où carrière et mission se confondent aisément, il accepte sa défaite à l'avance. Pourvu qu'elle serve son ambition. La seule clientèle des «amis du *Devoir*» et des «ligues d'achat chez-nous» ne peut lui valoir qu'un prix de consolation — quand il entend faire d'Outremont sa ligne de départ ! Du coup, Jean Drapeau se proclamera lui-même «candidat des conscrits». Il a vu juste, comme un professionnel. Outremont devient, du jour au lendemain, l'abcès de fixation qui doit empêcher la propagation d'une idée qu'on assimile au Mal : la participation du Canada à la Seconde Guerre mondiale.

La route d'Outremont est large. De toute façon, il suffit d'être contre pour s'y sentir à l'aise. Depuis cinquante ans, on a substitué à l'enseignement de l'histoire celui d'une nouvelle légende dorée à l'usage des «élus que nous sommes». Fait de mythes et de demi-vérités, cet évangile du ghetto a détruit jusqu'au sens des réalités. La mobilisation tient d'ailleurs du réflexe conditionné : si les raisons varient, la réaction est la même. Henri Bourassa, qui se croit encore au tournant du siècle, est évidemment le premier à se féliciter que Drapeau dénonce la participation, comme lui-même s'y opposait au moment de la guerre des Boers, quarante-trois ans auparavant! Mais on y trouve aussi Pierre Trudeau; il tient cependant à se démarquer des nationalistes qui encombrent la place. Hostile au service militaire obligatoire, il juge que LaFlèche doit être battu — quitte à voter pour Drapeau... Beaucoup s'y laissent prendre. Entre autres, D'Iberville Fortier, qui vient d'avoir 16 ans. Sans en être gêné le moindrement, Jean Drapeau le présentera comme «le jeune conscrit contre son gré», à la fin d'une assemblée dans Saint-Jean-de-la-Croix. Mais ce sera dans un uniforme trop grand que d'autres ont nécessairement chapardé qu'il jouera son rôle de mobilisé... pour la Cause!

En toute objectivité, on s'est conduit en 1942 comme en 1837. Il n'existe, en effet, que des différences de circonstances entre les antiparticipationnistes, devenus depuis des mandarins respectés, et *les fils de la liberté* qui, par la suite, ont accepté de servir sous l'Union des deux Canada. Mais j'accepte mal que, plus de cent ans plus tard, ni l'histoire ni la vie ne nous aient rien appris. George-Étienne Cartier s'était battu à Saint-Denis avant de constituer un gouvernement avec Macdonald en 1857. De même Wilfrid Laurier devait s'opposer au projet d'une fédération canadienne avant d'entrer au conseil des ministres d'Alexander Mackenzie en 1877. Mais l'un et l'autre ont tenu à s'en expliquer dans leurs discours politiques, et leurs écrits identifient les causes de leurs anciens errements. Dans *Les Années d'impatience* (1950-1960)*, Gérard Pelletier n'a consacré, au contraire, que quelques lignes — et par à-côté, à l'élection d'Outremont; comme s'il eût été inconcevable qu'on pût, en ce temps-là, se comporter ou agir différemment. Il s'efforce, par contre, d'expliquer *a posteriori* la résignation des partis politiques et le silence de l'intelligentsia, face à l'omnipotence du clergé et à la veulerie d'une bourgeoisie complice, durant les années d'avant-guerre:

---

* *Les Années d'impatience* de Gérard Pelletier, Montréal, Stanké, 1983.

Ils (nos aînés) avaient donc en tête, pour interpréter ces immenses phénomènes, un appareil critique assez primitif: ils les jaugeaient à l'aune d'une société cléricale et théocratique, motivée par un nationalisme de survivance foncièrement conservateur.

[...] Sans doute pourra-t-on me citer des milliers de personnes qui échappaient à ce schéma, dès les années 20 ou 30. Des milliers, oui. Mais non des millions. Et l'idéologie clérico-nationaliste n'en était pas moins dominante. Ceux qui la contestaient (v.g. T.-D. Bouchard, Jean-Charles Harvey) devenaient vite des marginaux, s'ils ne l'étaient pas déjà au départ. Et leurs voix n'arrivaient pas à se faire entendre à travers tous les discours, tous les sermons, tous les enseignements, tous les écrits, unanimes et insistants, qui martelaient les cervelles à longueur d'année.

On pouvait à la rigueur secouer l'un ou l'autre des deux piliers du temple, c'est-à-dire mettre en cause le cléricalisme *ou* le nationalisme, mais jamais les deux à la fois. [...] de nombreux hommes politiques contestaient ouvertement l'orthodoxie nationaliste de l'époque. Mais ceux-là se gardaient bien de mettre en cause l'intégrité du clergé, même dans les domaines où sa présence se révélait abusive. Le coût électoral de pareille entreprise eût été trop élevé.

Il y a du vrai dans ces trois paragraphes; mais combien courte l'argumentation! Gérard Pelletier, que je sache, n'a jamais appartenu à une majorité arithmétique avant de se joindre au Parti libéral. De la Confédération des syndicats catholiques au Rassemblement, en passant par *Cité libre*, c'est toujours dans la peau d'un minoritaire qu'il s'est opposé à l'Union nationale comme il a contesté, par moments, le magistère de l'Église. D'où lui vient cette peur rétrospective de se marginaliser? Faut-il y voir, après coup, un plaidoyer *pro domo* ou, pour être dans la note, l'amorce d'une confession générale? Hormis qu'il soit mal informé des luttes politico-religieuses qui constituent la trame de l'histoire contemporaine du Québec. Mais au point d'ignorer qu'elles nous ont faits ce que nous sommes? J'en doute, et je m'interroge quand il qualifie, par exemple, Damien Bouchard de «marginal». Ce diable d'homme a-t-il jamais hésité à «secouer [...] les deux piliers du temple» et «les deux à la fois»? Ce qui ne l'empêcha nullement d'être maire de Saint-Hyacinthe durant un quart de siècle et député à l'Assemblée législative pendant vingt-huit ans. M. Pelletier ne saurait faire fi à ce point de la démocratie élective. La dialectique de l'ancien ministre s'exerce sûrement à un autre niveau.

Gérard Pelletier est né en 1919. André Laurendeau a déjà 7 ans — soit en général la durée des études classiques au Québec. Par voie de conséquence, il se joindra à la Jeunesse étudiante catholique, où le *social* a priorité, au lieu d'adhérer à l'A.C.J.C. qui demeure une école de nationalisme. Comme dans la plupart des communautés francophones, le recrutement des jeunes catholiques se fait maintenant en fonction de leur état civil, si l'on peut dire. Le changement, venu de Bruxelles au début des années trente, nous vaudra, entre autes, un second sonnet de voyelles qui n'a rien de rimbaldien : *A* pour agricole, *E* pour étudiant, *I* pour indépendant, *O* pour ouvrière... L'A.C.J.C. et la J.E.C. ont malheureusement une vocation parallèle sinon identique : toutes deux se veulent écoles de chefs et se voient comme catalyseurs. Cependant, les moyens diffèrent : la première, quoique périclitante, défend son caractère élitiste, mais ne peut empêcher la seconde d'oeuvrer à tous les niveaux du système d'enseignement. Plus efficace, la J.E.C. aura tôt fait de s'intégrer à une société en train de s'industrialiser.

L'élection d'Outremont deviendra, pour l'ensemble des mouvements de jeunesse, l'occasion rêvée de participer à un événement qu'on leur présente comme un tournant de notre histoire. Certes l'épisode, chargé d'émotion, peut affecter les relations entre Canadiens et *Canadians* ; mais il ne met pas en cause les rapports entre *the haves and the have-nots*. La plupart des jeunes Canadiens français, qui aspirent à changer l'ordre des choses, pressés d'agir ou de s'agiter, se répartissent alors entre trois écoles de pensée. D'abord le nationalisme que Laurendeau représente ; vient ensuite le personnalisme d'Emmanuel Mounier, le fondateur d'*Esprit*, dont Pelletier se fait volontiers l'interprète ; enfin le gauchisme, qui se situe quelque part entre la social-démocratie et le marxisme. À vrai dire, la plupart des nationalistes font à peine la différence entre les thèses de Lionel Groulx et le patriotisme. Mais d'un autre côté, peu de marxistes connaissent *Le Capital* et les personnalistes qui lisent la Bible se comptent sur les doigts d'une seule main. On imagine aisément que l'adhésion à l'une ou l'autre de ces doctrines s'accompagne presque toujours de nuances byzantines, comme elle se prête à d'étranges chevauchements. On se veut *engagé*, mais en vérité on ne sait qu'opposer des sentiments à d'autres sentiments.

Peu de jeunes, à cette époque, ont la précocité de D'Iberville Fortier ou savent, comme Pierre Trudeau, recourir au distinguo. Peu remarquée, leur participation à la campagne d'Outremont reste difficile à mesurer. Mais que ce soit d'esprit ou de corps, leur présence ne fait aucun doute. Il serait illusoire de croire, par exemple, que la J.E.C. ait choisi l'abstention pour mieux se consacrer à sa nouvelle vocation. Et tout aussi trompeur d'en conclure que le changement de clientèle ait provoqué chez elle l'abandon de la vieille mystique du « maître chez nous » chère à l'A.C.J.C. Si on y regarde de près, on constate que les jécistes, l'eussent-ils voulu, ne pouvaient d'ailleurs échapper à l'emprise des grands-prêtres du nationalisme.

Lorsque la J.E.C. s'apprête à prendre pied dans les faubourgs ouvriers, elle obéit aux pressions d'une société en mutation qui se sent lésée. Commerces et petites entreprises changent de mains sans que l'on sache pourquoi. Des compagnies « à responsabilité limitée », dirigées par des capitalistes anonymes, remplacent rapidement les entreprises modestes, souvent familiales, dont on connaissait les propriétaires ou tout au moins leurs noms. Beaucoup y trouvent leur compte, car les salaires y sont plus élevés ; mais l'industrialisation accélère, en contrepartie, la prolétarisation de la main-d'oeuvre. Les cadres supérieurs de ces établissements sont en général de langue anglaise. La famille canadienne-française produit peu d'hommes d'affaires : à défaut d'un prêtre, elle rêve d'un « professionnel », médecin, notaire ou avocat.

Maintenir la cohésion de la collectivité francophone et ranimer la foi vacillante deviennent la raison d'être de la Jeunesse étudiante catholique. Les obstacles sont nombreux et les culbuter signifie qu'il faudra, dans le même temps, s'en prendre aux infidèles qui s'attaquent à la fibre morale du Canada français. Mais ni les dirigeants ni les militants ne savent qui d'abord pourchasser, du bourgeois ou de l'Anglais. Cruel dilemme qui les conduit à la confusion des espèces ! Et c'est là où le personnalisme prend un accent gauchiste sans parvenir toutefois à rejeter la chape du nationalisme. De fait, pendant quarante ans, le discours gauchiste ne sera rien d'autre qu'un gargarisme... On verra même l'ensemble du mouvement syndical sombrer dans le *péquisme* et l'intelligentsia se bousculer aux portillons du *bunker* de la Grande Allée !

o o o

L'élection d'Outremont s'enchaîne sur le référendum et deviendra l'acte III de la Crise de la conscription. Sortis du plateau en vainqueurs à la fin du premier acte, les nationalistes parviendront à maintenir le *suspense* en transformant la défaite de Jean Drapeau en victoire morale. Mais au troisième acte, la pièce de théâtre tournera à la comédie avec la déconfiture du Bloc populaire. L'intérêt de cet épisode banal d'une histoire toujours recommencée * rebondit cependant quand on s'arrête aux acteurs. Surtout si on examine les mobiles de chacun et qu'on s'interroge sur leur évolution respective.

À dix ans près, tous sont dans la fleur de l'âge : Gérard Filion, l'aîné, a 33 ans quand Laurendeau en a 30 ; Drapeau et Roger Duhamel, 26 ans chacun ; Trudeau et Pelletier, à 23 ans, sont les benjamins de ce peloton de tête, et leur rôle est modeste. Les annales politiques et littéraires, dans quelques cas l'histoire elle-même, retiennent leurs noms et c'est sans effort qu'ils vous viennent à l'esprit. Quand ils s'engagent sur la route d'Outremont, en octobre 1942, ils obéissent à des préoccupations qui diffèrent. Mais tous ont été vaccinés contre l'impérialisme britannique et l'impiété française ;

---

* Lionel Groulx lui-même a noté que «les Canadiens français passaient leur vie à rattraper le temps perdu». Leur quête d'un État national, toujours déçue, en fournit un irrécusable témoignage.

contre les empiétements du gouvernement fédéral et la conscription; mais aussi contre la veulerie des «vieux partis» et le cours centralisateur de la C.C.F. Chez la plupart d'entre eux, le goût du ghetto rejoint l'instinct du bercail. Mais tous finiront par faire carrière après s'être réconciliés avec la nature politique de leur pays: le Canada. Filion deviendra, entre autres choses, président de l'Association canadienne des manufacturiers; Roger Duhamel, imprimeur de la Reine et ambassadeur; Laurendeau, président de la Commission royale d'enquête sur le bilinguisme et le biculturalisme, mourra *with his boots on* à sa table de travail, à Ottawa.

Quand ils prennent le départ, leurs motifs sont caractéristiques de ce qu'on peut appeler *la conscience nationaliste* des années quarante. L'aversion des partis politiques est chez eux une réaction spontanée. Au fil des années, ils en viendront cependant, pour se réaliser, à retenir jusqu'à leur mépris des politiciens. Ce qui laisse croire que le nationalisme est d'abord une maladie de jeunesse, avant tout une attitude de l'esprit, une question de mauvaise ou de bonne santé intellectuelle. Leur évolution n'aura rien de précipité; mais tous parviendront un jour à dépouiller le vieil homme.

Après l'effondrement du Bloc, Laurendeau rêvera d'entrer en littérature comme on entrait jadis en religion au lendemain d'une peine d'amour. La politique, hélas! le fascine. Prisonnier de la réalité canadienne mais incapable de s'arracher à la nostalgie d'une Amérique française, il tentera, sans y parvenir, de juger dorénavant les hommes et les événements en fonction de sa quête du Graal. L'Union nationale lui apparaîtra longtemps un moindre mal. Et la coprésidence de la Commission sur le bilinguisme deviendra un défi à relever, donc un risque à courir. «Je plonge!» écrira-t-il dans *Le Devoir* au moment de prendre congé... pour Ottawa.

Jean Drapeau, au contraire de Laurendeau, a flirté sa vie durant avec le Pouvoir politique. Maire de droit divin, il crut utile à sa mission d'apprivoiser tous les gouvernements — quelle que fût leur couleur ou leur obédience. Diefenbaker le voyait comme Premier Ministre et Pearson lui aurait volontiers confié sa succession. Comme prix de leur sollicitude à son égard, Drapeau leur demandait simplement de cracher au bassinet. D'où ces tours du souvenir, Terre des hommes ou Village olympique, dont il aimait faire cadeau aux Montréalais attendris. En réalité, Drapeau a toujours traité les partis politiques de la façon dont les seigneurs, dans les comédies de Molière, disposent de leurs créanciers : du revers de la main. Alerte, l'oeil au guet et avec quelques lunes d'avance sur les autres, il n'a jamais hésité à tirer parti de l'événement en devenir, avant même qu'il en fût un. Ainsi, René Lévesque venait tout juste de rompre avec le Parti libéral, au printemps 1964, que Drapeau expliquait déjà à Leslie Roberts, au micro de CJAD, le mystère de la souveraineté-association : *« True federalism means the parts are associated, not centralized. »* Mieux : le 24 janvier 1977, soit trois ans environ avant le référendum sur l'autodétermination, il déclarait au Canadian Club de Montréal : *« I will never barter my faith in my country for a mayor's position. »* Proust avait raison : « Notre moi est fait de la superposition de nos états successifs... »

C'est une illusion d'optique, dit-on, qui donne à croire que deux lignes parallèles, étirées en longueur, finissent par se rejoindre. Écrivain disert mais piètre politicien, Roger Duhamel, qui fut en même temps nationaliste et conservateur, nous prouve l'opposé. Au contraire des sincérités successives notées chez Jean Drapeau, on constate chez lui un phénomène de sincérités simultanées. Les cyniques de Landerneau en ont conclu, bien sûr, que c'était là sa façon d'avoir le coeur à gauche et le portefeuille à droite. Cette séance quotidienne de gymnastique intellectuelle prouve plutôt qu'il tenait mordicus au passé, à cette époque héroïque où Faucher de Saint-Maurice, déguisé en zouave, faisait face à Arthur Buies, qui servait chez les garibaldiens. Sur le plan politique, son bracelet-montre s'était arrêté avec le dernier soupir de Duplessis. Fin lettré, Duhamel savait cependant apprécier ce que Gide appelle un geste gratuit. Cela devait le conduire à se solidariser avec René Lévesque au référendum de 1980. Car s'il n'en fut pas, il voyait dans le séparatisme un autre moyen de pression ! Il se situait, pour tout dire, dans le droit fil de la pensée politico-religieuse du Canada français d'hier — un *castor* dans le siècle.

De la présidence de l'Union catholique des cultivateurs à la direction du *Devoir* en 1957, la vie de Gérard Filion avait été, semble-t-il, sans imprévu. Mais vint le jour où «le scandale du gaz» fit sauter la trésorerie de l'Union nationale! Le départ de Georges Pelletier* avait permis au plus beau fleuron de la presse nationaliste de se refaire une virginité politique. Mais avec ce curieux résultat: si on s'en prenait avec vigueur à l'administration de Duplessis, on n'allait pas jusqu'à vouloir culbuter son gouvernement. André Laurendeau (que le squelette d'Alexandre Taschereau, disparu en 1952, faisait encore frémir) avait même conseillé à ses lecteurs, à l'élection générale de juin 1955, de reporter l'Union nationale au pouvoir... Bien exploitée par *Le Devoir*, l'affaire du gaz avait eu comme résultat, entre autres, de mettre Filion en rapport avec Jean Lesage. Il ne pouvait être question, cette fois, de faire marche arrière. Sans compter que le dinosaure était bien enterré et que Paul Sauvé avait emporté avec lui dans les eaux chaudes du Styx, en septembre 1959, tout espoir d'une révolution tranquille. Ses comptes faits, *Le Devoir* se montra complaisant. Devenu Premier ministre, Jean Lesage s'empressa de renvoyer l'ascenseur. Élu maire de Saint-Bruno la même année, nommé membre de la Commission royale d'enquête sur l'éducation et vice-président du Conseil des Arts, Filion bifurqua par la suite sur les grandes affaires: Caisse de dépôt, présidence de Marine Industrie, etc. Somme toute, une vie exemplaire et combien... imprévisible!

○ ○ ○

Au moment du *stampede* d'Outremont, ni Trudeau ni Pelletier ne croient au mythe d'un pays légal fabriqué de toutes pièces, inventé dans le but de pervertir la volonté du pays réel. Mais l'idée d'adhérer à quelque parti que ce fût les confond. Il crève pourtant les yeux que le régime des partis, tant décrié par De Gaulle, est la condition de toute démocratie parlementaire. Pelletier n'ose, pour l'heure, s'en prendre à *l'idéologie clérico-nationaliste* (comme il s'en confessera qua-

* Voir *Les Apostasies*, tome I.

rante ans plus tard) pour ne pas «se marginaliser». De même Laurendeau dissimule son agnosticisme et son mépris du fascisme espagnol par peur des bien-pensants. Trudeau, indifférent à l'opinion et déjà sûr de lui, cherche à s'isoler du troupeau; mais le résultat est le même. Laurendeau, que rien ne prédispose à l'action si ce n'est le magistère de Groulx, a choisi d'entrer dans le jeu des partis par la porte étroite du nationalisme. Pelletier mettra vingt ans à traquer la vérité sur le chemin de Damas avant que l'homme d'action, chez lui, finisse par l'emporter sur le jéciste. L'hésitation chez Trudeau dérive du dilettantisme et de la placidité selon Taine. Il a toujours prêté à la vertu le sens qu'on lui donnait à Rome: *le mérite de l'homme*, c'est-à-dire «force physique, courage et sagesse». En un mot: *sapientia* qui, en latin, signifie aussi «savoir et discernement». Son horreur des partis politiques n'a d'égal que son indifférence à l'égard des corps intermédiaires et des mouvements de jeunesse. Mais il juge les autres à partir des disciplines que lui-même s'impose. Ce qui en fait un être à part — seul. Trudeau et Pelletier auront 46 ans, soit le double de leur âge à cette époque, quand ils feront une arrivée fracassante au Parti libéral*. Vingt-trois ans de réflexion! La décision n'a pas été prise à la légère — c'est le moins qu'on puisse dire.

Trudeau et Pelletier, en 1942, s'affichent démocrates et font grise mine au nationalisme. On devine que Pelletier, venu au monde *class-conscious*, n'ait nul envie de se solidariser avec les notables qui règnent sur la Ligue pour la défense du Canada. Trudeau s'oppose à la conscription, sinon à notre participation au conflit, au nom des droits de l'homme. Il entend faire un geste; mais c'est un acte, hélas! Dans tous les pays de la Grande Alliance, seuls les pacifistes refu-

---

* Comme les trois mousquetaires, qui étaient quatre, il y avait en 1965 une troisième roue au tandem Trudeau-Pelletier: Jean Marchand. Mais c'est à tort qu'on fait une nouvelle trinité des «trois colombes». Né à Québec en 1918, Marchand avait 24 ans au moment de l'élection d'Outremont. Son abstention doit peu cependant à des raisons d'ordre politique. Car il était antiguerre et nationaliste comme les autres. Dès 1944, il se joindra à la Confédération des travailleurs catholiques du Canada qu'il parviendra à laïciser sous le nom de Confédération des syndicats nationaux, avant d'en devenir le président en 1961. Précisons que, tout en gardant ses distances à leur égard, il n'hésita jamais à travailler avec les partis politiques quand, à ses yeux, sa collaboration pouvait servir le bien public.

sent de servir. C'est ce que Giono, qui s'accommode maintenant de l'occupation allemande, appelait *le refus d'obéissance* en 1914-1918. Aujourd'hui comme hier, le pacifisme est en effet la seule justification qui vaille. Hormis d'épouser la thèse du nationalisme intégral qui s'inscrit dans la logique du séparatisme : le Québec forme une nation qui refuse l'état de guerre en vertu du droit des peuples à disposer d'eux-mêmes. Mais Trudeau ne se reconnaît pas objecteur de conscience ni ne croit que «la belle province» soit... un beau pays qui s'ignore! Il ne veut ni du principe des nationalités ni du pacifisme. Comment, dans ces conditions, l'exclure du portrait de famille?

Il faut trois générations, dit-on, pour former un gentleman. Mais une vingtaine d'années devraient suffire pour faire un homme d'un enfant. La plupart des jeunes gens, façonnés dans les collèges classiques du temps, ont mille et une manières d'entretenir leur nostalgie de l'angélisme. Du moins jusqu'au jour où s'éveille en eux le sens de la soupe. On assiste alors à la mutation rapide des croisés en apprentis sorciers d'espèce politicienne. Car il ne s'est trouvé personne pour leur dire que le sens des responsabilités est la première des vertus laïques sur le plan de l'État comme sur le plan personnel. Le gouvernement des hommes et l'organisation des sociétés ne sauraient dépendre de la bonne volonté des représentants du peuple et de l'amour des masses. L'intelligence et la connaissance peuvent seules inspirer des lois justes, assurer le progrès, faire régner l'ordre et la raison.

Quels que soient les mobiles qui justifient votre option politique, choisir un parti reste une entreprise électorale, même si on y voit un engagement. Les circonstances, de toute façon, déterminent votre choix autant que la réflexion. Les partis de gouvernement opèrent au sein d'un système donné, fondé sur l'alternance, dont les règles et les normes valent forcément pour tous. De là à dire qu'ils obéissent à une sorte de prédétermination, il n'y a qu'un pas. Au Canada comme dans toutes les démocraties parlementaires, les partis n'ont aucun scrupule à se faire de larges emprunts sous prétexte de renouvellement. C'est ainsi que Bennett, chef du Parti conservateur, n'hésita pas à réinventer le New Deal, que Pearson et Stanfield firent front commun sur le bilinguisme et que Mulroney ressuscita la réciprocité ou le libre-échange soixante-quinze ans après Laurier. Chaque parti, bien sûr, a ses traditions et dispose d'un corps de doctrine. Mais l'interprétation des dogmes reste la chasse gardée du leader qui a toujours le dernier mot — sauf en cas de conjuration. Il est donc sensé de voir dans tout parti politique un outil de conquête électorale et de vouloir s'en servir à la façon d'un levier s'il vous propulse au pouvoir — comme Trudeau.

Je doute que Trudeau et Pelletier aient longuement potassé les romans de Colette, encore que Claudel l'eût proclamée le meilleur écrivain de sa génération. Certes, elle n'accordait à la politique ni l'intérêt ni l'importance que Machiavel lui donnait. Mais elle comprenait fort bien les raisons qui vous amènent à vous inscrire dans la course, de même qu'elle savait reconnaître les vainqueurs dès le départ. «On a la tripe, confiait-elle à ses intimes, quand on croit réussir là où les autres ont échoué.» Que Trudeau et Pelletier aient voulu s'assurer d'un moyen d'action qui en fût un me paraît une évidence. Nul autre choix que le Parti libéral n'était d'autre part concevable ou à portée de la main: les conservateurs ne voulaient pas d'eux, les néo-démocrates les voulaient bien, mais Trudeau et Pelletier ne voulaient ni des uns ni des autres...

Mais revenons à... nos moutons: la crise de la conscription devait provoquer un conformisme de la pensée auquel peu ont échappé*. Un phénomène comparable aveuglera d'ailleurs la masse québécoise à l'heure du Parti québécois. Ses géniteurs ne sortent-ils pas des mêmes maisons d'enseignement? Programmés, comme leurs aînés, en fonction des échecs à venir? Tout a été, est et doit être la faute des Autres

---

* Toute règle a ses exceptions: René Lévesque viendra au nationalisme à l'âge où, d'habitude, les militants désabusés décrochent et tournent la page. Il fait la guerre au moment où, regroupés autour de Jean Drapeau, d'autres font campagne... dans Outremont. Cela vaut d'être noté. Social-démocrate peu scrupuleux sur le plan doctrinal, il adhère au Parti libéral à 38 ans. Mais à la suite d'un retour en force du Saint-Esprit, il accouchera en 1966 de la souveraineté-association. Soit cent ans après le four de l'Union ou de la confédération des deux Canada.

— à commencer par les (maudits) Français, qui ont perdu la bataille des Plaines d'Abraham...

Toujours la faute des *Autres*! Adaptée à l'air du temps, la rengaine restera la même de Lionel Groulx à René Lévesque. Ce sera le cri de guerre de l'Union nationale: *Duplessis donne à sa province* quand les Anglais d'Ottawa font des «cadeaux aux étrangers.» *La France seule*, disait Maurras; le Bloc populaire y puisera son inspiration: *Notre État français, nous l'aurons.* Le Parti libéral provincial s'en fera l'écho: *Maîtres chez nous.* Le P.Q. faillira même en faire le requiem de «la race» avec la Loi 101 et le référendum...

Heureusement, les Canadiens français ont appris à digérer les partis nationalistes — comme Mithridate les poisons.

○ ○ ○

Le scrutin d'Outremont devait confirmer les prévisions de Mackenzie King. Le 30 novembre, le général LaFlèche l'emportait avec 5 000 voix de majorité environ. Mais bien qu'il n'eût recueilli que 7 000 votes contre les 12 000 donnés au candidat libéral, Jean Drapeau pouvait quand même marquer ce jour d'une pierre blanche: il sortait vainqueur des 51 bureaux de vote où les francophones étaient majoritaires. Il avait atteint son but.

Au lendemain d'Outremont et après le référendum, l'état-major de l'antiguerre, gagné par l'euphorie, prit la décision de fonder un parti politique canadien-français. Chez les militants, peu croyaient à une réussite tranchée du Bloc populaire, mais beaucoup espéraient qu'une troisième victoire morale leur permettrait enfin d'exercer tout leur poids et d'influencer ainsi le cours des choses. La situation militaire, d'ailleurs, s'y prêtait. Commandée par le maréchal Paulus, une armée de 600 000 hommes encerclait ou presque Stalingrad * et l'Afrikakorps de Rommel marchait sur El-

* La ville de Stalingrad, anciennement Tsaritsyne, devint Volgograd en 1961 après que Khrouchtchev eut «déstalinisé» le régime soviétique et dénoncé *le culte de la personnalité.*

177

Alamein en direction d'Alexandrie. Surtout, on parlait de plus en plus d'un débarquement américain quelque part en Europe; peut-être même en Afrique du Nord, comme l'affirmaient les stratèges en Chambre. Il était donc aisé de prévoir que, de toute façon, le haut commandement exigerait, sous peu, des gouvernements alliés un effort de guerre accéléré. Pour tous ceux qui s'opposaient à la conscription, l'heure était propice à l'agitation.

Nous étions nombreux au Canada (de même qu'aux États-Unis et en Grande-Bretagne) à réclamer l'ouverture d'un second front, soit en Italie, au défaut de la cuirasse, soit dans les Balkans, comme le souhaitait Churchill. Nous nous efforcions, même au Québec, de rallier l'opinion publique à ce point de vue — encore que la tactique fût douteuse et le milieu hostile. Ces modestes meetings se tenaient à Montréal pour la plupart. Car si le nombre des anglophones y était plus élevé que dans la Vieille Capitale, il s'agissait avant tout de contrer les partisans de Groulx et de Laurendeau sur leur propre terrain. Les communistes, bien sûr, s'affairaient et prenaient le plus souvent l'initiative de ces ralliements. Avec le résultat que, même s'ils souhaitaient l'ouverture d'un second front, beaucoup hésitaient à s'y aventurer par crainte d'être vus en fâcheuse compagnie et de se compromettre. À bien y songer, je n'y ai jamais rencontré de «gens bien», *from the right side of the tracks* — exception faite de Leslie Roberts, qui appartenait à l'aile gauche du Parti libéral.

Je me rappelle, entre autres, une assemblée tenue au coeur de ce quartier vétuste que Pierre Dagenais devait illustrer, dix ou quinze ans plus tard, dans un feuilleton radiophonique dont le titre dit tout: *Le Faubourg à m'lasse.* C'était au début de l'automne et j'étais venu de Québec pour y participer. À mon arrivée dans cette salle surchauffée qui sentait la sueur et les vêtements mouillés, une centaine d'activistes s'y trouvaient déjà. J'étais en territoire inconnu... Danièle Cuisinier m'attendait heureusement à l'entrée. Je n'ignorais pas qu'elle militait au Parti ouvrier-progressiste, au P.O.P.; mais je savais aussi que le destin de l'Europe se jouait à Stalingrad comme à Poitiers en 732. Danièle Cuisinier était avenante et sa connaissance de Marx chevauchait une solide culture bourgeoise. Son engagement politique me fascinait, car il remplissait sa vie. Elle était inoubliable. Mais en bon Québecquois, je la voyais toujours comme la fille du Dr Cuisinier, l'inventeur d'un singulier moyen de protéger la faune marine du golfe Saint-Laurent contre la voracité des phoques : il suffisait, disait-il, de les repérer par avion et de les bombarder à vue!

Danièle Cuisinier allait me présenter (car ce soir-là j'étais au programme) quand subitement le silence se fit plus lourd. Deux retardataires venaient de faire leur entrée et, d'un pas assuré, se dirigeaient vers les premiers rangs. D'une allure bizarre, ils donnaient l'impression de sortir du même décrochez-moi-ça. Mais si, des pieds aux épaules, ils faisaient peuple, la suite évoquait ces êtres venus d'ailleurs comme en ce temps-là on les imaginait. De l'estrade, on n'arrivait pas à les distinguer l'un de l'autre. De toute façon, ne les connaissant pas, comment aurais-je pu reconnaître, sous ces curieux vêtements, Pierre Trudeau et Gérard Pelletier? Ce n'est d'ailleurs que dix ans plus tard, davantage peut-être, que Pelletier se révéla et m'expliqua le pourquoi de leur accoutrement.

Il me faudrait le talent et la patience de Flaubert pour décrire, comme elle le mérite, l'étrange coiffure que madame Trudeau avait inventée pour les protéger des coups sur la tête — toujours redoutés quand on s'aventure dans des lieux pareils. D'un ordre composite comme la casquette de Charles Bovary, sa structure traduisait moins la recherche d'un confort naturel qu'un souci de protection. On s'était donc résigné à sacrifier deux casseroles d'un aluminium léger mais résistant. Et pour qu'elles pussent servir d'armature, le chauffeur de la maison leur avait fait sauter la queue d'un coup de cisaille. Mais comment en assurer la stabilité? Restait donc à les habiller. Certes, Don Quichotte se casquait d'un plat à barbe pour aller au combat; mais de porter un ustensile de cuisine sur la tête quand on entend prendre part à une assemblée publique, serait-ce chez les dockers, est chose inhabituelle. Quelqu'un songea à une toque de laine noire, à une simple *tuque* commode et bon marché. C'était une riche idée! Rabattue à la hauteur du nez, elle suffit déjà à vous déguiser. Mais quand, du même coup, la tête s'allonge de quinze centimètres de casserole, l'effet étonne! En plus de vous faire plus grand que vous ne l'êtes, cela vous place les yeux au milieu du corps, dirait Saint-Simon. Ces bonnets insolites, dont on avait fait des hauts-de-forme, pouvaient enfin laisser croire que deux popes orthodoxes étaient venus se joindre à nous pour réclamer l'ouverture d'un second front au nom de la sainte Russie!

À l'instant même où j'allais m'approcher du micro, Danièle Cuisinier me souffla à l'oreille: «Méfiez-vous...» Je me doutais bien que Trudeau et Pelletier se proposaient d'apporter la contradiction dans le débat qui, sans doute, s'engagerait à la fin de mon exposé. Mais m'interrompre? Comment, attifés de la sorte, pouvaient-ils intervenir? Je parlais depuis une vingtaine de minutes déjà quand Trudeau prit l'offensive. Je savais qu'il ne faut jamais se laisser arrêter par une première interruption. Il en va autrement de la seconde. Moins par besoin d'information que pour le plaisir d'une prise de bec, l'auditoire veut que l'interrupteur ait la chance de s'exprimer librement. Quand Trudeau me coupa de nouveau la parole, j'attendis patiemment la fin de sa question. Mais au lieu d'y répondre, c'est avec une fausse affabilité que je lui offris de monter sur l'estrade afin qu'on pût mieux l'entendre... Ce qui mit fin à notre première rencontre.

Trudeau ne cachait pas son opposition à la guerre et moins encore son refus de la conscription pour outre-mer. C'est donc dans cette perspective qu'on peut imaginer le discours qu'il aurait tenu si ça n'avait été de la *tuque*! Je regrette aujourd'hui qu'il ne l'ait point livré. Ne serait-ce que pour mieux nous éclairer sur la nature d'une crise qui n'a pris fin, au bout du compte, qu'avec l'éclatement du P.Q. C'est-à-dire le jour où les Canadiens français ont compris que la Confédération était une entreprise, dans le sens plein du mot, plutôt qu'un simple aménagement politique. Quand nous nous sommes retrouvés du même côté de la barricade, nous aurions pu en parler ; au fait, dès que nous sommes devenus amis. L'occasion nous en fut souvent donnée. Nous ne l'avons pas saisie. Dommage.

CHAPITRE
XVII

J'avais toujours cru à la nature invincible des services secrets britanniques. Ils m'inspiraient une confiance respectueuse quoique non dépourvue d'une certaine suspicion. J'ignorais, par exemple, comment l'Intelligence Service recrutait ses agents. Mais quelle que fût leur tâche, je les voyais tous en espions: impavides et précis, surtout d'une astuce frisant l'hypocrisie. Ce qui semblait m'exclure à jamais de cette armée des ombres. Mais vint le jour où une voix inconnue me demanda de me trouver, sur le coup de midi, à l'entrée d'un modeste restaurant de la rue Peel à Montréal: «Je vous reconnaîtrai sans peine et je vous invite à déjeuner.» L'homme était de langue anglaise, mais baragouinait le français. Comme j'habitais Québec, je lui fis remarquer qu'avant de donner suite à son invitation, j'aimerais en connaître l'objet.

— *It's related to the war effort. I can't tell you more for the moment.*

Deux jours plus tard, à 11 h 55, je quittais l'hôtel Windsor pour me rendre chez Child's où nous avions rendez-vous. Je regardais voleter les pigeons du square Dominion, quand j'entendis la voix me dire à l'oreille de choisir une table, le plus à l'écart possible, où l'on se rejoindrait «comme par hasard».

Après s'être excusé de n'avoir pu venir me rencontrer à Québec, l'homme s'identifia selon l'usage. Son nom était aussi répandu en anglais que Gagnon l'est en français. Nous devions, par la suite, le désigner entre nous par ses seules initiales, G.B., car à l'évidence il aimait le secret; mais tout en prétextant que ses responsabilités lui imposaient de brouiller ses pistes. Je comprenais mal toutefois qu'il se donnât tant de peine pour passer inaperçu, pour se fondre parmi les autres, car rien ne le distinguait. Je me disais même que si le propre d'un espion est de ne pas en avoir l'air, G.B. avait sûrement la tête de l'emploi. Dans la trentaine, grand et décontracté, marié et père de famille, il occupait d'honnêtes fonctions dans une fabrique d'avions de la banlieue montréalaise. Le type réussi du jeune bourgeois promis à l'avancement; il pouvait être n'importe qui faisant n'importe quoi, mais bien rémunéré. À la réflexion, une seule chose chez lui pouvait intriguer ses voisins: qu'il ne se fût enrôlé! Bien sûr, on parlait déjà de la quatrième arme, puisqu'elle s'ajoutait à la marine, à l'infanterie et à l'aviation; mais peu confondaient les services de renseignements avec le métier d'espion, encore inconnu au Canada et jugé indigne.

G.B. me révéla, au cours du déjeuner, quel serait mon rôle si j'acceptais de donner suite à cet entretien naturellement secret. Les autorités britanniques l'avaient chargé de recruter une équipe de Canadiens d'âge militaire, prêts à contribuer, d'une façon ou d'une autre, à la libération de l'Afrique française occupée. La mission devait, dès l'automne, gagner la Gold Coast (devenue le Ghãna en 1960) où elle relèverait de Lord Swinton, le gouverneur. Il me proposait, avec l'assentiment de Londres, d'assumer la direction politique du groupe. Un officier des forces armées canadiennes serait, par ailleurs, responsable de l'administration. Puis G.B. me fit voir la liste de ceux qu'il se proposait de rencontrer avec l'accord des Affaires extérieures et de la Gendarmerie royale.

Il s'agissait en réalité d'une double liste, pour l'instant incomplète. J'eus vite fait d'identifier ceux qui appartenaient à la presse écrite ou parlée. Mais les autres m'étaient pour la plupart inconnus. J'en fis part à G.B.

« Dois-je en conclure que les uns formeront une équipe de radio, mais que les autres seront affectés à des tâches différentes selon les événements ?

— Vous l'avez deviné. À partir d'Accra, vous diffuserez sur l'Afrique du Nord et Dakar. Les autres ne recevront leur ordre de mission qu'une fois à Londres.

— À l'évidence, tout est fonction du débarquement...

— ... et le secret est bien gardé. De même, je ne connais pas encore la date précise de votre départ. Il faut d'abord compléter le recrutement et, cela fait, procéder à l'entraînement. Revenons à la liste. Si vous avez quelques noms à proposer ou le contraire, c'est le moment. »

Une fois complétée, il y avait douze noms sur la liste dont ceux d'Hélène et de Raymond Grenier qui appartenaient à la rédaction de *L'Événement-Journal*. Trois des recrutés venaient des forces armées et trois autres de Radio-Canada. Le groupe comptait quatre femmes et huit hommes ou encore trois Canadiens de langue anglaise et neuf Canadiens français. Au total, j'en connaissais huit.

Quand je revins à Québec, j'appartenais à la secrète, Hélène en était et Raymond Grenier à la veille de nous rejoindre dans les arcanes de l'Intelligence Service ! L'initiation, si l'on peut dire, fut assez longue. Chacun devait le plus longtemps possible vaquer à ses occupations habituelles, sans doute pour tromper l'ennemi... De temps à autre, je recevais un coup de fil sibyllin et je devais retrouver G.B. « comme par hasard », souvent à Montréal, parfois à Toronto ou à Ottawa ; mais toujours dans une gare de chemin de fer, le hall d'un hôtel ou dans un restaurant achalandé. Car il fallait que ce fût bruyant. « Quand on parle fort et qu'il y a beaucoup de bruit, on a moins de chance d'être entendu », m'avait-il expliqué, comme s'il me confiait l'un des secrets de l'efficacité des espions britanniques. Un jour, j'appris que je voyagerais dorénavant « *in the service of the Crown* » ; une autre fois, que je faisais partie de la section d'Intelligence du Foreign Office de Sa Majesté.

○ ○ ○

Je me sentais comblé, mais je n'arrivais pas à comprendre pourquoi il fallait être de l'I.S. pour aller remonter le moral des populations du Sénégal et du Maghreb, à partir d'Accra, en prévision du débarquement anglo-américain. Surtout je m'expliquais mal qu'on dût pour ce faire me rattacher au Foreign Office. J'en vins vite à la conclusion que, dans la secrète, le silence est d'or : moins on en sait, moins l'appareil court de risques. Le *suspense* devait durer jusqu'à la mi-juillet. Tel que demandé, je me rendis à Toronto pour y retrouver G.B. au Royal York où nous avions rendez-vous pour le petit déjeuner. «Nous avons tout le temps, me dit-il, car on ne viendra vous chercher qu'à 3 heures cet après-midi.»

— C'est loin?

— À peine deux heures de voiture... Je suis heureux qu'on vous envoie au Camp X. Vous y apprendrez beaucoup de choses.»

Beaucoup de choses *indeed*! J'allais vite découvrir qu'il n'y a pas de *free lunch* quand on appartient aux services secrets. Accueillis de façon cordiale, chacun s'identifiant par son seul prénom, nous nous étions retrouvés pour le *nightcap* au mess du bungalow avant de nous retirer dans nos quartiers. Levé tôt, en quête d'une tasse de café, je cherchais à me repérer quand le planton m'informa que je devais d'abord rejoindre le groupe en train de se rassembler à l'extérieur. Devançant ma pensée, il ajouta qu'on m'expliquerait sur place comment me rendre à l'endroit où l'on servait le breakfast. De fait, un capitaine britannique en tenue coloniale nous attendait au pied d'un érable de bonne taille. Quand il eut compté les trente recrues, il nous commanda sans rire de grimper sur l'arbre qui donnait sur un petit bâtiment au toit pointu. Tout en m'interrogeant sur le caractère insolite du cérémonial, une question stupide me vint à l'esprit : comment pourrions-nous tous y tenir en même temps?

Après avoir désigné du doigt le câble qui rattachait l'érable à la baraque, que je voyais s'éloigner comme par magie, l'instructeur précisa qu'il fallait s'y suspendre, d'une manière ou d'une autre, pour parvenir à destination. Ce qui n'était qu'une demi-vérité. Car au bout des six ou sept mètres de corde, il restait encore à escalader le toit pour attraper un deuxième câble qui pendouillait de l'autre côté, si l'on voulait revenir sur terre et gagner la salle à manger.

De tous, j'étais le seul à m'étonner d'avoir à surmonter de tels obstacles pour obtenir mon *morning tea*. Peu sportif de nature, faire le Tarzan me semblait du dernier ridicule. Mais comment ne pas suivre les autres? Leur allure décontractée démontrait que, pour eux, c'était un exercice normal ou même un jeu. En les regardant à l'oeuvre, j'apprendrais peut-être à m'y prendre. Il suffisait de me placer dans les derniers rangs. Ce que je fis en me disant *in petto*: «Après vous, mon cher Alphonse...» Je vis bien qu'on devait s'accrocher au câble par le jarret et, pendu à bout de bras, se glisser peu à peu vers l'objectif en posant une main devant l'autre, tout en s'aidant du pied droit. Mais comment coordonner ses mouvements et les calculer pour tenir jusqu'à l'arrivée? Après deux mètres, j'étais à bout de souffle. C'est alors que le sol me parut plus près que le toit. À la condition de me pendre au câble des deux mains, la chute se présentait sans danger, quoique désagréable.

À 8 heures pile, installé derrière une table chargée d'armes et d'explosifs, le capitaine entreprit de nous initier au maniement délicat de ces engins. Aux questions qu'on lui posait, je me rendis compte de nouveau que tous en savaient beaucoup plus que moi. J'ignorais même que rien ne saute ou n'éclate sans un détonateur. L'instructeur était un spécialiste du plasticage. Revolvers, grenades ou fusils-mitrailleurs ne servaient somme toute qu'à démontrer l'inutilité de cette encombrante quincaillerie quand on est un agent secret. Le plastic est le pain quotidien du saboteur. On doit donc apprendre à l'utiliser avec respect et avec mesure. Souple comme le mastic dont il a la consistance et souvent la couleur, on peut lui donner toutes les formes désirées. D'une grande stabilité, il se transporte aisément dans un sac à main ou dans la poche du manteau. Il suffit, pour le dissimuler, de le caler au fond d'un chapeau ou de l'enrouler autour de la jambe sous le pantalon. Merveilleux plastic qui colle à tout comme du chewing-gum, mais inerte sans détonateur. Sans danger. Mais attention : il ne faut pas oublier ses allumettes à la maison ou mal calculer le nombre de secondes dont on dispose pour se planquer ! Sans conteste, une matière à faire rêver l'ange exterminateur de notre enfance qui demain se fera gangster...

Quant au détonateur, précisa le capitaine, il est aussi sans risque, inoffensif comme un *pipe cleaner* *. Un simple pétard qu'il ne faut quand même pas garder dans la main une fois allumé. Désireux de nous en donner la preuve, il en prit un sur la table, y mit le feu avec son *dunhill* et le lança vers la fenêtre en nous disant : « Ça ne va rien démolir. » J'étais au premier rang, collé à cette fenêtre — ouverte bien sûr. Mais il y avait une moustiquaire ! Placé au bout d'une mèche d'amadou d'environ dix centimètres, le détonateur frappa la toile métallique et, au rebond, me tomba sur le front en explosant.

Je sortis de l'infirmerie, coiffé d'un turban comme un Kurde, à l'instant où le groupe se dirigeait vers un semblant de casemate : un nouvel instructeur devait nous démontrer comment amorcer une grenade après l'avoir désassemblée et remontée. Chaque arme a son secret. L'efficacité de la grenade tient au fait qu'elle éclate quatre secondes bien comptées une fois dégoupillée. Pour gagner du temps, c'est avec ses dents qu'on arrache la goupille de sécurité. D'où la nécessité d'évaluer de façon précise la distance qui vous sépare de l'objectif. « À proprement parler, nous expliqua le vieux sergent, la grenade n'appartient pas à l'arsenal du saboteur professionnel. Car s'en servir présuppose qu'on s'est fait coincer sur place. Mais pour échapper à une patrouille ou pour se

---

* Le cure-pipe proprement dit est au contraire un petit instrument de métal qui sert à gratter le fourneau d'une pipe.

tirer d'une embuscade, ça vaut son pesant d'or.» Au cours de l'après-midi, comme nous nous exercions à viser juste, il revint sur l'importance du calcul mental. La grenade allemande, par comparaison aux quatre secondes dont nous disposions, en mettait sept à péter. «Ce qui vous permet, nous dit-il avec assurance, de la ramasser et de la leur renvoyer sur la gueule...»

À l'apéritif, tous semblaient heureux de cette journée au grand air. Si on n'oubliait pas mes mésaventures, on jugeait cependant plus convenable de ne point m'en parler. Pour ma part, je commençais déjà à me demander si ma présence au Camp X ne provenait pas d'une erreur d'aiguillage. Mais pas question de décrocher! Du moins pas avant que l'officier commandant, un colonel écossais, se montrât lui-même inquiet du danger que je représentais pour la réputation des lieux. Pour être chaque jour différents, les exercices variaient peu, comme j'allais le découvrir en même temps que mon inaptitude aux travaux guerriers. Tout le curriculum tenait dans un mot: démolir! À ce point de vue, j'étais un non-instruit; plus grave encore: un demeuré. Car je restais incapable, malgré ma bonne volonté, de mettre la balle dans le mille, de grimper à une corde à noeuds ou de dynamiter un ponceau à une seconde près. Mais ça ne manquait pas d'intérêt. Parfois, pour nous faire la main, nous descendions à la cave aux murs soigneusement bétonnés pour revolvériser à vue, *from the hip*, des cibles mouvantes qui figuraient Hitler et Mussolini. Personne n'avait encore songé à maçonner le plafond. En tout cas jusqu'au jour où, n'ayant pas su prévoir le recul du *sten gun*, une véritable mitraille creva le plancher de la cuisine! Le cuistot heureusement se trouvait ailleurs. Mais dès le lendemain, deux centimètres de ciment mettaient ses chaudrons à l'épreuve des balles perdues. Il arrivait aussi qu'au réveil, on nous faisait entrer dans le ring, dix à la fois, en caleçons de bain et en gants de boxe. Mais aussi les yeux bandés: le corps à corps étant censé se produire en pleine nuit quand, faute d'y voir clair et surpris par l'ennemi, il ne vous reste qu'à taper dans le tas!

Quinze jours plus tard environ, je ressemblais à une carte géographique où le vert des continents, le bleu des mers et le rouge violacé des empires s'harmonisent comme sirènes et papillons chez les grands tatoués qu'on exhibe dans les cirques. Je sentais qu'un incident allait bientôt se produire qui mettrait fin à l'imbroglio. On dit d'un projet qui échoue qu'il est tombé dans le *lacs*, mais de la victime qu'elle est dans le *lac*. Cette subtitilé m'avait échappé jusqu'au moment où moi et le projet allions nous retrouver au fond du lac Ontario!

Nous avions mis longtemps à tout préparer. Il s'agissait, en gros, de faire sauter les petites embarcations ancrées à une trentaine de mètres de la plage. Chacun de nous, sous l'oeil exercé du capitaine, avait armé sa bombe qui ressemblait à une demi-lune aplatie. Cet engin de cuivre — à fond plat de métal blanc aimanté — pesait heureusement moins d'un kilo. Sa forme, en outre, permettait au nageur de le fixer à son ceinturon et de garder les mains libres jusqu'au moment de le coller au feuillard de tôle placé sous la coque des barques.

Quand, au clair de lune, nous avons retrouvé le capitaine, mon bracelet-montre marquait 22 heures. Ceinturés et la bombe à la main, nous donnions l'illusion d'un camping de nudistes surpris par un agent. Le capitaine remit à chacun un numéro qui indiquait à la fois l'ordre dans lequel nous devions prendre le départ et la barque à détruire. Donc on ne prévoyait aucun échec. Le mécanisme d'horlogerie, qui contrôlait l'explosion, n'était mis en marche qu'à l'instant où, par groupes de dix, nous recevions l'ordre de plonger. Le capitaine, le chrono au cou, se chargeait de minuter l'aller-retour. À la suite des détonations soigneusement comptées, le deuxième, puis le troisième peloton devaient, sur un signe, se jeter à l'eau. Nous en avions au total pour trois heures. Il fallait donner aux bombes le temps d'éclater et on nous avait recommandé de calculer «large». La direction du Camp X, qui ne voulait pas d'histoire, redoutait les accidents.

J'appartenais à la troisième vague — la dernière. La bombe au ventre, je me mis à nager entre deux eaux vers la barque condamnée. Je n'avais pas fait cinq mètres qu'il me fallut reprendre mon souffle. Dix mètres plus loin, je me sentis subitement allégé de l'inutile comme disait Hugo : le bel engin, construit de mes mains, venait de se détacher avec sa charge d'explosif ! Je disparus sous l'onde en moins de temps qu'il n'en faut pour l'écrire... Mais allez donc repêcher au fond du lac Ontario, en pleine nuit, un objet poli comme un caillou qui fait à peine quarante centimètres de circonférence ! Manquant d'air, je cherchais à tâtons avec une énergie défaillante cette bombe à retardement dont je n'arrivais plus à me rappeler si elle était minutée trop large ou trop court. Sur ce, indifférent au jugement des hommes, je fis demi-tour pour regagner la rive.

Quand le capitaine me vit devant lui, sortant de l'eau avant tous les autres, il jeta un regard étonné sur son chronomètre : « *Mighty good time...* » Mais quand je lui appris que la bombe était au fond du lac, son expression changea. D'un coup de sifflet, il donna l'alerte : tous les nageurs devaient rentrer et vite ! Profitant du répit qui suit toujours les moments d'attente ou d'énervement, mais à vrai dire avant qu'il eût le temps de me poser la moindre question, je lui fis remarquer que si j'avais rassemblé l'engin, ce n'est pas moi qui l'avais mal aimanté. Ce qui mit fin à l'entretien, mais non à son inquiétude : la bombe reposait, hélas ! à l'endroit même où, à toutes heures, venaient se baigner le personnel et les agents à l'entraînement. Le capitaine décida que nous allions monter la garde en attendant l'explosion. La vigile se prolongea jusqu'à 2 heures du matin. Mais en vain. Pas le plus petit pétard ! « Avant de regagner nos quartiers, il s'impose que nous installions quelques barrières pour fermer la plage jusqu'à nouvel ordre », dit-il enfin avec regret. Car il aimait nager au lever du soleil.

○ ○ ○

Le colonel écossais, qui commandait le Camp X, me reçut avec une affabilité non dépourvue de compassion, comme les circonstances le voulaient. Grand, les cheveux cuivrés et en kilt, il ne manquait pas d'allure. S'il parlait le français sans accent, il n'hésitait pas de surcroît à recourir aux ressources de la langue verte. Je crus que, pour le mettre au parfum, le moyen le plus rapide était encore de commencer par le commencement.

« Mon colonel, j'ai été recruté par l'*Intelligence Branch* du Foreign Office pour diriger une mission qui doit se rendre en Gold Coast cet automne. Je cherche à comprendre ce qui me vaut d'être votre hôte, si je peux dire.

— Avant votre arrivée, j'ai reçu votre dossier. Mais j'avoue ne pas avoir moi-même compris pourquoi on vous envoyait au Camp X. Il y a quelque chose qui ne tourne pas rond dans cette histoire. Le Camp X n'est pas un centre d'entraînement pour les agents de l'Intelligence Service. C'est une section ou une bouture du *Special Operations Executive*. Une arme distincte, sans lien organique avec l'I.S. ou le Foreign Office.

— Je suis engagé dans une mission de propagande ou, si l'on veut, d'information, mon colonel. À l'évidence, ce n'est pas l'endroit ; on m'a envoyé à la mauvaise adresse. L'ennui, c'est que je ne peux quitter le Camp X comme ça, sans même savoir où je dois aller...

— Écoutez, il est midi déjà. Je vais communiquer avec Londres. Compte tenu du temps qu'il leur faut pour s'y retrouver et du décalage horaire, nous devrions savoir à quoi nous en tenir après le dîner. Mettons vers 10 heures ce soir. Cet après-midi, allez vous promener. Vous avez, comme on dit en anglais, *carte blanche*. »

À l'heure dite, je frappais à la porte de son bureau. Tout en me versant un whisky, il m'annonça qu'on avait réussi à débrouiller mon dossier : « Je ne sais comment pareille erreur a pu se produire ni comment vous expliquer cette confusion... Mais en ce qui vous concerne, nous sommes sortis du brouillard. » Puis, comme s'il voulait me rassurer, il ajouta : « Voyez-vous, les services aujourd'hui se chevauchent souvent. C'est inévitable... Et n'oubliez pas qu'après l'armistice franco-allemand il a fallu improviser. Le *Special Operations Executive* n'a été mis sur pied qu'en juillet 1940. Notre mandat est d'« enflammer l'Europe » pour citer Churchill et, pour ce faire, de coordonner le sabotage et la subversion contre l'ennemi. Ce qui n'a rien à voir avec le renseignement et la propagande à l'étranger qui demeurent la chasse gardée de l'Intelligence Service.»

Le roman de Roger Vercel, *Capitaine Conan**, me revint aussitôt à l'esprit. Pour forcer l'Empire ottoman à sortir de la guerre, tout en portant secours à l'armée russe engagée en Arménie, Churchill, Premier Lord de l'Amirauté, avait conçu et ordonné l'expédition des Dardanelles. C'était au printemps de 1915. Il s'agissait de remonter les Détroits — dont celui qui unit la mer Égée à la mer de Marmara — jusqu'à Constantinople. Le capitaine Conan et quelques centaines de saboteurs, infiltrés derrière les lignes allemandes, devaient, en temps voulu, déclencher diverses opérations de guérilla dites alors de harcèlement. L'expédition des Dardanelles avait déjà coûté aux Alliés 145 000 hommes (dont 27 000 Français tués ou blessés) quand Kitchener y mit fin en janvier 1916. Churchill démissionna du coup et prit le commandement d'un régiment quelque part dans les Flandres. Abandonnés à leur sort, Conan et les autres allaient vivre de coups de main et de rapines durant deux ans. Ramenés en France à la fin de 1919, ils recommencèrent un jour, pour tromper leur ennui, à piller les magasins et à détrousser l'habitant...

«Je ne connaissais pas ce roman, me dit le colonel après un long moment de silence. Je me demande parfois ce qui va se produire après le rapatriement...

— Les circonstances sont autres, colonel. De toute façon, il existe, pour faire contrepoids à l'ennui du capitaine Conan, un proverbe juif que j'aime beaucoup : *N'ayant plus l'occasion de voler, il se fit honnête homme.* Souhaitons que les choses se passent ainsi...»

Le lendemain matin, le colonel m'informa que je quitterais le Camp X pour Toronto au tout début de l'après-midi. «En toute discrétion et dans une voiture banalisée», avait-il précisé avec un sourire entendu. L'avion de Trans-Canada Air Lines mettait deux heures pour gagner Montréal. Cela

---

* *Capitaine Conan*, de Roger Vercel, prix Goncourt 1934.

me donnait tout juste le temps de prendre le train de 17 heures si je voulais être à Québec le même soir. Au moment du décollage, je retrouvai le souvenir de G.B. Mais ne l'ayant aperçu ni à l'aéroport de Dorval ni à la gare Windsor, je me dis qu'il me croyait sans doute à l'entraînement. Une semaine environ devait s'écouler avant qu'il m'annonçât que, par suite du méli-mélo qui m'avait conduit au Camp X, mon départ pour Londres allait être avancé d'un mois. J'en conclus que mon éducation restait à faire...

○ ○ ○

Quand on a moins de 30 ans et que la guerre est là, les mésaventures se transforment vite en expériences qui allument, à leur tour, le désir de pénétrer plus loin dans un univers qui vous semble mystérieux parce que inconnu. Ma découverte du Camp X m'avait mis en appétit: je voulais maintenant en connaître davantage sur les services secrets britanniques. Je n'y parvins toutefois que peu à peu, le plus souvent par recoupements et toujours en y mettant beaucoup du mien. J'appris, en premier lieu, que rien n'échappait jamais, dans le cours normal des choses, à l'attention du chef de chacune des missions diplomatiques qui veillent, à travers le monde, au salut de l'Empire et du Commonwealth. Il peut cependant arriver que l'autorité d'un ambassadeur ou d'un haut-commissaire *, à cause de ses fonctions antérieures, empiète quelque peu sur celle d'un collègue en poste dans un pays voisin. Ainsi Lord Halifax surveillait, depuis Washington, l'*ouvrage* des agents de l'Intelligence Service au Canada. Mais il n'exerçait aucun contrôle sur les travaux du *Special Operations Executive.* Selon le colonel, la création de cet organisme remontait à juillet 1940. Donc à l'époque où Halifax était encore le chef du Foreign Office. On le disait jaloux de ses prérogatives. Que s'était-il passé pour qu'on eût

---

* Au sein du Commonwealth, chacun des pays membres est représenté par un haut-commissaire qui présente ses lettres de créance au Premier Ministre et non au Gouverneur général. Comment un ambassadeur pourrait-il demander l'agrément du représentant de Sa Majesté quand il a été nommé par... Sa Majesté?

mis fin à la coutume, respectée jusqu'alors, de placer toutes les opérations à l'étranger, quelle que fût leur nature, sous l'autorité du Foreign Office? Pour qu'il abandonnât son droit de regard sur un appareil qu'il pouvait croire en porte-à-faux par rapport à l'I.S.?

Je découvris, à mon arrivée à Londres, ce qu'on tenait depuis longtemps pour le secret de Polichinelle au sein de l'Intelligence Service: Churchill avait dit non au noble lord. Pourquoi? Il me fallut attendre près de quarante ans pour le savoir — quand j'aurais dû le deviner: on ne mêle pas les choux et les carottes. À la suite de la décision du Premier Ministre, Halifax avait demandé des explications. Hugh Dalton * s'en était chargé: « *You should never be consulted. You would inevitably say no to everything, because you were not meant to be a bandit.* »

Spécialisé dans le renseignement et surtout, selon le vulgaire, dans l'espionnage de toutes catégories, l'Intelligence Service n'était que du nanan si on le comparaît au *Spécial Operations Executive.* Conçu comme une entreprise en démolition, le S.O.E. veillait à la formation des exécutants dans de véritables *vocational schools* dispersées à travers le royaume. Mais l'enseignement s'y donnait à l'envers. Tout à côté d'une école technique traditionnelle où s'enseignaient, par exemple, les métiers de la construction, le S.O.E. formait avec diligence des démolisseurs patentés. Chacun de ces établissements dispensait la connaissance d'un antimétier comme on dit une contre-culture. Que ce fût pour assurer la destruction d'un système intégré de transport public ou d'un réseau de télécommunication, le S.O.E. disposait d'une main-d'oeuvre qualifiée. Les saboteurs se recrutaient surtout dans l'univers britannique; mais aussi dans les rangs des effectifs réguliers et des corps francs des pays occupés. En fonction des exigences grandissantes d'un appareil forcé de parler toutes les langues pour répondre à des besoins précis,

---

* *S.O.E.* de J.G. Beevor, Londres, The Bodley Head, 1981. Hugh Dalton, l'un des représentants du Labour au sein du War Cabinet, était à l'époque ministre de l'*Economic Warfare* et responsable du S.O.E. qui fut dirigé par Sir Frank Nelson jusqu'au début de 1942. Sir Charles Hambro lui avait déjà succédé à mon arrivée au Camp X.

on avait dû aménager, par la suite, des écoles dites d'entraînement, d'abord au Canada et en Australie, puis progressivement dans les territoires libérés. Mais dans ces écoles
(comme, entre autres, au Camp X), il s'agissait d'un enseignement polyvalent de niveau primaire. Ce n'est qu'en Angleterre qu'on vous initiait à l'*ars magna* du complot avec
mise à mort du tyran ou qu'on vous apprenait à faire dérail-
ler le char de l'État !

(C'est avec l'assentiment du gouvernement canadien que
Londres avait installé une école de type S.O.E. sur les bords
du lac Ontario. Mais avant de donner les autorisations nécessaires, Ottawa s'était fait tirer l'oreille. Féru de ruines
antiques et de culture biblique, Mackenzie King comprenait
mal qu'on voulût faire une école d'une institution où s'enseignait la destruction des oeuvres de l'homme. Sans autrement
s'étonner d'un pareil scrupule académique, le S.O.E. s'était
empressé de remplacer l'école par le camp. Et dans un esprit
d'autant plus accommodant qu'au Canada, de la colonie de
vacances au chantier de bûcherons, du chalet d'été au pavil-
lon de chasse ou de pêche, tout est camp !)

C'était hier... Mais en est-on bien sûr ?

« *You were not meant to be a bandit* », disait Sir Hugh
Dalton à Lord Halifax il y a moins de cinquante ans. Qui
pourrait aujourd'hui l'affirmer ? J'ignore le nombre des Co-
nans rapatriés au lendemain de la guerre ou qui, depuis, sont
retournés à l'oeuvre. Car froide ou chaude, on n'y a jamais
tout à fait mis fin... Certes elle a changé de dimension et de
nature. Au point de se demander si la multitude des professionnels de l'attentat et des carriéristes de la guerre des
étoiles ne finira pas par l'emporter sur celle des civils et des
civilisés.

Quand les rois faisaient appel aux mercenaires, c'est-à-
dire aux armées de métier, les peuples se sentaient peu im-
pliqués dans ces conflits de succession — même s'ils finis-
saient par en faire les frais. Avec l'État-nation, l'impôt du
sang deviendra la loi naturelle de l'Europe, mais de façon
progressive. Quand les républiques étaient jeunes, elles acceptaient, comme allant de soi, que les échanges commerciaux et les relations entre populations voisines ne souffris-

sent pas trop de ces conflits. Vint Bonaparte, puis l'Empire : du niveau artisanal, la guerre passa au stade professionnel. Le changement amorcé allait mettre cent ans à devenir une évidence. Pour la plupart provoqués et souvent fomentés au nom de l'intérêt national, les conflits faisaient au début plus de blessés que de morts. Les gouvernements les voyaient d'ailleurs du même oeil qu'ils mesurent aujourd'hui les retombées économiques du tourisme : qui se préoccupe des amochés de la route ? Servi par l'avancement scientifique et le jeu des coalitions, le casse-gueule, d'abord continental, devait finir par embrasser la planète en 1914-1918. Mais à partir de 1940, l'Homo sapiens enfin est entré, pour ne plus en sortir, dans l'ère de la guerre révolutionnaire : *voici venu le temps des assassins*, ô Rimbaud !

Revenu à Québec, j'allais en partir aussitôt ou presque. Mais non pour la destination que nous avions d'abord prévue. Notre décision de nous fixer à Montréal remontait avant ma rencontre avec G.B. — quand nous ne pouvions deviner, au moment de nous séparer de nos collègues de *L'Événement-Journal*, qu'il nous faudrait faire un détour par la GoldCoast. Tard au printemps, Henri Letondal m'avait proposé de diffuser, depuis CKAC, un commentaire quotidien de quinze minutes sur la poursuite de la guerre. La chronique de Louis Francoeur : *La Situation ce soir*, était tombée en désuétude. Selon Letondal, les stations privées, désireuses d'occuper le créneau laissé vacant, s'étaient mises d'accord sur mon nom. La conjoncture s'y prêtait. Staline jouissait maintenant du statut d'allié à part entière et Radio-Canada, à intervalles réguliers, faisait appel à mes services. La brasserie Boswell, d'autre part, *sponsorisait* toujours mon émission hebdomadaire à CKVL. Letondal y voyait une heureuse conjugaison et comptait sur mon *following*, disait-il, pour assurer la rentabilité de l'entreprise. Avec toute la faconde qu'on lui connaissait, il m'avait même expliqué que, sur le plan de la cote d'écoute, le *following* se situait à mi-chemin du public des salles de spectacle et de la clientèle des auteurs dans le vent !

On ne passe pas aisément de la presse écrite à la presse parlée. Si je ne doutais pas que déjà on ne faisait vraiment carrière qu'à Montréal, je savais aussi qu'il fallait réussir l'atterrissage. J'avais donc consenti à déménager mes pénates. Loin de chercher à m'en dissuader, Jos. Barnard et Henri Gagnon m'avaient assuré qu'en cas d'échec, je pourrais reprendre «ma place au *Soleil*» comme l'enfant prodigue de la parabole! Mais je venais à peine d'accepter l'offre de CKAC que je devais y renoncer et pour cause: l'Intelligence Service! Le directeur de la station, Phil Lalonde, s'était montré compréhensif comme toujours. L'idée de mon départ en Afrique le fascinait. Mais quand il voulut en connaître la date, je lui répondis qu'il m'était difficile de lui en dire davantage. «C'est la guerre. Je comprends ça, avait-il répliqué. Mais je comprends aussi que tu es *sur la verge** de partir...» Je mis quelques instants à saisir ce que l'expression signifiait. Élevé dans un milieu anglophone, certaines formules vernaculaires propres à l'anglais lui plaisaient beaucoup. Mais résolu à «opérer» en français, il se faisait un devoir de les traduire littéralement. Je me rappelle encore qu'un matin, à mon arrivée à la station, il m'avait demandé, sur un ton soucieux, des nouvelles d'un ami commun, Arthur Dupont, le directeur de CJAD. «Je l'ai rencontré hier soir et *il m'a donné la froide épaule***. *Je comprends rien.*»

Nés à Québec, nous y avions toujours vécu. Certes je ne regrettais pas d'avoir accepté l'offre de Letondal. Mais j'appartenais à la presse écrite et je me voyais mal, à vrai dire, faisant carrière dans la presse parlée. Je sentais d'instinct que notre voyage, au retour, prendrait fin à Montréal. J'aurais peut-être alors à faire un choix... Mais je me félicitais d'avoir échappé, pour l'heure, à une option qui, dans les circonstances, me posait un dilemme. Partir pour l'Afrique en temps de guerre, en somme, me rassurait. Car il ne s'agissait plus de renoncer à *L'Événement-Journal* ni même d'opter pour Montréal de préférence à Québec. Au temps des

---

* Traduction littérale de l'expression anglaise *on the verge* qui signifie «sur le point de».

** *To give the cold shoulder to someone.* En français: faire la tête à quelqu'un.

grands voiliers, c'est en lançant un sonore *À-Dieu-Va*! que le capitaine du navire commandait sans le dire autrement ce qu'on appelait «un virement de bord vent devant». Car la manœuvre dangereuse justifiait, disait-on, ce commandement voisin de la prière. Je voulais bien quitter momentanément mon métier et dire adieu à la Vieille Capitale; mais non prendre un virement qui risquait d'être définitif. Combien de fois depuis suis-je revenu à la pratique du journalisme écrit après avoir tâté d'autres choses?

o o o

Il restait à prendre congé des amis. Nous tenions à revoir chacun d'eux avant de quitter Québec pour une auberge de Val-Morin, dans les Laurentides, d'où nous devions gagner Londres, puis Accra. Nous étions tous à l'âge où la recherche de soi-même et la poursuite de projets ambitieux risquent de vous entraîner loin. La guerre aidant, quand allions-nous nous retrouver et dans quel état?

Je me rappelle la dernière réunion des *Amitiés 37* * ; de Christian Lapointe demandant de lui traduire en français la question qu'on venait de me poser en «communisme» comme il désignait, pour s'en amuser, le jargon politico-économique de l'époque; de Jean-Charles Bonenfant s'engageant à maintenir ma chronique de politique étrangère sans trop s'écarter de ce que Jean-Charles Falardeau nommait «les principes directeurs», et de Luc Lacoursière me souhaitant «bonne guerre» comme on dit bon voyage...

Quelques jours plus tard, je me rendais chez Pierre Chaloult et Philippe Vaillancourt, dans leur librairie de la côte de la Montagne située entre l'escalier de fer qui monte vers la taverne du *Chien d'Or* et celui qui descend vers la maison de Louis Jolliet. Gaulliste et antifasciste, Chaloult ne s'opposait pas à notre participation à la guerre, mais il refusait, comme beaucoup d'autres, la conscription pour outre-mer. Nationaliste impénitent, il vomissait Duplessis pour mieux accepter la plupart des thèses de l'abbé Groulx sur l'avenir

---

* Voir le tome I des *Apostasies*, p. 188-190.

du Canada français. Vaillancourt rejetait aussi le principe du service militaire obligatoire. Anticlérical, son attitude reflétait le pacifisme des *preachers* de la C.C.F. qui répétaient après Woodsworth, leur leader : « *... it is only as we adopt new policies that this world will be at all a livable place.* » Il m'étonnait toujours qu'on ne vît pas que le nationalisme était à l'origine de cette guerre et que la défaite des Alliés mettrait fin à tout espoir de « nouvelles politiques ». Mais nous nous efforcions, de part et d'autre, d'éviter le sujet. L'après-guerre, après tout, s'annonçait pour demain... D'accord sur l'essentiel : droits de l'homme et démocratie, nous avions le souci de défendre notre amitié comme on protège un bien irremplaçable.

Puis un soir, vers 20 heures, René Garneau s'amena à la maison pour nous embrasser avant notre départ. Je le revois penché sur une bibliothèque de fortune où j'avais groupé le théâtre de Racine et les *Propos* d'Alain, quelques romans de Céline et de Malraux. Il acceptait mal que je pusse préférer *Le Voyage au bout de la nuit* à *La Condition humaine*. Sanglé dans son uniforme de lieutenant et un livre à la main, il me fit subitement penser à certains personnages de Somerset Maugham et de Claude Farrère (qui venait d'entrer à l'Académie française en l'emportant sur Paul Claudel) que l'événement métamorphose. Comme Olivar Asselin et Victor Barbeau en 1914-1918, René Garneau avait décidé de servir. Car les institutions britanniques et la culture française constituaient, à ses yeux, l'assise des libertés occidentales. Le Canada lui-même témoignait de cet héritage commun, rassemblé au cours des siècles, par le génie civilisateur de la France et de l'Angleterre.

Nous nous connaissions depuis Sainte-Marie, soit du temps où le collège Garnier n'était encore qu'un projet. Dans les années vingt, l'insurmontable barrière de l'âge aurait dû suffire à prévenir notre rencontre fortuite. Mais pour nos condisciples et les jésuites, nous étions d'abord des Québecquois, c'est-à-dire des « pas pareils aux autres ». René Garneau devait d'ailleurs leur en donner la preuve quelques mois plus tard. La coutume voulait qu'à la fin de ses études, chacun procédât à la prise du ruban : rouge pour la médecine, tricolore * pour l'École militaire, noir ou blanc pour les clercs, etc. Garneau allait, d'un seul coup, bouleverser la routine du cérémonial en choisissant de s'inscrire en grammaire et en philologie à l'École normale supérieure de Paris : vocation imprévue, mais surtout couleur inconnue !

Au lendemain de la guerre, nous devions souvent nous croiser dans les couloirs du service international de Radio-Canada ou dans les studios de CKAC. À la suite de la Commission royale d'enquête sur l'avancement des arts, lettres et sciences au Canada dont il avait été le secrétaire, il fut nommé conseiller culturel à l'ambassade canadienne en France. Il demeura en poste à l'étranger dix-sept ans d'affilée — contrairement à l'usage et toujours « dans un pays francophone ou partiellement francophone » selon le sabir des Affaires extérieures. En 1972, je lui succédais à l'Unesco où son style qui tenait à la fois de l'intellectuel français et du *scholar* anglais, mélange heureux d'érudition et de discrétion, de savoir-faire et d'aisance, avait laissé un impérissable souvenir. À mon retour à Ottawa, nous devions nous retrouver aux *Écrits*, soixante ans après notre première rencontre dans les couloirs sans soleil de Sainte-Marie. Nous avions vieilli au même rythme, tentant d'équilibrer pour notre plaisir la littérature, la politique et la connaissance des vins de Bordeaux...

Il est mort sans prendre congé, échappant ainsi à la cérémonie des adieux ; tout comme au cours de sa vie, nous nous étions quittés sans même songer que des semaines, des années peut-être, s'écouleraient avant que l'occasion d'une nouvelle rencontre ne s'offrit, croyant l'un et l'autre que notre amitié avait quelque chose d'éternel.

---

* La cocarde britannique est aussi tricolore. Elle se distingue de la cocarde française (bleu, blanc, rouge) du fait que les trois couleurs sont inversées : rouge, blanc, bleu.

CHAPITRE
XVIII

Nous quittons Montréal en fin d'après-midi sur un bimoteur de la Royal Canadian Air Force. Et à l'heure dite. Rares sont ceux qui se connaissent. Mais tous appartiennent, d'une façon ou d'une autre, à l'énorme machine de guerre patiemment montée par Churchill. Le Ferry Command nous prendra en main à Gander d'où la R.A.F. assure la liaison entre Terre-Neuve, colonie de la Couronne, et la Grande-Bretagne. Certains sont en uniforme. Mais la plupart voyagent en complet-veston, déjà prêts pour le rendez-vous qu'on leur a donné, une fois leurs bagages déposés à l'hôtel. Un peu avant le départ, nous sommes une vingtaine à passer au vestiaire. Nous en sortons méconnaissables : tous confondus sous d'épaisses salopettes. Assis en vis-à-vis sur une banquette de bois, nous partageons le même inconfort et le même silence. Comment engager la conversation quand le bruit des moteurs, qui couvre les voix, vous invite au sommeil ? À minuit, à tour de rôle, chacun se dirige vers l'arrière du bombardier où un tuyau d'arrosage (sans entonnoir) sert d'urinoir. De retour à leurs places, les « initiés » attendent que les autres se soient couchés par terre pour s'allonger sur les deux banquettes libérées. Au petit jour, le Lancaster se posera à Prestwick, en Écosse, d'où chacun se débrouillera, en jouant des coudes, pour arriver à Londres avant les autres.

Deux mois plus tard, il devait appartenir à Raymond Grenier de se trouver, à son tour, sur une banquette du bombardier quand enfin un officier soviétique réussira à garder les passagers éveillés jusqu'à l'atterrissage! À leur arrivée à Gander, tous avaient noté la présence d'un lieutenant de l'Armée rouge sans toutefois se douter qu'il s'apprêtait, comme eux, à profiter du Ferry Command pour se rendre à Londres. Et d'autant moins que l'officier était... une femme! La camarade-lieutenant faisait partie d'une mission d'achat chargée de veiller à la livraison des avions militaires commandés aux États-Unis, mais qui décollaient de l'Alberta pour gagner l'Azerbaïdjan sur la mer Caspienne. Le Quartier Général avait certes invoqué le règlement qui interdisait aux femmes le recours au Ferry Command. Mais nos accords avec l'U.R.S.S. prévoyaient que tout officier de l'Armée rouge pouvait, au besoin, y avoir accès. La Défense nationale avait dû céder devant les Affaires extérieures. Mais c'est un lieutenant, russe ou non, qui officiellement allait prendre place ce soir-là à bord du Lancaster. Et pour bien souligner la nature du compromis, le Q.G. avait décidé de ne rien changer à l'accommodement des lieux.

Comme on peut l'imaginer, chacun des passagers, dès le décollage, porta le plus vif intérêt à la présence, sur un bombardier britannique, d'un officier soviétique qui, de surcroît, n'était pas un homme! «Pour une fois, chacun parlait à ses voisins de droite ou de gauche; mais comme tous parlaient de la même chose, on avait l'impression d'une conversation générale», me confia plus tard Raymond Grenier. Voisin du lieutenant, lui-même tenta, mais sans succès, d'échanger quelques mots avec... elle.

«Je fis état de toutes mes ressources. J'entends et je parle assez bien le latin; je lis le grec ancien, même le moderne, et je baragouine l'hébreu. J'ai tout essayé sans obtenir autre chose qu'un sourire aimable.»

— Et à minuit? Elle a dû trouver nos installations sanitaires... rudimentaires?

« — Comme elle fut la dernière à les utiliser, tu penses que tous s'interrogeaient! Comment...? Nous en avons parlé jusqu'à l'atterrissage, sans que personne puisse le deviner. Zéro pour la question!

— C'est à y perdre son latin...

— Et son grec itou. »

○ ○ ○

L'État sera toujours une énorme machine difficile à mettre en marche; mais que rien ne peut détourner de sa course quand il s'est engagé dans un projet. Et gagner une guerre après l'avoir perdue est, bien sûr, le projet qui échappe le plus naturellement aux normes de la raison. En juillet 1918, dans la vallée de la Marne, Foch faisait face à Ludendorff comme, en septembre 1914, Joffre s'était trouvé face à Moltke. Tout recommençait! Dans les bureaux de Clemenceau, les dossiers s'accumulaient. Mais le tigre refusait d'en prendre connaissance. Et comme Georges Mendel s'en étonnait, il lui avait répondu simplement: «Je sais qu'on trouve les mêmes dossiers sur la table du kaiser. Ils prouvent les mêmes choses. Et compte tenu de l'épuisement de nos nations respectives, la raison nous commande d'arrêter les hostilités. Ce qui signifie que le premier qui les ouvre perd la guerre.»

Certes, on n'en était pas là à mon arrivée à Londres. Mais on constatait déjà l'impossibilité de suspendre ou même de modifier les décisions que le cours des choses rendait obsolètes. Personne ne s'interrogeait, par exemple, sur l'opportunité de notre mission, bien qu'on fût en octobre et que le projet remontât à la fin de l'hiver précédent. À l'*Intelligence Branch* du Foreign Office, on prévoyait «pour demain» le débarquement des Américains en Algérie. Mais on se refusait à reconsidérer le rôle des stations de radio qu'on se proposait d'échelonner sur la côte occidentale de l'Afrique, entre la Sierra Leone et le Nigeria. À la direction du Foreign Office, on avait d'autres chats à fouetter. En Yougoslavie, Tito et Mihajlovic s'affrontaient au grand jour; les Polonais du général-président Ladislas Sikorski * ne parve-

---

* Écarté du pouvoir par le maréchal Pilsudski en 1926, Sikorski avait constitué un gouvernement en exil à Paris, dès novembre 1939, après la défaite de la Pologne. Au lendemain de l'armistice franco-allemand, en juin 1940, il devait gagner l'Angleterre.

naient pas, de leur côté, à s'entendre, depuis la Grande-Bretagne, avec ceux qui appartenaient déjà au Comité de Lublin. Mais avant tout, Anthony Eden n'arrivait pas à trouver un *modus vivendi* qui fût à la fois acceptable au général de Gaulle et à Cordell Hull, le secrétaire d'État américain. Le chef de la diplomatie britannique s'épuisait à la tâche. Il lui fallait constamment faire un choix, offrir un compromis, s'acharner enfin à résoudre la quadrature du cercle car tout se calculait déjà en fonction de l'après-guerre.

Les événements du Levant de 1941, qui avaient abouti à l'occupation de l'Irak par les Anglais mais aussi à l'indépendance de la Syrie, continuaient d'empoisonner les relations entre le gouvernement anglais et les gaullistes inconditionnels. À son retour de Londres, Mackenzie King avait même noté dans son journal : «*I found that he (Churchill) was getting impatient with De Gaulle. Lord Besseborough referred to him as* 'a male Joan of Arc *'.» De part et d'autre, on reconnaissait que, loin de ramener les rapports au beau fixe, une intervention militaire en Afrique du Nord risquait de provoquer un nouvel orage.

Aux heures de tension, quand règne la confusion au sommet de la hiérarchie politique et au niveau des grands commis, les échelons inférieurs s'en tiennent volontiers aux affaires courantes qui ne réclament pas de décisions immédiates. Mais il arrive qu'on en profite pour procéder à des règlements de comptes au nom de l'intérêt général. La station d'Accra, par exemple, disposait d'un personnel français qui diffusait, sous surveillance anglaise, en direction du Maghreb et du Sénégal. Les speakers de la *French Unit* avaient toujours collaboré étroitement avec leurs collègues gaullistes de Brazzaville. Mais depuis la crise du Levant, les deux stations s'en tenaient à des relations de bon voisinage. On se parlait, mais pour ne rien dire. Cette situation m'apparaissait anormale, bien qu'on semblât n'y attacher qu'une importance secondaire. Je m'interrogeais maintenant sur les répercussions probables d'une opération anglo-américaine quelque part en Afrique du Nord. Je m'en ouvris à la direc-

* *King Diaries,* le 24 août 1941.

tion de mon service et, réflexion faite, on me dit qu'il serait dans l'ordre de prendre contact avec Jacques Soustelle, responsable des questions de politique étrangère en l'absence du commissaire Massigli chargé des Affaires extérieures au sein du Comité français de libération nationale.

C'est dans ses bureaux de Carlton Gardens que Soustelle me donna rendez-vous. Mais nous nous étions à peine serré la main que quelqu'un d'autre se joignait à nous — «comme par hasard» aurait dit G.B.: le colonel Passy, ex-capitaine Dewavrin, le chef des Services spéciaux du Général. J'ignorais alors à quel point les relations entre le *Special Operations Executive* et l'Intelligence Service d'une part et, d'autre part, les *Free French Special Services* restaient tendues. Je m'en rendis compte quand le colonel précisa sèchement que «tout ce que De Gaulle avait à dire aux Français et aux autres était transmis par la station de Brazzaville». Après que Passy se fût excusé pour se rendre à un rendez-vous, Soustelle ajouta, sur un ton plus amène, que pour l'heure, bien sûr, on ne se faisait pas de cadeau. Mais sans doute désireux de me rassurer, il me dit avec bonne humeur comme quelqu'un qui en a vu d'autres: «En politique, il n'y a pas de point mort. Les événements engendrent leurs propres solutions. De toute façon, votre mission consiste à préparer le terrain et non à l'occuper...»

Tout au cours du voyage et plus tard en Afrique, cet entretien devait me revenir à l'esprit. Pour De Gaulle, la conduite de la guerre s'inscrivait maintenant dans un contexte politique. Il me restait à découvrir que, ce faisant, il demeurait fidèle à lui-même — comme les autres!

o o o

Après une traversée mouvementée de trois semaines, Hélène me retrouva à Londres au début de novembre. À la fin du mois, nous quittions Liverpool à bord du *Themistocles*, l'un de ces vieux rafiots d'environ quarante ans dont Montherlant disait qu'ils arrivent toujours au port! Nous allions mettre un mois pour atteindre Takoradi et, de là, gagner Accra dans une bagnole rafistolée qui roulait, tous phares éteints, dans une nuit sans lune peuplée de Noirs invisibles.

Nous étions à la veille de quitter l'Angleterre quand on décida de nous installer dans un manoir campagnard où les services secrets, en plus de leurs agents, logeaient les résistants du continent dont il fallait assurer la sécurité. Je n'ai jamais oublié notre dernière soirée en compagnie d'un Français qui aurait pu être Jean Moulin, si sa présence dans ces lieux n'avait témoigné de son appartenance aux réseaux européens de l'Intelligence Service. Calme et résolu, il s'exprimait en toute liberté sur l'après-guerre et sans beaucoup d'optimisme. Il redoutait, non sans raison, le déclin de l'Europe et la fin des Empires coloniaux. Il s'interrogeait surtout sur la fragilité de l'alliance entre l'U.R.S.S. et les États-Unis. J'étais au contraire optimiste — n'ayant ni son expérience politique ni sa connaissance de l'histoire. Mais depuis quarante-cinq ans, chaque fois que la situation s'abîme et que l'espoir d'un monde meilleur s'amenuise, je pense à cet homme dont je n'ai jamais su le nom...

Nous avions eu le choix : nous rendre en convoi jusqu'en Gold Coast ou nous accommoder du vieux *Themistocles* appelé à faire cavalier seul après avoir été escorté durant huit jours. Hélène avait traversé l'Atlantique Nord, infesté de sous-marins, sur un cargo de 2 400 tonneaux qui voyageait seul. Elle savait qu'un convoi est une cible à ne pas rater et que les navires, en cas d'attaque, doivent se disperser sans s'arrêter pour recueillir les naufragés. Un soir, elle avait confié à l'un des passagers que, dans ces conditions, elle ne comprenait pas l'utilité des convois :

Lui : Sans doute. Mais les contingences de la guerre obligent à y recourir. C'est là le seul moyen de protection offert aux fréteurs, pétroliers, et autres bateaux de commerce peu rapides, qui autrement seraient à la merci du premier maraudeur venu. Seuls les navires possédant une vitesse supérieure à celle des sous-marins naviguant en surface peuvent se risquer sans escorte.

Moi : Comme nous par exemple ? Je préfère voyager ainsi. Nul sous-marin, semble-t-il, ne prendrait la peine de pourchasser un petit navire comme le nôtre ?

Lui : Tout navire vaut une torpille...*

---

* *Blanc et Noir,* Hélène J. Gagnon, Montréal, Éditions de l'Arbre, 1944.

Nous avions quand même opté pour le *Themistocles*: l'autre option évoquant par trop l'image d'un plus gros gibier pour les sous-marins en chasse! Quoi qu'il en fût, la routine du bord allait tous nous persuader, en moins de vingt-quatre heures, de l'inutilité d'anticiper des drames quand on n'y peut rien. La guerre restait, de toute façon, à l'arrière-plan des conversations quand elle n'en faisait pas directement l'objet. Pour certains, elle était même une raison d'être. Nous venions à peine de quitter Liverpool qu'une dépêche laconique, aussitôt diffusée dans les salles communes, annonçait le débarquement des Américains en Algérie. Les nouvelles nous parvenaient malheureusement au compte-gouttes. Nous apprenions deux jours plus tard par exemple, que l'amiral Darlan, devenu l'homme du State Department, tenait maintenant la barre des deux mains. Mais De Gaulle? Quel rôle lui réservait-on? Motus et bouche cousue! À la hauteur de Dakar, un court bulletin nous informait que le gouverneur Boisson, la bête noire du Général, venait de basculer à son tour dans le camp allié. Mais à quel prix et à quelles conditions? Personne n'en savait rien. La réaction fut cependant unanime: on prit le bar d'assaut... Et c'est aux accents de *La Marseillaise* qu'on sabla le champagne (un peu tiède) la nuit durant, pour bien se convaincre que l'Afrique franco-anglaise se retrouvait enfin au coude à coude! Le lendemain, le *Themistocles* mouillait pour mazouter en rade de Freetown, capitale de la Sierra Leone, colonie anglaise voisine du Sénégal.

À quelques jours de là, nous descendions à Takoradi, porte d'entrée du bastion britannique en Afrique occidentale dit, à l'époque, *the White man's grave*: la Gold Coast.

o o o

Tant d'événements s'étaient produits depuis notre départ de Liverpool que je me demandais si notre mission pouvait échapper à la logique des résultats acquis. Ce qu'on appelait à cette époque l'armée française d'Afrique venait de se rallier aux Américains avec armes et bagages. L'objectif atteint, notre présence conservait-elle quelque sens? Quelle pouvait être son utilité? En toute objectivité, il ne me restait plus qu'à m'interroger sur les retombées politiques du coup d'Alger. Seuls, en réalité, Roosevelt, Churchill et, dans une certaine mesure, leurs alliés retrouvés pouvaient répondre à cette question. Mais avant tout, il fallait s'attendre à une lutte pour le pouvoir entre les gaullistes de stricte observance, les nostalgiques de la IIIe République et les généraux de la onzième heure résolus à se refaire une virginité. Si l'analyse valait, elle signifiait aussi que nous venions de perdre notre raison d'être!

Plus je réfléchissais au sort réservé à notre mission, plus je me sentais pressé de gagner Accra. Mais comment? Le vieux *Themistocles* était arrivé à Takoradi avec une avance de vingt-quatre heures sur l'horaire. Nous n'avions trouvé sur place aucun fonctionnaire pour nous accueillir et pas plus de voiture officielle que de «diamants du Canada [1]». Un *trader* anglais, broussard expérimenté, nous tira d'embarras en dégotant une vieille bagnole qui, en fin d'après-midi, se mit péniblement en route vers la capitale. Et c'est dans cet équipage que nous arrivâmes à Accra, tard dans la nuit, d'une façon aussi peu glorieuse que l'avait été, quelques mois plus tôt, ma sortie du Camp X.

○ ○ ○

On se lève tôt en pays tropical; surtout quand on habite en banlieue de l'équateur. À mon réveil, une note d'un colonel dont j'oublie le nom, attaché au Government House, nous informait qu'il viendrait nous chercher à l'heure du déjeuner au Commonwealth Trust Building, où, pour l'instant, nous étions logés. À notre arrivée au Country Club, il m'informa que son collègue, responsable de la *West African Broadcasting Unit*, s'excusait de ne pouvoir se joindre à nous et qu'il m'invitait à passer à ses bureaux plus tard dans l'après-midi.

La guerre avait transformé Accra sans toutefois lui faire perdre son aspect de petite capitale coloniale à l'anglaise. En devenant, par la force des choses, la métropole politique de l'Afrique occidentale, la ville s'était en quelque sorte «militarisée » : les nombreuses missions, jouissant d'un statut mi-diplomatique, l'emportaient maintenant en influence sur les entreprises d'export-import. Mais celles-ci s'en accommo-daient d'autant mieux qu'elles y trouvaient leur compte.

« Il y a beaucoup d'intérêts français dans cette colonie anglaise, nota le colonel au cours du déjeuner. La C.F.A.O.*, par exemple, joue un rôle de première importance dans le ravitaillement de la Gold Coast.

— Accra, après tout, n'est qu'à une distance relative-ment courte de Pointe-Noire, c'est-à-dire de la porte d'entrée du Congo-Brazzaville, donc de l'Afrique équatoriale françai-se... disons de l'Afrique gaulliste.

— C'est vrai. Mais depuis quelques jours il n'y a plus qu'une Afrique.

— Quand même, colonel. Face aux événements, une certaine nervosité doit régner chez les représentants de Fran-ce Libre ?

— Pour l'heure, sur le plan militaire, tout est sous con-trôle. Sur le plan politique, c'est à Casablanca, dans un mois, que la question se posera. La délégation locale du Comité national français est dirigée par le commandant Ponton et nos rapports demeurent excellents... mais je reconnais que nous sommes en position d'attente. »

Après quelques instants de réflexion, le colonel reprit sur un ton résigné : « Ces questions, voyez-vous, se règlent en métropole, quelle que soit la façon de les régler... » Puis re-courant à Tennyson, il ajouta avec humour : « *Ours is not to reason why; ours is but to do and die...* »

À 5 heures de l'après-midi, je devais me retrouver au même endroit, mais cette fois en compagnie de « *our man in Accra* » comme on disait à l'*Intelligence Branch* du Foreign Office.

« J'ai l'impression, me dit-il, après un premier verre, que votre mission a pris fin avec le ralliement de l'amiral Darlan. Mais vous ne devez rien prendre pour acquis. Tout va se jouer à la conférence de Casablanca. Ce qui nous donne quelques semaines de répit... J'ai la conviction que Churchill

---

* Compagnie française de l'Afrique occidentale.

211

fera tout pour éviter un affrontement avec De Gaulle. Mais le Général devra y mettre du sien. Les Américains sont maintenant au volant. Il faudra que les gaullistes le comprennent. De son côté, le P.M. tentera de convaincre Roosevelt que l'opinion publique anglaise admettrait difficilement que les gaullistes soient écartés du revers de la main. On était bien content de les avoir en juin 1940...

— Quel est le sentiment des Français de la Gold Coast, leur perception du coup d'Alger?

— La petite colonie française d'Accra est gaulliste. Mais en premier lieu parce que nous partageons un sort commun. Nous sommes du même côté de la barricade. Ce sont des commerçants. Ils sont satisfaits de se trouver en zone libre, si l'on peut dire.

— Et quelles sont les vues de la section française de Radio-Accra?

— En ce qui concerne Kaminker et ses collègues, dont Stéphane Manier, ils sont gaullistes dans la mesure où le Général représente la guerre aux côtés des Anglais et, nous-mêmes, la victoire sur Hitler. Demain, vous leur rendrez visite et vous pourrez le constater. »

○ ○ ○

Déjà renseigné sur l'objet de ma démarche, le directeur de Radio-Accra me reçut avec cordialité. Après les aménités d'usage, nous aurions dû normalement nous mettre à l'oeuvre, c'est-à-dire définir les relations avec notre mission et envisager un certain partage des tâches. Londres, à l'évidence, jugeait qu'il appartenait à des Canadiens — parce que sujets britanniques — d'informer l'Afrique française des politiques et des intentions du gouvernement anglais. Le directeur de la station ne pouvait l'ignorer. Aussi quand il me demanda si je ne croyais pas plus utile de remettre la discussion de ces questions à plus tard, au lendemain du Premier de l'an par exemple, force me fut d'en conclure qu'il estimait lui-même que notre avenir était derrière nous...

Depuis le début des années trente, Radio-Accra diffusait en anglais, mais aussi dans les principaux dialectes de la

Gold Coast. D'autre part, au lendemain de l'armistice franco-allemand et dans la foulée gaulliste, le Colonial Office avait mis en place une section francophone qui partageait son temps d'antenne avec les langues dominantes des territoires, protectorats et colonies d'obédience vichyste dont l'arabe et le ouolofs.

L'un et l'autre nostalgiques de la IIIe République, Kaminker * était le chef de la *French Unit* et Manier, le Numéro Deux. L'oeil pétillant, le geste rapide et le poil rare, Kaminker était d'origine alsacienne et rond comme un tambour. Ex-traducteur reconnu de l'ambassade britannique à Paris, il avait le verbe churchillien et le franc-parler de Clemenceau. Il devait plus tard s'illustrer à la conférence de San Francisco et aux Nations Unies. Et à juste titre. Car je ne connais d'autres interprètes qui, au lieu de traduire au fur et à mesure le discours de l'homme au podium, sachent refaire comme lui, d'un seul souffle, un exposé présenté en anglais. J'entends encore Lord Halifax déclarant à la fin d'un long laïus : « Tout ce que je viens de vous dire vous semble sans doute peu dramatique. Mais vous changerez d'idée quand mon ami Kaminker refera mon speech en français ! »

Stéphane Manier, qui se voulait un beau ténébreux, était un mal-aimé. L'oeil romantique, rêvant de conquêtes qui ne venaient pas, il avait commis un ou deux romans qui ne se vendaient pas. Toujours empressé, il aimait recevoir à sa table et sa conversation ne manquait pas d'intérêt. Indiscret comme beaucoup de journalistes, on le disait persifleur. Très au courant des derniers potins politiques, il éprouvait un malin plaisir à vous entretenir des déconfitures de chacun et des aventures galantes de chacune. Un excellent reporter, somme toute, en aurait conclu Lazareff. Avec raison.

Aussi longtemps que l'Angleterre veillait seule au salut du monde libre, Kaminker et Manier n'avaient eu qu'à se féliciter d'être en poste à Accra, dans une sorte de « splendide isolement ». De Londres, le Général ne pouvait ni troubler la paix qui régnait au sein de la colonie française du lieu

---

* Je n'ai jamais connu son prénom. Nous l'appelions simplement « l'aîné » pour le distinguer de son frère qui fut aussi interprète à l'O.N.U.

ni peser sur l'équilibre des rapports entre les autorités locales et les représentants de France Libre. Mais c'était hier... Il ne m'appartenait pas de leur expliquer notre présence en Gold Coast et, moins encore, de les instruire de mes appréhensions. Ils m'accueillirent, de fait, en camarade de travail et se montrèrent d'une grande discrétion. Ce qui me donna à croire qu'ils nous voyaient comme une équipe de renfort, faisant partie des retombées imprévisibles du débarquement. Nous étions à la veille de Noël et Kaminker décida qu'un déjeuner bien arrosé s'imposait. Une fois à table, rassurés par mes propos, ils tombèrent à bras raccourcis sur Darlan. Sans aller jusqu'à déplorer qu'on ait oublié De Gaulle sur le perron du 4, Carlton Gardens, il leur semblait incroyable que Roosevelt ne se fût nullement soucié de la légalité républicaine.

«Comment en sortirons-nous? demanda Manier. On ne voit que des culottes de peau: De Gaulle, un général comme Bonaparte, comme Boulanger, comme Pétain... et maintenant, un amiral vichyste!

— À choisir, j'aime mieux De Gaulle, déclara Kaminker. Au moins, il n'a jamais flanché. Qu'en pensez-vous, Gagnon?

— Moi? Je suis gaulliste depuis juin 1940. Comme Churchill, si l'on veut...»

En moins d'une heure, tout cela deviendra «*history as usual*» comme aimait dire Raymond Aron. Un communiqué de Government House annoncera d'abord que Darlan vient d'être descendu à coups de revolver dans un couloir du palais d'Été à Alger... Puis Radio-Accra nous informera que l'armée allemande occupe maintenant toute la France... Après la messe de minuit de la colonie française à laquelle nous étions invités, l'assassinat de l'amiral, sa mort, fait davantage l'objet des conversations que la naissance de l'Enfant... On croit au miracle et tous espèrent De Gaulle! Mais c'est Giraud que Marcel Peyrouton, ex-ambassadeur de Vichy en Argentine, le général Noguès et Boisson, gouverneur du Sénégal, élèvent sur le pavois!

○ ○ ○

214

De Gaulle s'apprêtait à partir pour les États-Unis quand on l'informa que Darlan venait d'être victime d'un attentat. Sa réaction fut instantanée : «... un crime abominable ! » Le Général comptait sur son entretien du 27 décembre avec le Président pour régulariser, si possible, la situation et le rôle du Comité national de libération. Aussi quand, le jour de Noël, la Maison-Blanche décommanda son voyage, grande fut sa déception ; mais pour céder à la colère lorsque le Q.G. d'Eisenhower annonça, dès le lendemain, que le général Giraud, nommé commandant en chef de l'armée française d'Afrique, devenait du même coup haut-commissaire des territoires libérés. On a dit d'Eisenhower qu'il n'était qu'un général d'intendance. En vérité, il se trouvait là pour les raisons mêmes qui avaient valu à Foch le commandement suprême de préférence à Pétain, le vainqueur de Verdun. Roosevelt et Churchill voulaient s'assurer de deux choses : que le généralissime n'intervienne pas dans le règlement des questions réservées aux chefs de gouvernement ; qu'il sache, d'autre part, manoeuvrer d'énormes armées sans aboutir aux terribles boucheries de 1914-1918. Une fois le débarquement complété et les forces françaises de retour au combat, les pertes restaient minimes : le but était donc atteint. Il appartenait maintenant au Président d'en arriver à des accommodements avec les théologiens de la France en armes, d'hier et d'aujourd'hui, comme avec les casuistes de Cordell Hull.

D'un autre côté, l'impératif dont Roosevelt avait fait le moteur de sa carrière politique gouvernait maintenant sa stratégie militaire : coaliser les oppositions. Au moment du New Deal, il était parvenu à faire comprendre aux diverses clientèles de la grande coalition démocrate que tout programme électoral doit avoir la conquête du pouvoir pour article premier puisque le reste est lettre morte si l'on est battu. Pour l'heure, une seule chose importait : gagner la guerre. Ce qui signifiait, pour aujourd'hui, l'amiral Darlan ou le général Giraud comme ce sera demain le maréchal Badoglio en Italie... Mais il comptait par la suite faire d'une pierre deux coups : rétablir le jeu libre des institutions libérales en Europe et démanteler les empires coloniaux. Dans le premier cas, cela présupposait un accord éventuel avec les Soviétiques; dans le second, que l'Angleterre et la France, après avoir renoncé à leur grandeur passée, devraient se résigner au rôle de «brillants seconds»! Comme la plupart des évangélisateurs (surtout quand on les appelle au secours) Roosevelt, qui nourrissait des principes généreux, n'hésitait pas à se montrer impitoyable si l'on s'opposait à ses desseins. Il respectait peu les talents politiques du Général et il était résolu à lui faire entendre que «la raison du plus fort est toujours la meilleure...».

Churchill, pour sa part, attachait une importance fondamentale au destin des nations et des hommes. Respectueux des alliances et des traditions, elles constituaient à ses yeux la toile de fond d'une civilisation millénaire souvent cruelle à ses ennemis, mais sans laquelle la terre entière serait encore une jungle. Il ne croyait pas, disait-il, qu'on l'avait fait Premier Ministre du royaume pour liquider l'Empire. Au contraire du général de Gaulle qui se montrait jaloux de la puissance anglaise, il aimait la France et la voulait forte pour maintenir l'équilibre européen. Quelques jours avant de gagner Casablanca, il s'en était ouvert à Eden: «*The French cannot be wholly denied some form of national expression in their present phase.*» En d'autres termes, on ne pouvait disposer de la souveraineté française comme on le fait d'un excédent de bagages.

○ ○ ○

La conférence de Casablanca reste, dans mon esprit, l'un des moments décisifs de la guerre, mais aussi le temps fort du mouvement gaulliste dans sa lente marche vers le pouvoir. Pour Roosevelt, la question française reste secondaire. L'invasion du continent retient toute son attention comme d'ailleurs celle de Churchill. Mais où frapper? Sur ce point, ils sont en désaccord. Le Premier Ministre demeure l'auteur de *The Aftermath* — ouvrage dans lequel il se faisait l'avocat d'un «cordon sanitaire» susceptible d'isoler l'Union soviétique. Il souhaite maintenant un débarquement quelque part dans les Balkans. Le Président croit au contraire à la nécessité d'une opération contre l'Italie, soit au défaut de la cuirasse hitlérienne. Les gouvernements concernés savent à quoi s'en tenir à ce sujet; dans les ministères et les services intéressés, on marque les points. Mais pour la presse anglo-américaine comme chez les peuples de l'Alliance, c'est De Gaulle qui fait les manchettes. Vue d'Accra, cette conférence, qui devait être à l'origine un tête-à-tête, se déroulera à la manière d'un roman à suivre de la belle époque: d'abord invisible parce qu'on ne l'a pas invité, le héros finit par occuper toute la scène...

Convoqué à Londres par De Gaulle, le général Catroux décide de s'arrêter en cours de route pour prendre contact avec le commandant Ponton, le fondé de pouvoir de France Libre en Gold Coast. Catroux profite des agapes de la Saint-Sylvestre, auxquelles Hélène et moi participons, pour définir de nouveau la doctrine gaulliste à l'instant même où les Américains la mettent en cause. Le Général ne s'oppose pas au choix de Giraud comme commandant en chef des forces françaises. Mais il estime que ce dernier doit être soumis à une autorité politique selon la règle républicaine. Or, dans les circonstances, seul le Comité national de libération peut se réclamer d'une certaine légalité puisqu'il jouit d'un statut; mais aussi d'une légitimité certaine puisque lui, De Gaulle, s'en dit convaincu.

Churchill arrive à Casablanca le 13 janvier avec vingt-quatre heures d'avance sur Roosevelt. Depuis une semaine, Harold Macmillan et Robert Murphy, qui représentent respectivement la Grande-Bretagne et l'Amérique, s'efforcent de mettre au point l'ordre du jour de la conférence. Mais ils sont tombés sur un os: De Gaulle. Le 16, le Président, qui n'arrive pas à prendre cette question au sérieux, dira au Premier Ministre : « *We'll call Giraud the bridegroom and I'll produce him from Algiers, and you get the bride, De Gaulle, down from London, and we'll have a shotgun wedding.* » Churchill se doute de la réaction du Général. Mais il juge avoir gagné la première donne: Rossevelt, qui n'a pas décommandé l'entretien du 27 décembre à Washington pour retrouver De Gaulle trois semaines plus tard à Casablanca, consent enfin à le recevoir. C'est malheureusement une invitation personnelle qu'il doit adresser au Général et, prudent, il lui suggère de se faire accompagner par Catroux et Pleven. L'invitation confirme, hélas! que Giraud arrivera à Casablanca dimanche le 17. De Gaulle se sent floué : en clair, cela signifie qu'il sera l'invité du Premier Ministre de Grande-Bretagne quand Giraud sera l'hôte du président des États-Unis!

Sans même en saisir le Comité national français de libération, De Gaulle rejette l'invitation, mais en termes mesurés, comme s'il comprenait que Churchill se trouve en porte-à-faux face à l'Amérique qui a un pied sur l'accélérateur et l'autre sur les freins. À telle enseigne qu'il informe Eden de sa décision. Celui-ci convoque sur-le-champ une séance du conseil des ministres qui, à toutes fins utiles, donne raison au Général. Churchill retourne chez Roosevelt. Nouvelle donne et nouvelle invitation à De Gaulle, mais cette fois contresignée par le Président. Le 20, la majorité des membres du C.N.F.L. décide que le Général doit l'accepter. Catroux l'accompagnera. Mais pour bien démontrer qu'il est maître à bord, De Gaulle informe ses hôtes que l'amiral d'Argenlieu sera du voyage de préférence à René Pleven.

À son arrivée, le 20 janvier, le Général constate que la villa mise à sa disposition, comme d'ailleurs celle de Giraud, est littéralement située en territoire... américain. Partout des barbelés, partout des G.I.* armés de fusils-mitrailleurs. Furieux, il éclatera une fois chez Giraud qui le reçoit à déjeuner : « Mais nous sommes en territoire occupé... » Il refuse de prendre place à table avant que des soldats français n'aient remplacé « ces Américains » ! Moins d'un quart d'heure plus tard, on a changé le corps de garde. Et c'est Charles de Gaulle qui, au dessert, porte le toast à la République une et indivisible, et qui demande des comptes aux invités! Au cours de l'après-midi, il se rend chez Churchill. D'abord orageux, l'entretien gagne en émotion quand le vieux lion lui rappelle son combat contre les *appeasers* : « Il n'y a pas de politique

---

* Abréviation de *General Infantry*

sans compromis. Les Munichois d'hier sont mes alliés d'aujourd'hui... Et c'est vous et moi qui sommes là. » De Gaulle juge qu'il est trop tôt pour céder. Il met fin à la conversation avec une petite phrase arrogante, mais juste : « Nous sommes là, oui. Mais je ne suis pas un politicien à la recherche d'une majorité parlementaire. »

Après avoir reçu à dîner le sultan du Maroc, le Président demande à voir De Gaulle en fin de soirée. Malade au point qu'il faut le porter dans son fauteuil roulant, il se dit prêt à disposer d'une question qui l'ennuie, mais qui obsède ses propres conseillers et Winston Churchill. Harry Hopkins, qui ne le quitte jamais, est à ses côtés, de même que Robert Murphy. Le Premier Ministre se sent humilié, car Roosevelt vient de lui déclarer qu'il ne comprend pas que les Britanniques ne puissent ramener « leur général » à la raison puisque France Libre vit à leurs crochets. Cette idée, de fait, lui est déjà venue à l'esprit. Encore aujourd'hui, il n'a pas hésité à dire à *son général* : « Il ne faut pas *obstacler* la guerre ; si vous m'*obstaclez*, je vous liquiderai. » Mais lui-même, Churchill, se comporterait-il autrement dans des conditions identiques ? Assis sur un long canapé, Roosevelt invite le Général à s'installer près de lui. Le Premier Ministre le regarde s'avancer. Il rage, mais il se revoit à 52 ans, à l'âge de De Gaulle. Sur un ton qui en dit long, il murmure à Lord Moran, son médecin personnel : « Vous le voyez ? Son pays a renoncé au combat et lui-même n'est qu'un réfugié... Si Roosevelt lui dit non, c'est un homme fini. Mais à le voir, on dirait Staline avec deux cents divisions pour appuyer ce qu'il va dire ! »

La conversation, d'abord générale, s'arrête quand Roosevelt indique d'un signe qu'il veut être seul avec De Gaulle. Dissimulé derrière une porte entrebâillée, un aide de camp, le capitaine McCrea, peut suivre les propos échangés*. Le Président ouvre l'entretien en déclarant que les événements d'Alger, du débarquement aux accords successifs, s'inscrivent dans un contexte militaire. De Gaulle lui répond que la

---

* Voir le rapport officiel du Département d'État.

France a déjà fait son choix entre les collaborateurs et les résistants. Pour F.D.R., cette race d'hommes que le Général symbolise appartient à l'histoire, — comme la légitimité monarchique. Seule compte la légalité républicaine. Aux yeux des États-Unis « *none of the contenders for power in North Africa had the right to say that he, and only he, represented the sovereignty of France*», dit-il à son invité.

La conférence prend fin le lendemain matin sur un coup de théâtre. Roosevelt s'était fait porter dans le jardin de sa villa où Churchill l'attendait entouré de journalistes et de photographes. Subitement De Gaulle et Giraud s'amènent. Ils se serrent la main, mais la photo est ratée. Le Président regarde le Général et lui demande d'échanger une deuxième poignée de mains. Puis chacun d'eux regagne ses quartiers. Le Président et le Premier Ministre, maintenant seuls, annoncent à la presse qu'ils n'arrêteront les hostilités que s'il y a reddition sans condition.

De Gaulle, le même jour, retourne à Londres et ceux qu'il appelle «les Anglo-Saxons» gagnent Marrakech. Personne ne rentre les mains vides : l'*unconditional surrender* et le shake-hand en témoignent. Le Général a été invité à Casablanca, mais il a dû consentir à la création d'un comité permanent de liaison avec les hommes d'Alger. Ce qui constitue une victoire pour Roosevelt. Churchill, moins heureux, peut cependant se montrer satisfait de la décision d'envahir prochainement la Sicile et l'Italie comme aussi du réarmement de 300 000 soldats français. Il en veut toujours à De Gaulle d'avoir rejeté son invitation et, ce faisant, de l'avoir humilié. Mais il n'oublie pas ce télégramme du Général daté du 31 décembre dernier : «Du fond de son malheur, la vieille France espère d'abord en la vieille Angleterre.» Rendu à Marrakech, il confiera à Lord Moran : «*France without an army is not France. De Gaulle is the spirit of that army. Perhaps the last survivor of a warrior race...*»

○ ○ ○

La conférence de Casablanca avait réglé dans l'immédiat l'ensemble des questions militaires. Mais sur le plan politique, les rapports entre les Alliés et les autorités françaises (quelles qu'elles fussent) demeuraient une affaire pendante. Ce n'est que le 30 mai, soit au moment où De Gaulle, Catroux, Robert Massigli et André Philip vont se retrouver en face de Giraud, de Jean Monnet et du général Georges, mais autour d'une seule table, que le fameux shake-hand prendra toute sa signification. Mais il faudra attendre la conférence de Québec, à la mi-août 1943, pour que la Grande-Bretagne et ses alliés reconnaissent le Comité français de libération nationale comme le fondé de pouvoir de la République et son empire. Les États-Unis refuseront cependant de s'associer à cette décision, allant même jusqu'à publier un communiqué distinct à cet effet.

Le temps passait et notre mission piétinait. L'avenir demeurant incertain, je pris rendez-vous au début de février avec le chef de l'*Intelligence Branch* pour obtenir les éclaircissements que la situation réclamait. Londres hésitait visiblement à précipiter les choses. «Tout donne à croire, me dit-il, que Churchill et Eden ne sont pas sur la même longueur d'ondes au sujet des *Free French*.» Puis il ajouta: «On m'a demandé de vous informer que vos camarades restés à Londres se rendront pour la plupart en Algérie. Ce qui veut dire que vos collègues d'Accra recevront, dans un avenir relativement prochain, un nouvel ordre de mission. Votre cas est différent. J'estime qu'il vous revient de décider si vous voulez ou non rentrer au Canada. Mais je sais aussi que vous avez un contrat avec nos services. Tout s'arrange dans la vie et vous pouvez compter sur moi. Mais je ne peux rien brusquer... Ça mettra du temps — comme toujours.»

On apprend vite à s'installer dans le provisoire quand on relève de l'État. Mais il est faux que le mieux soit l'ennemi du bien. Peu après notre arrivée, nous nous étions liés d'amitié avec la plupart des membres de la colonie française dont le directeur de la C.F.A.O. Ce qui nous avait valu d'emménager, vers la mi-janvier, dans le *compound* où la Compagnie française d'Afrique occidentale logeait ses cadres et, subséquemment, dans le bungalow de Stéphane Manier sur le point de partir pour la Grande-Bretagne. Que le Colonial

Office se fût décidé à mettre en veilleuse la *French Unit* de Radio-Accra démontrait, ou indiquait pour le moins, que tout se jouait maintenant en Algérie.

Chaque jour ou presque, on nous annonce que des centaines de marins et des milliers de soldats français se rallient à De Gaulle au grand dam des Américains. Les forces de France Libre atteignent déjà plus de 75 000 hommes. D'autre part, les réseaux de l'Intelligence Service confirment que les mouvements de résistance, longtemps divisés, se regroupent rapidement autour de Jean Moulin, de stricte observance gaulliste, que Washington s'obstine à dire d'obédience communiste. De Gaulle l'emporte et met tout en oeuvre pour consolider l'autorité du Comité national français dont la création remonte au 24 septembre 1940. Mais à Whitehall comme à Carlton Gardens, on redoute que Churchill, par ressentiment et pressé par Roosevelt, ne succombe à la tentation de contrecarrer la longue marche du Général vers le pouvoir. Le Premier Ministre tient maintenant De Gaulle pour un ingrat, habité par les démons de la domination. Le Général, de son côté, juge que Churchill, oubliant juin 1940, s'apprête à le jeter aux cannibales pour apaiser les États-Unis.

Comme bien d'autres, je ne croyais pas qu'Eden, dit le bel Anthony, pût faire le poids si le Premier Ministre décidait de taper du poing sur la table. « Vous connaissez mal la vieille Angleterre et la cohérence de ses traditions politiques, m'avait répondu mon collègue de l'*Intelligence Branch*. Dans ces questions, c'est toujours le Foreign Office qui a le dernier mot. »

J'allais en avoir la preuve le 9 février.

Ce matin-là De Gaulle reçoit la presse. Un reporter lui demande si, depuis le coup d'Alger, France Libre sert à d'autres fins qu'à des buts politiques. Le Général le prend de haut en pensant à Churchill : « Des fins politiques ? Existe-t-il, dans le monde, un seul État qui soit aujourd'hui en guerre pour d'autres fins que des fins politiques ? » Quand le Premier Ministre quitte la séance du War Cabinet, il est d'humeur massacrante : Eden lui a tenu tête. On lui remet une copie conforme des déclarations du Général, dont il prend connaissance aussitôt, en route vers Buckingham Palace où il doit déjeuner seul avec le roi. Il se contient, car George VI n'hésite jamais à donner des marques de sympathie à De Gaulle comme à démontrer sa confiance à France Libre.

Je m'étais toujours trompé sur le caractère résolu d'Anthony Eden. Sans lui, d'énormes sottises, peut-être irrémédiables, auraient été commises. Tout spécialement ce jour-là. Le P.M. entendait, en effet, rompre avec le C.N.F.L. — et les raisons ne lui manquaient pas. Bien qu'Eden n'eût rien d'un meneur d'hommes, on persistait à le voir comme le dauphin de Churchill. Pour son malheur, car il fut un piètre Premier Ministre. Mais l'histoire retiendra qu'aucun *Foreign Secretary* n'a témoigné, depuis cent ans, autant de courage et de lucidité à servir la *pax britannica*. On peut cependant se demander s'il serait parvenu à mettre mat le président des États-Unis ou à faire entendre raison à Churchill et à De Gaulle sans l'appui indéfectible de George VI.

De même, je prenais au pied de la lettre, comme si elle expliquait tout, la formule connue: «Le roi règne mais ne gouverne pas.» Que le souverain s'occupât peu du gouvernement de ses États me semblait découler du principe fondamental des monarchies constitutionnelles. C'était confondre le pouvoir de décision et le droit de remontrance que le Conseil royal ou privé reconnaissait lui-même aux anciens parlements. Je doute que ce droit soit devenu, par un curieux retour des choses, la prérogative acceptée des rois (ou des présidents) qui règnent mais ne gouvernent pas. Car il relèverait alors de l'influence indue. Mais que les rois ne jouissent d'aucune autorité quand ils s'adressent à leurs ministres irait à l'encontre du sens commun. Et d'autant plus qu'ils ont l'avantage d'échapper à la médiocrité des assemblées élues au suffrage universel * qui, selon Tocqueville, re-

---

* Les États-Unis furent la première démocratie à instituer le suffrage universel. Au Canada comme en Grande-Bretagne, on y parvint, mais de façon progressive. Rappelons à ce sujet l'apophtegme de Sartre: «On ne saurait fonder le suffrage universel sur autre chose que sur cette faculté universellement répandue de dire non ou de dire oui.»

flètent trop souvent l'aveuglement du corps électoral et l'étroitesse de ses vues :

> Mais il est par ailleurs un préjugé tenace, issu des philosophes du XVIIIᵉ siècle, que le peuple, s'il est incapable de gouverner, est admirable dans le choix de ses gouvernants. C'est là un thème lié à l'image rousseauiste d'un peuple dont la droiture n'a pas été corrompue et que la providence a pourvu d'un bon sens naturel. Ce mythe suscite chez Tocqueville un mélange d'ironie et de méfiance pour la sincérité de ceux qui le professent [...]. Il y oppose un fait concret : le peuple américain, la démocratie la plus éclairée du monde, choisit de façon générale, pour représentants, de braves gens fort médiocres dont l'horizon n'est guère plus large que celui de l'électeur moyen. Ce n'est pas que la démocratie ait une haine de classe contre les riches, elle se souvient qu'ils ont pris part à la lutte pour l'indépendance du pays, mais elle est attirée vers ce qui lui est semblable, ne lui fait pas ombrage *.

Les souverains anglais se confient rarement à la presse écrite ou parlée et l'indiscrétion est leur moindre défaut. Rien ne transpira des propos échangés au cours de cet entretien entre George VI et son Premier Ministre. Mais le même jour, Eden et son collègue français René Massigli, le commissaire aux Affaires étrangères, allaient constater que le ton venait de changer : Churchill acceptait, en fin d'après-midi, de reprendre le dialogue avec le C.N.F.L. et de respecter les obligations contractées, en juin 1940, envers le Général. Mais ce n'est qu'en 1958 que nous saurons pourquoi. Car ce jour-là, le 9 février, le roi devait noter dans son journal ** :

> *Prime Minister to lunch. He is furious with De Gaulle... I warned Winston not to be so hasty with De Gaulle and the Free French National Committee [...]. I told Winston I could well understand De Gaulle's attitude, and that of our own people here, who do not like the idea of making friends of those Frenchmen who have collaborated with the Germans.*

o o o

---

* *Alexis de Tocqueville* (1805-1859) par André Jardin, collection « Pluriel », Paris, Hachette, 1984.
** J.W. Wheeler-Bennett, *King George VI*, Londres, MacMilland, 1958.

Selon Clausewitz, la guerre est à la politique ce qu'est la chirurgie à la médecine. À défaut d'une solution négociée, ce serait l'ultime moyen de régler un différend qui échappe aux compromis d'usage comme on ampute un membre infecté quand on a épuisé toutes les ressources de la pharmacopée. Dans une perspective plus aimable, je m'étonne qu'un général d'intendance à la retraite ne nous ait encore donné un essai philosophique, quelque peu voltairien, sur les aléas comparés de l'expédition militaire et du tourisme. Certes, il en coûte meilleur marché de voyager quand on vous mobilise. Mais on ne peut choisir ni son mode de transport ni son itinéraire comme on ne peut arrêter l'instant de son départ et le moment de son retour.

Je n'étais plus qu'un agent de l'Intelligence Service en sursis. En d'autres termes : un voyageur en mission dans un lieu donné, mais sans emploi, et cherchant à meubler ses loisirs. Discuter des mérites respectifs de la colonisation française ou anglaise ne manque pas d'intérêt quand on est Canadien. Mais déjà on s'intéressait davantage à l'avenir des empires coloniaux, et les conversations sombraient rapidement dans la spéculation ou la futurologie, c'est-à-dire dans l'incohérence. Ne valait-il pas mieux visiter ce pays paisible qui, jadis marché d'esclaves, deviendra la première colonie africaine à proclamer son indépendance ?

Mais comment ?

Deux Américains tranquilles nous avaient précédés en Gold Coast pour nous fournir, en temps opportun disait-on, le soutien logistique nécessaire. Nous n'avions besoin, en réalité, ni d'Américains ni de logistique. Mais le Foreign Office trouvait là un astucieux moyen de couper la poire en deux : si Londres se chargeait de tout, Washington devrait ainsi *foot the bill*, comme d'habitude... Les deux Américains étaient d'un commerce agréable et toujours disposés à rendre service. Ils occupaient de surcroît des bureaux climatisés quand nul n'en avait, et leur longue station-wagon faisait l'envie des cadres supérieurs de Government House. Enfin, ils disposaient d'importantes réserves d'essence dont ils n'avaient pas à rendre compte aux autorités locales. Je n'en voyais pas l'utilité, mais j'acceptais cependant de venir chez eux discuter pour la frime des exigences de notre mission — au cas où il nous faudrait installer des émetteurs d'appoint au nord de la Gold Coast! Il ne fut guère difficile de les persuader qu'une excursion au royaume des Ashantis nous permettrait de recueillir de précieux renseignements. Le voyage ne manqua ni d'imprévu ni d'à-côtés instructifs, comme en témoigne le récit pittoresque qu'Hélène en fit dans *Blanc et Noir*. Pour tout dire, il mit fin, d'une heureuse façon à ma courte carrière d'agent secret...

De retour de Prempeh, la capitale, je pris aussitôt rendez-vous avec le chef des services locaux de l'*Intelligence Branch*. Nous étions déjà à la fin de février.

« J'ai communiqué avec Londres, me dit-il. Tout s'arrange bien. Mais le Foreign Office ne peut vous libérer qu'avec l'assentiment de Lord Halifax, notre ambassadeur à Washington, qui a la responsabilité des services secrets au Canada comme aux États-Unis. La requête doit lui être faite par votre gouvernement. Ce qui veut dire que vous devez saisir vous-même Ottawa de cette question. Je verrai de mon côté à ce qu'on fasse parvenir votre dépêche à destination. »

En moins d'une semaine, Norman Robertson, le sous-secrétaire d'État aux Affaires extérieures, m'informait du consentement d'Halifax. Mon contrat toutefois ne prendrait fin qu'à mon arrivée aux États-Unis. Les instructions précisaient, d'autre part, que Government House nous trouverait un moyen de transport dans les plus brefs délais. Une fois à New York, il me fallait me rendre immédiatement à la direction de l'Intelligence Service, logée au Rockefeller Centre, pour le *debriefing* réglementaire.

« Vous partirez au début de mars sur un *Liberty ship* américain en provenance de Dakar, m'annonçait quelques jours plus tard mon collègue anglais. Vous descendrez au Commodore, soit à cinq minutes de nos bureaux où M. Pearce vous accueillera. Il est l'adjoint de Bowes-Lyon, le chef de l'I.S. en Amérique du Nord. Vous le savez sans doute, celui-ci est le frère de la reine.

— Vous avez fait diligence et je vous en remercie. Mais je ne pourrai jamais monter à bord d'un *Liberty ship* sans priorité.

— Rassurez-vous. Si nécessaire, on vous fera colonel. La plupart des passagers sont apparemment des militaires qui rentrent chez eux. Colonel, ça devrait suffire!»

Le jour du départ, on nous installa de fait dans la meilleure cabine et, au dîner, le capitaine nous invitait à sa table. Mais je ne portais pas d'uniforme comme je n'avais servi ni en Europe ni en Afrique du Nord. Devant mes propos toujours évasifs dès qu'on attaquait le sujet, les officiers américains en conclurent que j'appartenais aux services secrets britanniques. J'eus cependant un moment d'inquiétude quand le capitaine, au premier exercice de sauvetage, m'affecta d'office au commandement d'un canot... Aucun sous-marin heureusement ne nous prit en chasse. Mais c'est avec soulagement que je vis, un matin d'avril, se dégager peu à peu le profil de New York sur le bleu retrouvé, mer et ciel, de l'hémisphère boréal.

M. Pearce, à l'heure dite, était au rendez-vous pour m'accompagner au bureau de M. Bowes-Lyon auquel il me présenta avant de se retirer. Visiblement au courant de tous les à-côtés de notre mission, le chef de l'I.S. me confia avec humour que c'est, hélas! en temps de paix que les machines de guerre fonctionnent le mieux: «Comme nous disons, malheureusement il y a toujours des mouches dans l'onguent... Mais au bout du compte, nous avons tenu le temps voulu pour empêcher l'Allemagne de gagner la guerre.» Puis il ajouta, au moment où j'allais prendre congé: «Je sais que vous êtes journaliste. Ça vous fera, un jour, une bonne histoire à raconter. Mais pas maintenant. Après la guerre...»

Sur ce, je lui rendis mes galons de colonel.

Parce que deux jours avaient suffi pour libérer le Maroc et l'Algérie, notre mission, ayant perdu du coup sa raison d'être, venait de passer aux profits et pertes de l'Intelligence Service. Mais je ne regrettais rien. D'Accra, j'avais pu suivre au fil des heures l'affrontement entre De Gaulle et les Alliés. Je m'étais en outre lié d'amitié avec Géraud-Jouve, le directeur de la station de Brazzaville. Au cours d'un déjeuner, il m'avait même confié qu'il se rendait à Alger pour obtenir du Général la création d'une agence de presse. «C'est maintenant qu'il faut se préparer à recueillir l'héritage d'Havas. Et ça vaut pour le Canada», m'avait-il dit avec un sourire entendu en reprenant subitement son accent auvergnat.

De Gaulle allait mettre un an à digérer ses opposants et ses ennemis.

Moins d'un mois après mon arrivée à Montréal, France Libre annonce la constitution du Conseil national de la Résistance française sous la présidence de Jean Moulin. Le 3 juin, De Gaulle et Giraud deviennent les coprésidents du Comité français de Libération nationale. Mais dès le 27 septembre, le Général écarte Giraud qui demeure toutefois commandant en chef des forces françaises combattantes. Pour une saison. Le 8 avril 1944, il sera limogé comme les autres : Noguès, Boisson et Peyrouton, tous vidés. Patience et longueur de temps...

Qui a dit que la vengeance est un plat qui se mange froid ?

LIVRE CINQUIÈME

La hauteur des étoiles

Le *Plebs Text-Book Committee* dans son *Manuel de psychologie* dit : « L'intelligence est avant tout un instrument de partialité. » Sa fonction consiste à garantir l'exécution des actions avantageuses pour l'individu ou l'espèce, et à empêcher celles qui sont moins avantageuses*.

Bertrand RUSSEL,

Essais sceptiques de Bertrand Russell, traduction d'André Bernard, 1933.

CHAPITRE
XIX

Deux ans s'écouleront avant que le suicide d'Hitler, le 30 avril 1945, ne devînt le prélude inattendu à la fin des combats. Mais à mon retour au Canada, Montréal (où nous entendions nous installer) me donna l'impression d'être à l'antipode de New York. Les Américains savaient qu'après Berlin, il leur faudrait encore occuper Tokyo; les Canadiens, au contraire, s'organisaient déjà en fonction de l'après-guerre. La défaite du Reich leur semblait acquise et chacun rêvait par anticipation aux «lendemains qui chantent». Pour le gouvernement fédéral et l'état-major, la situation cependant se faisait chaque jour plus difficile: le bain de sang restait à venir. La reddition de la IVe armée allemande qui assiégeait Stalingrad avait déclenché du coup la contre-offensive soviétique. Mais on était à la fonte des neiges qu'Ilya Ehrengourg, correspondant de l'agence T.A.S.S., comparait à l'instant douloureux où l'on retire au patient sauvé, mais diminué, ses pansements ensanglantés. À partir de l'Afrique du Nord libérée, les Alliés allaient de leur côté envahir la Sicile puis l'Italie continentale. Le débarquement en Normandie n'était pas cependant pour demain. Une interminable attente, faite de tensions et d'espoirs souvent déçus, nous séparait du *Jour le plus long...*

Sur le plan politique, peu de chose avait bougé depuis l'élection d'Outremont. L'agitation nationaliste persistait : mais compte tenu de la situation militaire, l'antiguerre ne trouvait rien à se mettre sous la dent. Profitant d'un court séjour à Québec, je m'étais rendu chez le Premier ministre. S'il reconnaissait que la conscription ne manquerait pas de faire rebondir la crise, Adélard Godbout restait persuadé que celle-ci pouvait être évitée. Je ne partageais pas ce point de vue. Il m'avait répondu en pesant chacun de ses mots : « Je crois au contraire que nos gens comprennent que nous ne sommes plus en 1917. Ils se porteront volontaires et Mackenzie King gagnera son pari. Nous devons tout faire pour atteindre ce but. C'est la guerre des Canadiens français comme celle de tous les hommes libres. »

Peu après cet entretien, Norman Robertson, le sous-secrétaire d'État aux Affaires extérieures, m'avait demandé de venir le rencontrer à Ottawa. Je lui fis part de mes craintes et de la réaction optimiste d'Adélard Godbout. « Je crains que vous n'ayez raison, me dit-il. Mais il se peut que le Premier ministre n'ait pas tort si nos pertes sont moins élevées qu'on ne le prévoit. Dans ce cas, il n'est pas dit que la conscription soit nécessaire. Mais j'en doute. » Puis il avait ajouté : « Thomas Stone doit se joindre à nous pour le déjeuner. Il s'occupe de nos relations avec les gaullistes ou, plus justement, avec la France. Cette question prendra de plus en plus d'importance. Il reste possible qu'elle influence l'opinion canadienne-française. Je pense aux volontaires... »

J'appris, entre la poire et le fromage, que le gouvernement fédéral venait de se donner un nouvel organisme : le *Psychological Warfare Committee*. Thomas Stone m'offrit sur-le-champ de m'associer au groupe qui s'occupait de nos rapports avec les *Free French* et les Français tout court. « La situation actuelle est complexe, me dit-il. Mais elle le deviendra de plus en plus. Nous avons en outre des difficultés avec les Américains. Ils ne comprennent pas toujours notre attitude. D'un autre côté, le Premier Ministre attache une grande importance à nos relations avec Alger et, à plus forte raison, avec la France de demain. » Il aurait pu ajouter

« ...comme avec le Québec ». Je n'ai jamais pris connaissance du mandat de ce comité. Je reste toutefois persuadé qu'il était couché en termes généraux, comme le veulent la coutume et la prudence. Non pour en faire des choux ou des raves, mais pour qu'on pût lui confier, selon les besoins, des tâches imprévues et souvent imprécises. Les circonstances d'ailleurs s'y prêtaient. Pays d'immigration, le Canada comptait un nombre imposant d'électeurs-contribuables originaires d'États auxquels nous avions déclaré la guerre. Certains de ceux-ci se disaient maintenant occupés et retournaient leurs armes contre l'Allemagne nazie. D'autres redevenaient nos alliés. Au sein même de l'Alliance, les intérêts parfois divergeaient. Nous nous butions enfin à des problèmes intérieurs qui ne pouvaient laisser le gouvernement indifférent.

Dans l'entre-temps, j'avais repris à Radio-Canada la chronique établie par Louis Francoeur en 1939. Avec cette différence qu'au lieu de m'en tenir aux opérations militaires, j'attachais une importance grandissante à leurs retombées politiques. La situation d'ailleurs l'exigeait. Après avoir longtemps joué le rôle d'honnête courtier entre la Grande-Bretagne et les États-Unis, Mackenzie King se faisait maintenant l'avocat des intérêts supérieurs de la France, quand ils se confondaient avec ceux des Canadiens français. Churchill ne s'y trompait pas : à son arrivée à Québec, le 10 août 1943, il devait lui demander d'intervenir de son côté pour amener les Américains à reconnaître le Comité français de libération nationale.

La conférence de Québec (en code : *The Quadrant*) fut le plus long « sommet » de la Seconde Guerre mondiale. D'une part, Churchill et Roosevelt allaient mettre au point les plans du débarquement en Normandie (dit *Operation Overlord*) et décider du recours à la bombe atomique (qu'on appelait *the Tube Alloys*) pour venir rapidement à bout du Japon, une fois l'Allemagne vaincue. Quinze jours n'étaient pas de trop. Car d'autre part, Londres et Washington, ne pouvant s'entendre sur la reconnaissance du C.F.L.N., voulaient quand même vider la question — quelles qu'en fussent les conséquences. Ainsi que les archives publiques des *Foreign Relations of the United States* en font foi, Cordell

Hull et Anthony Eden en arriveront à conclure, le 22 août, qu'aucun compromis n'est possible:

> *Mr. Eden made the suggestion at the end of this discussion that it might be necessary for the two governments to adopt their own formulas and make their own announcements in their own separate ways.*
> *The Secretary (Hull) followed this by a remark that such a procedure even if done at identically the same moment, would mean an obvious divergence of views.*
> *Mr. Eden says that he realized any such policy would be considered and regretted any such possibility.*
> *The Secretary replied that he very much regretted the consideration of such a divergence of views but that if the British could stand it, we could.*

En fin d'après-midi, Eden et Hull iront rendre compte de leur entretien à Roosevelt et à Churchill. Dans ses *Memoirs*, le secrétaire d'État résume ainsi la réaction du Premier Ministre: «*Mr. Churchill said that all the liberal elements in the world, including the governments-in-exile and the soviet government, were demanding an immediate decision granting full recognition to the committee.*»

De retour dans ses appartements de la Citadelle, le Premier Ministre adressera ce message à Clement Attlee: «*We have [...] agreed that they should publish their document, and we ours and the Canadians theirs.*»

L'importance historique de la conférence de Québec n'apparaîtra qu'après-coup. La portée de l'événement n'échappe à personne; mais la presse écrite et parlée aura peu à se mettre sous la dent. Beaucoup de couleur, c'est-à-dire d'à-côtés et de rumeurs; mais de *hard news*, point. Comment révéler la date du débarquement * ? Comment annoncer la décision de larguer une bombe atomique sur Hiroshima? On se refuse enfin à s'expliquer sur le désaccord concernant la reconnaissance du C.F.L.N., parce que De Gaulle jouit de la faveur publique. De fait, Roosevelt et Churchill auront pris congé de Mackenzie King et... des jour-

---

* Prévu pour le 1er mai 1944, le débarquement en Normandie n'aura lieu que le 6 juin.

nalistes, quand le Foreign Office et le State Department publieront leurs communiqués divergents le 27 août *.

La plupart des hommes politiques, qui ont fait les manchettes au cours de la conférence, s'attardent longuement, dans leurs Mémoires, sur les dessous du sommet et sur leur rôle respectif. Selon Cordell Hull, par exemple, Roosevelt, de retour à la Maison-Blanche, aurait confié à ses collaborateurs que *« he could have made much further headway with Churchill on the matter if it had not been for Eden »*. Rares toutefois sont les références aux interventions de Mackenzie King. On ne saurait s'en étonner : il est bien difficile de participer au débat quand vos interlocuteurs n'attachent qu'une attention distraite à ce que vous dites. Comment croire que Roosevelt et Churchill lui aient demandé son avis sur la date de l'invasion ? Et pourtant des milliers de Canadiens se trouveront, ce jour-là, sur les plages de Normandie... On peut supposer que King éprouva quand même quelque hésitation au moment de consentir à l'intégration de la 1re division canadienne à la 8e armée de Montgomery — dix jours avant le débarquement en Italie continentale, le 3 septembre 1943. Mais comment faire autrement ?

On sait que Mackenzie King voulait la reconnaissance du Comité français de libération nationale. Il n'a participé cependant à aucun des entretiens, à ce sujet, entre Hull et Eden. L'a-t-il souhaité ? J'en doute. Toute dissension entre Londres et Washington le gênait. King ne manquait ni de courage ni de détermination quand il faisait face à d'autres Canadiens. Mais coincé entre le Premier Ministre de Grande-Bretagne et le Président des États-Unis, il affectait une grande réserve. Il ne se voulait plus Britannique, dans le sens fort du mot, sans se voir pour autant en Américain. Le risque était grand de s'asseoir, par inadvertance, entre deux chaises. D'où cette constante circonspection dans le geste et la parole. Il est aisé de mettre toute sa fierté dans le Canada et de crier sur les toits : *I'm proud to be a Canadian !* Mais à la condition que nul ne vous demande d'expliquer pourquoi ni ne vous oblige à choisir entre l'histoire et la géographie.

---

*Voir le document D en appendice.

Mackenzie King, à toutes fins utiles, participa fort peu aux travaux de la conférence. Il en fut l'hôte — un hôte obligeant, mais affreusement endimanché! Je le vois encore, après plus de quarante ans, en train de faire les honneurs de Québec à Churchill. Debout dans une décapotable, jouant du cigare et serrant les mains à la ronde, Churchill triomphait dans un costume de lin froissé. King au garde-à-vous, en jaquette et pantalon rayé, donnait l'impression d'un *gentlemen's gentleman*, du *butler* en service commandé. Mais il est vrai que chez nous la simple correction le cède volontiers à la pompe comme l'effronterie l'emporte souvent sur l'aisance...

○ ○ ○

Nous étions à la fin d'octobre quand Maurice Dejean, représentant du C.F.L.N., que je connaissais depuis Londres, me téléphona de New York. Conformément au projet de Géraud-Jouve, De Gaulle venait d'autoriser la mise en route d'une nouvelle agence de presse appelée à prendre la suite d'Havas : d'abord sous le nom de France-Afrique, puis de France-Presse une fois Paris libéré. Le lendemain, Dejean arrivait à Montréal pour m'en offrir la direction au Canada. «Vous relèverez, me dit-il, de Robert de Saint Jean qui, de Washington, dirige aussi le bureau de New York d'où se fait la transmission des dépêches.» C'était au temps du *penny rate*, soit deux cents le mot. Pour limiter les frais, on rédigeait en «petit nègre», sans article et au passé simple, en utilisant en outre un mélange de mots anglais et d'abréviations. Mais j'ignorais tout, à l'époque, du métier d'agencier.

Dejean n'avait jamais été un gaulliste irréductible. Mais résistant de la première heure, sa loyauté incontestée en faisait un *Free French* de tout repos. D'abord chargé des relations extérieures du 4, Carlton Gardens *, De Gaulle lui confiera par la suite de nombreuses missions à l'étranger. Après la libération, il représentera la République retrouvée au

---

* Il est intéressant de noter que les Britanniques, qui ont un certain humour et le sens de l'histoire, avaient logé France Libre dans l'hôtel particulier mis à la disposition de Napoléon III après 1870.

236

conseil exécutif de l'Unesco avant d'être nommé ambassadeur en U.R.S.S. Il était conservateur de la Bibliothèque nationale quand nous nous sommes revus trente ans plus tard.

« Géraud-Jouve s'est fait votre parrain auprès du Général et de Jacques Soustelle que vous avez rencontré avant votre départ en Afrique, me dit-il. Géraud compte sur vous pour rétablir avec la C.P. * l'accord négocié avant la guerre avec Havas. Nous espérons que la démarche parallèle de Robert de Saint Jean auprès de l'Associated Press débouchera aussi sur une entente. Mais Géraud connaît les difficultés auxquelles vous allez vous buter.

— Je me rends compte que France-Afrique sera par définition une agence subventionnée. En tout cas, au départ... Les Nord-Américains, comme les Anglais, sont chatouilleux à ce sujet. Ils en font une question de principe.

— Comment pouvons-nous faire autrement ? Seule l'Assemblée législative d'Alger peut voter les crédits nécessaires. C'est la guerre, et nous avons été battus. Les Britanniques se sont donné un ministère de l'Information. Nous nous donnons une agence de presse. Quelle différence ? »

Bien sûr, il y en avait une, — et qu'on jugeait fondamentale à Toronto comme à Londres ou à New York : un ministère de l'Information, mais « en temps de guerre ». De toute façon, ce n'était pas le moment d'ergoter sur l'éthique protestante ou le *righteousness* anglo-saxon ! Sans compter que, pour l'heure, Dejean avait raison : à la guerre comme à la guerre...

Je connaissais Gillis Purcell, le directeur général de la Presse Canadienne, depuis septembre 1939. Notre amitié tenait beaucoup à la pratique d'un même métier ; mais comme il était d'un commerce chaleureux et que son optimisme résistait à tout, je me plaisais toujours en sa compagnie. Agencier chevronné, Purcell se montra aussitôt intéressé à l'idée d'une certaine collaboration avec France-Afrique. Si chacun restait libre d'utiliser, selon ses besoins, les informations

---

* La Canadian Press ou la Presse Canadienne est une coopérative qui regroupe la plupart des quotidiens du Canada.

échangées, quel risque courrait-on de verser dans une propagande indue? Son conseil d'administration allait en juger autrement.

Longtemps je crus que le statut de France-Afrique, puis celui de France-Presse (quels que fussent les changements apportés) empêchait toute normalisation des rapports entre les deux agences. En réalité, la C.P. ne voulait ou ne pouvait rien faire sans l'aval de l'Associated Press qui, sur le plan de l'information internationale, alimente seule ou à peu près la Canadian Press. Quand, d'autre part, on se rend compte que les réseaux de télévision américaine fournissent en actualités filmées tous les bulletins de nouvelles diffusés par les stations canadiennes, dont Radio-Canada, on ne s'étonne plus que les États-Unis nous tiennent pour «un pays en voie de développement».

Avant la fin de l'automne, le magazine *Time* devait m'offrir d'être l'un de ses correspondants au Canada: le Québec était à la veille d'une élection générale et les Américains avaient du mal à faire la différence entre l'autonomisme de l'Union nationale et le nationalisme du Bloc populaire. Je n'y voyais aucun empêchement au point de vue professionnel ni la moindre possibilité d'un conflit d'intérêts sur le plan de l'information. Sans compter qu'on me proposait de travailler à la pige. Mais avant d'accepter, j'en fis part à la direction de France-Afrique. «*Nihil obstat*», me répondit Géraud-Jouve, qui savait s'amuser du caractère clérical de la société québécoise.

o o o

Dix mois à peine nous séparaient du retour en force de l'Union nationale. Mais à l'état-major du Parti libéral, on s'inquiétait davantage des succès oratoires d'André Laurendeau et des thèses politiques de Lionel Groulx que du savoir-faire électoral de Maurice Duplessis. Tout le monde reconnaît, y compris ceux qui l'exercent, que le pouvoir corrompt. Mais peu se rendent compte qu'il vous isole comme un thermos. Adélard Godbout croyait avoir disposé des questions litigieuses qui constituaient alors l'essentiel du discours duplessiste. C'était confondre, sur le plan politique, les problèmes d'impôt et les problèmes d'argent. Seuls les riches ont des problèmes d'impôt; mais tous les autres ont des problèmes d'argent. Bien sûr, la conscription pour outre-mer demeurait lettre morte et le Conseil de l'Instruction publique * avait lui-même recommandé au gouvernement, à la surprise générale, de décréter l'instruction obligatoire. Mais le vote de quelques évêques reflétait mal l'opposition entêtée des curés de paroisse qui y voyaient l'oeuvre de la maçonnerie et des protestants. Car le Conseil de l'Instruction publique avait aussi révoqué, au cours de la même séance, une décision antérieure qui réduisait radicalement le nombre d'heures consacrées à l'enseignement de l'anglais dans les écoles primaires. Duplessis, qui savait additionner, avait prévu la réaction négative des comtés ruraux. Peu de cultivateurs tenaient la connaissance de l'anglais pour un impératif. Beaucoup, par contre, redoutaient qu'en gardant les enfants en classe, au moment des semailles et de la récolte, l'école obligatoire ne les privât d'une main-d'oeuvre gratuite.

○ ○ ○

Je connaissais Montréal depuis mes années de pension chez les jésuites. Mais faute d'y avoir vécu, j'ignorais jusqu'à quel point les groupes et les clans vivaient chacun de son côté, sans contact suivi, même s'ils partageaient certaines idées et jouissaient d'une aisance égale. La guerre divisait les Montréalais comme, à Québec ou en province, elle coupait en deux la société canadienne-française. Dans la métropole, il ne suffisait pas toutefois d'appartenir aux mêmes familles de pensée ou de disposer des mêmes moyens pour entretenir des relations constantes. Certes, Montréal était alors la seule ville canadienne assez populeuse pour qu'on pût y vivre dans l'anonymat, s'isoler et y mener une double vie. Mais la démographie ne pouvait tout expliquer. Entre autres choses,

---

* Le Conseil de l'Instruction publique était constitué de tous les évêques du Québec et d'un nombre égal de laïcs de bonne réputation, pour la plupart bien-pensants. Des vingt-sept membres présents, six s'étaient opposés à la recommandation du Conseil.

le Parti libéral, vu de Québec, m'apparaissait comme un carrefour où tous les *participationnistes* devaient forcément se retrouver. Mais dès l'automne de 1943, je fus amené à constater que la maison donnait sur plusieurs rues. Si on se serrait les coudes au besoin, on hésitait à passer d'un appartement à l'autre...

Encore qu'ils ne fussent pas ce qu'on appelait des « mangeurs de balustre », Arthur Fontaine et Hector Langevin, par exemple, ne fréquentaient guère Damien Bouchard et ses collègues de l'Institut démocratique canadien fondé en août 1943. L'abstention, dans ce cas, tenait en partie à la mésintelligence qui existait entre le Premier ministre Godbout et son Numéro Deux. Mais c'était aussi une question de tempérament : ni Fontaine ni Langevin ne se sentaient à l'aise dans la compagnie d'un homme aux ambitions certaines et qui regardait de trop près à la dépense. Comme dans tous les partis politiques, la prétention, à l'occasion quelque visée particulière, jouait bien sûr un rôle dans les calculs de chacun. Mais c'est « le talent » (Fontaine *dixit*) et non l'argent qui permettait le plus souvent d'atténuer ou même de surmonter les divisions que les conflits d'intérêts et l'exercice du pouvoir entretenaient. Propriétaire de l'Imprimerie canadienne et du *Bulletin des agriculteurs*, Arthur Fontaine partageait, avec son cadet Hector, la direction de l'Agence canadienne de publicité. Fils d'un vieux *rouge*, il avait hérité du *Grand Dictionnaire du XIXe siècle* de Pierre Larousse, dont la publication en quinze volumes s'étala sur dix ans, soit de 1866 à 1876. Aussitôt mis à l'index, le *Grand Dictionnaire* devint au Québec (car on y lisait peu) non le fondement mais le symbole de la libre pensée. Comme je m'étonnais, un jour, d'en trouver un second exemplaire dans la bibliothèque de son frère, Arthur Fontaine m'avait répondu : « C'est que mon père en voulait deux. Voyez-vous, en plus d'être anticlérical, il était libre penseur. » Fontaine aimait la compagnie des intellectuels qui, à ses yeux, représentaient *le talent*. L'expression, en l'occurrence, désignait globalement Edmond Turcotte, qui venait de reprendre la direction du *Canada*, Jean-Marie Nadeau, Lucien Parizeau et quelques autres. Il croyait au changement ; mais à la condition que ce fût un progrès sur le statu quo, c'est-à-dire sur l'ordre actuel des choses. Prudent, il acceptait volontiers de courir un risque ; mais un risque calculé. Une fois assuré de l'appui des progressistes, il ne répugnait pas aux décisions tranchées. Mais avant tout, Arthur Fontaine était un entrepreneur impénitent et un *Libéral* inconditionnel.

Pour sa part, Lucien Parizeau avait été, dans les années trente, la cheville ouvrière de *L'Ordre*. Le journalisme politique devait, par la suite, le retenir durant quelques saisons au *Canada* et au *Soleil*. Quand nous nous sommes retrouvés à mon retour d'Afrique, il était devenu la tête pensante de l'Agence canadienne de publicité. Il lui revenait, selon moi, d'assumer l'héritage d'Olivar Asselin comme, à René Garneau, celui de Jean-Charles Harvey. Non à seule fin de perpétuer un engagement ou pour des motifs dits de philosophie politique ; mais avant tout parce qu'ils étaient les meilleurs écrivains de notre génération. La vie allait en décider autrement. Garneau servait maintenant quelque part en Grande-Bretagne et Parizeau semblait avoir renoncé au journalisme. C'est donc avec joie que j'appris, au début de 1944, la fondation des éditions Parizeau. Le métier d'éditeur correspondrait, pour une fois, à la définition qu'en donnaient les dictionnaires : « Personne (homme de lettres, érudit) qui fait paraître un texte. » Parizeau disposait déjà de deux manuscrits : *Les Îles de la nuit* d'Alain Grandbois (avec dessins originaux d'Alfred Pellan) et *Horizons d'après-guerre* de Jean-Marie Nadeau. Mais pour lancer sa maison, il lui fallait, me dit-il, un ouvrage d'actualité, un livre dans le vent. Le titre trouvé : *Vent du large*, il ne me restait plus qu'à l'écrire. On ne parlait pas encore de « littérature engagée ». Mais dès l'instant où je me mis à l'oeuvre, l'acte de foi l'emporta sur la littérature proprement dite : « Je n'ai jamais été anglophile. Je suis proanglais, ce qui n'est pas la même chose. » Près d'un demi-siècle plus tard, ces deux lignes restent ma vérité. Je crois toujours que les Anglais ont été, depuis trois cents ans, les gardiens indéfectibles des libertés individuelles ; que nous leur devons la plupart des institutions qui, au cours des siècles, ont assuré le triomphe des lois sur la tyrannie des hommes. Mais je voudrais m'angliciser que je n'y parviendrais pas. Je suis un homme de culture française et, même si on y voit un paradoxe, rien ne vaut pour moi les plaisirs de la table «pour réparer des ans l'irréparable outrage».

○ ○ ○

Les derniers mois du gouvernement de Godbout s'annonçaient tumultueux. Le Premier ministre, d'une part, devait subir l'humeur massacrante de Damien Bouchard et, d'autre part, l'insubordination de la trésorerie du Parti libéral farouchement opposée à l'expropriation de la Montreal Light Heat and Power. La cavalerie de Saint-Georges non seulement en rejetait le principe, mais faisait feu des quatre fers à l'idée que la nationalisation se fît à la valeur réelle du monopole quand son actif était de l'ordre de 45 millions de dollars. Qui plus est, on y voyait la main de T.D. (pour Télesphore Damien) quand Godbout lui-même se proposait de le passer par-dessus bord. Dans sa majorité, le caucus libéral parlementaire jugeait que le comportement du député-maire de Saint-Hyacinthe frisait le refus d'obéissance. Bouchard n'acceptait pas que ses responsabilités ministérielles (plus précisément son budget) eussent été coupées de moitié. Hier encore ministre des Travaux publics et de la Voirie, donc comptable de 50 p. 100 des crédits, il se consolait mal d'en être réduit aux seuls aménagements du réseau routier. Il ne laissait passer depuis aucune occasion de s'en prendre au Premier ministre, en plus d'afficher son mécontentement en oubliant souvent d'assiter aux séances du cabinet. Résolu à s'en défaire, Godbout refusait toutefois de renoncer à l'expropriation de la Montreal Light Heat and Power, bien que ce fût là un projet que T.D. caressait depuis vingt ans. Beaucoup s'expliquaient mal l'attitude du Premier ministre et y voyaient une contradiction dans les faits. C'était mal le connaître. L'affaire Bouchard tenait à une incompatibilité d'humeur et celle-ci s'expliquait par les frustrations du Numéro Deux. Elle n'affectait ni la bonne marche des affaires publiques ni l'intérêt des contribuables. C'était une question à régler entre libéraux. L'expropriation, au contraire, mettait en cause la politique du parti, en l'occurrence celle du gouvernement. À ce niveau, et quoique d'un caractère conciliant, Adélard Godbout se laissait peu intimider par les chiens de garde de la Caisse — par ceux qu'il appelait «les anges gardiens» parce que, disait-il, «pour être invisibles et souvent inconnus, ils sont drôlement présents».

Trois mois après avoir annoncé son intention de nationaliser la Montreal Light Heat and Power, le Premier ministre en vient à la conclusion qu'il lui faut, avant tout, s'assurer l'appui résolu du caucus libéral. Et pour y parvenir, il doit obtenir la démission de Damien Bouchard. L'unité du parti est en jeu; mais il s'agit en outre de limiter les dégâts. Selon Arthur Fontaine, l'opposition du *Montreal Star* et de la Rue Saint-Jacques sera moins explosive si on écarte du pouvoir l'homme que l'on tient pour l'inspirateur de cette mesure «socialiste». Premier ministre et chef du Parti libéral, Adélard Godbout est conscient des obligations inhérentes à cette double responsabilité. Mais c'est aussi un cultivateur doublé d'un agronome, et on le dit finaud comme un paysan. Bouchard partira, mais ce sera dans des conditions honorables. Au cours du premier entretien qu'ils auront à ce sujet, Adélard Godbout lui offre la présidence de la Commission hydro-électrique du Québec qu'il s'apprête à créer, à la suite de la nationalisation de l'électricité. Bouchard refuse et on se donne rendez-vous pour le lendemain.

«Dans toute cette affaire, je devine l'intervention des cléricaux pour m'éloigner de la vie publique», lance T.D. en entrant dans le bureau du Premier ministre.

— Comment pouvez-vous dire une chose pareille? enchaîne Godbout. Loin de vouloir vous éloigner de la vie publique, j'entends demander à Mackenzie King qu'il vous nomme sénateur.»

Dans ses *Mémoires*, Bouchard affirme que le Premier ministre aurait ajouté qu'«il ne tenait pas à faire adopter la loi (d'expropriation) sans s'être assuré, au préalable, les services d'un homme en qui il avait une confiance absolue pour l'administrer». Quoi qu'il en fût, vingt-quatre heures plus tard, il acceptait et la présidence et le Sénat.

« Il valait mieux choisir le parti le plus sage », dit-il encore dans ses *Mémoires.*

Dans les rangs de l'Union nationale, la démission de Damien Bouchard produit l'effet d'une rasade de *whisky blanc* par temps froid : chacun se croit déjà rendu à destination — au pouvoir ! Duplessis, pour sa part, y voit un heureux présage : qui d'autre que lui peut bénéficier du ressentiment que l'expropriation va sûrement provoquer ? Godbout reste optimiste ; mais on ne peut en dire autant d'Arthur Fontaine et d'Hector Langevin. Si le premier redoute la réaction des milieux financiers et des anglophones, le second craint que le Bloc populaire, la guerre aidant, ne soit en mesure de faire pencher la balance du pouvoir à son profit. Mais les deux s'entendent sur un point : l'élection générale est pour demain et ils souhaitent que j'y participe. « Et nous avons l'accord du Premier ministre », précise Fontaine. Sur ce, il me propose de me joindre à la rédaction du *Canada* dont il est l'un des administrateurs. Mis au courant de cette démarche, Edmond Turcotte serait heureux que j'y donne suite, ajoute-t-il. Hector Langevin, de son côté, m'offre de *sponsoriser* un commentaire politique quotidien sur un réseau de stations privées à partir de CKAC à Montréal.

Globalement, cette double proposition, qui me ramène au temps de *L'Événement-Journal* et de CKCV, me va comme un gant. Mais avant de l'accepter, il me faut obtenir, de toute évidence, l'assentiment de France-Afrique et du magazine *Time.* Robert de Saint Jean, qui dirige les services de l'agence en Amérique, n'y voit aucun conflit d'intérêts : nos informations ne sont distribuées ni au Canada ni aux États-Unis. « En outre, me dit-il, les nouvelles canadiennes, par le temps qui court, n'offrent qu'un intérêt relatif. » La réaction de *Time* est à peu près la même : « Non seulement vous travaillez à la pige, mais nous publions en anglais. » En d'autres termes : ce n'était vraiment pas la peine de nous déranger.

o o o

Au moment de quitter *Le Canada* pour fonder *L'Ordre*, Olivar Asselin avait choisi Edmond Turcotte pour lui succéder.

Si tous deux suivaient de près les luttes scolaires des Franco de la Nouvelle-Angleterre, ils croyaient aussi à la présence d'une France forte pour assurer l'avenir des communautés de langue française en Amérique du Nord. Mais physiquement, ils se ressemblaient peu. Asselin paraissait frêle, comme il donnait souvent l'impression d'une grande lassitude. Turcotte, par contre, avait le rire sonore et sa voix portait d'autant plus loin qu'elle était servie par une diction peu commune : chaque syllabe martelée vous parvenait comme une note de clairon. Quoique affligé de rhumatismes, son énergie à l'emporte-pièce témoignait d'une santé robuste.

Au tournant du siècle, les parents d'Edmond Turcotte, parmi des milliers de Canadiens français, avaient été forcés d'émigrer aux États-Unis pour échapper à l'effondrement de l'économie québécoise. Né à Lowell dans le Massachusetts en 1898, il avait éprouvé, disait-il, le sentiment de rentrer chez lui lorsqu'il s'était joint à l'équipe d'Asselin. Déjà dans la trentaine, il conservait cependant, dans son comportement intellectuel, une approche américaine. Entre autres, il tenait la culture et le savoir pour des valeurs utilitaires qui devaient trouver leur emploi comme la menuiserie et le sport. Son pragmatisme, de même que son indépendance d'esprit et son irréligion, le rendait insupportable aux petits-maîtres de la race qui fuyaient sa compagnie. Turcotte s'adonnait peu à la spéculation, alors qu'autour de lui, on refaisait le cosmos tous les jours. Il aimait les idées claires, nourries par des connaissances variées. À ce point de vue, il appartenait davantage au siècle des Lumières qu'à l'intelligentsia d'aujourd'hui. Les encyclopédistes demeuraient ses maîtres à penser à une époque où peu les lisaient. Par sa curiosité et ses dons de vulgarisateur, il me rappelait Diderot.

Lorsque Edmond Turcotte était encore un adolescent en knickerbockers, j'imagine que Montréal, vu de Lowell, lui apparaissait comme la place forte de la civilisation française en Amérique. Partant, à la faveur de ce mirage, son esprit évoquait une abondance de livres, — en français et de toutes sortes. Les Montréalais, bien sûr, disposaient aussi d'une bibliothèque municipale. Mais de là à y trouver toutes sortes de livres, il fallait être Franco-Américain pour le croire... À défaut, heureusement, une bibliothécaire en colère, qui depuis longtemps avait coiffé sainte Catherine, habitait ces lieux vides *.

Un jour où cette honnête personne consultait *Les Romans à lire et à proscrire* de l'abbé Berthléen, elle se rendit compte subitement que la lecture des meilleurs auteurs de sa génération lui était interdite. Ne pouvant en croire ses yeux, elle se plongea aussitôt dans l'épais catalogue de *L'Index* compilé par le Saint-Siège. Ce fut le choc de sa vie: la plupart des noms illustres de la littérature universelle s'y trouvaient condamnés par décret. Après six mois de réflexion, elle en vint à cette évidence: on voulait tenir les gens dans l'ignorance, et la peur de l'enfer était la clef de leur asservissement. Elle en conclut que c'était aussi lui demander d'empêcher la diffusion des connaissances et de trahir son métier... En conséquence, lorsque le bibliothécaire en titre, son patron, lui rappela qu'il aurait bientôt à présenter ses estimations budgétaires au conseil municipal, elle se montra imperturbable. Elle s'empressa de dresser la liste des livres à commander. Mais à peine la lui avait-elle remise, qu'il la sonnait.

« Vous êtes devenue folle, s'écria le bibliothécaire en levant les bras au ciel. Voltaire, Zola, André Gide... Tous à l'index! Vous voulez que je remette cette liste au maire de Montréal? Les échevins vont sûrement me demander de vous mettre à la porte.

— C'est mon choix, monsieur. »

Tout se passa tel que prévu. Scandalisé, le maire entra dans une sainte colère: « N'oubliez pas que vous êtes un *employé civique,* dit-il au bibliothécaire. À votre arrivée au bureau, vous la mettez dehors. C'est un ordre. »

Puisque Montréal ne voulait pas de sa liste, cette honnête personne n'avait d'autre choix que de la présenter ailleurs.

---

* Ce n'est qu'après la mort d'Edmond Turcotte que j'appris cette étonnante histoire. Je la crois vraie: ça ne s'invente pas. Elle correspond en outre au pragmatisme démocratique des Américains d'alors, fortement influencés par les travaux de John Dewey. Mais surtout, elle reflète fort bien la mentalité qui faisait loi dans les quelques bibliothèques publiques de langue française auxquelles on avait accès.

Mais où ? Au Nouveau-Brunswick ? En Ontario ? Partout des puritains ou des Irlandais catholiques. Et, d'ailleurs, des livres français... Inutile d'y penser. C'est sans doute en lisant *La Presse** , qui s'intéressait aux difficultés des Franco-Américains désireux de conserver leur langue maternelle, que l'idée lui vînt de se rendre à Lowell. À peine descendue du train, elle se faisait conduire à la bibliothèque municipale — liste en main et discours en tête. Accueillie par la directrice, elle se présenta dans les formes, en insistant sur sa qualité de bibliothécaire.

« Vous avez une bien belle bibliothèque, lui dit-elle. Beaucoup de livres, et sans doute les meilleurs auteurs. Mais avez-vous des livres français ?

— Nous avons évidemment Maupassant, Alexandre Dumas, Victor Hugo...

— ... en traduction ?

— C'est une bibliothèque de langue anglaise, voyez-vous.

— Mais il y a une forte population de langue française à Lowell ?

— C'est vrai, mais la plupart des gens lisent l'anglais...

— ... oui, mais ils paient aussi des taxes.

— Où voulez-vous en venir ?

— Je me demande pourquoi vous n'auriez pas quelques rayons de livres français.

— Je suis d'accord, mademoiselle. Mais c'est le conseil municipal qui règle ces questions. Pourquoi n'allez-vous pas en parler au maire ? Les contribuables sont aussi des électeurs... »

Tôt le lendemain, notre bibliothécaire se réclamait de son entretien avec la directrice de la bibliothèque pour prendre rendez-vous avec le maire.

« Je m'étonne, monsieur, qu'on ne trouve que des livres anglais dans une ville à demi-française. La directrice estime que cela pourrait être corrigé à peu de frais. En plus de ren-

---

* *La Presse* publiait, à cette époque, une édition hebdomadaire destinée à sa clientèle de la Nouvelle-Angleterre.

dre justice aux contribuables de langue française, je crois que la démocratie américaine y gagnerait.

— En principe, vous avez raison. Mais c'est également une question de prix. Pour y mettre des livres français, il faut d'abord les acheter, puis faire construire des rayons de bibliothèque. Cela veut dire une bibliothécaire. Vous voyez où je veux en venir?

— Je suis bibliothécaire et voici la liste des ouvrages essentiels. Je veux dire une liste avec le prix de chaque livre. Pour le reste, je pourrais compléter le devis avec l'aide de la directrice et vous l'apporter dès cette semaine.

— Mettons vendredi. La prochaine assemblée du conseil aura lieu mercredi prochain. Je voudrais avoir le temps de vérifier vos estimations et d'établir un budget.»

C'était un pacte. Au moment de prendre congé, le maire lui avait bien dit: «N'allez pas *vous* oublier...» D'où cette réponse dont elle était assez satisfaite: «Je suis certaine qu'eux, les contribuables de langue française, ne l'oublieront pas!» Sur ce, on avait échangé un sourire et une poignée de mains. Déjà Montréal s'estompait... Deux mois plus tard, la bibliothèque réaménagée attendait la livraison des livres commandés et, déjà en fonction, «la bibliothécaire française» établissait son fichier.

Un an, hélas! s'écoula sans qu'un seul client ne se présentât. Chaque fois que quelqu'un s'adressait à la réception et qu'on lui demandait: «*French or English?*» la réponse, toujours la même, faisait qu'on le dirigeait vers la *British Encyclopedia* ou les romans de Sinclair Lewis. Mais un jour, peu après la fin de l'année scolaire, elle entendit une voix mal assurée prononcer le mot qu'elle attendait depuis son installation: *French...* Ce n'était qu'un gamin d'une quizaine d'années, mais il n'allait pas lui échapper! Avant même qu'il fût parvenu du côté français, elle s'était précipitée à sa rencontre pour l'entraîner vers son bureau: «Comment t'appelles-tu?

— Edmond Turcotte, mademoiselle.»

Il s'exprimait clairement et semblait savoir ce qu'il voulait: «Tu as demandé un livre français. Pourquoi? Tu connais sûrement l'anglais...

— Je n'ai jamais lu un livre français. J'aimerais savoir si c'est différent de l'anglais...»

Pour seule réponse, elle l'installa à une table de lecture et lui mit sous les yeux le tome I du *Grand Dictionnaire Larousse*: «Tu vas commencer à la première page et lire tout ce qui t'intéresse. Je suis là pour t'aider. Tu viendras ici le plus souvent possible. Tu verras comment c'est intéressant de s'instruire, de découvrir ce qu'on ne connaît pas...»

L'exercice dura des années... Au fur et à mesure qu'un sujet retenait son attention ou qu'il s'arrêtait sur un nom, elle le dirigeait vers les auteurs dont elle avait commandé les oeuvres. Et lorsque enfin il fut reçu par Asselin, il connaissait tant de choses et si grand était son désir d'écrire en français, que le directeur du *Canada* en fit son adjoint sur-le-champ.

CHAPITRE
XX

Depuis le départ de Damien Bouchard et son entrée au Sénat le 3 mars 1944, nul ne contestait l'autorité du Premier ministre. Mais l'expropriation de l'électricité restait à venir. À la rédaction du *Canada* — où Edmond Turcotte m'avait confié la direction des services d'information — on se montrait favorable à cette loi souhaitée depuis longtemps. On en redoutait cependant l'effet sur la trésorerie libérale : organe officiel du parti, le journal, sans la Caisse, ne pouvait que connaître des fins de mois difficiles.

C'est en soirée, tard en mars, que l'expropriation de la Montreal Light Heat and Power fut votée. Je me rendis aussitôt au bureau d'Edmond Turcotte pour l'informer de quelle façon je me proposais de présenter l'événement. «Il faut choisir entre deux substantifs : expropriation ou nationalisation, me dit-il. Après tout, un chat est un chat.» Je continuais cependant à chercher le moyen de dire la même chose avec des mots moins explosifs. Mais je n'arrivais pas à les trouver. Et je devinais qu'Arthur Fontaine allait me téléphoner avant la mise en pages... À force d'y penser, je devais heureusement parvenir à équilibrer un titre de huit colonnes sur deux lignes :

Après l'avoir tapé à la machine, je tendis le feuillet à mon adjoint, Roland Gagné, qui allait devenir par la suite le rédacteur en chef de *La Voix de l'Est* de Granby. Je vis un sourire approbateur s'esquisser à l'instant même où le téléphone sonna. C'était Fontaine : « Comment allez-vous annoncer ça ? Les journaux anglais vont mal réagir. La *Gazette*, ça ne peut pas nous faire mal, c'est bleu ; mais le *Star*, c'est rouge et ça compte. J'espère que vous avez trouvé le moyen de dorer la pilule... » Quand je lui eus fait part de la manchette péniblement construite, il s'en montra ravi : « Vous avez doré la pilule, mais ça passera mieux avec un scotch. Quand vous aurez terminé, venez à la maison. Godbout attend mon coup de téléphone. »

Au grand dam de Fontaine, Damien Bouchard fut nommé président de la Commission hydro-électrique du Québec le 21 avril. Je crois toujours que cette présidence lui revenait ; mais le Premier ministre devait s'en mordre les doigts. Sénateur depuis sept semaines, T.D. n'avait pas encore pris la parole. Le connaissant, Godbout s'en inquiétait. Une rumeur voulait même que Bouchard travaillât dur à mettre au point une philippique, bien documentée, sur l'Ordre de Jacques-Cartier. Fondée à la fin des années vingt, cette maçonnerie canadienne-française jouissait de l'appui du clergé catholique. Dans de nombreuses municipalités, le maire et la plupart des échevins lui devaient, disait-on, d'être là. Adélard Godbout, qui se méfiait de l'éloquence populiste du président de l'Hydro, avait demandé à Fontaine d'intervenir auprès d'Ernest Bertrand, le ministre des Postes, afin de s'assurer que Mackenzie King, au besoin, ferait le nécessaire pour tuer l'affaire dans l'oeuf. À reculons et peu méthodique, Bertrand se contenta de dire au Premier Ministre que « Bouchard comprendrait sûrement si on lui demandait de soumettre son discours avant de le prononcer ». Pour ne pas déplaire à Godbout, King donna son assentiment — puis oublia le tout. Sur ce, Bertrand, qui n'aimait pas se déranger, informa Bouchard que « King voulait voir son texte » et s'endormit satisfait.

En juin, le sénateur Athanase David dépose sa motion sur l'enseignement de l'histoire au Canada. Beaucoup réclament alors un manuel unique qui ferait loi dans toutes écoles catholiques et neutres, chez les francophones et chez les anglophones. Bouchard annonce aussitôt sa participation au débat. Le ministre Bertrand, à la suite d'une nouvelle intervention de Fontaine, s'empresse de lui rappeler qu'il doit «soumettre son texte à King». Roublard si l'on veut, Damien Bouchard n'hésite jamais à jouer l'innocent du village quand il le faut. Sa philippique tient plus du *block-buster* que du monument. Mais c'est son oeuvre et personne n'y touchera! Reste qu'il a accepté de se conformer à la demande répétée du ministre des Postes. Tant pis. Puisque c'est la consigne, il fera voir son discours à King! Mais au lieu de se rendre au bureau du Premier Ministre, il ira simplement frapper à la porte du sénateur James Horace King. Leader du gouvernement au Sénat, celui-ci ne parle ni ne lit le français comme il n'entend rien aux affaires du Québec. Toutefois, le fait que son collègue se déplace pour lui remettre son *maiden speech*, avant de le prononcer, le touche beaucoup. Cette démarche lui paraît même témoigner de la politesse française et le laisse songeur...

Lorsque Damien Bouchard se lève, le 21 juin, pour apporter son appui à la motion David, aucun sénateur ne s'en étonne. Si on le sait partisan du manuel unique, une rumeur accréditée veut qu'il ait soumis son texte au Premier Ministre. On s'attend à des éclats de voix, non à des déclarations explosives. Le Sénat a toujours un effet apaisant sur les mauvais coucheurs... Aussi chacun manque renverser son verre d'eau ou sa potion quand leur collègue T.D. va jusqu'à s'en prendre à la Délégation apostolique au Canada! Personne n'avait prévu pareil réquisitoire ni surtout son retentissement. Mais on devine où il veut en venir lorsqu'on l'entend s'adresser en anglais aux membres de la Chambre haute et à la tribune de la presse. Toujours méfiant et pour éviter la possibilité d'une fuite, il avait eu soin de remettre au sénateur King une copie de l'original français qu'il devait annexer au tome III de ses *Mémoires*. Mais c'est dans «la langue de la majorité» qu'il s'attaque à l'Ordre de Jacques-Cartier comme à l'enseignement dispensé dans les écoles catholiques et françaises du Québec.

Il se trouve, parmi nous, un nombre considérable, bien que minoritaire, de Canadiens qui croient possible et dans notre intérêt de créer [...] un État indépendant, catholique et français [...] Il n'y eut pas que de simples gens qui favorisèrent ces opinions. Le chargé d'affaires de la Délégation apostolique au Canada, S.E. Mgr Mozzoni, recommanda un État intégralement catholique. Voici ses propres paroles, recueillies dans une publication à grand tirage, les *Semaines Sociales du Canada*, quinzième session, Saint-Hyacinthe, 1937, page 19.

«Les politiciens pourront nous parler de la grandeur et de la prospérité sous telle ou telle forme de gouvernement; cela ne nous intéresse qu'indirectement. Ce que nous voulons, ce que nous travaillerons de toutes nos forces à réaliser, c'est un État intégralement catholique, parce que seul un tel pays représente l'idéal du progrès humain, et parce qu'un peuple catholique a le droit et le devoir de s'organiser socialement et politiquement selon les enseignements de sa foi.»

En 1944, la situation n'est guère plus encourageante, pour ne pas dire pire qu'elle ne l'a jamais été. Un nombre de plus en plus considérable de jeunes gens ont quitté l'école avec un esprit déformé, triste résultat d'un mauvais enseignement de l'histoire du Canada et d'une propagande de plus en plus nocive.

....

Notons, en passant, qu'il y a trois semaines... l'Ordre réussissait à obtenir de l'Université de Montréal que ce drapeau (le fleurdelisé) soit béni et considéré comme le vrai Labarum de l'État catholique et français — inexistant — en le hissant au sommet de l'édifice de dix millions de dollars érigé avec l'argent du gouvernement... Cette félonie s'accomplissait sur la montagne, en plein centre de la plus grande ville du Canada, et en présence de plusieurs milliers de citoyens heureux de voir un prêtre catholique éminent bénir une réplique du drapeau de Louis XV [1], confirmant ainsi, de façon officielle, qu'à l'avenir ce drapeau sera considéré comme l'emblème national des Canadiens d'origine française.

....

Et maintenant, pour faire connaître le but réel de toutes les organisations politiques, religieuses, et soi-disant patriotiques, organisations contrôlées en sous-main par l'Ordre de Jacques-

Cartier, laissez-moi vous lire quelques paragraphes du message du Président général des Jeunes Laurentiens, intitulé : *Nos raisons pour une révolution.* Je cite :

«Je vous dirai que c'est notre devoir d'avoir la situation en main. Je vous dirai plus, il est urgent de former des chefs. Pour une révolution qui sera la nôtre pour les intérêts du peuple canadien-français. Et cette révolution que nous voulons sera pratique, efficace, calme et bonne, parce qu'elle réclame des hommes purs, fondamentalement catholiques et français. C'est la révolution de l'Espagne libérée, du Portugal organisé, de la France de Pétain.»

Rarement un discours politique aura soulevé tant de vagues et jamais un discours, prononcé au Sénat, n'aura connu pareil retentissement ! *L'Action catholique*, dès le lendemain, réclame la tête du président de l'Hydro en signe de réparation et le cardinal Villeneuve (qui se trouvait à Saint-Hyacinthe à l'occasion d'un congrès eucharistique), monte en chaire pour demander qu'on le mette au ban de l'opinion publique ! Tels étaient les temps : l'arrivée de Belzébuth avec ses ailes de vampire sur le perron d'un presbytère n'aurait provoqué un plus grand émoi. Adélard Godbout lui-même avait ses raisons pour céder à l'affolement général : le jour même de la dissolution des Chambres, le discours faisait la Une des journaux ! Avec le résultat que les députés étaient entrés tout de go en campagne électorale. Le Premier ministre, dans ces conditions, jugea prudent de jeter du lest : presque aussitôt, Damien Bouchard se voyait démis de ses fonctions de président. L'Union nationale et le Bloc populaire n'allaient pas rater si belle occasion : qui l'avait nommé à l'Hydro ? qui au Sénat ? On ne pouvait relever dans le réquisitoire de Bouchard que deux références à leur action politique. Mais dans son esprit, à l'évidence, Duplessis et Laurendeau ne faisaient qu'un avec l'Ordre de Jacques-Cartier, avec la *Patente* comme on disait : «...presque toutes les sections de la Société Saint-Jean-Baptiste, des syndicats catholiques, des commissions scolaires des villes, des conseils municipaux, des Chambres de commerce junior subirent l'influence de cette société secrète. C'est grâce à ces influences occultes que l'Union nationale réussit à s'emparer du pouvoir en 1936 pour nous affliger du gouvernement le plus pauvre et le plus tyrannique que nous avons connu dans l'histoire de notre province.» Puis il s'était interrogé sur les résultats de la prochaine élection générale:

> Les déclarations contre la guerre, la démocratie et le libéralisme n'ont pas encore réussi, cependant, à renverser le Parti libéral de Québec. Nous ne savons pas encore quel effet produiront les efforts des ennemis jurés du libéralisme qui s'ingénient à susciter des mécontents pendant la guerre. Le Bloc populaire, dont le leader dans la province de Québec est l'un des ex-présidents des Jeunes Canada affiliés aux Jeunes Laurentiens, est l'instrument politique bien connu de l'Ordre de Jacques-Cartier; il se pourrait bien qu'au dernier moment, si les adeptes de la liberté n'ouvrent point les yeux en temps opportun, on se rendra compte, mais trop tard, jusqu'à quel point les activités souterraines ont ruiné nos institutions libres.

Les vieux routiers de la politique s'étaient vite rendu compte que la campagne électorale, mal engagée, menaçait de détruire l'assise du Parti libéral. Personne ne niait que Bouchard eût choisi le mauvais moment pour s'en prendre à la Patente. Mais de là à répéter qu'«il avait voulu poignarder Godbout dans le dos» ne pouvait que provoquer les *rouges* impénitents qui n'aimaient ni les procès d'intention ni les bedeaux. Seuls quelques-uns le disaient, mais beaucoup le pensaient. Hélas! il fallut du temps pour convaincre l'organisation et la trésorerie du parti qu'avec de pareils adversaires, Duplessis n'avait nullement besoin d'amis, d'alliés et de partisans. Au Québec comme à Rome, Jupiter rend fous ceux qu'il veut perdre et de nombreux *Libéraux* en donnaient des signes évidents. Fontaine et Langevin furent parmi les premiers à reconnaître qu'en s'attaquant à ce que Bouchard avait dit, on justifiait du même coup le cléricalisme de Duplessis et le nationalisme de Laurendeau. Bouchard limogé par ses soins, le Premier ministre devait maintenant s'en tenir à nos ennemis naturels. Les faits dénoncés — fût-ce à contretemps — restaient vrais. Toute exégèse du discours de Bouchard risquait de nous faire tomber à droite, dans les plates-bandes de l'Ordre, de l'Union nationale et du Bloc populaire!

Par un curieux retour des choses, le parti en vint, une fois la philippique de T.D. digérée, à sous-estimer le flair électoral de Duplessis et la valeur de ses procédés sur le terrain. Si grandes et contagieuses étaient, d'autre part, l'éloquence et l'assurance du Premier ministre, que ses propres conseillers finirent par croire au miracle: on allait «balayer la province»! Arthur Fontaine prétendait même qu'on courait le risque de faire élire trop de députés; ce qui pouvait compliquer la vie du gouvernement: «Trop d'ambitions à satisfaire et trop de bouches à nourrir.» Après s'être convaincu de l'inévitable défaite de l'Union nationale, on se persuada aisément que seul le Bloc populaire représentait quelque danger... À telle enseigne qu'on décida d'opposer à «Notre maître le passé», c'est-à-dire à la doctrine de Groulx, un cri de ralliement qui résumait fort bien l'action politique de Godbout; «Notre maître l'avenir!»

Je ne fus pas le dernier à perdre les pédales. Au *Canada*, nous avions braqué toutes nos batteries sur le Bloc populaire et ses têtes d'affiche. Robert LaPalme s'en donnait à coeur joie. Je me rappelle, entre autres, cette caricature de Laurendeau en danseuse espagnole, enroulée dans une robe de tulle et jouant des castagnettes! Vingt ans après, devenu coprésident de la Commission sur le bilinguisme, Laurendeau n'arrivait pas à l'oublier: «C'est la seule caricature qui m'a fait mal», m'avait-il confié un soir, à l'heure du *nightcap*. À CKAC, je revenais constamment à la charge contre ceux qu'on appelait «les bloqueux» et que je traitais de «petits copains». Je n'y allais pas avec le dos de la cuillère mais, comme les autres, je me trompais. Le résultat du scrutin en fait foi. À la dissolution, on dénombrait à l'Assemblée: 59 libéraux, 17 Union nationale, un député du Parti national (René Chaloult) et un indépendant, Camillien Houde, que la guerre avait conduit dans un camp d'internement. Huit sièges se trouvaient momentanément non pourvus. Le 8 août, en fin de soirée, Duplessis et ses 48 députés reprenaient le pouvoir. Le Parti libéral, pour sa part, avait fait élire 39 de ses candidats ou 40 si l'on tient compte de l'élection d'un C.C.F. dans Rouyn-Noranda, David Côté, qui allait se joindre rapidement à l'Opposition officielle. Le Bloc populaire enfin était représenté par quatre députés : André Laurendeau (Laurier) ; Édouard Lacroix (Beauce) ; Albert Lemieux (Beauharnois) et Ovide Bergeron (Stanstead). Mais il pouvait aussi compter à l'occasion sur René Chaloult, l'invincible, qui se disait le fils spirituel de Groulx et refusait, à ce titre, de reconnaître Laurendeau pour son chef !

Ce résultat ne passa point comme une lettre à la poste. On en parla longtemps, cherchant des responsables, comme s'il se fût agi d'un examen de conscience ; alors qu'il suffisait de s'en tenir aux faits pour comprendre qu'à certains moments, les habitudes acquises et le sens de la soupe l'emportent sur les beaux principes. Le Bloc populaire, qu'on redoutait, venait de sombrer dans l'indifférence. L'Union nationale avait su canaliser à son profit le ressentiment provoqué par la guerre, le vote des femmes, l'école obligatoire, l'expropriation de l'électricité et l'affaire Bouchard. Pourquoi ? Parce que le corps électoral y voyait un parti comme les autres, donc le seul qui pût invoquer le droit d'alternat. Cela dit, les libéraux s'en tiraient assez bien. Ils pouvaient même espérer, chiffres en main, qu'il y aurait une autre fois... Mais celle-ci mettra seize ans à se matérialiser !

Au sein du Bloc, Laurendeau fut le premier à se dire : *ite, missa est,* la messe est dite ! Il reste difficile cependant d'en préciser le moment. Parler de l'évolution de ses sentiments, avec qui que ce fût et quels qu'ils fussent, s'opposait à sa nature inquiète et peu expansive. Je crois que sa décision coïncide avec la démission, en mai 1945, d'Édouard Lacroix qui tenait l'aumônière du parti dans la région de Québec. Le schisme n'aura lieu qu'en 1947, mais déjà la foi n'y est plus... Laurendeau, qui ne veut pas devenir un second Paul Gouin, sait d'expérience que Duplessis s'apprête à digérer le Bloc populaire comme il avait avalé l'Action libérale nationale. Comment résister, en effet, au noyautage de l'Union nationale ? Maxime Raymond et Édouard Lacroix rêvent, par contre, d'une action parallèle sur le plan fédéral et sur le plan provincial. Ils analysent la situation à partir d'une autre perspective. King se prépare à déclencher une élection générale. De fait, elle aura lieu au moment où Lacroix dit adieu à

Laurendeau. Pour avoir les mains libres à Québec, Duplessis se refuse à toute présence directe de l'Union nationale à Ottawa; mais il ne répugne pas à certaines magouilles avec les partis fédéraux pourvu qu'ils soient contre les libéraux. Dans l'esprit de Laurendeau, cela signifie que Duplessis acceptera de prêter son concours à l'aile fédérale du Bloc, si l'aile provinciale consent à se laisser «union-nationaliser»!

Quarante ans plus tard, René Lévesque réagira comme Duplessis face aux desperados du séparatisme qui veulent entraîner le Parti québécois sur la scène fédérale. Il optera à son tour pour un appui massif aux candidats de Brian Mulroney, comme Duplessis s'était lui-même porté au secours de Diefenbaker en 1957! Tant il est vrai que la caque sent toujours le hareng ou, plus justement dans ce cas, l'huile de castor...

o o o

Le 6 juin 1944, l'*Evening Standard* titrait sur huit colonnes:

Churchill Annonces Successfull Massed Air Landings Behind Enemy in France

4 000 SHIPS, THOUSANDS OF SMALLER VESSELS

11 000 First Line Airplanes

C'était l'invasion! Le Canada allait engager des milliers d'hommes sur les plages de Normandie verrouillées par la ligne Seigfried. Au total, compte tenu des pertes subies à Hong-Kong, à Dieppe et en Italie, 40 000 soldats y laisseront leur peau. Forcé d'imposer la conscription pour service outre-mer, Mackenzie King vivra les heures les plus tourmentées de sa longue carrière. Mais il en sortira avec les honneurs de la guerre, si l'on peut dire.

Au moment de la libération de Paris le 25 août, nous nous trouvions à Couchiching, à la conférence annuelle du Canadian Institute of Public Affairs. Peu de Canadiens français participaient alors à ces rencontres. À une exception près, cependant : Mᵍʳ Camille Roy, critique littéraire au charme discret, dont on prisait d'autant plus la compagnie qu'il s'en tenait rigoureusement aux écrivains dont il pouvait dire du bien. Un saint homme! On commençait cependant, en 1944, à s'interroger sur les courants d'opinion qui se faisaient jour dans la société québécoise de langue française. C'est donc sans surprise que nous y avions retrouvé Jeannot et Maurice Lamontagne ainsi que le sénateur Bouchard devenu la coqueluche du Canada anglais. Je connaissais Maurice Lamontagne depuis la fondation de l'École des sciences sociales. Mais l'occasion ne nous avait pas encore été donnée de devenir amis dans le sens où Montaigne l'entendait : «parce que c'était lui, parce que c'était moi.»

Retour d'Harvard, Lamontagne était revenu à Québec au moment où Damien Bouchard dénonçait l'Ordre de Jacques-Cartier. Il avait suivi la campagne électorale en spectateur engagé : sûr de ses options économiques et politiques, l'un des rares Canadiens français de notre génération à ne pas avoir connu la tentation du nationalisme. Dès le premier soir, il s'empressa de me dire qu'il partageait mes vues au sujet de Laurendeau et des «petits copains» du Bloc populaire. Conscient des périls inhérents à l'isolationnisme de Duplessis, c'est au niveau académique qu'il entendait agir contre cette mentalité d'assiégé qui risquait, à la longue, de transformer le Québec en ghetto. Démocrate convaincu qui voyait, dans la diffusion des connaissances, le fondement de toute société moderne, tout universitaire se devait, disait-il, de dispenser un enseignement collé aux réalités. Il jugeait en outre que d'avoir profité d'une bourse pour compléter ses études supérieures lui en faisait une obligation autant qu'un devoir. Parce que j'étais son aîné et déjà un combattant en ligne, j'eus aussitôt le sentiment qu'il allait connaître de grandes difficultés et se buter à une hostilité d'abord insidieuse, mais appelée à se manifester ouvertement. Quand nous nous sommes quittés, nous étions amis. Cinq ans cependant devaient s'écouler avant notre deuxième rencontre, soit au moment où il venait d'être nommé directeur du département d'Économique de l'Université Laval et que je revenais du Brésil.

○ ○ ○

Le dernier épisode de la crise de la conscription commence en octobre 1944 pour se terminer par la déroute du Bloc populaire à l'élection fédérale de mai 1945. À son retour d'une tournée d'inspection des forces canadiennes en France, le colonel Ralston, ministre de la Défense nationale, présente son rapport au cabinet. Puis il informe le Premier Ministre et ses collègues que les pertes restent d'un niveau acceptable, mais qu'elles deviendront plus lourdes et qu'on aura besoin de renforts. À cet effet, il estime que le gouvernement doit être prêt à dépêcher en Europe les 60 000 hommes déjà mobilisés sous l'empire du *National Ressources Mobilization Act*, qu'on appelle couramment les N.R.M.A. La commotion est vive et King, atterré, note dans son journal : « *More harm than good would be done with any attempt to force conscription at this time. I could not bring myself to being the head of a Government which would take that course which might, after five years of war in Europe... lead to spurts of civil war in our own country. It would be a criminal thing and would destroy the entire War record.* »

Le conseil des ministres est profondément divisé. Au point que, pour les conscriptionnistes et les opposants, la partie se joue entre King et Ralston, qu'elle doit se terminer par la victoire de l'un sur l'autre. C'est alors que le Premier Ministre entrevoit la possibilité d'une solution de rechange qui lui permettra de gagner du temps. Le nom de McNaughton lui revient. Pourquoi pas ? Relevé de son commandement à la fin de 1943, le général Andy McNaughton se trouve en disponibilité. Il jouit d'une grande popularité et le fait que les Britanniques ont demandé son rappel ajoute curieusement à sa légende... Aucun Canadien ne croit à son incompétence : ce sont *les autres* qui le prétendent ! Si quelqu'un peut persuader les N.R.M.A. de se porter volontaires, c'est bien lui. D'autre part, quel général à la traîne pourrait refuser le portefeuille de la Défense nationale ?

King a tôt fait de prendre sa décision : pour étouffer « la révolte des colonels », il aura donc recours aux moyens qui jusqu'ici l'ont bien servi. Il doit, d'une part, se donner le temps de contraindre l'opposition du Canada français et, d'autre part, disposer de Ralston sans lui fournir la chance de se retourner. Le succès de l'opération exige une action rapide. Il convoque une séance du cabinet dès le 1er novembre. Et il révélera lui-même, dans son journal, comment il sut le même jour imposer McNaughton et liquider Ralston :

> *I then said I thought we ought to, if possible, reach a conclusion without further delay [...]. I realized some way would have to be found [...] to save the government and to save a terrible division at this time [...]. That I had been asking myself was there anyone who could do this [...]. If there was, I thought it was owing to the country that such a person's services should be secured. I said I believed I had the man who could undertake that task and carry it out. I than mentionned General McNaughton's name [...]. I said that he believed he could get the reinforcements that were necessary.*

Granatstein raconte * que le ministre en titre de la Défense nationale prit congé de ses collègues sur-le-champ et, qu'après leur avoir serré la main, il quitta la chambre du conseil. Sur ce, King lèvera la séance en disant : « *... it was the only course I could see for me which would serve to meet the war situation* ». L'un des ministres présents aurait alors déclaré à son voisin, mais en baissant la voix : « *This is the most cold-blooded thing I have ever seen.* »

Moins d'un mois plus tard, le général McNaughton devait reconnaître son échec : les N.R.M.A., les conscrits, refusaient en bloc de se porter volontaires ! Mais King avait su profiter du délai pour faire comprendre au Parlement et au public qu'il ne lui restait plus qu'à recourir à la conscription pour service outre-mer. De tous les ministres, seul Chubby Power lui remit sa démission. Mais quelle allait être la réaction des députés du Québec ? Conscient du danger que représentait l'opposition larvée des *backbenchers*, le Premier Ministre décide de se présenter devant les Communes le 27

---

* J.L. Granatstein, *Mackenzie King, His Life and World*, Toronto, McGraw-Hill Ryerson Limited, 1977.

novembre et de s'adresser directement à la députation canadienne-française. C'est de la tribune de la presse que j'ai
assisté au discours de King. La plupart des journalistes présents témoigneront par la suite que ce fut « *the speech of his
life* ». Contrairement à l'usage, c'est face à ses députés et le
dos tourné à l'Opposition qu'il citera un discours de Laurier
— prononcé le 3 mars 1900, au moment de la guerre du
Transvaal :

> S'il y a une chose à laquelle j'ai consacré ma vie politique,
> c'est de promouvoir l'unité, l'harmonie et l'amitié entre les
> divers éléments qui font notre pays. Mes amis peuvent me
> déserter, ils peuvent me retirer leur confiance, ils peuvent
> reprendre l'espoir qu'ils ont placé en moi ; mais jamais je ne
> m'écarterai de cette ligne de conduite. Quelles qu'en soient
> les conséquences, perte de prestige, perte de popularité ou
> perte de pouvoir, je sens que j'ai raison, et je sais que le jour
> viendra où chaque homme me rendra pleinement justice sur
> ce point. *

On connaît la suite de l'histoire : des 60 000 N.R.M.A.,
15 000 furent conscrits pour service outre-mer dont seuls
2 463 participèrent aux derniers combats contre les forces
allemandes avant leur reddition sans condition le 8 mai
1945. Le hasard, dit-on, fait souvent bien les choses. Mais
comment croire que Mackenzie King n'ait pas soigneusement choisi la date de l'élection générale en optant pour le
11 juin ? Ce n'est qu'à la fin des hostilités qu'il s'était résigné
à la conscription, quand elle n'avait plus qu'une valeur de
symbole. Par voie de conséquence, la campagne électorale
porta uniquement ou presque sur l'économie : le contrôle des
prix et des salaires décrété en octobre 1941, l'épargne obligatoire et l'industrialisation du Québec et de l'Ontario. Tout le
monde se trouvait plus riche qu'en 1939 et personne n'avait

---

* C'est en anglais que Laurier s'était adressé aux membres de la Chambre des
communes. King, qui ne parlait pas le français, le cita au texte : « *If there is
anything to which I have devoted my political life, it is to try to promote unity,
harmony and amity between the diverse elements of this country. My friends can
desert me, they can remove their confidence from me, they can withdraw the trust
they have placed in my hand; but never shall I deviate from that line of policy.
Whatever may be the consequences, whether loss of prestige, loss of popularity or
loss of power, I feel that I am in the right, and I know that a time will come when
every man will render me full justice on that score.* »

souffert du rationnement : chaque consommateur ayant eu droit à un kilo de viande et à deux cents grammes de beurre par semaine ! Les Canadiens ne pouvaient que s'en féliciter : le Parti libéral fit élire 127 députés contre 67 conservateurs et 28 C.C.F.

Au Québec, si grande fut la victoire de King qu'il fallut se rendre à l'évidence : contrairement à ce que Laurendeau pouvait croire, la crise de la conscription n'avait pas eu lieu. Des candidats de l'antiguerre, seuls Maxime Raymond et Iréné Hamel parvenaient à se faire élire : le Bloc populaire venait de s'effondrer... Quelques libéraux, par crainte des nationalistes, s'étaient présentés sous l'étiquette de «libéral-indépendant», dont Jean-François Pouliot, Liguori Lacombe et Charles Parent. Tous s'empressèrent de rejoindre les rangs du parti — de «revenir à la crèche», disaient certains. Les conservateurs n'avaient plus qu'un député et demi : John Hackett dans Stanstead et Georges Héon, élu comme «conservateur-indépendant» dans Argenteuil. Mais il n'y a pas d'élection sans surprise : Fred Rose, député du Parti ouvrier-progressiste, l'avait remporté de nouveau dans Cartier.

Pour le Premier Ministre du Canada, ce fut sans aucun doute le couronnement de sa longue carrière — *his finest hour*. Le leader du Parti libéral pouvait aussi se réjouir d'une telle victoire. Mais il se rendait compte que, sur le plan provincial, l'*imperium* était en voie de dislocation ou, plus justement, déjà démembré. Duplessis venait de faire main basse sur le Québec et Drew sur l'Ontario. Un gouvernement de coalition dirigeait la Colombie-Britannique ; le Crédit-social régnait sur l'Alberta et la C.C.F. avait été portée au pouvoir en Saskatchewan. Il ne pouvait plus compter que sur le Manitoba et les provinces Maritimes... On peut croire que, cédant à la nostalgie, il se revit à Québec, un soir d'octobre 1935 — jamais retrouvé —, quand huit Premiers ministres provinciaux, tous libéraux ou apparentés, l'avaient rejoint au Château Frontenac pour lui témoigner leur loyauté : Alexandre Taschereau, du Québec ; Mitchell Hepburn, de l'Ontario ; Angus MacDonald, de la Nouvelle-Écosse ; Allison Dysart, du Nouveau-Brunswick ; Walter Lea, de l'Île-du-Prince-Édouard ; John Bracken, du Manitoba ; James Gardiner, de la Saskatchewan; T.D. Pattulo, de la Colombie-Britannique.

○ ○ ○

Entre le débarquement sur les plages de Normandie et le retour de l'Union nationale au pouvoir, deux mois s'étaient écoulés. Depuis, les forces alliées piétinaient et tout indiquait que Duplessis, cette fois, s'apprêtait à durer longtemps. Je trouvais de plus en plus difficile de répondre aux besoins du *Canada* et, en même temps, à ceux de France-Afrique. Je devais me rendre à Ottawa chaque semaine et je m'en faisais scrupule. Cette situation commençait à me peser. J'en fis part à Edmond Turcotte, qui me conseilla de m'en ouvrir à Arthur Fontaine et à Hector Langevin. Puis il avait ajouté: «Je sais que tu as déjà fait ton choix et je le connais. Mais tu dois leur donner le temps de se retourner.» La rencontre eut lieu au club Saint-Denis et leur réaction fut la même: «Il nous faut du temps pour arranger nos affaires. Nous avons perdu le pouvoir... Les fédéraux devront maintenant combler le déficit du journal et penser à la prochaine élection.»

J'en étais toujours à chercher le moment opportun de mettre fin à mon entente avec *Le Canada*, de fermer la parenthèse, quand Robert de Saint Jean me téléphona de Washington: «La conférence de l'air aura lieu à Chicago au début de l'automne et elle sera suivie du congrès du Parti démocrate. La conférence est importante parce que la France veut que le français soit reconnu comme langue de travail au même titre que l'anglais. Quant au congrès, on se demande qui, d'Henry Wallace ou de Jimmy Byrnes, sera le candidat à la vice-présidence. Je ne peux malheureusement quitter Washington. J'ai proposé votre nom, et Géraud-Jouve compte que vous accepterez. Les deux événements se succéderont à quelques jours près. Tout se passera sous le même toit, à l'hôtel Steven's; ce qui vous facilitera les choses. Vous en aurez pour un mois, mais ça ne manquera pas d'intérêt.» Le même soir, j'informais Turcotte de ma décision. Il me donna son assentiment. «Si ça te va, me dit-il, j'ai l'intention d'en parler à Fontaine dès demain. S'il accepte de te libérer pour deux mois, nous pourrons régler l'affaire à ton retour.» Il ne me restait plus qu'à le remercier et à boucler ma valise.

○ ○ ○

Chicago est le symbole autant que l'expression de cette nouvelle Amérique découverte par Carl Sandburg, Waldo Frank et Dos Passos au lendemain de la Première Guerre mondiale. C'est à partir de Chicago — de ses abattoirs, de ses ethnies révoltées et des tueurs à gages de Capone —, qu'on entre de plain-pied dans cette culture industrielle dont les *Scènes de la vie future* de Georges Duhamel nous écoeurent. L'Amérique pastorale de Whitman, de Melville, de Thoreau s'estompe rapidement dans les fumées de la ceinture d'acier des Grands Lacs. Ici s'arrête le rêve; ici commence la vie — hélas! Mais il faut du temps pour pénétrer les mystères de toute ville, et ce n'est qu'en 1961 que l'occasion me sera donnée de publier *La Mort d'un nègre*. Comme dans la plupart des mégalopoles, on oublie heureusement le rez-de-chaussée lorsqu'on monte à l'étage: le Loop sent la canaille, mais j'ai passé des heures inoubliables à découvrir la période bleue de Picasso...

À mon arrivée au Steven's, vérification faite de mon identité, le préposé à l'enregistrement me regarda la bouche ouverte comme si ma vue lui coupait le souffle: «On a bien retenu une chambre pour Jean Gagnon; mais on a cru que vous étiez une femme et on vous a doublé avec votre collègue de *Newsweek,* Jean Gray.» Puis il ajouta en haussant les épaules: «Elle est bien, mais c'est contre les règlements. Je vais voir ce que je peux faire.» Je fis place au suivant, en ayant soin toutefois de ne pas quitter les lieux. Ce fut vite fait: «Don Cook, *Herald Tribune*, dit-il. *My confirmation is for a single, but I wouldn't mind sharing it with the gentleman if you have twin beds.*» Soulagé, le réceptionniste sonna un chasseur pour lui remettre la clef. Avant même que je puisse le remercier, Don Cook me dit en me tendant la main: «*It will give me a chance to practice my French.*» Je lui répondis en riant: «*You might learn to speak English with a French accent... It's probably the best I can do.*»

En fin d'après-midi, on me remit un mot de Max Hymans, le chef de la délégation française, qui venait de réintégrer ses fonctions à la présidence d'Air France. L'ouverture de la conférence devait avoir lieu le lendemain matin, à dix heures, et Hymans m'invitait à me joindre à ses collègues pour le petit déjeuner. Les présentations faites, il souligna l'importance de cette première séance: «J'entends soulever la question du français immédiatement. Car le français doit être reconnu comme langue de travail avant que l'assemblée générale ne procède à l'élection du président et à la composition de ses comités.» Il revenait au chef de la délégation américaine, Adolf Berle, le représentant de la puissance invitante, de présider la séance inaugurale. Des quarante nations environ qui avaient répondu à l'invitation de Washington, seuls la Grande-Bretagne, la France et les États-Unis disposaient à cette époque d'un réseau aérien intercontinental. Ni l'U.R.S.S. ni la Chine n'avaient encore une aviation civile de calibre international et, par la force des choses, aucun gouvernement ne tenait compte de l'Allemagne, de l'Italie et du Japon. Cordell Hull, le secrétaire d'État, s'était persuadé que, face à Pan-Am et à British Airways, Air France ne faisait pas le poids. Il ne doutait pas que Berle, dans ces conditions, pût imposer l'anglais comme seule langue de travail et qu'il deviendrait aisé de l'étendre, par la suite, à l'ensemble du système des Nations Unies.

De retour en séance après l'exposé du président, Max Hymans fut le premier à demander la parole. S'adressant à l'assemblée plénière en français, il proposa, en premier lieu, le choix d'Adolf Berle comme président de la conférence. Puis il soumit que, dans la meilleure tradition de la Société des Nations, le français fût reconnu automatiquement comme langue de travail. Hymans devait me confier qu'il misait sur l'appui du Canada, mais surtout sur le fait que ni Churchill ni Eden ne pouvaient s'opposer à la reconduction d'une tradition européenne en dépit des pressions exercées par Cordell Hull. Bien sûr. Mais je reste convaincu que Berle, malgré lui, y fut pour beaucoup. Avocat de réputation, professeur d'université, écrivain respecté et chef du Parti libéral de l'État de New York, Adolf Berle était aussi un ami écouté de Roosevelt. Persuadé qu'après Casablanca et Québec, le Président ne voulait pas s'aventurer dans un autre débat public avec De Gaulle, devenu chef du gouvernement provisoire, Berle fit habilement birfurquer la question: «Compte tenu du caractère technique de cette conférence, ce n'est ni l'endroit ni le moment de prendre une décision de nature politique, dit-il. Cette question s'imposera de toute façon à la conférence plénière des Nations Unies prévue pour l'an prochain. C'est alors qu'il conviendra d'en décider.» L'argument était valide et Berle aurait dû exiger qu'on votât sur ce point précis. Mais il parlait le français sans accent alors que l'anglais de Max Hymans demeurait incertain. Sans même s'en rendre compte, Berle se laissa entraîner dans une longue discussion qui se déroula entièrement en français. Faisant flèche de tout bois, Hymans évoqua tour à tour la bataille d'Hastings, la fondation de l'Académie et la S.D.N. À la fin de cet échange doctoral sur l'universalité de la langue française, beaucoup de délégués somnolaient et Berle avait sombré dans les sables mouvants de l'Histoire... C'est alors que les Britanniques décidèrent d'intervenir. Il était plus d'une heure de l'après-midi et cette solution de compromis sembla à tous si opportune que Berle lui-même s'y rallia. J'en ai retenu l'essentiel:

> Notre délégation constate que cet intéressant débat s'est déroulé entièrement en français. En plus d'y voir le prolongement d'une tradition, comme l'a rappelé le chef de la délégation française, notre délégation note que dans le cadre de cette conférence, cette discussion crée un précédent. Nous croyons, d'autre part, que le président Berle a raison de soutenir que cette conférence est d'ordre technique et qu'il ne lui appartient pas de décider du statut du français au sein du système des Nations Unies. Mais nous savons aussi que les transports aériens doivent s'adresser à leurs clients dans la langue de chacun. Nous proposons en conséquence que la conférence reconnaisse que la question des langues de travail n'est pas de son ressort. Mais que dans l'attente d'une décision, elle accepte de poursuivre ses travaux en anglais et

en français, comme elle l'a fait ce matin, sans toutefois engager l'avenir. Et sur ce, nous proposons la clôture du débat
et l'ajournement de la séance, car c'est l'heure d'aller déjeuner.

○ ○ ○

Au moment où le congrès plénier du Parti démocrate inau-
gure ses assises à Chicago, nul n'ignore que Roosevelt sollici-
tera un quatrième mandat. Seule la vice-présidence offre un
suspense: Harry Wallace ou James Byrnes, c'est-à-dire la
gauche ou la droite? Conscient que sa décision bouscule une
tradition politique qui remonte à Washington, F.D.R., dès le
11 juillet, avait donné son accord au président du Comité
central du parti, Robert Hannigan, mais sous condition: «*I
would not run, in the usual partisan, political sense**.» En
d'autres termes, il s'impose que le corps électoral ne puisse
identifier la tendance représentée par le candidat à la vice-
présidence si l'on veut éviter qu'on y voit un engagement par
personne interposée.

Roosevelt se montre prudent: Wallace, le vice-président,
ne peut être écarté du revers de la main. Le 14 juillet, il a
soin de dicter cette note pour le bénéfice de son entourage:

> *I have been associated with Henry Wallace during his past
> four years [...] and well before that. I like him and I respect
> him and he is my personal friend. For these reasons I perso-
> nally would vote for his renomination if I were a delegate to
> the convention.*
>
> *At the same time I do not wish to appear in any way as
> dictating to the convention. Obviously the convention must
> do the deciding. And it should — I am sure it will — give
> great consideration to the pros and cons of its choice.*

En moins de dix lignes, le Président vient de dicter une ligne
de conduite au Comité central et de disposer à la fois de
Wallace et de Byrnes. Lui-même se chargera de persuader le
vice-président que, s'il veut devenir un jour le président des
États-Unis, il doit se satisfaire aujourd'hui du ministère du

---

* *Franklin D. Roosevelt's Own Story, told in his own words from his private and
public papers as selected by Donald Day*, Boston, Little, Brown and Company,
1951.

Commerce. Car c'est ainsi qu'il pourra convaincre la droite de ses talents d'administrateur! Wallace s'incline d'autant plus volontiers que son retrait élimine James Byrnes du coup et bloque la poussée sudiste. Hannigan a tôt fait de comprendre ce que la Maison-Blanche attend du Comité central. Il s'empresse de soumettre deux noms au Président qui, le 19 juillet, lui signifie son assentiment: «*You have written me about Harry Truman and Bill Douglas. I should, of course, be very glad to run with either of them and believe that either one of them would bring real strenght to the ticket.*»

Les jeux sont faits depuis trois mois déjà, mais peu de délégués connaissent le scénario. Dans les couloirs, les bars et les suites du Steven's on persiste à comparer Wallace et Byrnes, à considérer les *pros and cons*, alors que Truman attend, avec calme, qu'on le fasse vice-président. Ses mérites, pour être inhabituels, expliquent son choix: le sénateur du Missouri n'a jamais prononcé de discours comme il ne s'est jamais commis avec la droite ou la gauche. Mais avant tout, il est Irlandais — comme Joseph Kennedy, l'ancêtre du clan, et Robert Hannigan.

Personne ne disputera que les États-Unis constituent un melting-pot, mais «*up to a point*», disent eux-mêmes les Yankees d'origine contrôlée. Si on les compare à la plupart des pays, les U.S.A. ne sont jamais devenus un État-nation dans le sens traditionnel du mot: une terre et un passé dont l'histoire, pour être incertaine, doit être la même pour tous. On n'y trouve, bien sûr, qu'un seul corps électoral. Mais il est fait de l'addition du lobby juif, de la mafia italienne, du vote nègre, de la machine irlandaise, etc. Fondée il y a deux cents ans, l'Amérique demeure une habitude acquise: les traditions viennent d'ailleurs. Pour être aussi un pays d'immigration, le Canada rappelle, au contraire, l'Europe par ses institutions britanniques et l'existence d'une société de langue française. Les partis politiques canadiens tiennent compte, par définition, du vote francophone, du vote ethnique et du vote aborigène du Yukon et des Territoires du Nord-Ouest. Mais ils savent aussi *where the beef is*: les Canadiens d'origine britannique et française représentent 70 p. 100 de la population et leur implantation, de la vallée du Saint-Laurent à la terre de Baffin, remonte à près de cinq siècles.

En 1944, Tammany Hall était toujours le moteur de la machine électorale du Parti démocrate dans l'État de New York où l'appareil contrôlait, de surcroît, la plupart des polices municipales. Il en allait de même dans le Missouri et les États du Centre-Nord-Ouest, où la machine perpétuait le nom de son fondateur : Pendergast. Partout où les Américains d'origine irlandaise faisaient nombre, la Machine symbolisait leur force politique et témoignait d'une influence qui ne s'exerçait pas uniquement sur le plan intérieur. Même si la politique étrangère échappait à leur empire, le gouvernement respectait leur attachement à la cause de l'État libre d'Irlande. D'où le choix de Joseph Kennedy comme ambassadeur des États-Unis à la cour de St. James : « *The President regards Kennedy as likely to do less harm in London than in New York* », devait en conclure Alsop dans le *Boston Globe* du 7 octobre 1940. Ce n'est pas sans raison que la Maison-Blanche et le Congrès refusaient de s'interroger sur le nombre substantiel des cargos alliés envoyés par le fond au large des côtes d'Irlande. Aucun sénateur ou représentant d'origine irlandaise ne se gênait, d'autre part, pour alimenter au grand jour le trésor de guerre de l'*Irish Republican Army*. Le Département d'État enfin fermait pudiquement les yeux, comme il le fait encore aujourd'hui, en refusant d'assimiler les desperados de l'I.R.A. au terrorisme international.

Cela dit, ce fut un choc au sein du congrès démocrate quand on apprit que Roosevelt et Hannigan venaient d'écarter Wallace et Byrnes au bénéfice d'Harry Truman. Les journalistes n'y virent que du feu : peu le connaissaient et nul ne comprenait pourquoi F.D.R. voulait en faire le vice-président des États-Unis... Quelques grands pontes, il est vrai, s'arrêtèrent un moment à l'hypothèse d'une machination sans précédent : soit pour la condamner, comme Walter Lippmann du *Herald Tribune*, soit pour la juger habile, comme Arthur Krock du *New York Times*. Mais la *combinazione*, si intrigante fût-elle, ne pouvait retenir longtemps l'attention de la presse et des Américains. Seules comptaient l'élection du 9 novembre et l'audace d'un Président qui réclamait un quatrième mandat!

○ ○ ○

Au début de janvier 1945, le Département d'État annonce avec fanfare que huit journalistes français — dont Jean-Paul Sartre, est l'incontestable vedette — arriveront aux États-Unis le 12 courant. Ce sera la première fois que les quotidiens américains pourront se mettre sous la dent le témoignage d'hommes et de femmes sortis de la Résistance, dont le métier est d'informer. «Ça va être la fête durant quinze jours, me dit Robert de Saint Jean sur un ton narquois. Ils descendront au Plaza et Roosevelt les recevra à la Maison-Blanche, car ils sont les invités du gouvernement. Mais j'entends déjà les grincements de dents de nos chers Français de New York. Les clans ont remplacé les factions depuis la libération de Paris. Les comptes se règlent. Mais je vous téléphone pour autre chose. Notre ami Géraud-Jouve s'apprête à réorganiser de fond en comble les services de l'agence aux États-Unis et au Canada. J'ignore ce qui m'attend, mais je m'en doute... Pour ce que j'en sais, vous y trouverez votre compte. Nous avons, de toute façon, quelques mois pour nous retourner. On me dit que le remue-ménage se fera après la conférence de San Francisco, le printemps prochain. Géraud-Jouve viendra lui-même en Amérique pour présider aux changements — au pluriel. C'est surtout pour ça que je vous appelle. Je dois moi-même déménager mes pénates à San Francisco, et Paris souhaite que, durant ces deux mois, vous preniez la direction du bureau de Washington.»

Je venais à peine de raccrocher quand l'idée me vint qu'Ottawa voudrait sûrement profiter du séjour des journalistes français aux États-Unis pour les inviter au Canada. Et comme de fait, Thomas Stone, des Affaires extérieures, m'annoncera lui-même, dès le lendemain, qu'on attendait Sartre et ses collègues disponibles à la fin du mois. Robert de Saint Jean avait vu juste: la découverte de l'Amérique n'avait pas été sans ses hauts et ses bas. Adressée directement à Camus, le directeur de *Combat*, l'invitation du Département d'État prévoyait qu'il se chargerait lui-même de la composition du groupe. Mais quoique dosé comme une potion, le groupe souffrait néanmoins d'un déséquilibre certain. Qu'il ne fût pas homogène était en quelque sorte la garantie de son authenticité *. Mais on ne pouvait que déplorer l'absence d'Albert Camus et, surtout, qu'il eût demandé à Sartre de représenter *Combat* quand il était déjà l'envoyé spécial du *Figaro*. Sartre, heureusement dut faire un choix avant de venir au Canada. Avec le résultat que Pierre Brisson, le directeur du *Figaro*, devait arriver à Montréal en même temps que ses collègues qui avaient accepté l'invitation des Affaires extérieures. Andrée Viollis, qui craignait avec raison de ne pouvoir revenir aux États-Unis s'il lui fallait repasser la frontière, n'était pas à Dorval. Autre changement mais d'un ordre différent : Brisson tenait maintenant la vedette et on l'entourait comme un chef de délégation. Par un concours de circonstances, Sartre, à New York, avait dû partager sa chambre avec Robert Villers, le benjamin du groupe. Il en fut de même à l'hôtel Mont-Royal : mais ce jour-là, le pape de l'existentialisme eut la surprise de sa vie quand on lui annonça qu'on devait l'*accoupler* avec Villers **!

Dans l'ensemble, le voyage fut court et réussi. Duplessis, bien qu'il n'aimât ni les Français ni les journalistes, s'imposa de les recevoir à ses buraux du Parlement à Québec. Mis en confiance par la présence de Brisson, il demanda à l'un de ses ministres, Omer Côté, je crois, d'organiser un dîner en leur honneur. Malheureusement, j'avais déjà invité le groupe à rencontrer le même soir quelques réfractaires montréalais, dont Jean-Charles Harvey et le Dr Daniel Longpré qui ne cachait pas ses sympathies gauchistes.

«Avant d'accepter l'invitation du ministre, je voulais vous voir, me dit Sartre le matin même où les cartons leur étaient parvenus. Car nous avons déjà accepté de dîner avec vous.

---

* En plus de Sartre, à la fois correspondant du *Figaro* et de *Combat*, le groupe était constitué d'Andrée Viollis, envoyée spéciale de *L'Humanité* et de *Ce soir*, de Denoyer (*France-Soir*), de Pizella (*Libération*) et des représentants de la presse de province : Robert Villers (Lyon), Jean Terquelin (Marseille), Louis Lombart (Toulouse) et d'Étiennette Bénichon.

** *Sartre (1905-1980)*, Annie Cohen-Solal, Paris, Gallimard, 1985.

— Voulez-vous que je décommande le dîner?

— Pas du tout... Si le ministre décide de recevoir vos amis en même temps que les siens, tant mieux. Sinon, j'irai dîner avec vous... Brisson fera ce qu'il voudra!

— Je vais prendre contact avec le bureau du ministre et nous verrons bien.»

Tard dans l'après-midi, j'avais le secrétaire du ministre au bout du fil. Sur un ton gêné, il m'apprit qu'on était déjà au courant de ce qu'il appelait «une mauvaise coïncidence»: «Malheureusement, il est bien difficile de mêler nos invités...

— Dans ce cas, lui dis-je, il appartiendra à chacun de choisir. Vous auriez pu vous informer s'ils étaient libres d'accepter votre invitation... C'est placer les hôtes du gouvernement canadien dans une situation fâcheuse...»

Le même soir, Sartre et Villers m'annonçaient que, des huit, au moins cinq seraient au club Saint-Denis. De fait, seuls Brisson et un autre devaient s'excuser. Le lendemain du dîner, *Montréal-Matin* publiait un éditorial vengeur pour dénoncer «les gauchistes» et, bien sûr, *les maudits Français*!

○ ○ ○

C'était encore le plein hiver quand Jean Devau s'amena à Montréal pour assumer ma succession. Il me parut curieux que la réorganisation de l'A.F.P. s'amorçât au Canada, à partir du poste le moins important. Mais on ne pouvait douter que Devau fût l'annonciateur du changement. Rond comme un Français de la belle époque, il semblait de surcroît indifférent aux aléas de l'existence. Il vous entretenait à la fois de tout et de rien, à bâtons rompus, comme s'il avait vécu dans une quatrième dimension. Rien ne lui plaisait davantage que les situations incongrues ou singulières. Les réalités, de fait, retenaient moins son attention que leur aspect insolite. Comme il aimait en plus jouer les distraits, cela vous déroutait; du moins jusqu'au moment où un mot drôle, jeté à la dérobée, vous révélait qu'il n'avait rien perdu de ce que vous lui disiez. Son ton débonnaire et son sens de l'humour faisaient le reste et le rendaient attachant.

«Si je suis le premier à occuper son poste, me dit-il, c'est que j'étais le plus pressé à venir en Amérique... Ça peut te sembler une idée saugrenue, mais le Canada, pour nous, c'est en marge des États-Unis. Ici, il y a peu à changer pour tout changer... Tu dois aussi prendre la relève de Robert de Saint Jean durant la conférence de San Francisco. Tu t'en doutes peut-être: à moins d'un changement d'aiguillage, on entend te donner Washington. Mais il ne faut pas le dire, *because* on ne sait pas encore si Saint Jean restera avec l'agence ou s'il sera muté aux Affaires étrangères... J'ajoute sous le sceau de la confidence — car c'est un secret de la Résistance — que les chers confrères ont faim. Nommer un Canadien chef de poste à Washington, c'est pas de la tarte pour Géraud-Jouve...»

Devau était un peu flemmard sur les bords. Mais un jour, je me crus obligé de lui dire qu'il devait faire son apprentissage du Canada. «J'y ai pensé, me dit-il. Réflexion faite, pour bien comprendre un pays, il faut en parler la langue et en connaître la cuisine... Pour la bouffe, ça va. Mon estomac commence à s'y faire. Il me reste à apprendre l'anglais. Je vais m'y mettre demain...» Devau avait des théories sur tout. Sur le plan linguistique, la méthode consistait à mémoriser cinq mots anglais par jour et à les loger dans le vocabulaire français. Le foie de veau, par exemple, devenait un *veal liver... à l'anglaise*! Comme il y mettait de l'application, il fallait être bilingue pour le comprendre! Sa curiosité ne se démentait jamais. Je me rappelle sa joie de découvrir un bifteck d'ours au menu du Château Laurier à Ottawa: «Manger de l'ours! J'espère que c'est du polaire... J'en veux et, avec ça, tu vas nous commander du vin canadien.

— Mais ça n'est pas buvable...

— Malade ou pas, il faut que j'en boive... C'est comme l'anglais: tant pis si ça ne passe pas facilement!»

Le Saguenay et le Lac Saint-Jean furent le moment fort de sa découverte du Canada. «C'est merveilleux, me dit-il un soir, à Chicoutimi, où il s'était rendu compte que le *Red Ensign* nous tenait lieu de drapeau. Quelle leçon! Un pays qui participe pour la seconde fois à une guerre mondiale et qui n'a pas de drapeau! Si personne n'en avait un, on ferait moins les cons... Tu penses pas?» Mais ce qui l'étonna davantage fut de s'entendre dire, dans une pension de Péribonka, qu'«après Chibougamau, il n'y avait plus rien»:

«Non, mais tu entends? Pas la peine de continuer, car après il n'y a plus rien... Partout ailleurs dans notre monde, on a une frontière devant soi... Ici, rien et pas de drapeau!»

CHAPITRE
XXI

La guerre n'avait pas été sans altérer les relations entre les hommes politiques et les journalistes. Par la force des choses, les rapports, pour être moins restreints, étaient devenus plus formels. Les chefs de gouvernement devaient en effet se montrer prudents dans leurs déclarations publiques; mais la presse savait aussi faire preuve de discrétion quand il s'agissait de «secrets bien gardés». En contrepartie, les leaders acceptaient volontiers de répondre aux questions des correspondants — du moins quand ils les jugeaient appropriées. Roosevelt avait acquis, à cet égard, un étonnant savoir-faire, et Churchill n'hésitait pas à se livrer à des improvisations calculées qui faisaient la Une à tout coup. Chacun se comportait selon son tempérament, et les ratés étaient rares.

Aux rencontres souvent imprévisibles avec la presse écrite et parlée, Mackenzie King préférait de beaucoup l'atmosphère de la Chambre où ses interventions presque toujours ambiguës, pouvaient être interprétées, en temps opportun, dans un sens ou dans l'autre. Il aimait bien, par contre, se confier à quelques journalistes triés sur le volet qu'il recevait généralement dans ses bureaux du Conseil privé ou parfois à dîner au Parlement. Non pour leur révéler ses intentions ou leur annoncer quelque projet; mais pour les éclairer sur *son oeuvre* et les instruire des dangers qui la menaçaient. Je n'avais jamais été convié à l'une de ces soirées-confidences. Aussi quand je fus invité à me rendre à Ottawa, je mis quelques instants à comprendre que le carton s'adressait en réalité au correspondant de France-Presse : le Premier Ministre était aussi le secrétaire d'État aux Affaires extérieures et deux mois à peine nous séparaient de la fondation des Nations Unies.

Nous étions huit autour d'une table carrée : King, au centre, avait à ses côtés Grattan O'Leary, le directeur de l'*Ottawa Journal*, et Grant Dexter, de la *Winnipeg Free Press*, le plus illustre des journalistes politiques de cette époque. Bruce Hutchison *, faisait face au Premier Ministre. J'occupais un bout de la table en vis-à-vis de Blair Fraser, de la *Montreal Gazette*. Deux noms malheureusement m'échappent. Nous savions tous que le gouvernement, en selle depuis 1940, demanderait le renouvellement de son mandat avant l'été ; mais aussi que l'Allemagne agonisait et que la guerre contre le Japon nous concernait peu. Le Canada, d'autre part, s'était industrialisé sans inflation grâce au contrôle des prix et des salaires. Enfin, la crise de la conscription n'avait pas eu lieu et nous touchions «aux lendemains qui chantent». Pourquoi s'inquiéter ? Mais dans ce cas, pourquoi le Premier Ministre avait-il voulu nous faire les honneurs de sa table ?

D'abord générale, la conversation s'amenuisa pour s'arrêter enfin aux interrogations que Mackenzie King lui-même formulait, mais qui demeuraient sans réponse puisqu'elles s'adressaient aux prochaines générations. Il ne plaidait pas un dossier. Il nous livrait plutôt, mais d'une manière spontanée, l'essentiel de ses tourments — comme si notre présence l'aidait à donner un sens concret à ce qu'on appelle des vues de l'esprit parce qu'elles échappent aux réalités d'aujourd'hui. Mais comment résumer ses propos ?

Mackenzie King était un homme de parti parce que, si la politique reste l'art du possible, rien n'est possible sans

---

* Bruce Hutchison publiera en 1952 une excellente biographie de Mackenzie King : *The Incredible Canadian*.

l'exercice du pouvoir. Personne n'a su gouverner l'État canadien d'une main plus assurée; mais mieux que quiconque, il savait aussi déléguer ses responsabilités. Transposé sur le plan de l'administration, le principe de la solidarité ministérielle devait nous valoir un régime de barons qui veillaient (au sein d'un gouvernement implanté en Ontario et à la direction d'un parti pancanadien) aux intérêts spécifiques des Maritimes, du Québec et des Prairies: Norman Rogers, Ernest Lapointe et James Gardiner.

> Je ne suis pas un homme de guerre et le Canada demeure un pays fragile, dans un sens inachevé. J'appréhendais les difficultés et les confrontations auxquelles le gouvernement aurait à faire face. Il m'a fallu plus de courage qu'on ne le croit pour déclarer la guerre [...]. Et je n'aurais pu sans doute m'y résigner, si je n'avais eu à mes côtés Norman Rogers, Ernest Lapointe et Raoul Dandurand *.

Membre du Conseil privé depuis le 2 juin 1909, King avait servi au premier rang durant les heures les plus tourmentées et les plus orageuses de notre histoire politique. Ignorant le français, sans charisme et adepte des arts divinatoires, il avait fait de *Laurier House* une tour d'ivoire. Nul cependant ne connaissait mieux les Canadiens — comme le révèle cette formule lapidaire qui résume toute sa pensée: « *Too much geography, not enough history.* »

> Nous avons gagné la guerre et, cette fois, le Canada n'en sort pas déchiré. Mais peut-on parler d'unité nationale comme d'une chose faite? Comment, par exemple, échapper aux disparités régionales? Nous avons une histoire commune, mais bien récente. Dans quelle mesure sert-elle à nous unir? Nous sortons de la guerre et nous pensons surtout aux Canadiens français. Mais partout on parle de l'omniprésence de *Central Canada*, c'est-à-dire de l'Ontario. Dans ces conditions, on peut se demander si notre pays pourrait survivre à

---

* Ministre de la Défense nationale, Norman Rogers se tua dans un accident d'avion le 10 juin 1940. Il représentait en outre, au sein du cabinet, l'aile gauche ou réformiste du Parti libéral. Ernest Lapointe devait disparaître le 26 novembre 1941, à la veille du référendum sur le service obligatoire pour outre-mer. Raoul Dandurand était le conseiller privilégié du Premier Ministre pour les questions de politique étrangère. Il succomba à une assez brève maladie le 11 mars 1942, à l'âge de 81 ans.

la sécession du Québec. Qui sait si les provinces Maritimes, une fois isolées, ne tiendraient pas l'annexion aux États-Unis pour la seule solution de rechange? À part l'Ontario, quelle autre province aurait intérêt ou même la volonté de vouloir demeurer canadienne?

Le budget fédéral, à l'automne de 1939, s'élevait à 600 millions de dollars. À la déclaration de guerre, le Parlement vote une rallonge de 100 millions pour satisfaire aux obligations de la défense nationale. À la suite de la décision d'envoyer un corps expéditionnaire outre-mer, Londres propose l'aménagement au Canada d'un *Commonwealth air training ground*. Coût prévu: 700 millions dont le gouvernement canadien accepte d'éponger plus de la moitié, soit 354 millions de dollars*. Au lendemain de l'armistice franco-allemand, l'Angleterre se trouve littéralement assiégée. Le Canada, non sans raison, lui fait don d'un milliard. Ce n'est que le premier... À la fin des hostilités, la Grande-Bretagne aura reçu des contribuables canadiens près de 3 milliards 500 millions de dollars — sans compter les emprunts. Comment ne pas se tourner vers les États-Unis? Roosevelt s'était engagé, dès 1939, à venir en aide au Canada pour qu'il pût voir à sa propre défense. À Ogdensburg, l'année suivante, King et Roosevelt décident d'assurer en commun la défense du continent nord-américain. Sous le couvert de ces accords, les États-Unis auront tôt fait d'absorber les deux tiers de nos exportations.

L'excédent de nos échanges avec la Grande-Bretagne nous permettait, avant la guerre, de compenser le déficit constant de notre balance de commerce avec les États-Unis. Il n'en sera plus ainsi; sur le plan économique, l'Angleterre sort appauvrie du conflit... Le Canada, par contre, s'est industrialisé. Nous deviendrons une puissance commerciale. Mais notre prospérité dépendra de plus en plus de nos relations économiques avec nos voisins du Sud. C'est un risque calculé que nous sommes forcés de courir, car les Canadiens exigeront, de plus en plus, un standard de vie comparable à celui des Américains. Malheureusement, nous n'avons ni la population ni les ressources financières voulues pour soute-

---

* L'autre moitié était répartie entre la Grande-Bretagne (185 millions), l'Australie (40 millions) et la Nouvelle-Zélande (28 millions).

nir la comparaison. Cette situation, à la longue, soulèvera la question de notre identité et les provinces réagiront, comme toujours, de façon différente...

Beaucoup des ministres de King jugeaient que les ressources financières d'un État industrialisé dépendent, en dernière analyse, de sa croissance démographique, c'est-à-dire de la taille prévue de sa population. Louis Saint-Laurent rêvait d'un Canada fort de trente ou de quarante millions d'habitants. C.D. Howe, de son côté, calculait qu'un plus grand nombre de contribuables signifiait, par définition, de meilleures rentrées fiscales. Ils avaient raison — mais en théorie. Quand la natalité ne suffit plus, il faut se rabattre sur l'immigration et quand on est sans travail, on ne paie pas d'impôts. Ce qui explique pourquoi le Premier Ministre s'interrogeait, pour sa part, sur la nature du Canada et, plus précisément, sur la composition de sa population.

> Dans une large mesure, l'unité nationale est une question d'équilibre entre les Canadiens de langue anglaise et les Canadiens français. Tous les gouvernements, depuis 1867, en ont tenu compte. Lors du peuplement des provinces de l'Ouest, en 1891, à la Première Guerre mondiale, nous avons ouvert nos portes à trois millions d'immigrants. Laurier et Borden ont voulu cependant s'assurer que, dans un temps donné, ces nouveaux Canadiens pourraient s'intégrer à l'ensemble de la population canadienne. Notre politique d'immigration, dans ce sens, a toujours été restrictive. Le Canada dont l'unité remonte à la Confédération, pouvait-il se comporter autrement sans mettre en péril son identité? Le pourcentage des Canadiens français est d'ailleurs demeuré le même depuis 1867. Tous les recensements le démontrent. L'immigration a modifié la composition du Canada anglais, mais elle n'a pas changé le rapport des forces. Nous devons faire preuve de prudence. Nos divisions commencent à peine à s'estomper... Le Canada doit demeurer un pays d'immigration, mais dans la mesure où il pourra encore se raccrocher à ses traditions britanniques et françaises, c'est-à-dire à ses origines.

Ces propos de Mackenzie King donnaient à réfléchir. Car ils semblaient contredire l'une des théories qui alimentaient la propagande alliée et sur laquelle on s'apprêtait à fonder les Nations Unies: la terre est une! Ils devaient cependant me revenir au fur et à mesure que l'expérience vécue des États européens, à la suite de la décolonisation, m'enseignait combien les transferts de traditions et d'habitudes peuvent être pénibles. Ces propos cependant prendront tout leur sens quand, les circonstances aidant, je me suis interrogé sur la résurrection des ghettos dans les grandes villes d'Europe et d'Amérique... Combien de siècles faut-il aux hommes pour devenir monothéistes et combien aux croyants pour accepter la libre pensée?

○ ○ ○

Le 12 avril 1945 allait être l'un de ces jours que les Romains marquaient d'un caillou. Nous savons, depuis le matin, que Roosevelt est mort au cours de la nuit. Mais il n'existe pas de liaison aérienne Montréal-Washington et nous prenons l'avion pour New York à l'heure prévue. C'est dans une ville en grand deuil que nous descendons en fin d'après-midi. Plongés dans un semi-black-out, Fifth Avenue, 42nd Street et Times Square sont déserts et comme abandonnés. Seuls quelques immeubles restent illuminés. Tous les théâtres font relâche et la plupart des restaurants sont fermés. L'absence de bruit surtout nous révèle à quel point l'Amérique se sent désemparée.

À notre arrivée au Barclay's, on nous remet un mot de Jules Romains. Il nous invite à dîner, mais Henry Torrès soldera l'addition. Le plus célèbre des criminalistes français, Torrès est aussi l'auteur d'un pamphlet remarqué contre Pierre Laval. Gaulliste de fraîche date, il sert de tête d'affiche à *France forever*. Nous connaissons les Romains depuis Québec où Jean-Charles Harvey les avait invités, après la débâcle de juin 1940, pour s'entendre dire par l'illustre écrivain au cours d'une réception : «Je vous serais reconnaissant de vous taire quand je parle!» Autant sa femme, née Rothschild mais de la branche cadette, se veut discrète et se montre gentille, autant lui-même est d'un naturel parcimonieux et d'une incorrigible vanité. Mais avant tout, Jules Romains nous a donné *Les Hommes de bonne volonté** comme

---

* Nouvelle «comédie humaine» de l'entre-deux-guerres, les 22 volumes des *Hommes de bonne volonté* furent publiés chez Flammarion entre 1932 et 1947.

Dos Passos *U.S.A.* *. Nous leur devons d'avoir renouvelé le roman par la magie de l'unanimisme et, du même coup, la sociologie. Ce que Sartre dit de Dos Passos s'applique mot pour mot à Jules Romains :

> L'homme vu du dehors [...] notations précises, poussées jusqu'à l'ennui, de ce qu'il y a de général dans un individu... Impression de foule, et, par là-même, du monde... Le monde est vu successivement du point de vue de chacun... Individu submergé dans le monde... faire sentir comme est petit un homme parmi les hommes... **

Dans *Situation III*, Sartre n'hésite pas à écrire : « Je tiens Dos Passos pour le plus grand écrivain de notre temps. » Seul, à mes yeux, Jules Romains peut lui être comparé. C'est toute la France libérale qui peuple *Les Hommes de bonne volonté* : mille et un personnages qui vivent la France au jour le jour, de façon unanime ou en même temps, et qui expriment des tranches de vie simultanées, mais non une existence commune.

Au cours du dîner, nous n'avons parlé malheureusement ni de littérature unanimiste ni de Dos Passos... Seule Mme Romains témoignait d'ailleurs de quelque intérêt pour les États-Unis ; la seule aussi qui, en cinq ans, se fut donné la peine d'apprendre à se débrouiller en anglais. Pour une fois en état d'infériorité, Jules Romains en éprouvait une humiliation certaine et Torrès, qui baragouinait l'américain, en tirait, par comparaison, une vive satisfaction. La mort de Roosevelt bien sûr les touchait, mais pour des raisons personnelles : dans quelle mesure risquait-elle de retarder leur retour à Paris ? Comme Georges Duhamel et certains écrivains français, Jules Romains s'indignait que les Nord-Américains n'eussent, pour les auteurs renommés, les mêmes égards que l'Europe souvent leur réserve. Henry Torrès, pour sa part, se montrait pressé de retrouver la IIIe République et d'y reprendre son rôle.

---

* *U.S.A.*, titre sous lequel Random House Inc. a regroupé, dans *The Modern Library*, la trilogie de John Dos Passos : *The 42nd Parallel, Nineteen Nineteen* et *The Big Money.*

** Notes inédites de Sartre, archives Simone de Beauvoir, citées par Annie Cohen-Solal dans *Sartre.*

○ ○ ○

Au lieu de me précipiter aux bureaux de France-Presse, j'aurais dû prendre le temps de déjeuner. Robert de Saint Jean, visiblement surmené et d'humeur massacrante, me souhaite la bienvenue tout en me disant : «Venez que je vous présente à nos collègues. Nous nous verrons plus tard. La mort de Roosevelt est en train de nous épuiser...» Les présentations sont vite faites : il n'y a personne à la rédaction ! Seule la secrétaire de l'agence, Hélène van Gelder, coiffée d'un casque d'écoute, monte la garde devant le téléscripteur qui nous rattache au bureau de New York d'où se fait la transmission.

«Mais où sont-ils ? s'exclame de Saint Jean.

— Vivian Lovell est à la Maison-Blanche, Davidson au Département d'État et Marie de Gattégno au Congrès, lui rappelle la secrétaire.

— C'est à devenir fou ! Tant pis, vous ferez connaissance avec eux quand ils reviendront. Excusez-moi, mais j'ai un topo à terminer», me dit-il encore en tournant les talons.

Je sors manger un sandwich pour revenir vingt minutes plus tard. Robert de Saint Jean, porte fermée, rédige toujours son *diplomaticer*, c'est-à-dire son papier sur les répercussions prévues de l'événement au sein de l'alliance. La secrétaire, qui a retiré son casque, me demande si je me suis déjà inscrit à l'hôtel : «Vous savez, me dit-elle avec un accent belge prononcé, vous avez intérêt à le faire maintenant. Votre chambre est retenue au LaFayette, à Pennsylvania Avenue qui donne sur la Maison-Blanche, à cinq minutes d'ici. Avec la mort du Président, tout est sens dessus dessous. Vous avez tout le temps avant qu'ils reviennent au bureau.»

À mon retour, ils sont tous là — moins de Saint Jean. Mais un mot me donne rendez-vous pour le dîner.

«Voulez-vous voir les dépêches expédiées depuis ce matin ? me suggère Vivian Lovell.

— Ce n'est pas la peine. Il n'y en a que pour Roosevelt sans doute et nous sommes tous là.

— Autant vous le dire tout de suite : on a raté la mort du Président...

— Ça n'a pas dû être facile.

— C'est de l'humour noir, lance Jean Davidson. Mais à Paris, on n'a pas rigolé. Quels corniauds qu'ils ont dû dire !

— Comment peut-on louper la mort du Président quand on est à Washington ? »

Il leur faut moins d'une heure pour me mettre au courant et s'expliquer. L'équipe est diminutive. Au Congrès, par exemple, De Gattégno doit faire face à soixante *staffers* et pigistes de l'Associated Press. On a beau jouer au bridge comme une Égyptienne, donc savoir devancer les coups, il y a des limites à tout. De même Lovell et Davidson doivent être partout à la fois ; mais ils ne peuvent être partout tout le temps. Le bureau de New York rattrape souvent le morceau qui manque, parfois en catastrophe. Mais que faire si un événement d'importance majeure survient *in the dead of the night*, entre 2 et 5 heures du matin ? « Quand nous avons trente secondes de retard sur la concurrence, Paris rugit, précise de Saint Jean durant le dîner. Cette fois, l'A.P. avait trois heures d'avance sur nous... On a sauté au plafond ! Et je les comprends : c'est toujours l'heure de tombée d'un journal quelque part dans le monde. Mais je ne peux quand même pas coucher à la Maison-Blanche tous les soirs ! Vous le savez déjà : assurer la permanence reste au-dessus de nos moyens. La solution ? Une sonnette d'alarme, un *pony-service* comme on dit. À New York, c'est tout plein de ces petites agences et elles coûtent peu. Souhaitons que ça vienne avec la réorganisation. »

Sans être un auteur remarqué, Robert de Saint Jean jouissait depuis longtemps de l'amitié et de la confiance des intellectuels parisiens. À Washington comme à New York, peu de portes lui sont fermées. Au contraire de la plupart des littérateurs français réfugiés aux États-Unis, les écrivains américains n'ont pour lui aucun secret : car en plus de pouvoir les situer, il sait les évaluer et les juger. L'ancien secrétaire de *La Revue hebdomadaire* ne manque ni d'assurance ni d'imagination ; mais il a surtout le nez fin et la main sûre. Ne lui doit-on pas d'avoir découvert Julien Green dès 1927 ? D'avoir fait, de cet excellent auteur de langue anglaise, l'une des gloires de la littérature française que l'Académie reconnaissante accueillera dans son sein en 1971 ? Et d'avoir osé, de surcroît, illustrer *Adrienne Mesurat* de photographies à une époque où les éditeurs s'en tenaient aux gravures sur acier ou sur bois ? Comment s'étonner que France Libre, dans ces conditions, lui ait confié la direction de ses services d'information aux États-Unis et que Pierre Lazareff l'ait invité à *The Voice of America*? Mais cela n'en fait pas pour autant un agencier.

On peut s'adonner à la pratique d'un métier ou d'une profession libérale sans y être appelé — et parvenir avec le temps à une certaine dextérité. Mais il faut la vocation, servie par un talent certain, pour que la connaissance d'une technique ou d'un art devienne une seconde nature. Écrire, peindre ou sculpter échappent à la règle : ne parle pas directement au public qui veut. C'est avec un succès inégal qu'on oeuvre dans ces domaines. Mais arrive-t-on au sommet de ces entreprises solitaires, qu'il ne viendra à l'idée de personne de vous donner du *old pro*! Un quotidien, un film ou un orchestre ont toujours été au contraire des entreprises collectives : il vous faut compter sur les autres comme les autres comptent sur vous.

Au café, Robert de Saint Jean se décide enfin à m'entretenir du partage des tâches durant son absence : « Le gouvernement va se transporter à San Francisco. Pour ce qui en restera ici, vous aurez la vie facile. Les décisions politiques qui se prendront durant la conférence auront quand même un autre intérêt que les questions d'administration... Nous serons reliés, de toute façon, par téléscripteur et vous me tiendrez au courant. Je vous souhaite quand même que Truman ne casse pas sa pipe...»

Que pouvait-il dire de plus ? De Saint Jean n'aimait ni parler métier ni se livrer à de longues dissertations sur la pratique du journalisme. Mais il s'attardait volontiers sur les hommes et les événements. «Nous sommes, bien malgré nous, à l'avant-garde des Nations Unies. Vivian Lovell et Jean Davidson sont nés en France, mais de parents américains. Marie de Gattégno a fait ses études au lycée français du Caire avant de se fixer à Paris. Ils travaillent bien et vous n'aurez qu'à vous en féliciter.

— Quand vous devez vous absenter, qui prend la barre ? Qui est le Numéro Deux ?

— Si vous êtes là, c'est la preuve qu'il n'y en a pas... Davidson est un crack, l'un des meilleurs correspondants de Washington. Mais ne lui demandez pas de diriger une équipe. Vivian a le feu sacré. Ça pourrait aller, mais pas longtemps : elle fait un peu maîtresse d'école. »

Robert de Saint Jean ne s'intéressait que médiocrement aux faits du jour, à la couverture de l'actualité. Quand il épiloguait sur la presse américaine, on se retrouvait vite au sommet de la hiérarchie ! Il témoignait d'une admiration sans réserve pour Walter Lippmann auquel le liait une amitié qui remontait au début des années trente. Mais son intérêt s'arrêtait à James Reston, du *New York Times*, ou à ce niveau. Car il se refusait à voir, comme on disait alors, « *the man behind the man behind gun* ». Ce qu'il appelait « la piétaille » devenait une abstraction. Jamais il ne lui était venu à l'esprit, semble-t-il, que, sans elle, ni les agences de presse ni les journaux d'information n'existeraient.

○ ○ ○

L'arrivée de Géraud-Jouve va bouleverser l'ordre des choses selon de Saint Jean : « Ce n'est pas à Washington que nous avons besoin de Gagnon, mais à San Francisco. Il est Canadien ; ça facilitera les relations avec sa délégation comme avec les Britanniques et les Américains en général. Nous nous occuperons des Français et des Russes. Gerville Réache se chargera de l'Amérique latine. Pour les autres, nous verrons... » De Saint Jean retrouve, du coup, son humeur des mauvais jours. Mais que faire quand la tradition et votre sens de la hiérarchie vous commandent de respecter à la lettre les décisions du directeur général ? « Dans ce cas, dit-il, je prendrai l'avion le 23 avril et je veillerai de San Francisco à la marche du bureau. »

Le train spécial, réservé aux correspondants en poste à Washington, mettra quatre jours et trois nuits pour nous amener en Californie par la route de Cheyenne qui coupe à travers le pays des mormons. Les grandes agences dont

T.A.S.S. et France-Presse occupent les deux premières voitures ; puis viennent les quotidiens de première catégorie. Les autres suivent... Les envoyés spéciaux des journaux non inscrits aux tribunes de la presse ont dû se débrouiller seuls. Mais deux femmes sont quand même montées à bord malgré la directive du Département d'État : Geneviève Tabouis et Andrée Viollis.

Mme Tabouis, quoique venue directement de Paris, a trouvé grâce parce qu'on la tient pour «la Dorothy Thompson française» : si l'authentique jouit d'un prestige assuré du fait que sa *column* paraît en alternance avec celle de Walter Lippmann, Geneviève Tabouis profite du respect que l'âge vous assure quand il s'allie à un libéralisme de bon aloi. Andrée Viollis, son aînée de dix ans, sait tirer profit des situations difficiles, mais acquises. Correspondante de *L'Humanité*, l'organe du P.C., elle se présente comme l'interprète autorisée de Maurice Thorez (dit le *Fils du peuple*) que De Gaulle s'apprête à faire entrer au gouvernement provisoire. Les Américains, pour l'heure, n'osent s'y frotter. Car Andrée Viollis demeure, pour les Français, la directrice de *Vendredi*, l'hebdomadaire du Front populaire d'avant-guerre, et, à ce titre, le symbole de la réconciliation amorcée dans la Résistance. Devenue intouchable, Andrée Viollis a pris le départ à la même heure que Geneviève Tabouis, tout en ayant soin de mettre entre elles quelques voitures. Elles se retrouveront le premier matin dans le même wagon-restaurant — mais de bout en bout. Henry Cassidy, qui a été, durant de nombreuses années, correspondant de presse à Paris et à Moscou avant d'être nommé chef du bureau de *Newsweek* à Washington, décide aussitôt d'ouvrir les paris : «Tu verras, elles déjeuneront ensemble avant d'arriver à San Francisco. Le sang, c'est plus épais que l'encre...» Et quand le surlendemain, il les surprend assises à la même table, devant un même bifteck, il leur fait porter une bouteille de vin rouge de la Californie, mais me remet l'addition !

CHAPITRE
XXII

Au Congrès de Vienne, Napoléon exilé à l'île d'Elbe, Metternich et Talleyrand referont l'Europe. Mais l'esquisse ne prendra forme qu'après Waterloo. Quinze mois s'écouleront entre les adieux de Fontainebleau et l'arrivée à Sainte-Hélène. La Conférence de San Francisco s'inscrit aussi dans une longue suite de manoeuvres politiques et militaires. Mais signe des temps, tout va se jouer en six mois et, de Yalta à Potsdam, la liste des premiers rôles ne cesse de se raccourcir : mort de Roosevelt, suicide d'Hitler, chute de Churchill.

Tout commence à Yalta qui se terminera le 12 février 1945, soit dix semaines avant l'ouverture de la Conférence de San Francisco, le 25 avril; donc avant la capitulation du Reich et avant la Bombe. Certes l'Allemagne agonise, mais le Japon tient Singapour, les Philippines, l'Indonésie, l'Indochine, les Aléoutiennes et la Birmanie... À Potsdam, au début d'août, Staline, Truman et Attlee feront le point sur les décisions arrêtées à Yalta et à San Francisco. Mais c'est rentré à Moscou que Staline apprendra, trois jours plus tard, que les États-Unis ont largué leur première bombe atomique sur Hiroshima !

Ce n'est qu'en 1955, après la publication des derniers documents relatifs aux accords de Yalta, qu'on en saisira toute l'importance «pour la suite du monde». Roosevelt et Staline sont morts; Churchill a 81 ans. Qui reste pour en faire l'exégèse? D'où les interprétations contradictoires qui troublent encore les esprits. Ni la France ni la Chine ne participent à cette rencontre tripartite. Churchill lui-même ne sera que le témoin d'un face à face. Staline sait exactement ce qu'il veut. Au premier chef: la paix pour cinquante ans! Roosevelt juge, de son côté, que les États-Unis et l'Union soviétique — qu'il voit comme des continents aux richesses inépuisables — doivent s'unir pour relever l'Europe de ses ruines et refaire l'Asie. Churchill ne croit pas à ce grand dessein qui prévoit aussi la fin des empires coloniaux. Mais il comprend l'inquiétude de Staline, comme ses Mémoires * en font foi:

> Stalin said he feared that, though the three Great Powers were allies today, and would none of them commit any act of agression, in ten years or less the three leaders would disappear and a new generation would come into power which had not experienced the war and would forget what we had gone through. «All of us, he declared, want to secure peace for at least fifty years. The greatest danger is conflict among ourselves, because if we remain united the German menace is not very important. Therefore we must now think how to secure our unity in the future, and how to guarantee that the three Great Powers (and possibly China and France) will maintain a united front. Some system must be elaborated to prevent conflict between the main Great Powers.»

Quand la conférence de Yalta prend fin, le communiqué officiel annonce que, à la suite de la reddition sans conditions de la Wehrmacht, l'Allemagne démilitarisée sera coupée en deux et ne reprendra sa place dans le concert des nations qu'une fois dénazifiée. Quant aux conditions qui lui seront faites, le communiqué n'en dit mot et l'envoyé spécial du *Daily Mail*, de Londres, note «*that the terms have been prepared but will not be made known until the final defeat of Germany*». Ce n'est que subséquemment qu'on fera état des accords secrets. Il appert cependant que Roosevelt et Chur-

---

* *Triumph and Tragedy (1943-1945)*, Cambridge, the Riverside Press. Le premier des six volumes des Mémoires de guerre de Churchill a paru en 1948 et le dernier en 1953.

chill ont reconnu, de façon implicite, l'existence éventuelle de sphères d'influence obéissant aux impératifs de l'histoire et de la géographie. Mais aucun document n'existe qui démontre que les pays libérés de l'Europe orientale seront soviétisés contre leur gré ou, qu'à défaut d'un statut de neutralité, leurs politiques seront axées sur celles de l'alliance occidentale. Seule la Pologne fait l'objet d'une attention spéciale : le communiqué confirme la création d'une commission tripartite chargée de l'organisation d'un gouvernement provisoire où seront représentés, au même titre, les Polonais de Londres et ceux de Lublin. Cette commission siégera à Moscou et comprendra Viatcheslav Molotov, ministre des Affaires étrangères de l'U.R.S.S., Averell Harriman et Sir Archibald Clark Kerr, respectivement ambassadeur des États-Unis et de la Grande-Bretagne en Union soviétique.

On s'étonne aujourd'hui que le communiqué du 12 février ne fasse aucune référence au Japon. Pouvait-il en être autrement ? Les Britanniques se battent en Birmanie, les Américains un peu partout dans le Pacifique, mais l'intervention des Russes fait encore l'objet de la négociation engagée entre Staline et Roosevelt. Le Président ne croit pas à la possibilité d'une victoire prochaine en Asie. Car rien ne prouve encore la *feasibility* d'une bombe atomique. Dans la perspective d'hostilités prolongées, il ne lui rebute pas de se montrer accommodant. L'entente, en conséquence, portera sur deux points précis :

1) Staline s'engage à intervenir contre le Japon « deux ou trois mois » après la reddition de la Wehrmacht. De fait, l'Armée rouge occupera Port-Arthur, trois mois après la capitulation de l'Allemagne nazie, le 7 mai 1945.

2) Roosevelt, en échange, accepte par anticipation l'annexion des Kouriles et de la partie sud de l'île Sakhaline (c'est-à-dire la restitution des positions perdues à la suite de la guerre russo-japonaise de 1905) et la création d'une administration commune sino-soviétique des chemins de fer mandchous.

Si les accords concernant le Japon demeurent secrets, le communiqué annonce que la conférence de fondation des Nations Unies se réunira à San Francisco le 25 avril. Ce qui permet à William Broadbent, le correspondant du *Daily Mail*, d'en tirer cette conclusion : « *San Francisco is on the way to Japan.* »

À Yalta, Roosevelt et Churchill, sensibles aux arguments de Staline sur l'unité essentielle des grandes puissances, reconnaîtront la nécessité du droit de veto. Et Churchill dit pourquoi :

> *After much striving and explanation, we persuaded him* [Staline] *to accept an American scheme whereby the Security Council would be virtually powerless unless the « Big Four » were unanimous. If the United States, the U.S.S.R., Great Britain and China disagreed on any major topic, then any one of them could refuse their assent and stop the Council doing anything. Here was the veto* *.

On a beaucoup ergoté sur le droit de veto qu'on reconnaît aux Cinq Grands. Au point que l'Assemblée générale, à certaines conditions, peut aujourd'hui passer outre. Mais après plus de quarante ans, il s'avère que tous les peuples y trouvent leur profit. Seules les grandes puissances ont le pouvoir et les moyens d'empêcher qu'un conflit localisé, si meurtrier soit-il, ne dégénère en guerre mondiale. Le sens commun exige, conséquemment, qu'on leur donne le droit de différer d'opinion sans mettre la paix du monde en péril — fût-ce au prix d'un veto. Dès l'instant où l'on acceptait le principe de l'égalité des États, le droit de veto devenait d'ailleurs indispensable. Certes, tout gouvernement démocratique est fondé sur le suffrage universel. Mais c'est folie de soutenir que l'universalité des Nations Unies doive obéir à la même règle. Quel homme sensé peut croire que la démocratie commande qu'un État-nation d'un million d'habitants ait rigoureusement le droit d'annuler le vote de la Chine populaire qui en compte un milliard ?

Quoique lui-même favorable à l'universalité des Nations Unies et à l'égalité du droit de vote, Roosevelt n'était pas indifférent aux difficultés que ces questions soulevaient. Aussi quand Staline, à Yalta, proposa que l'Ukraine et la Biélorussie fussent directement représentées à l'Assemblée

---

* *Triumph and Tragedy (1943-1945).*

générale, sa réaction fut loin d'être négative. Le communiqué du 12 février n'en avait soufflé mot; mais tous les journaux américains en parlaient ouvertement à la veille de San Francisco. À telle enseigne qu'à sa dernière conférence de presse, le 5 avril, le Président n'hésita pas à rappeler l'échange qu'il avait eu à ce sujet avec Staline * :

> *I said, « I think it would be all right but I don't know how the Assembly will vote. »*
> *He said, « Would you favor it? »*
> *I said, « Yes, largely on sentimental grounds. If I were on a delegation, which I am not, I would probably vote 'yes'. »*

○ ○ ○

Au moment où s'ouvre la Conférence de San Francisco, le droit de veto est une question tranchée; de même, l'Ukraine et la Biélorussie siégeront à l'Assemblée générale. Les Trois Grands, par contre, croient toujours que les *Big Four* — c'est-à-dire eux et la Chine — doivent être les seuls à pouvoir recourir au veto. En d'autres termes, on remet en cause le rôle historique de la France; au point que l'Amérique reste opposée à la reconnaissance du français comme l'autre langue de travail du système des Nations Unies. Dirigée par Georges Bidault, la délégation française se met immédiatement à l'oeuvre pour renverser le cours des choses. Ancien directeur de *L'Oeuvre*, l'organe de la démocratie-chrétienne, ex-président du Conseil national de la Résistance et fondateur du Mouvement républicain populaire, Bidault est alors ministre des Affaires étrangères du gouvernement provisoire présidé par De Gaulle. Libéral et résolument Européen, il a l'oreille de Londres et le respect d'Edward Stetinius, le chef de la diplomatie américaine. La conférence ne prendra fin que le 26 juin et Paul Boncour lui succédera en cours de route. Il en ira de même du côté canadien : Mackenzie King, Louis Saint-Laurent et Lester Pearson, ambassadeur à Washington, deviendront interchangeables. Lord Halifax et Viatcheslav Molotov, également impassibles mais d'allure contradictoire, se feront au contraire une obligation de parti-

---

* Voir le document E en appendice.

ciper jusqu'à la fin aux travaux de l'Assemblée générale qui se réunit tous les jours au Veterans Building.

Pour France-Presse, la situation se révèle taillée sur mesure : s'accrocher à Bidault et aux délégations qui peuvent influencer les décisions de l'Assemblée. L'Angleterre n'est pas une puissance continentale et demain l'Allemagne sera un pays battu. Le sens commun veut que la France retrouve sa place à la tête de l'Europe libérée et qu'on lui reconnaisse par conséquent un droit de veto. L'U.R.S.S., déjà minoritaire, hésite à porter à cinq le nombre des membres permanents du Conseil de sécurité. La Chine de Tchang Kaï-chek pèse peu, mais donne du poids à l'Amérique, qui seule peut venir à bout du Japon. La Grande-Bretagne deviendra le *deus ex machina* des longues tractations entre les États-Unis et l'Union soviétique en jetant dans la balance les nations du Commonwealth.

Le débat sur les langues de travail va se révéler beaucoup plus ardu pour la France. Pourquoi pas le russe ou l'espagnol ? Les Américains s'efforcent d'ailleurs d'établir la distinction voulue entre langues officielles et langues de travail. Que le français soit langue officielle, ils ne le disputent pas. Mais au même titre que le russe, le chinois et l'espagnol. Ils se refusent toutefois à institutionnaliser le bilinguisme sur le plan de l'administration et celui des affaires courantes. Au sein des commissions et de l'Assemblée plénière, l'anglais prédomine. C'est la langue première ou seconde des États les plus évolués, des pays de l'Empire et du Commonwealth, et surtout de l'Amérique. Washington en fait aussi une question de gros sous et ne manque pas d'appuis. Mais la France peut compter sur ses alliés traditionnels, dont le Canada qui, pour des raisons de politique intérieure, demande que le français jouisse d'un statut égal à celui de l'anglais. La Grande-Bretagne sait d'expérience que l'O.N.U. ne peut être unilingue ; que la question se posera tôt ou tard. Il lui paraît plus raisonnable, plus réaliste, de reconnaître maintenant le français comme langue de travail que d'avoir, dans l'avenir, à faire un choix difficile entre, par exemple, l'espagnol ou l'arabe. Les Russes, sans le dire, semblent du même avis. Mais l'anglais doit avoir priorité du moins en certains domaines, comme ils le rappelleront avec humour, par la suite, au chef de la délégation française : « *In the scientific field, Mr Ambassador, English and broken English are the only official languages.* »

On dénombre aujourd'hui environ trois mille langues écrites et parlées, dialectes et patois sur notre petite planète. Comment faire la distinction entre un patois et un dialecte ? À quelles exigences doit satisfaire un dialecte pour devenir une langue ? Je n'ai pas qualité pour le dire. Mais à l'évidence, il existe quelques grands idiomes à vocation universelle. Certains philologues soutiennent que l'allemand, par exemple, est d'une architecture et d'une structure trop savantes pour être utilisé comme instrument de communication au même titre que l'anglais. Les idéogrammes chinois et les caractères arabes se prêtent mal, d'autre part, à la transcription mécanique comme à la transmission électronique. Quoi qu'il en soit, aucune organisation internationale ne saurait accorder le même statut à toutes les langues, satisfaire sur ce point tout le monde et son père. Il fallut donc faire un choix. Le français n'est pas d'un apprentissage facile ; mais il possédait déjà ses lettres de noblesse et on le disait langue de la diplomatie, encore que ce ne fût plus qu'une demi-vérité. La question des langues de travail réglée, il restait à décider des langues officielles. À accommoder surtout les États membres.

Au sein du système des Nations Unies, le statut de langue officielle signifie qu'elle devient du coup langue de traduction. L'anglais et le français étant reconnus langues de travail, il s'imposait que le russe et le chinois fussent reconnus d'office comme langues officielles. Le fait que l'Allemagne, l'Italie et le Japon étaient, entre autres, exclus de la conférence allait permettre à l'O.N.U. de limiter les dégâts. Les peuples arabes, à l'époque, ne pesaient pas lourds. Mais l'Espagne, par contre, avait su rester neutre et Roosevelt tenait, sur le plan politique, à s'assurer l'amitié acquise ou retrouvée des États de l'Amérique latine. Le nombre y étant, l'espagnol devint la cinquième langue officielle des Nations Unies. Ce qui signifiait que dorénavant tous les débats et les documents devraient être traduits en russe, en chinois et en espagnol. Par la suite, l'arabe allait être à son tour reconnu comme la sixième langue officielle du système et, dans la foulée, l'espagnol acquérait le statut de langue de travail quoique d'un usage limité. L'Assemblée générale devait enfin décider qu'à la tribune, chaque délégation utiliserait la langue de son choix et que la traduction se ferait dans chacune des langues officielles. *For a price.* Avec les années, le coût des services requis deviendra prohibitif. Mais la reconnaissance de l'espagnol et de l'arabe consacre, en outre, une injustice certaine à l'égard des peuples qui ont su faire leur unité. La population du Brésil est sept fois plus nombreuse que celle des six *banana republics* de l'Amérique centrale * que Bolivar rêvait d'unifier. Mais le Brésil n'a qu'un vote... De même les Arabes exercent une influence disproportionnée parce que cette nation éclatée est représentée à l'O.N.U. par quinze États ** !

○ ○ ○

Le 2 mai, le *Daily News* de New York annonce la mort d'Hitler. L'amiral Dönitz lui succède cependant qu'Himmler, le ministre de l'Intérieur, cherche à négocier une paix séparée avec l'Angleterre et les États-Unis en échange d'un renversement d'alliance contre l'Union soviétique. Le 5, la défense nazie s'écroule au Danemark, en Hollande et en Allemagne du nord-ouest. Le 7, Dönitz met fin aux hostilités et, le 8, le *Daily News* titre en surimpression sur une foule anglaise délirante :

IT'S OVER IN EUROPE

À compter de ce jour, Paris s'intéressera davantage aux réactions de l'U.R.S.S. qu'aux travaux de la conférence. France-Presse réclame sans cesse des *diplomaticers* sur l'at-

---

* Le Brésil compte 137 millions d'habitants de langue portugaise alors que la population de l'Amérique centrale espagnole n'atteint pas 20 millions d'habitants : Guatemala (6 200 000), Salvador (4 200 000), Honduras (3 000 000), Nicaragua (2 300 000), Costa Rica (2 000 000) et Panama (1 700 000).

** Selon l'ordre chronologique de leur adhésion, la Ligue arabe est constituée par l'Égypte, l'Iraq, la Transjordanie, la Syrie, le Liban, l'Arabie Saoudite, le Yémen, la Lybie, le Soudan, le Maroc, la Tunisie, le Koweit, les Émirats et l'Algérie.

titude de Molotov, et des papiers de couleur ou anecdotiques sur les états d'âme des délégations alliées. De toute façon, la question du veto et celle des langues de travail ont été réglées à la satisfaction du Général, et le temps est venu de passer à autre chose. Géraud-Jouve nous réunit en soirée et nous apprend que Robert de Saint Jean est rentré d'urgence à Washington : pour l'Amérique, la guerre contre le Japon commence vraiment et le général MacArthur refait surface.

«La fin des hostilités en Europe, précise Géraud-Jouve, risque de provoquer des tensions entre les forces alliées. Pour la plupart des Européens, la guerre est finie. Les gouvernements auront du mal à mobiliser l'opinion. Après six ans, les Anglais eux-mêmes... Au Canada, Gagnon, comment va-t-on réagir? Et ça risque d'être long, car il faut d'abord reprendre les positions perdues...

— Je crois que la réaction des Canadiens sera la même que celle des Anglais... Pour nous aussi, ça fait six ans.

— Les Britanniques sont déjà en Birmanie, et puis il y a l'Inde. Quant à la Chine... Restent les Russes. Mais sait-on quand ils interviendront? Après tout, ils n'ont pas encore déclaré la guerre aux Japonais.

— Et ils ont déjà perdu vingt millions d'hommes, dit-on.

— Quoi qu'il en soit, nous devons nous concentrer sur les Américains et les Russes. Saint Jean est à Washington, mais Molotov est ici... Voyons ce que nous pouvons faire. »

Les agences de presse doivent satisfaire aux demandes d'une clientèle variée. Les nouvelles officielles, les commentaires politiques, les révélations attribuées à des «sources autorisées» et les faits divers significatifs constituent à l'évidence le gros du budget ou du menu quotidien. Mais il y a aussi les besoins propres aux abonnés et aux clients qui publient dans un milieu donné et qui s'adressent à un public identifié. Enfin, les informations majeures — celles qui font la Une — se traitent le plus souvent sous divers angles qui requièrent des approches dissemblables. D'où la nécessité de répartir les tâches.

«Je vais moi-même m'occuper de la délégation soviétique, précisa Géraud-Jouve. Mais Molotov est venu à San

Francisco en bateau et personne ne l'a encore noté. Je sais que ce n'est pas facile de monter à bord. Il faudra sans doute travailler en équipe. Si vous pouviez éveiller l'attention d'une agence américaine à ce sujet, cela faciliterait les choses. Tâchez d'arranger ça... Ça vous revient : les Russes et les Américains sont vos seuls voisins. »

Je pris aussitôt contact avec Henry Cassidy. Ex-correspondant de la United Press à Moscou, il parlait le russe couramment. Il racontait même que Boudienny, le maréchal aux moustaches de cosaque, lui devait d'avoir découvert les vertus du *bourbon whisky* à bord du Transsibérien. Selon Cassidy, le maréchal satisfait lui aurait dit après la première bouteille : « *Very good American wine!* » Une fois au courant de mes intentions, il me répondit avec un sourire narquois : « Tu sais, Flora Lewis m'a aussi parlé du bateau de Molotov... Je crois que ça peut s'arranger. » Je la connaissais depuis Washington où elle assurait la couverture du Département d'État avec John Hightower pour l'Asssociated Press. D'origine canadienne, car son père venait du Nouveau-Brunswick, Flora Lewis avait appris le français en Suisse. Alerte et consciencieuse, elle était, contrairement à l'usage, toujours disposée à rendre service à ses collègues en panne. Déjà sur la piste, l'idée de travailler en équipe lui plut. Quelques jours plus tard, tous les barrages percés, le capitaine nous invitait à sa table. De trois, nous étions devenus six, mais en respectant la règle du jeu : chacun pour soi et le bon Dieu pour tous !

On n'entrait pas dans le bateau de Molotov comme dans un moulin. La sécurité y était rigoureuse comme sur tous les navires officiels qui naviguent en temps de guerre. Il fallait bien s'identifier, avoir une raison pour monter à bord. Le bateau de Molotov n'était pas un navire de guerre, mais un bâtiment de commerce réaménagé qui servait de relais entre la délégation soviétique et le Kremlin. Le capitaine nous en fit les honneurs avec empressement et l'équipage se prêta avec bonhomie à notre curiosité. Seule la vie de tous les jours nous intéressait. Le capitaine parlait l'anglais, et ce n'est pas sans fierté qu'il s'étendit sur l'héroïsme de l'Armée rouge et les sacrifices du peuple russe. Grâce à Cassidy, il nous fut également facile de communiquer avec les marins et le petit personnel. Tous avaient quelque chose à dire et la plupart se montrèrent heureux de découvrir l'Amérique par le bon bout ou le bon côté, c'est-à-dire la Californie. La cuisine était savoureuse et bien arrosée. Outre la carafe de vodka placée devant chaque invité, le capitaine avait jugé que, représentant France-Presse, le vin rouge devait m'être indispensable. En Russie comme en France, tout finit par des chansons. Flora Lewis lui ayant dit que j'étais Canadien, le capitaine, vers minuit, réclama *Alouette...*

○ ○ ○

À la fin du mois, au moment où il s'apprête à partir pour Washington avant de rentrer à Paris, Géraud-Jouve me demande de déjeuner avec lui. À peine à table, il m'annonce que Robert de Saint Jean vient d'être nommé conseiller culturel à Londres: Massigli, le nouvel ambassadeur, a donné son assentiment. «Je ne sais s'il partira sous peu ou en juin, précise-t-il. Mais je tiens à ce que vous occupiez le poste. En d'autres termes, si vous acceptez, il faut prévoir votre installation à Washington. Vous serez l'adjoint de Saint Jean; mais dès son départ, vous deviendrez chef de poste.» J'apprends que le siège de l'A.F.P. en Amérique du Nord sera à New York d'où se fait déjà la transmission. André Rabache, rentré de Londres, est nommé directeur général; Jean Lagrange, libéré d'un camp de prisonniers de guerre, rédacteur en chef; Jean Devau, correspondant au Canada. L'agence aura aussi un bureau aux Nations Unies.

Avant de partir à Washington où je devais en principe assurer l'intérim durant la conférence de San Francisco, Norman Robertson, le sous-secrétaire des Affaires étrangères, m'avait proposé d'entrer au ministère. On cherchait à l'époque à recruter, dans la mesure du possible, des candidats spécialisés dans les métiers de communication. Sans lui donner une réponse affirmative, je m'étais montré fort intéressé, tout en lui expliquant que je ne pourrais prendre une décision qu'après la conférence. Le départ de Saint Jean étant acquis, Géraud-Jouve voulait maintenant une réponse dans les quarante-huit heures. De retour au Palace Hotel réservé aux correspondants, la réception me remit un mot de Jean Désy, l'ambassadeur du Canada au Brésil, qui m'invitait à dîner en compagnie de René Garneau, l'envoyé spécial du service international de Radio-Canada. Cette rencontre allait agir sur ma décision, en un sens la précipiter.

À mon arrivée au Saint-Francis où loge la délégation canadienne, je retrouve René Garneau, que je n'ai pas revu depuis notre départ pour l'Afrique, soit au moment où il s'apprêtait à rejoindre son régiment en Grande-Bretagne. Démobilisé depuis peu, il vient de reprendre mon commentaire quotidien à CKAC. Le *sponsorship* de la maison Valiquette, plus précisément d'Hector Langevin, le rapproche déjà du Parti libéral. Mais fidèle à lui-même, la politique lui semble moins un engagement qu'un exercice intellectuel. Toujours mauriacien, il s'y livre comme à une étude de moeurs. Par contre, je découvre Jean Désy que je ne connais pas. En le voyant debout devant Garneau, le contraste me surprend, tant l'un, par comparaison, me paraît grand et l'autre petit. Au point que notre groupe, quand je me joins à eux, prend la forme d'un escabeau de bibliothèque.

Mais une fois à table, Jean Désy va subitement m'apparaître tel que je le voyais en photo. D'une faconde * intarissable, l'ambassadeur remonte alors en surface et ses propos sont judicieux. Nous partageons tous la même inquiétude : la France peut-elle vraiment reprendre sa place en Europe et, Duplessis aidant, le Québec ne pas perdre la sienne au sein de la fédération ? D'autre part, Désy et Garneau se disent convaincus que le Canada sort de la guerre fort et respecté. «Au Brésil, affirme Désy, c'est au Canada que Bernanos et les Français résistants s'adressaient et non à l'ambassade de Vichy. Et figurez-vous que je suis aussi le président de l'*English Speaking Union* à titre de doyen des ambassadeurs des pays de langue anglaise. Nous gagnons sur tous les tableaux...» Patriote, il souhaite que le Canada, aux Nations Unies, joue un rôle égal à son effort de guerre comme il croit

---

* Comme le dit André Gide : «Oh ! je ne donne aucun sens péjoratif à ce mot — qui, originairement du moins, n'en avait point...»

que la Brazilian Traction, Light and Power doive maintenant servir d'exemple à tous les entrepreneurs canadiens.

Puis se tournant vers moi, il me dit: «C'est le temps de
venir au Brésil. Nous pourrions faire beaucoup pour le Canada...

— Mon cher ambassadeur, je ne me pense pas très doué
pour l'entreprise.

— Je veux dire que l'ambassade a besoin d'un attaché
de presse. Avant de rentrer à Rio, je dois aller à Ottawa pour
en parler à Norman Robertson. Si je suggérais votre nom?

— Je dois vous confesser qu'on m'a proposé d'entrer
aux Affaires...

— ...dans ce cas, c'est chose faite.

— Pas tout à fait. Car on m'offre maintenant la direction du bureau de France-Presse à Washington.

— Vous n'allez quand même pas hésiter entre une agence de presse et une carrière diplomatique?

— Peut-être que René me comprendra mieux. Je suis
journaliste... Chef de poste à Washington, ça veut dire beaucoup pour moi.

— Et l'agence, mon cher Jean, c'est France-Presse, enchaîna Garneau. Ce n'est pas tous les jours que les Français
font appel à un Canadien...»

De retour à notre hôtel, devant l'inévitable *nightcap*,
Garneau me demande si mon choix est définitif. «Tu le sais
bien, lui dis-je. L'offre de France-Presse ne se répétera pas.
Je dois ça à la guerre... Pour le Brésil, on ne sait jamais...»

○ ○ ○

Inauguré avec fanfare à la fin d'avril, la conférence commen-
ça à perdre de son intensité quand elle eut disposé des questions de son ressort. San Francisco prolongeait Yalta et Roosevelt avait dicté son ordre du jour. Après six semaines, il
restait peu à dire. Par mesure d'économie, les effectifs de la
presse écrite et parlée s'amenuisaient au même rythme que
les délégations. La guerre du Pacifique? Bien sûr. Mais on la
percevait comme un *autre* conflit, de nature régionale, du
fait que l'Europe — l'Angleterre exceptée — ne s'y trouvait

pas directement engagée et que, pour l'ensemble des peuples alliés, c'était à perte de vue. Pour Molotov, Lord Halifax et Edward Stettinius, le secrétaire d'État, il en va différemment : San Francisco demeure le bon endroit pour mettre au point, en toute discrétion, l'ordre du jour de Potsdam.

Quand Paul Boncour prend la relève de Georges Bidault, il ne passe pas inaperçu. Il voyage accompagné d'un personnel d'adjoints et de photographes si nombreux que la direction du Saint-Francis doit réaménager les appartements du chef de la délégation française. Venu de la S.F.I.O., fondateur de l'Union socialiste républicaine, il milite à gauche depuis un demi-siècle. Très IIIᵉ République, il a fait carrière au Palais-Bourbon ; mais en juin 1940, il a voté contre Pétain et les pleins pouvoirs. Jacobin, il est naturellement patriote. La France reste la France et Paris la capitale d'un empire colonial qui ne le cède qu'à celui des Britanniques. Septuagénaire, il conserve à 72 ans une abondante chevelure, blanche et soyeuse, à faire baver un Cheyenne. La presse américaine ne rate pas l'occasion : à son arrivée à San Francisco, les caricaturistes le représentent dans sa traversée du Wyoming entre deux rangs d'Indiens fascinés par son scalp !

L'intérêt soulevé par l'entrée en scène de Paul Boncour fera long feu. La délégation française semble en veilleuse et son chef, qui aime disserter sur tout et parfois sur rien, ne parle ni ne comprend l'anglais. Dès que la traduction simultanée lui fait défaut, Paul Boncour se sent isolé. Du côté canadien, c'est aussi le calme plat : Mackenzie King et Louis Saint-Laurent ne s'intéressent pour l'heure qu'au résultat de l'élection générale du 11 juin. Ils reviendront à San Francisco pour la *grande finale* — le Bloc populaire derrière eux et le Parti conservateur disséminé. La bonne copie se fait rare. À dix jours du 26, la conférence retrouve heureusement un second souffle avec le retour des chefs de délégation qui rentrent de New York ou de Washington. Mais si lourd est le protocole prévu pour la cérémonie des signatures que je crains d'être débordé. Je téléphone à Robert de Saint Jean pour lui expliquer que je reste seul ou à peu près et que je me sens à la merci d'une panne imprévisible. « D'accord, me dit-il. Je viendrai avec Hélène van Gelder qui ne s'affole jamais quand les choses vont mal.»

Le 26 juin, à 10 heures sonnantes, les États membres s'apprêtent à signer les instruments de ratification de la Charte des Nations Unies et du statut de la Cour internationale de Justice. Robert de Saint Jean se charge de la couverture politique de l'événement et j'hérite des *papiers de couleur*. Mais Paris réclame qu'un *flash* l'informe aussi de l'instant précis où chaque chef de mission apposera sa signature sur les documents historiques qu'on lui présentera. Les bureaux de France-Presse donnent heureusement sur l'Assemblée générale. Je n'ai que le couloir à traverser pour dicter à Hélène van Gelder les quatre mots requis : « Canada a signé. 10 h 43 ». Mais presque aussitôt je couperai au plus court : « Australie : 11 h 03 ».

Le protocole prévoit que les Grands seront les premiers à signer. La Chine d'abord à cause des pinceaux traditionnels qu'exigent les idéogrammes. Puis l'Union soviétique, qui utilise l'alphabet cyrillique. Viennent alors l'Angleterre * et la France. Puissance invitante, les États-Unis mettront fin à la cérémonie des signatures. Entre les membres permanents du Conseil de sécurité et l'Amérique, chacun des États fondateurs sera appelé à ratifier la création de l'Organisation des Nations Unies. Mais avant d'entrer à l'Assemblée et de monter en scène, chaque délégation doit se réunir dans le couloir, c'est-à-dire devant France-Presse, pour attendre son tour.

À 10 h 30, la Chine, l'U.R.S.S. et l'Angleterre ont déjà signé. On vient d'appeler la France. Mais nulle part je ne vois la chevelure blanche de Paul Boncour. Craignant de rater la signature, je n'ose bouger. Un correspondant me demande à mi-voix si De Gaulle n'a pas décidé de s'abstenir au dernier moment. Les secondes deviennent des minutes... Ne comprenant pas ce qui se passe, mais pressé d'agir, le président de la séance appelle subitement l'Argentine ! J'entends quelqu'un dire à haute voix : « La France refuse de signer ! »

---

* L'Angleterre, en anglais *England*, peut aussi devenir, selon les besoins du moment, *Great Britain* ou *United Kingdom*, mais toujours à son rang dans l'ordre alphabétique.

Je sors de l'Assemblée en catastrophe. La délégation française au complet s'est collée au mur pour faire place aux Argentins. Mais Paul Boncour s'est volatilisé. J'ouvre la porte de l'agence et, sans refermer, je dicte à van Gelder : « Signature France retardée *stop* Argentine a signé : 10 h 34 ». De retour dans le couloir, j'aperçois le professeur Jules Basdevant, le conseiller de la délégation, qui deviendra président de la Cour internationale de justice en 1949.

« Où est passé le président Paul Boncour ?

— Il est parti par là », répond le professeur, me désignant le bout du couloir qui va, de l'entrée, au fond du Veterans Building.

Je pars en flèche dans la direction indiquée. Je tourne à gauche et je vois enfin le président ! Face à un M.P.* américain de plus de six pieds, il me paraît agité, furieux et... diminutif.

« Monsieur le Président, on vous cherche. L'Argentine est en train de signer avant la France...

— J'ai envie de pisser, nom de Dieu ! Et cet abruti ne comprend rien à ce que je lui dis, même avec des gestes. Dites-moi, où sont les *w-a-t-e-r-s* ? »

Heureusement, je savais. Je m'empresse de le conduire aux W.-C. Du coup, le M.P. a tout compris et se tape les cuisses ! Enfin la porte s'ouvre et je ramène Paul Boncour soulagé à sa délégation — à l'instant où sortent les Argentins. On appelle la France pour la seconde fois... Le flash expédié, je retourne à l'Assemblée au moment où l'Australie fait son entrée. Flora Lewis et Henry Cassidy me demandent aussitôt pourquoi la France a signé après l'Argentine. Ne sachant encore que faire de l'incident, ni si France-Presse en voudra, je réponds simplement : « Après la cérémonie. »

Quand je retrouve de Saint Jean, je lui explique pourquoi le président Paul Boncour a dû faire faux bond à la France. Il s'en amuse, mais pas question d'en faire une dépêche ! Tout au plus une note de service et l'agence décidera s'il convient de lui donner suite.

---

* Military Police.

«Je ne vous comprends pas, lui dis-je. L'histoire retiendra que la France a signé après l'Argentine, mais personne ne saura pourquoi.

— Nous ne sommes pas des historiens, mais des journalistes. Nous n'allons quand même pas contribuer à rendre la France ridicule. Nous avons déjà suffisamment d'ennuis...

— Je crois au contraire que notre métier exige que nous nous en tenions aux faits. Le président a dû se soulager... C'est quand même moins grave que de laisser courir le bruit que le gouvernement, au dernier moment, a éprouvé des scrupules et que les réticences du Général ont modifié l'ordre des signatures.»

Après avoir déjeuné sur le pouce, je fis part à Flora Lewis de l'impérieux besoin qui s'était emparé de Paul Boncour et des scrupules de l'agence.

«Alors vous laissez tomber?

— Oui... Si de Saint Jean refuse que je raconte l'incident, c'est qu'il connaît Paris. Pour les Français, c'est tabou. *It just isn't done*, comme on dit à Londres.

— Je peux en profiter?»

Elle en fit trois paragraphes. Un seul parut. Et comme l'anecdote était racontée à mots couverts, il fallait être au parfum, si j'ose dire, pour y comprendre quelque chose...

À 17 heures, nous mettions la clef sous la porte et de Saint Jean regagnait Washington en avion.

○ ○ ○

Quand le train qui nous ramène de San Francisco entre en gare, le 1er juillet, le mercure enregistre 90 degrés à l'ombre. Je gagne en vitesse ma chambre d'hôtel de la 16th Avenue et je pousse le climatiseur à bloc. Je téléphone à ma femme qui sait déjà que j'ai accepté l'offre de Géraud-Jouve. Puis j'informe le bureau de mon arrivée. Au début de la soirée, je rejoins Robert de Saint Jean au bar du Moby Dick, place du Marché. On y mange bien et le restaurant offre l'avantage d'être en dos à dos avec France-Presse. Après avoir échangé les banalités d'usage, il m'annonce son intention de partir en vacances en Nouvelle-Angleterre en même temps que Julien

Green : « Autant en profiter. Je ne connais pas encore la date de mon retour à Paris et tout me dit que juillet sera creux.

— Et la rencontre de Truman et Staline ?

— Je doute qu'elle ait lieu avant le mois d'août. Vous devez de toute façon prendre la direction du bureau. Pourquoi pas maintenant ? Je me réserve les papiers politiques pour ce qui touche aux relations franco-américaines... Vous déciderez du reste. Mais je vous conseille de vous occuper vous-même des conférences de presse du Président et d'assister chaque matin au briefing des correspondants. »

Roosevelt, qui les avait inventées, aimait ces conférences de presse dont il profitait pour régler ses comptes. Jamais pris au dépourvu, il savait en outre écarter avec humour les questions indiscrètes ou qui lui déplaisaient. Truman y prenait tout autant de plaisir, mais pour d'autres raisons. Souvent entouré de sa femme et d'amis venus de Saint Louis pour l'occasion, elles lui permettaient alors d'afficher ses racines missouriennes. Il avait, d'autre part, l'humilité fort gaie et ses réponses, quoique toujours terre-à-terre, s'accompagnaient d'anecdotes qui faisaient rire.

La tribune de la presse de la Maison-Blanche donnait sur un grand hall qu'il fallait traverser, en contournant une table démesurée, avant d'atteindre la pièce où Truman recevait debout les correspondants. Comme au temps de Roosevelt dans son fauteuil roulant, les agenciers prenaient place au premier rang. Beaucoup de journalistes s'en plaignaient. Mais à tort : les agenciers se trouvaient ainsi les derniers à sortir bien que les plus pressés. Résolus à battre la concurrence de vitesse, la course s'organisait alors autour de cette table qui bloquait la piste et qu'on ne pouvait enjamber. Cette épreuve de force entre A.P., U.P.I., Reuters et l'A.F.P. prit fin quand un malin constata que le protocole s'était suffisamment relâché pour qu'on pût se faire accompagner d'un collègue discrètement installé... au dernier rang.

Harry Truman, au début, se faisait un devoir de rappeler sans cesse à ses collaborateurs (qui s'empressaient de le répéter aux correspondants) qu'il craignait avant tout de se montrer inférieur aux tâches dont il avait hérité. « Je prie Dieu de m'éclairer», confiait-il chaque matin au porte-parole de la Maison-Blanche en regardant son ordre du jour. Au contraire de Roosevelt, racé et sûr de lui, il faisait provincial ou, si l'on veut, folklorique. D'un commerce facile, il avait encore à mon arrivée à Washington les manières du *back-room boy* type de la politique américaine qui, après un poker d'as, tombe la veste et se met au piano avant de rentrer chez lui sur la pointe des pieds. Quand il revint de Potsdam, chacun se rendit compte qu'un changement s'opérait. L'homme restait fidèle à lui-même : *homespun* et transparent. Mais si les habitudes demeuraient, le Président chez lui s'affirmait. Quoi qu'il en fût, la ville s'était mise au ton du jour : ambassadeur ou ministre, nul ne s'étonnait maintenant d'être convoqué à la Maison-Blanche dès 7 heures le matin !

○ ○ ○

À compter du 10 juillet, les événements se bousculent. Les dépêches annoncent la défaite de Churchill et Paris veut connaître aussitôt la réaction des États-Unis. L'élection du Labour ne préoccupe ni la Maison-Blanche ni le Département d'État. Mais le flottement est perceptible : Roosevelt mort et Churchill battu, quelle sera l'attitude de Staline ? Au cours de la réception de l'agence Reuters, j'en touche un mot à Paul Scott Rankin, le chef du bureau, qui me répond : «*A pity! But my country right or... left.*» Puis il ajoute : «*...and God bless Truman!*» Imperturbable, Robert de Saint Jean boucle ses valises. Il sera déjà en Nouvelle-Angleterre quand, le 16, le Président montera à bord de son avion en route pour Potsdam.

Les envoyés spéciaux de France-Presse se chargeront bien sûr d'analyser les résultats de la conférence et d'en mesurer la portée. Mais l'A.F.P. veut aussi qu'on l'informe des états d'âme des représentants et des sénateurs américains qui devront ratifier les accords. Je demande à Jean Davidson et à Marie de Gattégno de se partager le pensum. Vivian Lovell fera la navette entre le *State* et la Présidence. Mais nous redoutons le jour où nous ne saurons plus où donner de la tête. Personne heureusement ne compte ses heures. Il faut quand même équilibrer les horaires et je constate que chacun, pour assurer la permanence du service de 8 heures à minuit, doit être disponible 72 heures par semaine! Subitement la porte s'ouvre et j'aperçois Robert Villers que je n'ai pas revu depuis Montréal. Arrivé la veille de Paris, on lui a appris à New York que j'étais en poste à Washington. Il a aussitôt sauté dans un train. «Tu tombes pile! lui dis-je. Tu commences maintenant. Tu feras les couloirs de la Maison-Blanche et du Département d'État avec Vivian Lovell.»

Les accords de Potsdam vont profondément modifier ce qu'on appelle encore l'équilibre européen. Hier première puissance économique du continent, l'Allemagne, démilitarisée et coupée en deux, se voit amputée de la Prusse orientale et du bassin industriel de la Silésie. Le démantèlement des cartels et la confiscation de leur outillage visent à lui imposer une vocation agricole voulue par Henry Morgenthau, mais à laquelle Truman ne croit pas. Ces décisions, dont l'effet ne se fera sentir qu'à longue échéance, touchent moins cependant l'Européen ou l'Américain moyen que l'expulsion des populations allemandes implantées dans les pays libérés. Les États de l'Europe de l'Est avaient été pour Hitler des colonies de peuplement; qu'ils fussent devenus ses alliés ou rattachés à la Grande Allemagne, il les avait traités comme tels. Peu cependant, en Europe de l'Ouest ou aux États-Unis, en étaient conscients. D'où l'étonnement général quand on annonce le transfert de six millions de personnes! Et d'autant plus que le transfert entraîne un réaménagement des frontières. Beaucoup enfin jugent scandaleux qu'aucun des architectes de la nouvelle Europe ne soit du cru, c'est-à-dire du continent. Si Truman représente l'Amérique et Attlee l'Empire britannique, Staline, le tsar rouge, symbolise le communisme international...

La Pologne, comme toujours, se trouve au centre du casse-tête chinois dont la clef échappe aux stratèges en chambre. Car ils oublient que Churchill, dès février 1944, a lui-même lancé aux Communes l'idée, qu'il estime raisonnable, d'une Pologne reconstituée aux dépens de l'Allemagne, mais compte tenu du pacte germano-soviétique. Certes l'Armée rouge avait occupé, en décembre 1939, les territoires annexés vingt ans plus tôt par les Polonais et les Russes blancs de Wrangel. Mais précisément ces territoires empiétaient de 200 kilomètres environ sur la ligne Curzon reconnue, par les Alliés, comme la frontière orientale de la Pologne en 1919. En d'autres termes, Staline rentrait chez lui — comme dans les Kouriles et le sud de la Sakhaline. Churchill le savait. D'où sa proposition de fixer, en compensation, la frontière occidentale de la Pologne à la ligne Oder-Nesse. Ce qui veut dire l'annexion de la Silésie, de la Poméranie orientale et du Brandebourg à la nouvelle Pologne qui se partage, en outre, la Prusse orientale avec l'Union soviétique. Soit un total de 100 000 kilomètres carrés de territoire allemand.

o o o

Quand, le 3 août, Truman revient à Washington, le compte à rebours est commencé: le 6 juin, une pluie de feu s'abattra sur les 250 000 habitants d'Hiroshima! Staline l'apprendra par un communiqué de la Présidence... À deux reprises, dans la semaine qui a précédé la Bombe, les États-Unis ont incité la population à évacuer la ville en recourant à des papillons de papier dispersés par les vents. La conférence de Potsdam a duré dix-sept jours; mais le Président s'est imposé de ne pas en parler.

Ce matin-là, nous étions une dizaine de correspondants au briefing du porte-parole de la Maison-Blanche. «Le Président vous recevra à 9 h 30», nous dit-il. Puis il ajouta: «Le Président fera une brève déclaration, mais il ne répondra qu'aux questions qui s'y rapportent». À 9 h 25, on nous remet un communiqué d'environ vingt lignes qui nous informe que le colonel Tibbets, aux commandes d'un B-29 nommé *Enrola Gay*, a largué une bombe atomique sur Hiroshima. Un seul paragraphe fait état, mais sans aucune précision, de la puissance destructive de l'engin. À 9 h 30, Truman, le communiqué à la main, déclare qu'une note des États-Unis transmise par la Suisse, exige la reddition immédiate du Japon s'il veut s'épargner l'horreur d'une seconde bombe. Pour les correspondants présents, il s'agit sans aucun doute d'un super *block-buster*. Comment imaginer que 125 000 Japonais viennent de se volatiliser, qu'une explosion nucléaire a buriné l'ombre de quelques-uns d'entre eux dans la pierre des ponts d'Hiroshima?

C'est donc sans se presser que chacun regagne la salle de presse pour dicter au téléphone, d'une voix tranquille, le texte du communiqué. Mais la direction de l'A.F.P. exige que toute déclaration du Président fasse l'objet d'une analyse pertinente. Quoi dire? Il me revient que Robert de Saint Jean a loupé la mort de Roosevelt. Aujourd'hui, je suis là pour écoper... Car il ne peut s'agir que d'un événement capital: autrement Truman aurait-il voulu nous en informer lui-même? Je relis le communiqué une fois de plus. Le colonel Tibbets était seul à bord du B-29 quand il a largué la bombe: un seul homme, un seul engin! À partir de la déclaration du Président à une heure inhabituelle, on peut en faire un papier. Je rentre au bureau et je le remets à van Gelder. Je demande à Davidson de monter la garde au ministère de la Défense nationale puisqu'il s'agit d'une bombe. J'envoie Lovell à la chancellerie de l'ambassade de Suisse et Villers au Département d'État. Je retourne à la Maison-Blanche. À 14 heures environ, un communiqué officiel dresse un premier bilan des pertes subies: les estimations américaines fixent à 90 000 le nombre des morts — et la ville est rasée! Le ciel vient de nous tomber sur la tête.

Vers 19 heures, nous rentrons à l'Agence les mains vides. Mais nous avons beaucoup appris sur Oppenheimer, Fermi, Niels Bohr et la fission atomique. Les Suisses nous ont expliqué, d'autre part, les difficultés qu'ils doivent surmonter: décalage des heures et traduction, ambiguïté des mots et sens caché des réponses. Nous tombons d'accord: il faut assurer la permanence de 7 heures du matin à minuit. Tant pis pour la Défense nationale... Le lendemain sera un jour plat. Mais le 8, alerte générale: l'U.R.S.S. déclare la guerre au Japon et l'Armée rouge occupe Port-Arthur (en japonais Ryüjun), trois mois exactement après la fin des hostilités en Europe. Tard le soir, Robert de Saint Jean me téléphone pour me dire, sur un ton décontracté, que le temps est beau, que tout va bien et que... la guerre est gagnée! Je le mets au courant des dispositions que nous avons prises. Il me répond imperturbable : « Ce n'est donc pas la peine que je rentre. » Je me retiens pour ne pas lui dire : « Surtout ne vous fatiguez pas ! » Mais à quoi bon.

Dix heures plus tard, soit le 9, la Maison-Blanche annonce qu'on a largué une deuxième bombe atomique. Après l'apocalypse d'Hiroshima, Nagasaki vient d'entrer dans l'histoire : 40 000 morts, soit 10 p. 100 de la population, et 50 000 blessés... Faute de personnel, nous devons oublier le Congrès et le Département d'État pour nous en tenir à l'ambassade de Suisse et à la Maison-Blanche. Jean Davidson et Marie de Gattégno feront le roulement dans les bureaux de la chancellerie. Lovell, Villers et moi, nous monterons la garde à la Présidence. Pour la première fois, on nous autorise non pas à dormir sur place, mais à s'endormir assis sur un canapé ou dans un fauteuil. Le 14, le Japon enfin demande la paix ! Mais les hostilités ne sont pas pour autant suspendues : les conditions restent à négocier — même si, du côté américain, on exige une reddition sans condition... Le *State* reprend du coup toute son importance. Davidson et Villers s'en chargeront. Marie de Gattégno gardera le contact avec les Suisses. Je prends le quart de la Maison-Blanche avec Vivian Lovell. Les jours passent et nous nous installons dans le provisoire... On mettra deux semaines à négocier le statut du Mikado comme nous l'apprendrons plus tard ! Celui-ci est prêt à renoncer à son titre de... Fils du ciel. L'armée japonaise accepte même que l'empereur soit dépossédé de ses privilèges politiques. Mais elle refuse que sa personne fasse l'objet d'une négociation. Washington, Moscou et Londres mettront du temps à comprendre que, pour rester le chef spirituel du shintoïsme *, Hirohito doit conserver le trône de ses ancêtres. Mais on finira par s'y résigner quand on se rappellera que, dépouillé de ses États en 1878, Pie IX était néanmoins demeuré le pape des catholiques romains...

Le 2 septembre 1945, le Japon se rend. La photo de Mac-Arthur en tenue de combat, lunettes noires sur le nez et, au

---

* Religion nationale, le shintoïsme est antérieur à l'introduction du bouddhisme au Japon.

bec, une pipe à fourneau de maïs, devient le symbole de l'impérium américain. C'est la paix et c'est la fête!

À 3 heures du matin, Jean Baubé, l'attaché de presse de l'ambassade de France, me passe un coup de fil. Avant de raccrocher, il laisse tomber sur un ton désabusé: «La guerre est finie... Les emmerdements commencent!»

CHAPITRE
XXIII

Casablanca, Québec, Yalta, Potsdam... Depuis longtemps, De Gaulle se sait exclu des rencontres au sommet. Au mieux, on le prend pour un cousin pauvre dont les prétentions dépassent largement les moyens. Les Britanniques et les Américains, tous confondus, restent pour lui des Anglo-Saxons, de même que les Français, dans son esprit, constituent une seule race d'hommes qu'ils soient d'origine normande ou méridionale. Roosevelt et Churchill le tenaient à l'écart : leurs successeurs viennent d'en faire autant. Certes les Soviétiques (qu'il appelle les Russes) le considèrent aussi, du moins au point de vue politique, comme un chef de gouvernement... provisoire. Ce qu'il est. Mais l'alliance russe n'a-t-elle pas, pour les Anglo-Saxons, un caractère momentané ? Combien de fois, sous les rois, les renversements d'alliance ont-ils contribué à changer la fortune des États ? En témoignent : François 1er qui fait appel aux princes protestants d'Allemagne et aux Turcs de Soliman contre l'Autriche catholique ; le cardinal de Richelieu qui s'allie à la Suède luthérienne contre l'Espagne ; Louis XVI se portant au secours de l'Amérique révoltée contre le Royaume-Uni... Pourquoi la République hésiterait-elle à se rapprocher des Russes ?

Le 30 octobre 1944, De Gaulle avait amnistié Maurice Thorez, le secrétaire général du Parti communiste français, condamné par contumace pour refus d'obéissance et réfugié à Moscou depuis 1939. Après avoir aidé le gouvernement à désarmer les milices parallèles dont les F.F.I.*, le parti des fusillés se révélait maintenant un outil indispensable de la reconstruction nationale. «Paris vaut bien une messe», disait Henri IV. Pour De Gaulle, l'ordre dans Paris valait bien l'amnistie consentie à Thorez. Londres et Washington n'y avaient vu, à l'époque, qu'une question de politique intérieure, au pis un expédient. Mais quand, un an plus tard, Thorez, Jacques Duclos et François Billoux entrent au gouvernement, on commence à s'interroger.

Que De Gaulle veuille avoir Thorez à ses côtés correspond aux impératifs d'une politique de réconciliation dont il n'a à rendre compte ni à Whitehall ni à la Maison-Blanche. D'autre part, Paris et Moscou s'étonnent que Truman, à quatre jours d'Hiroshima, ait signé les accords de Yalta sans révéler à Staline l'existence de la Bombe. Tout cela est de mauvais augure. Surtout si on retient que le ressentiment du Général envers les soi-disant Anglo-Saxons trahit un nationalisme grandissant qui risque de faire échouer tous les projets d'unité européenne. Ces questions occupent, d'une façon ou d'une autre, l'attention de l'agence. Mais au Département d'État comme dans les chancelleries concernées, on se refuse à les considérer globalement, à établir entre elles un rapport de cause à effet.

C'est par hasard qu'un soir, où je dîne avec Jean Davidson, nous mettrons la main sur l'homme le mieux informé de Washington: Jean Monnet. Aucune table n'étant disponible, nous lui offrons, après nous être présentés, de partager la nôtre. Depuis juin 1940, je suis fasciné par Jean Monnet, l'initiateur du projet d'«union totale» de la France et de la Grande-Bretagne. À l'oeuvre depuis la Première Guerre mondiale, il persiste, trente ans plus tard, à réclamer la création des États-Unis d'Europe. Et à ceux qui le traitent d'idéaliste, il rétorque simplement: «Je ne suis pas optimiste — je suis persistant.»

---

* Forces françaises de l'intérieur.

Sans préambule, Davidson lui demande s'il croit que De Gaulle a eu raison d'inviter Thorez et ses camarades à se joindre au gouvernement. Monnet avale la moitié de son verre de lait (car il est *mendésiste* avant l'heure) et répond par un seul mot : « Oui ». Il nous regarde un instant d'un oeil moqueur, puis il ajoute :

« Maintenant je vais vous dire pourquoi. Pour le gouvernement français quel qu'il soit, gaulliste ou non, une chose s'impose d'abord : reconstruire. Pour nourrir la France et la relever de ses ruines, il faut que le peuple retrousse ses manches et qu'on puisse compter là-dessus. Quand François Billoux me dit que demain il y aura tant de tonnes de charbon sur les carreaux, je sais que demain elles seront là. La collaboration des communistes est une nécessité. Leur conduite dans la Résistance leur donne, en outre, le droit de siéger au conseil des ministres. C'est clair ?

— Et l'unité de l'Europe ? Vous croyez que De Gaulle et le P.C. seront d'accord avec vous ?

— Vous êtes Canadien, m'avez-vous dit. Je connais bien votre pays. J'étais à Montréal à la déclaration de guerre en 1914. Mais avant d'être mobilisé, j'avais eu le temps de visiter le Québec, l'Ontario, et d'aller aux États-Unis. Je ne voyageais pas en touriste, je vendais du cognac. C'était ma découverte du Nouveau Monde. Initiative et progrès bien sûr, et *entrepreneurship*. Mais aussi deux peuples neufs : l'Amérique bâtie par des Européens qui ont oublié le passé, et le Canada où Anglais et Français ont appris à travailler ensemble. Vous savez, quand j'ai proposé à Churchill et à Roosevelt l'union de nos pays, je pensais un peu à l'exemple canadien... Maintenant, j'en viens à votre question. Je dis souvent qu'il y a deux sortes d'hommes : ceux qui veulent être quelqu'un et ceux qui veulent faire quelque chose. En juin 1940, De Gaulle s'est solidarisé avec Churchill et Reynaud pour réclamer l'union totale de nos deux pays. Il voulait faire quelque chose. Quand je l'ai retrouvé au Comité de libération nationale, quand j'étais commissaire à l'armement, le conflit qui l'opposait à Churchill et à Roosevelt avait pris un caractère personnel qui m'a fait croire qu'il voulait être quelqu'un. Le rapprochement avec l'U.R.S.S. relève d'une politique sensée : nous avons gagné la guerre ensemble, nous devons ensemble assurer la paix. Mais si ce rapprochement tient davantage à quelque sentiment nationaliste, qu'il doit plus au ressentiment qu'à la raison, je crains qu'il ne desserve la cause de l'Europe. Ce ne sont pas les Russes qui risquent de faire échouer le projet de l'unité européenne, mais la résurgence des vieux soupçons ataviques.»

○ ○ ○

Avant d'être un grand bourgeois, Jean Monnet était un provincial dans le sens noble du mot, selon Balzac, tant il aimait vous «démontrer... l'esprit et la sagesse de la province». S'il a la patience d'un paysan qui vit à l'heure de la nature, qui sait attendre, il lui faut aussi des résultats. Le discours académique et la foucade inhérente aux luttes politiques lui semblent stériles. Il ne sera ni bachelier ni ministre, mais il deviendra vite l'homme des solutions qui, pour être évidentes, sont d'abord écartées avant d'être reprises. Lui-même le dit dans ses *Mémoires* * : «Ce qui est simple n'est généralement pas facile.» Négociant en cognac ou président du Comité de coordination franco-britannique, c'est son expérience de la vie qui le guide : «Je ne suis pas à l'aise dans les chiffres et leur signification en soi m'a toujours échappé», écrit-il. Mais, dira-t-il à Robert Sherwood **, «il vaut mieux avoir mille chars de trop qu'un seul de moins».

Il a 26 ans quand, mobilisé, il se présente à René Viviani, le président du conseil, pour réclamer la mise sur pied d'organes communs «capables de mesurer les ressources de l'Entente et de répartir les charges». Un an plus tard, il siège au *Wheat Council* qui assure le ravitaillement en céréales de la France, de la Grande-Bretagne et de l'Italie. Pour ce faire, il participe à la création du fret maritime dont il devient le délégué général. Après l'armistice, il est appelé, sur proposition britannique, au poste de secrétaire général adjoint de la

---

* Arthème Fayard, Paris, 1976.
** *Roosevelt and Hopkins*, New York.

Société des Nations. Sa première tâche est de relever les finances de l'Autriche qui, dépouillée des ressources de son empire continental, a maintenant la taille du Portugal. On lui confiera, par la suite, la réorganisation des chemins de fer chinois, puis l'assainissement de l'économie polonaise. C'est cette expérience du terrain qui le conduira en 1939 à la présidence du comité chargé de coordonner le ravitaillement, l'armement et les transports maritimes de l'alliance franco-anglaise.

Je devais revoir Jean Monnet plus d'une fois avant de quitter Washington où il se trouvait en poste depuis 1940. Résolu à servir aux côtés de la Grande-Bretagne, seule à poursuivre la guerre contre l'Allemagne hitlérienne, il deviendra la cheville ouvrière de la Commission d'achats britannique. Dirigée par Arthur Purvis, un Canadien d'origine écossaise, celle-ci relevait d'un autre Canadien qu'on disait l'homme fort du gouvernement Churchill: Lord Beaverbrook, le ministre de l'Air. La mobilité du personnel politique et des entrepreneurs au sein du Commonwealth de la belle époque, le fascinait; de même, la facilité avec laquelle on pouvait être momentanément libéré de ses fonctions pour en occuper d'autres. Mais qu'on ait aussi trouvé un verbe actif: *to second** pour définir cet état de choses, rationalisait, chez le Français patriote qu'il demeurait, sa vocation de grand commis international.

Quand j'ai connu Jean Monnet, beaucoup le tenaient avec raison pour l'homme le plus influent de Washington, bien que son nom ne fût pas sur toutes les lèvres. Il avait été le conseiller d'Harry Hopkins, l'*alter ego* du Président, l'ami écouté d'Henry Morgenthau, le secrétaire du Trésor, et le confident du confident de Roosevelt: le juge Frankfurter. La fin des hostilités devait changer la nature de ses rapports avec la Maison-Blanche. Résolu à remettre l'Amérique au travail, Truman abandonnait volontiers au général Marshall, le chef de l'état-major dont il fera son secrétaire d'État en 1947, la pacification et la relance industrielle de l'Europe.

---

* *Webster's New Collegiate Dictionary*: «*To release (as a military officer) from a regularly assigned position for temporary duty with another unit or organization.*»

Jean Monnet, l'initiateur du prêt-bail, travaillait maintenant à la mise en place du Plan Marshall. Ce qui présupposait une opinion publique favorable et l'appui des ministères concernés, dont la Trésorerie, devenue la chasse gardée de Morgenthau. Il déjeunait conséquemment un peu partout en fonction de son emploi du temps ; mais toujours dans quelque cafétéria où il pouvait à loisir écouter parler les gens. Ce n'est pas sans raison que William C. Bullitt, l'ambassadeur des États-Unis en France, l'avait présenté à Roosevelt comme « *a broker of ideas* »...

Jean Monnet n'appartenait à aucune hiérarchie. Il n'avait de compte à rendre qu'aux chefs de gouvernement qui recouraient à ses services ou qui recherchaient ses avis. Mais durant soixante ans, il sera l'homme d'une idée : unifier l'Europe. À son arrivée à Londres, à l'automne de 1939, un journal anglais avait annoncé sa nomination à la présidence du Comité de coordination en précisant qu'il devenait, à ce titre, « le premier fonctionnaire fédéral du Nouveau Monde ». Et au soir de sa vie, les chefs d'État et de gouvernement réunis en conseil européen lui décerneront, le 1er avril 1976, le titre mérité de Citoyen d'honneur de l'Europe.

o o o

Réorganisés de fond en comble, les services de France-Presse fonctionnaient avec l'efficacité d'un engin bien rodé. Robert Villers s'était d'autant plus rapidement intégré à l'équipe qu'il partageait notre appartement de la 16th Avenue. Jean Lagrange assurait, depuis New York, la coordination de l'information entre les bureaux et André Rabache n'hésitait jamais à venir nous prêter main-forte quand les événements l'exigeaient. Ce qui nous permettait de faire mieux et davantage. Je doute que, sans cette flexibilité et cet esprit de corps, il m'aurait été facile de m'absenter durant les dix jours du voyage percutant de Churchill au début de 1946. Dans un premier temps, le train présidentiel allait nous conduire à Saint Louis, dans le pays de Truman, là où le Missouri devient le Mississippi. Par la suite, après que le Président fut rentré à Washington, Churchill devait se rendre à Boston pour recevoir un doctorat d'honneur de l'Université Harvard. Si le périple débuta par un coup de tonnerre : l'appel aux armes de Fulton, il se termina par un débat académique sur le *basic English*. Le chef de l'Opposition de Sa Majesté britannique, malgré ses 72 ans, n'entendait pas se laisser oublier !

Le discours de Fulton était prophétique en ce sens qu'il annonçait la guerre froide. Mais quand Churchill déclara, devant un collège universitaire paisible, qu'«*un rideau de fer*» séparait maintenant l'Europe de l'Est de l'Ouest européen, la formule en fit sourciller plus d'un. «*He by no means spoke either for all his countrymen or for his American audience*», écrira J.M. Roberts, trente ans plus tard, dans son *History of the World* * — donc réflexion faite. Staline redoutait par-dessus tout l'unification des deux Allemagnes et mettait tout en oeuvre pour s'assurer d'un glacis et verrouiller la frontière. Seuls Truman et ses conseillers devaient réagir favorablement à l'apostrophe de Churchill qui avait déjà proposé en 1918 qu'on isolât l'U.R.S.S. par un *cordon sanitaire*. Son discours devant l'aréopage d'Harvard, s'il fut applaudi par l'univers de langue anglaise, fit aussi tiquer tous ceux qui voyaient dans l'espéranto le moyen tout indiqué de communiquer entre eux.

L'auteur de *A History of the English-speaking Peoples* **, qui recevra le prix Nobel de littérature en 1953, croyait, comme beaucoup d'autres, que l'Angleterre avait largement

---

* Une édition révisée de ce livre, d'abord publié chez Hutchison en 1976, a paru chez Pelican Books, New York, 1980.

** La première édition de *A History of the English-speaking Peoples* parut simultanément à Londres et à New York, en 1956, chez Dood, Mean and Company. L'ouvrage fut repris en 1964 par Bantam Books en quatre volumes format poche : *The Birth of Britain ; The New World ; The Age of Revolution* et *The great Democracies*. Churchill, dans sa préface, informe le lecteur que «*this book does not seek to rival the works of professional historians*». Il s'agit, en effet, d'*une histoire* et non de *l'histoire* des peuples de langue anglaise. Puis il en précise l'objet : «*I use the term "English-speaking peoples" because there is no other that applies both to the inhabitants of the British Isles and to those independent nations who derive their beginning, their speech, and many of their institutions from England, and who preserve, nourish, and develop them in their own ways.*»

contribué à civiliser les rapports entre les hommes en leur donnant le parlementarisme et la langue anglaise. Si tout annonçait que l'anglais allait devenir la *lingua franca* de la race humaine, le *basic English*, disait-il, pouvait en accélérer la diffusion. Qui ne pouvait mémoriser cinq cents mots? Il fallait y ajouter, bien sûr, un second vocabulaire de deux cents mots dits *techniques* pour satisfaire aux besoins particuliers des professions et des métiers. Mais n'était-ce pas déjà la règle? Une fois maîtrisés, les cinq cents mots pouvaient en outre être portés à mille si on apprenait à les combiner. Churchill n'hésitait pas à recourir à l'habitude américaine de juxtaposer deux substantifs pour en produire un troisième. Par exemple, les mots *station* et *service*, s'ils ont chacun un sens propre, ne prennent-ils pas une autre signification quand on les joint par un trait d'union? Quant aux verbes, il suffisait de recourir à la tradition chinoise pour que le contexte de la phrase vous indiquât le temps passé, présent ou futur. Restait à surmonter cette difficulté inhérente à l'anglais: la prononciation. Un éditeur habile, dans la foulée, parvint à la surmonter en augmentant à 42 le nombre des signes graphiques qui servent à la transcription des sons. Cette fois, on fit appel aux accents comme en français, en espagnol ou en allemand. Puisque le *a* dans *cat* est ouvert et fermé dans *cake*, il fallait bien en informer l'étranger.

Pour être ingénieux, le *basic English* fit long feu. L'anglais deviendra la langue internationale sans qu'on ait à institutionnaliser le *pidgin* que Webster définit comme «*a simplified speech used for communication between people with different languages*». Ceux qui ne peuvent faire autrement le baragouinent. Mais la connaissance de l'anglais obéit aux règles habituelles qui gouvernent l'apprentissage de toute langue seconde: on la parle de mieux en mieux quand l'utilité l'exige et qu'on veut en retirer des bénéfices de plus en plus grands.

Davidson, que l'insolite fascinait, me déclara, dès mon retour, qu'il allait sûrement se trouver quelqu'un pour publier une édition de la Bible en *basic English*: «C'est une riche idée... mais je ne vois pas comment on pourrait récrire Shakespeare en *pidgin*!» Puis il ajouta: «Mais il est bien difficile de prévoir ce qu'il adviendra d'une théorie ou d'une oeuvre d'art qui nous semble saugrenue à première vue. Quand tu regardes un mobile de Calder qu'on a oublié dans un coin après l'avoir décroché, comment deviner le sens réel de ces ficelles et de ces bouts de métal? Zéro pour la question! Je le sais. Je viens d'en acheter un pour un dollar.

— Un dollar? Comment peut-on ignorer que les mobiles existent pour être pendus au plafond?

— J'ai eu de la veine. On a fermé les bureaux de France Libre et tout a été vendu. Tu te rappelles le mobile de Calder en bleu, blanc, rouge? Comme je ne le voyais pas, j'ai cru qu'un collectionneur était passé par là. En fin d'après-midi, je me suis trouvé seul avec le vieux portier; tu sais celui qui semblait faire partie du mobilier... C'est à ce moment que j'ai aperçu le Calder qui avait échappé à la liquidation parce qu'on l'avait décroché. Je lui ai demandé si c'était à vendre. Il a haussé les épaules comme s'il trouvait la question idiote. Je lui ai offert un dollar et il m'a donné un reçu!

— Si Calder apprend que son cadeau aux *Free French* a été vendu pour un dollar, il va éclater!

— Vois-tu, mon père c'est un sculpteur-biographe. Calder, c'est un forgeron et un soudeur. Mais il est drôlement fort...»

○ ○ ○

Je n'ai jamais vu Jean Davidson inoccupé, indécis, ne sachant que faire. Il donnait l'impression tantôt de l'eau vive, tantôt d'une échappée de mercure. Sûr de son métier, instruit de tout et doué d'un exceptionnel entregent, il faisait chaque jour le tour des *press-rooms* de Washington à l'affût du gros gibier, le doigt sur la gâchette. Au volant de sa Bugatti qu'il soignait comme un pur-sang, il ne relaxait qu'après avoir dépassé la vitesse permise. Il pouvait être le dernier à partir, mais il arrivait toujours avant les autres. Quel que fût l'événement, qu'il s'agît d'un affrontement politique ou d'une querelle littéraire, il s'y engageait corps et âme. Et le connaissant, je savais toujours de quel côté de la barricade le retrouver.

Jean Davidson était né à Céret en 1914, dans une sous-préfecture des Pyrénées-Orientales où Manolo, le sculpteur catalan, officiait aux palabres d'une école d'art révolutionnaire dont Pablo Picasso et Juan Gris étaient les annonciateurs. Maillol, leur compatriote et de vingt ans leur aîné, régnait sur la commune voisine de Banyuls-sur-Mer. Ni Français ni Espagnol mais Américain, Jo Davidson, le père de Jean, avait trouvé sa place dans cette École de Céret qui se disait ni française ni espagnole, mais catalane. D'origine juive, ses études bibliques s'étaient terminées le jour où il avait demandé au vieux rabbin qui l'enseignait : « *Where did Cain get his wife?* » Sa femme, Yvonne de Kerstat, de petite noblesse bretonne et descendante de Mirabeau, était la cousine de Thierry de Martel, le grand patron de l'hôpital américain, qui choisira de se suicider le jour de l'entrée des Allemands dans Paris en 1940. En bons agnostiques, ils s'étaient épousés au *registrar* de Marylebone à Londres. En 1927, les Davidson avaient acheté à Saché le manoir de Bécheron, construit au début du XVIe, à quelques kilomètres de Tours. Le plus illustre des sculpteurs américains de l'entre-deux-guerres décida de s'y installer à demeure ; mais sans renoncer pour autant à son atelier parisien et à son studio de l'hôtel des Artistes à New York.

Jean Davidson voyait dans la sculpture de son père un bon moyen de réconcilier le travail manuel et la recherche du beau. D'où sa volonté de revenir un jour en Indre-et-Loire où faire du vin devient une oeuvre d'art quand on en fait du Vouvray. Quelques années après la mort de sa femme, Jo Davidson avait épousé Florence Lucius, une amie d'enfance rencontrée au temps de la Art Students League. Il m'arrivait d'accompagner Jean à l'atelier de East 58th Street, à New York, dont la hauteur faisait aisément deux étages d'un appartement d'aujourd'hui. Ici, Jo Davidson était doublement chez lui, vivant dans le siècle, entouré d'innombrables bustes qui semblaient le regarder en train d'en sculpter un autre. « *I'm the biggest collector of Jo Davidson in the World* », disait-il dans un rire sonore. Les Davidson, père et fils, supportaient mal l'arrivée de Truman à la Maison-Blanche. Henry Wallace, disaient-ils, pouvait seul empêcher la rupture de l'alliance entre l'Amérique et l'U.R.S.S. Correspondant de presse à l'emploi d'une agence étrangère, Jean devait se montrer discret. Mais son père tonnait pour deux contre celui qu'il appelait «le marchand de cravates». À l'heure du New Deal, il avait été l'homme de Roosevelt au sein de l'intelligentsia américaine. Président des Progressive Citizens of America, il s'employait maintenant à regrouper les intellectuels démocrates autour de Wallace en prévision de l'élection présidentielle de 1948. Après avoir rompu avec Truman, Wallace était devenu le directeur de la revue *New Republic* et, à ce titre peut-être, il croyait aveuglément dans la force d'entraînement de l'élite intellectuelle des États-Unis. Avec ce résultat que le National Council of Arts, Sciences and Professions — dont Jo Davidson était le coprésident — accouchera du Parti progressiste en 1948 pour obtenir... 2,8 p. 100 des suffrages!

Venu tard au journalisme, Jean Davidson n'y renoncera qu'après la mort de son père au début des années cinquante. Sans celui-ci, je doute qu'il aurait lui-même songé à y faire carrière. Mais vint le jour où il décida de se marier. Jo Davidson, qui venait de perdre sa femme, comprit que le voyage de noces ne devait pas se terminer par un retour à Saché. Le mariage eut lieu à Londres et ce n'est pas par hasard que Webb Miller, de la United Press, fut son témoin. Après avoir dîné chez les H.G. Wells, on se rendit au théâtre où Shaw présentait *Androcles and the Lion*. Le lendemain, Jo Davidson remettait à Jean et à Jeannine deux billets de première — mais aller seulement —, sur un paquebot en partance pour l'Amérique et leur faisait cadeau d'une Bugatti déjà montée à bord. Le soir même, il revenait seul à Bécheron.

C'est ainsi qu'à son arrivée aux États-Unis, forcé de gagner sa vie, Davidson fit ses débuts au *Morning Star* de Rockford, petite ville de 125 000 habitants située quelque part dans l'Illinois. «Je connaissais peu l'Amérique, l'anglais était pour moi une langue seconde et mon curriculum s'arrêtait au bachot, me confia-t-il un jour. Mais j'avais une Bugatti! Moins d'une semaine plus tard, j'étais le reporter le mieux connu de Rockford.» Après la défaite de la France, il devait gagner New York pour se joindre à l'équipe de *La Voix de l'Amérique* dirigée par Pierre Lazareff. Puis ce fut Londres, le débarquement et enfin Washington.

Vivian Lovell et Jean Davidson devaient à la guerre leur entrée à l'agence. Beaucoup prenaient Vivian pour ce qu'elle rêvait d'être : une Parisienne. Mais peu devinaient chez Jean l'ascendance française. À vrai dire, la double nationalité donnait aux Lovell, d'origine bostonienne, une allure cosmopolite qui se démentait rarement. Pour être internationaliste, Davidson se sentait au contraire mal à l'aise dans ce qu'il appelait «les villes à touristes». Ni l'Amérique ni le journalisme n'étaient venus à bout de sa nostalgie du pays d'Indre-et-Loire. Il appartenait toujours à ce coin du monde qui va de Saché à Vouvray. Mais encore fallait-il que dans les maisons voisines, comme durant sa jeunesse, des voix américaines pussent lui parler d'Edgar Poe, de Walt Whitman et de Tom Paine. Si je m'étais longtemps demandé qui, de l'Américain ou du Français, finirait par l'emporter, tout doute disparut quand il acheta en Virginie une vieille maison de ferme construite sur un coteau. Il voulait en faire son Bécheron en attendant de retrouver le vrai! Enfin propriétaire d'une campagne, il se mit à la tâche. Levé à l'aube, après avoir avalé debout une tasse de thé, il marchait dans ses pâturages jusqu'à l'heure de rentrer en trombe aux bureaux de France-Presse. Du printemps à l'automne, il se livrait maintenant à l'élevage du bétail et il s'adonnait à la culture des géraniums géants. Mais l'hiver venu, il transportait avec soin ces plantes excessives dans sa chambre à coucher transformée en serre chaude.

○ ○ ○

Le printemps de 1946, quoique déjà avancé, s'annonçait long et paisible. Les jardins fleuris et les massifs de cerisiers, le long du Potomac, ajoutaient à la beauté naturelle de Washington en lui rendant ce caractère provincial voulu par les fédéralistes de 1788. Cette saison, qui sépare l'hiver mouillé de l'été tropical, n'invite guère aux décisions rapides et aux coups de tête. C'est le moment de l'année où nul n'a envie d'être ailleurs... Ce qui pourtant n'allait pas m'empêcher de succomber à la tentation de Rio de Janeiro! Tant il est vrai qu'on désire toujours ce qu'on n'a pas.

Nous avions déjeuné, comme à l'accoutumée, à l'hôtel Willard, à quelques pas de France-Presse. À notre retour à l'agence, un message de la secrétaire me demandait de rappeler Lester Pearson, l'ambassadeur du Canada. «Je viens de parler à Jean Désy, me dit-il. Il a quelque chose à vous proposer. Il rappellera demain vers midi. Je peux lui donner votre numéro de téléphone si vous n'êtes pas libre. Mais nous pourrions en profiter pour déjeuner ensemble à la résidence.»

Je venais à peine d'arriver que Désy m'appelait de Rio: «J'espère que vous n'avez pas oublié notre dîner de San Francisco? J'ai une proposition sérieuse à vous faire. La Brazilian Traction est à la recherche d'un directeur pour ses services de publicité et de relations publiques. J'ai suggéré votre nom. Le major McCrimmon est d'accord. À toutes fins utiles, vous êtes le premier Canadien français à qui on fasse pareille offre. Je vous presse d'accepter. Si votre réponse est positive, Toronto prendra contact avec vous. Cette fois, j'espère que ce sera oui...»

Tout en prenant l'apéritif, je fis part à l'ambassadeur de l'offre qui venait de m'être transmise. «J'ai donné mon accord de principe à Jean Désy. Mais je veux d'abord en discuter avec Hélène. Si tout se passe comme je le crois, demain je téléphonerai à Rio pour confirmer mon assentiment.

— Même si vous décidez de revenir un jour à votre métier, vous aurez acquis une expérience qui a son prix, répondit Pearson. Vous verrez les capitalistes au travail et vous connaîtrez l'Amérique latine. Enfin, je suis content que le fait d'aller à Rio vous ramènera en quelque sorte au Canada!»

La décision une fois prise, il me restait à remettre, le plus tôt possible, ma démission au directeur de l'A.F.P. pour l'Amérique du Nord, André Rabache. Mais encore fallait-il m'assurer, au préalable, des conditions qu'on m'offrait. Le président Billings devait heureusement m'inviter à venir le rencontrer moins d'une semaine plus tard. À cette époque, il n'existait aucune liaison directe entre Washington et l'Ontario. Se rendre à Buffalo par avion et, de là, gagner Toronto en taxi demeurait le plus rapide sinon le plus simple des itinéraires. Mais il était quand même 3 heures du matin à mon arrivée au Royal York.

Billings était un homme posé qui rêvait de donner au Brésil les infrastructures d'un État moderne. Il n'avait qu'une confiance limitée dans le génie politique des autorités locales. Mais dans la mesure où elles acceptaient de s'en remettre à la Brazilian Traction, il se disait capable de transformer ce continent sous-développé de 8 512 000 kilomètres carrés en un pays... d'avenir! Réaliste, il ne cachait pas cependant les difficultés auxquelles se butait «la pieuvre canadienne» dans cette entreprise démesurée.

«Si la province de Québec a cru devoir exproprier la Montreal Light Heat and Power, imaginez la situation à laquelle nous faisons face au Brésil, me dit-il sur un ton résigné. Ce sera d'ailleurs l'une de vos tâches de contrer cette propagande anti-Light *. De fait, la presse nous est acquise. Mais chaque fois qu'un journal d'opposition révise son point de vue dans un sens qui nous est favorable, un autre le remplace.

— Ça finit par coûter cher.

— Je vois que vous comprenez la situation.»

Le président n'avait eu aucune difficulté à constater mon ignorance des origines et des affaires courantes de la compagnie. Il m'avait mis sur la piste en se référant à la Montreal, Light Heat and Power, mais mon éducation restait à faire. Il s'en chargea au cours du déjeuner. La fondation de la Brazilian Traction, en 1911, coïncidait avec l'achat d'une petite société de Rio à court d'argent. Sir Alexander Mackenzie, avocat de Toronto, avait dirigé l'opération. Entrepreneur authentique, parlant couramment le portugais, il devait présider, durant plus de vingt ans, à l'expansion de l'entreprise. Tant et si bien que les 11 millions de dollars canadiens, investis au début, représentaient maintenant, en biens capitali-

---

* Au Brésil, on désignait le consortium canadien sous le nom de Light.

sés, une valeur cotée à 600 millions! J'appris qu'en plus de l'électricité, la compagnie exerçait un monopole sur le téléphone, les tramways, le gaz et la vidange des installations sanitaires. D'où le nom de *polvo canadense* (la pieuvre canadienne) sous lequel on la désignait.

«Comme je vous l'ai déjà indiqué, nous avons un problème de relations publiques avec nos clients, nota Billings. Mais il nous faut aussi traiter avec le gouvernement. Nous devons verser des dividendes à nos actionnaires qui, pour la plupart, sont canadiens, américains ou anglais. Cela se traduit par l'exportation d'une part substantielle de nos bénéfices. C'est le rôle du major McCrimmon de veiller à ce que le Brésil se montre raisonnable. Le major est vice-président de la compagnie et vos services relèvent de lui. Je suis sûr que vous vous entendrez bien.»

Dès le lendemain, je rentrais à Washington. Mon contrat prévoyait notre arrivée à Rio dans la dernière semaine de juin. Nous étions déjà à la mi-mai. Je pris aussitôt rendez-vous avec Rabache pour lui remettre ma démission.

○ ○ ○

Nous devions revoir Jean Davidson au Brésil, au moment de la fondation de l'Organisation des États américains en 1948. Venu de Washington pour prêter main-forte à Gabriel Lacombe, le directeur de France-Presse, il avait fait le voyage dans un avion militaire nolisé par le Département d'État. Je me rappelle ses premiers mots à l'aéroport de Rio: «Quatre moteurs de quatre mille pièces chacun. Total: seize mille pièces et aucune n'a cédé! Je ne m'explique pas comment je peux être ici.»

La cérémonie d'ouverture eut lieu à Petropolis, l'ancienne capitale d'été de Pedro Ier, prétendant au trône du Portugal et empereur du Brésil, dont la dynastie s'effacera de façon pacifique en 1889. Présidée par le général Dutra, en présence du président Truman, l'inauguration tourna vite à la fête dans les salons et la salle de jeu de l'hôtel Quitandinha où logeaient les délégations. Construit dans un style mi-baroque mi-rococo, le Quitandinha domine, par son extravagance, cette ville de villégiature impériale située dans un cirque de montagnes. Un seul accroc troubla la joie des lieux, mais devint vite *l'événement* pour les correspondants de presse : la présence imprévue d'Evita Perón. Compte tenu des relations tendues entre l'Argentine et les États-Unis, le Colonel avait décidé de se faire représenter à la fondation de l'O.E.A. * par son ministre des Affaires étrangères. Mais après son audience privée avec le pape, au moment de quitter Rome, la belle Evita décida de se rendre à Rio avant de regagner Buenos Aires. À son arrivée à Petropolis, elle réclama, mais en vain, le traitement dû aux chefs d'État et le droit de monter à la tribune. Face au refus, elle quitta l'hôtel dans un tourbillon de tempête. Les Cariocas**, dont l'humour ne va pas sans une certaine cruauté, prirent plaisir à imaginer cette réponse spontanée d'Evita à Pie XII, qui s'informait de sa réaction, le jour où Perón l'avait demandée en mariage : « J'ai été tellement surprise que je suis tombée du lit ! »

La conférence se termina un vendredi après-midi et, tel que convenu, Jean Davidson s'empressa de nous rejoindre à Rio. Avant de partir ensemble, avec nos amis Souza-Dantas et mon frère Claude, pour un long week-end à Cabo Frio, Jean me demanda de déjeuner avec lui à l'hôtel Copacabana, voisin de notre appartement. Les tribulations d'Evita l'avaient fort amusé. « Quant au reste, j'ai l'impression d'être arrivé à Petropolis en plein carnaval. Comme on siégeait peu, j'ai peu travaillé. Je me suis donc installé au casino et regarde-moi ça ! » me dit-il en lançant sur la table une épaisse liasse de cruzeiros. Puis il ajouta : « Au dessert, je nous commande une bouteille de Château d'Yquem, c'est le pays de Montaigne... »

Ce n'est qu'au début des années cinquante que j'allais retrouver Jean Davidson lors du voyage de Vincent Auriol en Amérique du Nord. Pour des raisons que je ne parviens pas encore à m'expliquer, la direction de CKAC tenait à ce que je fusse à Washington pour l'arrivée du président de la

---

* Généralement désignée par son sigle anglais : O.A.S. qui signifie Organization of American States.

** Habitants de Rio de Janeiro.

République qui, à l'instar des rois d'hier, voyageait avec la vaisselle plate de l'Élysée, la literie du palais et une provision de cigarettes marquées à son chiffre. Des bureaux de France-Presse de New York, je pris contact avec Davidson par téléscripteur. Lui-même m'annonça son divorce : Jeannine s'était envolée avec un fonctionnaire international que je connaissais bien. Quelques heures plus tard, il se décida à mettre les points sur les *i*. « Je voulais quand même lui dire combien je la regrettais, combien elle me manquait, mais comment ? Nous ne sommes plus à l'époque des duels... Alors j'ai pris la voiture et, vers 1 heure du matin, je suis venu chez lui. Il m'a demandé si j'avais besoin de quelque chose. Je lui ai répondu que je l'aimais bien, mais que je me sentais obligé de lui casser la gueule. Nous avons tombé la veste et nous avons échangé des coups. Pas longtemps... Je lui ai dit que cela ferait sans doute plaisir à Jeannine de savoir que j'avais au moins voulu lui démontrer mon attachement. Puis il m'a donné une tasse de thé et nous nous sommes serré la main. »

Ses camarades de travail le voyaient, pour la plupart, comme un fantaisiste doué d'un flair étonnant pour lever un lièvre en pleine conférence de presse. Très tôt, il vit venir la guerre froide et ses lettres se firent de plus en plus pessimistes. En 1953, l'idée de retourner en France ne le quittait plus. Un jour, je reçus une lettre dans laquelle il me faisait part de son découragement et de ses projets :

La casse commence vraiment à se rapprocher. Les diplomates deviennent des soldats aux avant-postes de la guerre froide [...]. Mon travail [...] me plaît de moins en moins. Car il est de plus en plus difficile de maintenir ce degré d'indépendance et d'anarchie qui sont les seuls accompagnements valables du chèque mensuel [...]. Je pense à quitter les États-Unis vers le 1er juillet [...]. Achat d'une petite bicoque en Bretagne [...] et peut-être d'un voilier près des îles Glenan dans le Finistère [...]. Le son des blindés ou des interventions aériennes sera mon signal [...]. C'est l'époque des bouffons qui commence ; les gens intelligents et raisonnables poussent le sang-froid jusqu'à la guerre froide, — vivent les fous donc ! [...]. Il y a une place pour toi dans ma maison de

Bretagne et dans mes rêves de voyageur escapiste [...]. Je veux que ce soit un chef nègre qui m'apprenne la fin de la der des der...

L'année suivante, Hélène se rendit au *Moulin Vert*, près d'Azay-le-Rideau, où il s'était installé avec Sandra Calder, maintenant sa femme. Hélène arrivait d'un long périple qui l'avait conduite au Portugal et en Espagne; puis à Tétouan, pour la proclamation de l'indépendance, et au Maroc français. C'est aux commandes d'une Bugatti millésimée qu'il était venu la chercher à Tours. Son projet de fuite en avant n'avait pas abouti, — mais il était revenu en Indre-et-Loire après la mort de son père. Son frère aîné, Jacques, ayant hérité du manoir de Bécheron, à Sanché, Jean avait réussi, mais non sans difficulté, à donner suite au rêve qu'il entretenait depuis longtemps.

Je le revis pour la dernière fois en 1968. Le domaine familial, pour être dispersé, s'était sensiblement agrandi. Alexander Calder, son beau-père, habitait maintenant au coeur d'Azay-le-Rideau dans une vieille maison modernisée — américanisée, disait-il — flanquée d'une forge et de son atelier qu'il appelait «sa grange». Calder avait en outre transformé en beaupré un large plateau, dominant la vallée, où il garait ses énormes stabiles qui attiraient les enfants. Se rendre à Sanché était un jeu et découvrir Bécheron un rare plaisir. Avant même de me conduire chez lui, Jean Davidson voulut qu'on s'arrêtât au manoir où l'atelier de son père me fit l'effet d'un musée.

Le *Moulin Vert* ne manquait pas d'allure avec son ruisseau courant sous la salle commune qui occupait tout le rez-de-chaussée. Davidson avait installé à l'étage son cabinet de travail, les quartiers de Sandra et du fils, et les chambres à coucher. «Tu sais, me dit-il, quand j'ai acheté ça, ce n'était pas grand-chose. C'est un ouvrier d'ici qui a retapé la maison. Il savait tout faire, comme les vieux charpentiers français qui sont de vrais artisans au contraire des Amerloques. Quand il m'a présenté la note, je n'avais pas d'argent. Alors j'ai pensé au Calder, acheté à Washington, mais qui n'était pas accroché. Quand il a vu ça par terre, il m'a regardé comme si j'étais dingue : «C'est pas possible... Vous n'êtes pas sérieux ? m'a-t-il dit. Merde, c'est de la ficelle, de la tôle !» Je me suis débrouillé grâce à Jacques. Mais c'est le même ouvrier qui a refait la maison de Calder et qui installe ses stabiles.

Davidson s'était mis à la peinture. Mais faire des livres occupait le gros de son temps. Il avait déjà publié *Correspondant à Washington, Histoires accélérées* et *L'Allemagne en cage.* «On dénonce maintenant le réarmement allemand, me dit-il. Mais nous le voulions. Quand il était ministre du Commerce, Erhard se refusait à construire des usines de guerre. Il s'opposait au pool suggéré par Mendès France et les Anglais. Il leur avait même proposé de concentrer sur l'exportation des biens de consommation. Avec l'argent gagné, il offrait de leur acheter les pétards. Tous ont poussé des cris d'effroi ! Les Ricains en tête. Redoutant la concurrence économique, ils les voulaient à l'oeuvre dans des fabriques d'armements. Maintenant que les Allemands jouent dur, les Alliés crient au meurtre : des salauds qui sont incorrigibles ! disent-ils. »

La guerre du Vietnam le dégoûtait. Il en éprouvait un tel ressentiment qu'il avait fait du *Moulin Vert* un lieu d'accueil pour les militants de la R.I.T.A., de la Resistance inside the Army. Avant mon départ du Canada, il m'en avait prévenu : «Tu partageras le pain avec quelques-uns de ces braves Américains qui acceptent tous les risques sauf celui de devenir des criminels de guerre.» À mon arrivée au *Moulin Vert,* je n'en vis aucun. Car le jour, ils se mettaient à l'abri des regards indiscrets en se promenant dans les bois autour de la maison. Mais tard le soir, ils se joignaient à nous. Ce n'était pas du romantisme : tous savaient ce qu'ils faisaient et en connaissaient le prix. S'ils avaient d'abord obéi à un sentiment de révolte, Jean Davidson en avait fait des pacifistes. Et le regardant leur parler, je songeais à Tom Paine, le Yankee élu à la Convention en 1789, et à Walt Whitman s'adressant à Juárez : «*Camarado, I give you my hand !*»

La paix toujours lui échappera... Mais Jean Davidson connaîtra la tranquillité, pour le reste de son âge, au pays d'Indre-et-Loire devenu sa patrie. Il mourra au début des années quatre-vingt sans avoir revu l'Amérique, au moment où s'allument les premiers feux au Nicaragua...

Combien d'hommes, de femmes et d'enfants un être normal aura-t-il connus, selon les critères de la statistique, avant d'atteindre l'âge moyen prévu par les ordinateurs? Que de monde! Amis d'enfance et condisciples, copains et camarades, collègues et connaissances: les uns sans visage et d'autres sans nom... On songe à Baudelaire: «Aux yeux du souvenir que le monde est petit!» Car de cette chaîne à laquelle on ne cesse d'ajouter des maillons, seuls quelques anneaux d'or vous rattachent au passé et résistent à l'oubli. Ils sont vos témoins et vos frères, — ils sont Jean Davidson, Maurice Lamontagne, Roy Faibish...

CHAPITRE
XXIV

En ce temps-là, le voyage de Miami à Rio, à bord d'un bimoteur, ne prévoyait qu'une seule escale, à Trinidad, pour dormir et se dérouiller les jambes. La fatalité nous en imposa une seconde à Macapa, en pleine Amazonie : non pas pour changer d'air ou d'avion, mais de moteur ! Il avait fallu couper celui qui avait pris feu pour éviter la catastrophe. L'autre suffira, disait-on, pour nous conduire à bon port. Mais le commandant ignorait que la plupart des passagers avaient fraudé sur le poids des bagages moyennant un pourboire au bagagiste ! Quand le DC-2 se mit à perdre de l'altitude, Villejuif, un pilote américain, repéra un aéroport de fortune, au creux des montagnes, où les phares clignotants d'une jeep fatiguée devaient lui indiquer la piste. Mais comment sortir de là ? Un avion de secours venu de Belém, finit par s'y poser à son tour et, après quelques heures d'impatience, nous mettions le cap sur le Pain de Sucre. Vers 6 heures du soir, soulagés, nous occupions enfin les quartiers qu'on nous avait retenus à l'hôtel Serrador, face à la baie de Guanabara. Le calendrier indiquait le 23 juin. Mais les fêtes commencent tôt au Brésil et, bien avant minuit, les pétards de la Saint-Jean éclataient de toutes parts. Heureusement le 24, nous partions pour Teresopolis où les McCrimmon possédaient une maison cossue, des terres et une écurie.

De retour à Rio, je pris contact avec les Désy et nous dînions chez eux le lendemain. La résidence avait le charme des vieilles demeures coloniales avec un parc boisé qui ajoutait beaucoup à l'agrément des lieux. De Santa Teresa, on dominait la ville. Quoique d'un accès difficile, l'endroit vous faisait vite oublier vos ennuis du jour. Au cours de la même semaine, nous emménagions à l'hôtel Central, sur la baie de Botofogo, où quelques Européens habitaient à demeure. Dès le premier soir, nous devions y rencontrer Gabriel Lacombe, le directeur de l'A.F.P., et sa femme portugaise.

Le major McCrimmon entendait m'initier rapidement aux affaires de la compagnie comme aux idiosyncrasies des hommes politiques et des chevaliers d'industrie résolus à faire ami avec la Light. Les séances d'apprentissage débutaient le matin dans les bureaux de l'administration ; ignorant tout, je me contentais de poser des questions qu'on jugeait sans doute fort naïves. Mais à midi sonnant, nous partions en flèche chez Dirty Dick's, un bar sans prétention qui avait la cote. Et bientôt, les clients du Major venaient lui faire part des dernières rumeurs. Il avait la réaction rapide et rien ne lui échappait. Le *brasileiro* était de rigueur et lui-même donnait l'exemple. En échange, tous s'étaient mis au *gin and tonic*... À 13 h 30, on allait déjeuner. Mais avant de passer à la salle à manger du Jockey Club, le Major prenait un dernier verre en faisant un bidou qui se joue avec des dés comme un poker d'as. Le Jockey ressemblait à une annexe de la Présidence. Ministres et généraux, barons de presse et grands propriétaires terriens s'y sentaient chez eux. À son tour, le Major faisait du charme. C'est ici qu'il devait, un jour, convaincre le maire de Rio que, si l'on voulait rendre aux tramways leur élégance d'antan, il fallait d'abord interdire aux gens d'y monter pieds nus. Décidé à donner suite au désir de la Light, mais craignant la réaction de ses commettants, le maire en vint à un compromis auquel personne n'aurait osé songer : nul ne pourrait dorénavant prendre le tramway s'il n'avait au moins... *une* chaussure ! La compagnie, sur le coup, s'en félicita : sacré Major ! Mais le maire savait bien que, partout en ville, des sandales découpées dans de vieux pneus étaient à la traîne, et qu'on pouvait toujours en chausser une pour monter dans un *bondé**.

Rio, il y a quarante ans, était une capitale d'autant plus agréable que le gouvernement ne croyait pas à l'éthique protestante du travail et que les Cariocas partageaient ce point de vue. On y trouvait en effet plus de désoccupés que de chômeurs. Comment perdre son emploi quand on n'en a jamais eu ? La lutte des classes viendra avec l'industrialisation et l'arrivée d'une classe moyenne qui pouvait espérer changer de vie. Qu'on fût *grãofino*** ou marginal des favelas***, la joie de vivre venait en priorité, — tous satisfaits d'abandonner les tâches productrices et les grèves corollaires aux entrepreneurs d'origine syrienne ou italienne de São Paulo.

Moins d'un mois après notre arrivée, grâce à l'entregent du Major, nous nous installions dans un appartement de l'Avenida Atlantica qui appartenait à un diplomate brésilien à la veille de la retraite. Vargas déposé au début de 1945, le général Dutra, d'allure patibulaire mais rusé, cherchait maintenant à le faire oublier comme Pompidou s'y appliquera après l'abdication de De Gaulle en 1969. Il s'efforçait conséquemment à déléguer ses responsabilités les plus apparentes. L'Assemblée nationale et les ministères reprenaient vie et, dans la mesure du possible, affirmaient leur autorité. Mais le changement se révélait coûteux. Si le nombre des amis de la Light augmentait tous les jours, ceux-ci devenaient de ce fait plus visibles pour une opposition qui retrouvait sa voix. Dans ces conditions, le Major se montrait pressé de nous introduire dans les arcanes du pouvoir. Le voyage d'Eisenhower allait lui en fournir l'occasion.

La grande fête organisée dans les jardins d'Itamaratïe, le palais rose où loge le ministère des Affaires étrangères, dura trois nuits et deux jours. Seuls, à cette époque, les pays dits en voie de développement savaient encore se livrer à pareille extravagance. On songe au colonel House, le conseiller politique du président Wilson, qui disait de Bernard Baruch, le

---

* Nom donné aux tramways et qu'on dit dérivé du mot *bond*.
** Nom sous lequel on désigne les grands bourgeois de la société brésilienne.
*** Bidonvilles accrochés aux montagnes qui entourent Rio.

mentor du Parti démocrate durant trente ans : « *A great man, Baruch — spends money like a poor man.* » Mais à la fin, le Major m'avait présenté à tous ceux qui pouvaient agir sur les rapports entre la Light et l'État. Pour bien se démarquer de la dictature de Perón en Argentine et colmater le souvenir de Vargas, on décida qu'Eisenhower serait officiellement reçu par l'Assemblée nationale, symbole de la démocratie brésilienne retrouvée. Avec tout le décorum requis, la cérémonie se déroula sans accroc. À la suite du concert d'éloges, Eisenhower monta à la tribune d'un pas rapide. Enfin, le président de l'Assemblée prit une dernière fois la parole. Quand ce fut fait, il marcha jusqu'au podium. Puis il baisa la main d'Eisenhower. Ce qui n'étonna que les correspondants américains : « Général, demande l'un d'eux, avez-vous trouvé curieux que le président vous baise la main ?

— Je commence à m'y faire, répondit Eisenhower en souriant. Quand De Gaulle m'a décoré de la Légion d'honneur, il m'a embrassé sur les joues. À Moscou, Timochenko m'a embrassé sur la bouche. Au Brésil, c'est la main... »

Interrogé à son tour sur la raison de ce geste, le président s'en expliqua en termes simples : « Quand on est enfant, on baise la main du prêtre qui vous guide sur la route du ciel. Plus tard, j'ai baisé la main de mon père qui fut mon guide à mes débuts dans la vie. Aujourd'hui, j'ai baisé avec respect la main d'Eisenhower qui nous a guidés vers la victoire. »

○ ○ ○

Jean Désy éprouvait envers la Brazilian Traction le même sentiment que le Canada français entretient, dans l'ensemble, à l'égard des Canadiens de langue anglaise. S'il était heureux de représenter un pays assez riche pour compter trois multinationales* et se montrer généreux dans ses rapports avec les États défavorisés, il était gêné qu'à l'étranger tout cela fût perçu comme l'affaire des *autres*, c'est-à-dire des anglophones. L'ambassadeur se rendait compte par ailleurs

---

* La Canadian Pacific et l'Alcan appartenaient aussi à cette catégorie du capitalisme canadien en expansion.

que, si les Brésiliens redoutaient la Light, ils ne l'aimaient pas. Il en résultait que, sur le plan officiel, Désy savait se faire l'avocat de la compagnie tout en cherchant, dans ses rapports avec l'intelligentsia, à se dissocier du Major. Cette diplomatie parallèle n'allait pas sans péril. À la direction de la Light, on évitait de s'en plaindre ; mais on jugeait, à l'évidence, que l'image d'un Canada francisé projeté par Désy contredisait la réalité des années quarante.

Quand Jean Désy arriva au Brésil en 1941, les Canadiens de langue française, qui habitaient Rio ou São Paulo, se comptaient sur les doigts d'une main. Aussitôt entouré par les Français opposés à Vichy, il prit plaisir à les accueillir à sa table. Pour tout dire, il se fit un devoir d'être la voix de la francophonie avant même que celle-ci n'existât, — car il y voyait un moyen d'équilibrer les choses. Mais c'était assumer une vocation difficile, encore qu'il y réussit pleinement avec le concours de Georges Bernanos, le plus célèbre des exilés de la littérature française en Amérique latine. Ken McCrimmon s'appuyait, de son côté, sur les 50 000 actionnaires et les 600 millions de dollars de la Brazilian Traction pour projeter l'image d'un Canada industrialisé et résolument anglophone. Ce qui fera dire à Charles Lynch* que j'allais vite me sentir coincé « *between the piratical world of the Major and the fantasyland of Désy* ».

J'avoue que, dans ce contexte, ma situation serait vite devenue inconfortable si l'ambassadeur et le Major n'avaient eu soin de toujours agir par personnes interposées pour éviter l'affrontement. Leur différend tenait moins, en réalité, à une incompatibilité d'humeur ou à des ambitions déçues qu'à la nature de notre pays. Ils avaient aussi suffisamment d'esprit pour éviter de se placer en porte-à-faux avec l'intérêt fondamental d'une autre entreprise nommée Canada. D'autre part, si j'étais là, c'est que les deux le jugeaient utile. Mais pourquoi ? J'en vins à cette conclusion : si Désy avait voulu assurer une présence francophone au sein de la compagnie, celle-ci devait y trouver son compte en étant enfin présente dans les milieux où l'ambassade jouait

---

* Charles Lynch, *You can't print that!*, Edmonton, Hurtig Publishers, 1983.

gagnante. Et si l'accord s'était fait sur mon nom, c'est sans doute que le Major connaissait d'expérience l'influence de France-Presse dans les rédactions de Rio et de São Paulo et que, de son côté, Désy désirait que la Light y reflétât l'existence d'un Canada français.

Au moment de l'entrée de la Wehrmacht dans Paris, une seule agence comptait pour les journaux brésiliens qui façonnaient l'opinion : Havas. Cela tenait autant à la valeur reconnue de ses informations qu'à l'entregent de son directeur, Gabriel Lacombe. Aux yeux de la chancellerie britannique comme à ceux de la Brazilian Traction, la position d'Havas apparaissait inexpugnable. Tout simplement ni Reuters ni l'A.P. ne faisaient le poids. Après l'armistice franco-allemand, beaucoup redoutaient le pire. Lacombe craignait, pour sa part, le contrôle de l'occupant et se disait prêt à saborder l'agence pour l'éviter. Mais il lui fallait un outil et des moyens. Les Anglais aussi cherchaient à s'assurer que localement Havas ne ferait pas le jeu d'Hitler. Seul toutefois le Major connaissait assez le terrain pour les guider dans cette entreprise délicate. Constatant que tous partageaient le même intérêt, il s'adressa aussitôt au directeur d'Havas pour lui offrir de passer chez Reuters avec armes et bagages. N'était-ce pas l'occasion d'étendre l'influence de la Light, de faire d'une pierre deux coups ? L'ambassadeur de Grande-Bretagne se chargea d'arranger les choses à Fleet Street en s'appuyant, au besoin, sur l'autorité du ministère de l'Information en temps de guerre. Dans cette perspective, la Brazilian Traction acceptait, pour sa part, de couvrir les frais de l'opération. Tous les abonnés d'Havas optèrent pour le changement d'allégeance, et d'autant plus aisément que chacun liquidait en même temps la dette accumulée. De toute façon, leur allégeance allait à Lacombe. À telle enseigne qu'ils devaient aussi suivre son exemple quand, deux ans plus tard, au grand dam du Major, il prit congé de Reuters pour assumer la direction de France-Presse.

De juin 1940 au débarquement américain en Afrique du Nord, la France avait vécu, si l'on peut dire, en marge de la liberté. Mais pour avoir retrouvé depuis un peu de son prestige d'hier, elle ne parvenait pas encore à reprendre pied au

Brésil. Pour les gens de 50 ans et plus, le français demeurait *la* langue seconde, mais leurs enfants apprenaient l'anglais. Le peu d'influence que Paris conservait s'exerçait en vérité à partir de France-Presse et grâce à Gabriel Lacombe. Il avait la confiance des généraux et des hommes politiques qui, depuis vingt ans, faisaient ou défaisaient les gouvernements et, à ce titre, avait l'oreille d'Itamaratïe. Pour tous, il était à la fois un témoin impartial et un observateur privilégié. Car il représentait, pour eux, la continuité qui vous met à l'aise quand on se refuse à remonter au déluge pour expliquer le pourquoi d'une situation. Lacombe devinait d'instinct la nature ambiguë de mes fonctions et j'ai souvent frappé à sa porte. « Vois-tu, me dit-il un jour, la Light fait fausse route et ton ambassadeur rêve en couleurs. Tout le monde sait que le Canada doit compter avec le fric américain et les traditions britanniques. Ils ont beau faire des enfants, les Canadiens français ne seront jamais majoritaires. Quant à la Light, disons qu'on la voit trop — sans calembour. Les Brésiliens apprécient les services qu'elle rend : mais c'est leur argent qu'elle exporte. Et puis, ils n'aiment pas que McCrimmon leur fasse la loi. Ce dont ils se méfient, c'est le rôle que vous voulez jouer dans l'évolution de l'économie brésilienne. Je vous comprends, mais vous manquez de discrétion. »

D'autres voyaient les choses du même oeil. L'un d'eux, João Alberto*, à l'époque ministre de l'Intérieur (c'est-à-dire de la police et des services de sécurité), connaissait le Canada et partageait le point de vue de Gabriel Lacombe. De tous les gouvernements depuis 1934, rien ne l'étonnait plus ; ce qui lui permettait de juger les hommes et les événements avec un détachement perspicace. Au moment du pronunciamiento de Getulio Vargas, il avait occupé São Paulo à la tête des rebelles. Devenu gouverneur de l'État, il devait aussitôt commander six chemises de soie pour signifier son autorité. Les contribuables y virent le geste d'un vrai chef et Vargas, qui aimait l'outrecuidance, en fit son ambassadeur à Ottawa. En 1942, João Alberto mit toute son influence à

---

* João Alberto Lius e Barros était principalement connu sous ses seuls prénoms, à la manière brésilienne.

convaincre la junte qu'il fallait déclarer la guerre à l'Axe Rome-Berlin. Rallié à Dutra, il le persuada que les circonstances exigeaient un retour progressif à la démocratie. Il entreprit alors de donner, pour l'exemple, des conférences de presse... comme Roosevelt! Mais avec cette différence qu'il fallait être mélomane pour en comprendre le sens. C'est dans son cabinet de ministre, devant lequel deux de ses gauchos montaient la garde, qu'il recevait les correspondants — assis à son piano! À chacune des questions, toujours avec à-propos, il répondait par une phrase musicale tirée d'un répertoire connu ou d'un opéra dont le titre vous révélait le fruit de sa réflexion.

Un soir où nous dînions chez les McCrimmon, João Alberto me demanda si l'état de l'économie brésilienne ne me rappelait pas, à certains égards, celui du Canada. Sans attendre ma réponse, il procéda lui-même à la comparaison: «Au fond, les compagnies américaines jouent chez vous un rôle comparable à celui de la Light au Brésil. C'est moins concentré, plus diversifié, mais peu différent. Vous vous en accommodez parce que vous avez besoin de capitaux comme nous avons besoin de la Light.

— En gros, vous avez raison. Mais il reste que les Canadiens ne considèrent pas les États-Unis comme un pays étranger dans le sens classique du mot.

— C'est bien ce que je voulais dire: ça se voit moins... Au Brésil, c'est votre principal problème. Comme Canadien français, vous y êtes sensible sans doute. Mais dans ces questions, il faut être prudent et patient. Surtout ne jamais oublier ce que Richelieu disait: avoir raison trop tôt ou trop tard est toujours une erreur en politique.»

Le Major, qui n'aimait pas ces apartés, s'était montré curieux de ma conversation avec João Alberto. Je lui avais simplement répondu: «*You know what Billings told me when I met with him in Toronto. Well João Alberto gave me the same advice: the one who pays the piper calls the tune but don't expect the piper to like your choice of music.*»

Même s'ils les exprimaient parfois différemment, ces propos avaient cours aussi bien chez les grands bourgeois que chez les entrepreneurs. Assis de Chateaubriand était, par exemple, le type même du self-made-man. L'idée d'un affrontement avec la Light lui aurait semblé aberrante. Né dans le sertão, dans cette zone semi-aride où la pauvreté est le lot commun, il savait depuis longtemps se montrer prudent. Mais après s'être accommodé de tous les régimes, et fortune faite dans les entreprises de presse, il venait d'être nommé ambassadeur à la cour de St. James. Il décida qu'il pouvait enfin révéler ses sentiments. Mais il le fit dans des termes si habiles que le Major, bien qu'il en eût saisi la portée, refusa de s'engager sur ce terrain. «On ne confie pas un poste pareil à Chateaubriand sans le charger d'une mission précise», lui avais-je dit en le félicitant.

— Mais j'en ai une. Tout se passe au Brésil comme dans une colonie. Je vais demander au roi de nous élever au rang de dominion...»

○ ○ ○

Le Major appartenait à cette race d'hommes qui, en poste dans un pays de soleil, se comportent comme à la colonie. Venu tôt au Brésil, il chercha à se conformer à la règle de l'époque en prenant modèle sur Sir Henry Lynch, le roi des allumettes, que la rumeur publique désignait comme le chef des services secrets britanniques. Survivant de l'épopée impériale, Sir Henry croyait qu'en Amérique latine, comme partout sous les tropiques, la raison vous commande de respecter la coutume locale mais sans trop se frotter à l'indigène — quitte à vivre dans un splendide isolement. Le Major, au contraire, était grégaire et ses fonctions l'y obligeaient. Mais cette sociabilité, quoique naturelle, dissimulait à peine un fort sentiment de supériorité. Ce qui en faisait un être paradoxal. «*British to the core, and he holds his liquor, but a typical Canadian*», disait Henry Hogg, qui avait assuré l'intérim chez Reuters avant l'arrivée de Charles Lynch. Et de fait, le Major aimait se trouver en bonne compagnie et buvait sec.

Pour mieux se sentir *at home*, Sir Henry avait fait de sa propriété de Teresopolis, où il était voisin des McCrimmon, un domaine seigneurial qui tenait du jardin anglais et de la ferme expérimentale. Ce jour-là, nous étions arrivés chez lui au début de l'après-midi. Remettant à plus tard le moment de nous faire les honneurs de sa maison, il nous entraîna aussitôt vers la ferme. Sir Henry s'adonnait à la culture maraîchère. Mais il mettait toute sa fierté dans son troupeau laitier qu'il disait de race pure et dans une étonnante porcherie où, tout comme les vaches, des cochons énormes étaient lavés à grande eau avant le coucher du soleil. De là, un sentier fleuri conduisait au jardin anglais qui masquait l'entrée du sanctuaire. Sans trop s'en rendre compte, comme si on avait voulu en ménager l'effet, on s'engageait alors dans un lacis de charmilles faites de milliers d'orchidées enracinées aux arbres qui les protégeaient de la lumière tropicale. Juste avant le crépuscule, Sir Henry vous ramenait chez lui. Car la tradition voulait que le premier whisky fût pris à la tombée du jour.

La maison de Sir Henry, qu'il avait voulue modeste, donnait sur de longues pelouses, soigneusement irriguées, qui aboutissaient à une sorte de montagne d'Écosse toujours verte. C'était sa montagne. Il l'avait fait construire pour la vue! Les moustiquaires lui répugnant, il avait abandonné aux araignées la tâche de tisser, autour de la véranda, une toile épaisse mais transparente qui le gardait des insectes. Avec les années, ses idiosyncrasies s'étaient transformées en principes qu'il aimait invoquer. Assis autour de lui, le bar roulant à portée de la main, Sir Henry s'apprêtait à me verser un solide whisky quand j'eus la folle idée de lui demander un *dry martini*. «Vous me permettez de vous donner un conseil, me dit-il. L'alcool est aux hommes ce que les bijoux sont aux femmes: l'argent le jour, mais l'or le soir. Après le coucher du soleil, il faut s'en tenir au whisky.» Le Major n'avait pas de ces scrupules. «*There is no such a thing as a poor whisky if you drink enough of it*», disait-il.

○ ○ ○

Nommé ambassadeur en Italie, Jean Désy quittera Rio en 1947. Ce sera la dernière étape avant de toucher au but:

Paris! Il met les voiles avec un plaisir à peine dissimulé : l'ambassade de France a repris les choses en main et le rôle du Canada s'en trouve sensiblement réduit. Sans compter que la Light traverse des heures difficiles et doit faire appel aux bons offices de la chancellerie. Non pas que le Brésil veuille exproprier le monopole des entreprises de services publics. Il n'en a pas les moyens et l'époque se prête mal à la confiscation. Mais l'État s'efforce de limiter l'exportation des bénéfices et veut assurer une présence brésilienne à l'échelon supérieur de l'administration locale.

Au temps où l'Angleterre restait seule pour contenir Hitler lancé à la conquête de l'Europe, Churchill avait dû s'adresser à Roosevelt pour obtenir l'aide de l'Amérique. Mais le Congrès entendait, en échange, marchander son appui. Les Britanniques s'étaient vus dans l'obligation de liquider tous leurs avoirs aux États-Unis et de céder certains de leurs intérêts au Canada. À la faveur de cette opération, Averell Harriman deviendra le principal actionnaire du Canadien Pacifique et, dans la foulée, les Américains forceront les portes de la Brazilian Traction Light and Power. Le changement, d'abord imperceptible, se fait maintenant sentir. Les nouveaux venus se montrent voraces. En partie pour les satisfaire, Harry Borden, le neveu de l'ancien Premier Ministre, s'engage de plus en plus dans la négociation avec le général Dutra et ses ministres. Le nouveau président du consortium canadien ne manque pas lui-même d'appétit et n'hésite jamais à faire preuve d'autorité. Son prédécesseur, Billings, s'était intéressé avant tout au développement des infrastructures. Pour ces questions d'ingénierie, Borden s'en remet à Steel, son fondé de pouvoir, mais il lui demande, en bonne logique, d'occuper le terrain en s'installant à Rio. Ces changements horripilent le Major : non seulement Toronto se mêle de ses affaires, mais Steel devient le président délégué de la compagnie et le coiffe ! Né en Angleterre et spécialisé dans les installations hydro-électriques, Steel connaît l'Amérique latine où il a épousé une Chilienne d'origine scandinave. Mais son arrivée au Brésil coïncide avec le démembrement de l'Empire et l'expropriation des entreprises de service public un peu partout dans le monde. Moins provincial que les autres, il estime que la Light doit se montrer sensible aux demandes de l'État brésilien. Cette attitude provoque l'ire du Major et contredit le goût d'Harry Borden pour les combats d'arrière-garde. Mais en bon Écossais, Steel tient à ses idées. À la fin de 1948, son départ s'annonce prochain...

Dans les circonstances, il devient illusoire de croire que la Light s'en sortira en augmentant ses charges publicitaires et en améliorant son image de marque. Les temps ont changé... Hélène aime beaucoup Rio, mais ni l'un ni l'autre nous ne voulons en faire notre port d'attache. Il y a aussi Paris, Londres et pourquoi pas la Chine? Le Brésil est au bout du monde, loin de tous les centres de décision. Les journaux étrangers mettent plus de quinze jours à nous parvenir et c'est avec un mois de retard que nous lisons *Time* et le *New Yorker*. Mon métier surtout me manque. Par hasard, un jour je mettrai la main sur un poème d'Andrade qui exprime tout ce que je ressens quand je contemple l'Atlantique de la terrasse de notre appartement: «Au loin, je vois des bateaux qui vont quelque part, qui ont un but... des hommes qui sont la vie du monde... Je regarde la mer et m'endors sur la plage... Ici rien ne se passe... Je ne suis rien.»

○ ○ ○

Hélène fut la première à partir pour Paris. Nous étions à l'automne de 1948 et mon contrat ne se terminait qu'en mars. Je savais que Fernand Moulier, le secrétaire général de l'A.F.P., devait venir à Rio en décembre. Décidé à réintégrer l'agence, j'en fis part à Gabriel Lacombe qui se chargea d'en informer la direction. Moulier se montra optimiste: «Nègre, le directeur actuel, t'en veut encore de nous avoir plaqués, me dit-il. Tout indique heureusement que Bret lui succédera au début de janvier. Ce sera le moment de venir à Paris, mais il faut lui donner le temps d'entrer dans ses meubles.» Le Major accepta de me libérer dès février. Après trente-six heures d'avion, je retrouvais Hélène qui m'attendait à la gare d'Orsay. Le même soir, nous dînions chez Arlette et Marcel Cazes, le directeur des services étrangers du Crédit lyonnais, que nous avions connus au Brésil.

Ma rencontre avec Bret eut lieu quelques jours plus tard : « Je sais par Moulier que vous désirez aller en Chine. En ce moment, avec la guerre d'Indochine, nos relations sont au plus bas. De toute façon, Marcus, qui était là du temps d'Havas, demeure en poste. Mais je songe à une solution : vous pourriez prendre le bureau de Canton auquel nous rattacherions celui de Hong-Kong. Mais il vous faudra faire preuve de patience : la France et la Chine doivent d'abord normaliser leurs relations. Pour l'heure, nous en sommes au point mort. »

Il ne me restait plus, dans ces conditions, qu'à rentrer au Canada pour refaire le plein et obtenir un nouveau passeport. Hélène ne pouvait quitter Paris avant l'arrivée du commandant Jacques Mauduit, l'attaché naval de l'ambassade de France à Rio, qui nous ramenait Tico-Tico, un bel *Irish setter* dont on nous avait fait cadeau. Après un mois d'impatience, Moulier me téléphona pour me donner rendez-vous à New York où il se trouvait en tournée d'inspection. « Nos projets sont à l'eau, m'annonça-t-il. La Chine vient de reconnaître Hô Chi Minh. Avant mon départ, Bret m'a informé que le gouvernement s'apprête à rompre avec la Chine de Mao. Il m'a demandé de te voir le plus tôt possible. Il t'appartient, m'a-t-il dit, de choisir entre la direction de notre bureau aux Nations Unies et le service étranger de l'agence mais à Paris et, de là, peut-être à Londres. » Comme je ne voulais pas revenir aux États-Unis et que rien ne m'indiquait que le poste de Londres serait bientôt vacant, je lui répondis que je préférais me fixer à Montréal en attendant la reprise des relations entre Paris et Pékin. Ce qui ne devait se faire qu'en... 1973 !

LIVRE SIXIÈME

La peur bleue

Sur toutes les pages lues
Sur toutes les pages blanches
Pierre sang papier ou cendres
J'écris ton nom
....
Je suis né pour te connaître
Pour te nommer
Liberté.

Paul ÉLUARD.

CHAPITRE
XXV

C'est à l'étranger, dit-on, que les Canadiens prennent conscience de leur identité; qu'ils oublient ce qui les sépare pour découvrir ces rapports de ressemblance qui les font reconnaître. L'auteur de *La Cité antique*, Fustel de Coulanges, note dans son *Histoire des institutions de l'ancienne France* que, sous les différences propres aux individus, on retrouve chez les peuples «une communauté d'idées, d'intérêts, d'affections, de souvenirs et d'espérances» qui sont le fondement de leur unité. Qu'une fois de retour, les Canadiens s'empressent de revenir à leurs préjugés comme à leur médiocrité ne saurait étonner. Incapables de se dépasser parce que incapables de s'engager dans des desseins qui risqueraient de compromettre ce confort bourgeois devenu nécessaire à leur béatitude.

Je devais retrouver, en mars 1949, un Canada où «rien ne doit changer» comme l'affirmait Louis Hémon, trente ans plus tôt, en parlant du Québec. Tout donnait à croire que «la belle province» était en train de tuer par osmose l'idée même du progrès! Rien n'avait bougé depuis cinq ans... L'Union nationale? Au pouvoir comme d'habitude et, en face, une Opposition désorientée à la recherche d'un leader. Louis Saint-Laurent, depuis peu Premier Ministre, dirigeait à son tour le Parti libéral devenu inamovible. Les vieux démons eux-mêmes rappliquaient : à la suite de l'affaire Gouzenko, l'anticommunisme appartenait maintenant à l'arsenal clérico-nationaliste de la Peur bleue !

Dans la gadoue d'un hiver interminable, Montréal m'apparut symbolique d'un pays replié sur lui-même. Vu de l'hôtel Windsor, le square Dominion me sembla si peu évocateur des «grands espaces» célébrés que je résolus de noyer le souvenir de Rio — Paris — New York en prenant aussitôt le train de... Québec ! Et de fait, la métropole à mon retour avait repris, par comparaison, son importance et son caractère cosmopolite.

○ ○ ○

Rares sont les Premiers Ministres qui savent se retirer sans faire de bruit. A-t-on soi-même choisi son successeur, il reste toujours pénible de renoncer à l'exercice du pouvoir. Après s'y être résigné, Mackenzie King avait voulu, par exemple, conserver son siège aux Communes — «jusqu'à la prochaine élection», disait-il. Comme s'il croyait nécessaire de veiller dans l'ombre à la bonne marche des affaires publiques. Rien pourtant ne justifie son inquiétude. Le choix de Louis Saint-Laurent institutionnalise l'alternance, la crise de la conscription n'a pas eu lieu et le gouvernement vient de faire voter, en prime, les allocations familiales. D'autre part, l'économie se porte bien : C.D. Howe vaut son pesant d'or et *Uncle Louis* répète tous les jours que le conseil des ministres doit fonctionner à la façon d'un conseil d'administration. «Nous sommes les gérants de la nation», aime-t-il rappeler. Pressé de mettre fin à l'omniprésence de King et toutes les conditions d'un appel au peuple se trouvant réunies, le gouvernement annonce en mai qu'on votera le 27 juin.

Au Québec, le parti sait qu'il joue sur le velours. Face à Louis Saint-Laurent, le nouveau leader de l'Opposition conservatrice, George Drew, offre peu. Surtout, il voit le *baby bonus* comme un stimulant à la nationalité des Canadiens français — et le dit ! Chacun pense, avec raison, que les carottes sont cuites. Prudent comme à l'accoutumée mais aussi pour son propre plaisir, Arthur Fontaine a voulu réunir, dès la prorogation des Chambres en avril, le comité dit de publicité* présidé par le sénateur Léon Mercier-Gouin. J'y retrouve René Garneau. On lui a demandé de rédiger la biographie de Louis Saint-Laurent : « Une cinquantaine de pages environ qui seront publiées sans nom d'auteur », lui a-t-on dit. Il s'agit de mettre l'accent sur l'alternance en ressuscitant Laurier et, dans la mesure du possible, de faire oublier que Saint-Laurent a dit oui à la conscription pour outre-mer. D'autre part, il était ministre de la Justice au moment de l'affaire Gouzenko. Or cette affaire a de curieuses séquelles. Les uns rappellent, à ce propos, que Louis Saint-Laurent a lui-même dédouané le Parti communiste, fut-ce en l'obligeant à changer de nom ; d'autres soutiennent, par contre, que l'enquête n'a pas été conduite selon les normes habituelles de la justice en démocratie. Jamais René Garneau n'avait autant travaillé. Comme il lui fallait satisfaire tout le monde et son père, il décida de prendre au sérieux toutes les révisions qu'on lui réclamait. Avec le résultat que je voyais le héros du récit perdre chaque jour de sa substance par suite des saignées et des purgations ! À la fin, tout ce que Garneau put sauver du texte original fut sa qualité grammaticale et l'élégance du style.

Moins d'une heure après la fermeture des bureaux de vote, le 27 juin, la radio annonce que le Parti libéral a fait élire 149 de ses candidats dans les provinces de l'Atlantique, au Québec et en Ontario. Deux heures plus tard, 43 députés des Prairies, de la Colombie-Britannique et du Yukon viennent grossir la représentation aux Communes du « parti unique ». Seuls 41 conservateurs et 13 C.C.F. l'ont emporté ici et là, et 10 *socreds* en Alberta. Mais pour être écrasante, cette victoire donne pourtant à réfléchir. Le Parti libéral n'exerce le pouvoir que dans quatre provinces : Terre-Neuve, la Nouvelle-Écosse, l'Île-du-Prince-Édouard et le Nouveau-Brunswick où un gouvernement conservateur sera élu en 1952. Tout aussi troublant : l'Union nationale tient le Québec bien

---

* Même en période électorale, le mot « propagande » fait peur...

en main, le Crédit social règne sur l'Alberta et la C.C.F. est en selle dans la Saskatchewan.

Cette situation conduira Louis Saint-Laurent à concevoir l'étrange théorie que l'opposition aux politiques et aux pratiques du gouvernement fédéral s'exprime maintenant sur le plan provincial. Et puisque les provinces constituent l'Opposition, nul ne doit s'inquiéter que le Parti libéral soit devenu inamovible. Cette conception nouvelle des relations fédérales-provinciales ne pouvait qu'affecter les rapports — plus particulièrement au Québec — entre l'organisation provinciale et l'organisation fédérale du Parti libéral. Dans plusieurs comtés, elle donnera lieu à des pactes de non-agression entre le député fédéral et l'élu de l'Union nationale à l'Assemblée législative. Dans Montmagny-L'Islet, par exemple, Jean Lesage et Antoine Rivard refuseront tout combat singulier. Dans ces conditions, le jour viendra vite où le révisionnisme de Louis Saint-Laurent débouchera sur un affrontement entre les réformistes du Parti libéral provincial et les assis ou les *fat cats** du Parti libéral fédéral.

○ ○ ○

Sur le plan politique, tout est en veilleuse; mais la vie reprend son cours normal. À la mi-juillet, tel qu'entendu, je téléphone à Phil Lalonde, le directeur de CKAC. Il me propose une chronique quotidienne, diffusée en chevauchement avec les *Nouvelles de chez nous* dont la cote d'écoute m'aidera à me refaire une clientèle. Le comédien Albert Duquesne «anime» ces informations en les racontant comme au théâtre. L'offre de Lalonde facilite mon retour à la radio comme elle me permet de donner suite à la proposition de *France-Soir* et de Radio-Luxembourg qui ne s'intéressent qu'aux *hard news*. Car ainsi je disposerai des ressources d'une rédaction et d'un équipement de transmission. Tout s'arrange donc pour le mieux. Mais nous avons oublié l'essentiel: la Hiérarchie.

* Webster's: FAT CAT-*a) a wealthy contributor to a political campaign fund; b) a wealthy and privileged person; c) a big shot.*

La chancellerie de l'archevêché surveille de près, à cette époque, le contenu des émissions radiophoniques. Il ne s'agit pas d'une censure à proprement parler. Plutôt de mises en garde constantes et de pressions continuelles qui tiennent du chantage. Chargé de cette surveillance, le chanoine Arbour se fait un plaisir autant qu'un devoir d'intervenir auprès de la direction des stations quand il estime qu'un texte sent le roussi. Dès le surlendemain de mon premier commentaire, il accourt chez Phil Lalonde pour exiger qu'on me fasse disparaître de l'horaire! Au lieu de s'affoler, Lalonde a la bonne idée de lui demander de préciser, par écrit, les raisons de son intervention. Puis il m'invite à passer à son bureau. Selon l'inquisiteur, je parle de Staline comme de tout autre chef de gouvernement au lieu d'y voir Satan en chair et en nonos! «S'il m'écrit, me déclare Lalonde, je remettrai sa lettre à la R.C.M.P., mais je doute qu'il le fasse.

— Tu devrais, de toute façon, demander l'avis de la Gendarmerie. Par la suite, tu pourrais transmettre la réponse au petit chanoine. Tu n'as pas à t'inquiéter...»

Ce qui fut fait. Et ce n'est qu'en 1960, après la fondation du *Nouveau Journal*, que je pris congé de CKAC.

En août, Arthur Fontaine m'informe que George Marler, le chef intérimaire de l'Opposition à l'Assemblée législative, désire me rencontrer. «Il doit communiquer avec vous à son retour de Métis, c'est-à-dire en septembre, après les vacances. Godbout veut se libérer le plus tôt possible. Il faudra donc convoquer un congrès plénier pour élire un nouveau leader. Ça ne sera pas facile... ça ne pousse pas dans les branches...

— Marler n'est pas dans la course?

— Il n'est pas intéressé.»

George Marler appartenait à une vieille famille de Montréal où l'on était notaire de père en fils. Toujours précis et d'une grande correction, il parle mieux le français que la plupart des députés libéraux qui ont échappé au raz-de-marée de 1948. Gentleman de souche, il croit que le bilinguisme ressortit aux bonnes manières. D'autre part, il siège à l'Assemblée par principe: «Trop de mes compatriotes de langue anglaise, surtout chez les riches, s'accommodent de Duplessis», dit-il. Lui-même jouit d'une certaine aisance, mais doit gagner sa vie. Il me confiera à ce propos que son bureau lui verse toujours sa part des bénéfices comme s'il était à l'oeuvre: «Eux aussi estiment que les Anglais doivent contribuer à l'assainissement de la politique au Québec.» Pour être le contraire d'un gauchiste, il accepte le libéralisme sous toutes ses formes, même les plus avancées. À la condition cependant qu'on lui démontre que ces idées nouvelles conservent un lien avec la pensée d'un homme d'État réputé ou d'un illustre écrivain. La tradition reste, pour lui, un mot clef.

«Le congrès du parti aura lieu en juin, me dit-il. J'ignore qui deviendra notre chef. Mais comme il devra se faire élire pour siéger à l'Assemblée, je continuerai à diriger l'Opposition parlementaire, du moins pour un temps. Le nouveau leader doit connaître exactement mes vues. Il faut éviter toute ambiguïté. Nous travaillons ensemble depuis quelques mois déjà. J'ai pensé que vous pourriez reprendre les questions dont nous avons souvent discuté. Vous êtes progressiste. Si elles me vont, il sera plus facile pour notre chef de voir dans quelle mesure elles pourraient trouver place dans le programme du parti.»

L'exercice va se révéler fructueux. De la réforme de l'enseignement à la démocratisation du Parti libéral, de l'exploitation des richesses naturelles à la structuration de la fonction publique, Marler entend qu'on s'arrête à tous les sujets controversés. Mais le document trouvera toute son utilité quand, en présence de Georges-Émile Lapalme et de Jean-Marie Nadeau, Marler me demandera, en septembre de 1950, d'en faire l'exégèse avant de passer à la rédaction d'une nouvelle plate-forme électorale.

o o o

Pour la forme, George Marler posera sa candidature au leadership. Mais seul Jean-Marie Nadeau décidera, au dernier moment, de s'inscrire dans la course *. Il s'agira, à vrai dire, d'un acte gratuit, qui ne changera rien au scrutin. Par voie de conséquence, un an exactement après l'élection fédérale de 1949, Georges-Émile Lapalme, le député démissionnaire de Joliette-L'Assomption-Montcalm aux Communes, devenait le chef du Parti libéral du Québec. Il en avait gros sur le coeur et son tempérament de ténor léger, encore qu'il fût de nature taciturne, n'allait pas lui rendre la tâche facile. Respectueux de l'argent des autres, irréprochable dans l'administration de ses propres biens, il fait très notaire de province, renfrogné à souhait. Mais derrière le mal-aimé qui veut se conformer à l'image qu'il s'est donnée, un autre homme se révèle quand on s'arme de patience. Libéral avancé, Lapalme a l'amitié courageuse. L'injustice sociale le scandalise, surtout si l'on met en doute l'opportunité des réformes proposées. Il accepte les risques inhérents à la démocratisation du parti. Mais rien ne l'affecte davantage que la malhonnêteté intellectuelle. Grand liseur, il s'abandonne dès que déçu à la magie des rêves éveillés où nul ne le contredit...

Lapalme était entré en lice sans l'aval du Premier Ministre et de son entourage immédiat. Il avait pris le départ à l'instigation du Speaker des Communes, Louis-René Beaudoin, et de quelques collègues obscurs dont certains appartenaient au « Petit Chicago ». Bon orateur, on lui reconnaissait aussi une solide culture et une honnête facilité d'écriture. Mais pour les gérants de la nation, ces qualités comptaient peu. Il ne s'intéressait aux travaux de la Chambre, disait-on, que dans la mesure où ils ressortissaient aux affaires québécoises. En d'autres termes : il demeurait étranger au milieu, *he didn't belong*. Parfois ses propos effrayaient. Certains le voyaient même comme un radical. Non pas dans le sens français du mot : « partisan de réformes modérées dans le cadre de la société actuelle », selon Larousse, mais dans le sens que lui donne Webster : « *disposed to make extreme changes in existing views, habits, conditions, or institutions.* »

---

* Bien sûr, je n'oublie pas Horace Philippon. Mais je ne vois pas ce que je pourrais en dire.

Je connaissais peu Georges-Émile Lapalme. La plupart des députés du caucus libéral se disaient acquis à sa candidature. Pour s'être inscrit trop tard dans la course, Jean-Marie Nadeau me paraissait condamné à l'échec. N'étant pas délégué, je ne pouvais de toute façon participer au débat. Mais je restais convaincu que, face à Duplessis, le nouveau leader devrait donner un solide coup de barre à gauche : quel qu'il fût (Marler, Lapalme ou Nadeau) et quoi qu'en disent les bailleurs de fonds. La presse écrite suivait d'assez près les travaux des comités et de l'assemblée plénière. Mais ils se prêtaient mal à une transmission en direct. Seule la dernière séance retenait l'attention des stations de radio. Les adieux d'Adélard Godbout comme le discours-programme de chacun des candidats à sa succession risquaient peu de faire tomber la cote d'écoute déjà au plus bas. « Surtout si c'est un samedi après-midi ensoleillé », m'avait dit Phil Lalonde. En revanche, j'avais carte blanche pour analyser les courants de pensée qui agitaient le congrès et pour juger des intérêts en jeu. Tout allait se terminer avant 18 heures, Lapalme l'emportant haut la main et Nadeau l'assurant de sa collaboration.

o o o

Il vaut d'être noté que l'élection de Georges Lapalme à la direction du Parti libéral coïncida, à quelques mois près, avec le retour dans l'arène du sénateur Damien Bouchard, toujours désireux d'en découdre. L'Institut démocratique canadien s'était maintenant donné une filiale de langue anglaise, The Canadian Unity Alliance, dont T.D. assurait lui-même la présidence sous le titre de Grand Gouverneur. Résolu à faire *bella figura*, le sénateur avait eu soin de s'entourer de notables et d'entrepreneurs auxquels on ne pouvait faire que des procès d'intention en invoquant la culpabilité par association : Thomas Vien, Robert Douglas, Hector Langevin, Jean Gagnon, W.H. Perron, Réal Rousseau, etc.

La cessation du *Jour,* au lendemain de la guerre, avait créé un vide et on s'interrogeait même sur l'avenir du *Canada.* Les journaux de parti disparaissent les uns après les autres; mais à l'évidence cela fait l'affaire de Maurice Duples-sis: la neutralité agissante des rédactions, truffées de ses partisans, lui suffit. Déjà propriétaire du *Clairon* de Saint-Hyacinthe, Bouchard décide de lancer le *Clairon-Montréal* en janvier 1950, à partir de la liste d'abonnés du *Jour*, après s'être assuré de la collaboration de Charles Doyon et d'André Bowman. Il récupère aussi Vincent Brosseau venu de *L'Autorité*. Depuis sa fondation en 1913, on tenait *L'Autorité*, organe rouge, pour «anticatholique et antipatriotique» selon Jean Hamelin et André Beaulieu*. Dirigé par Gilbert Larue de 1932 à 1935, l'hebdomadaire «se plaisait particulièrement dans la critique des travers de la société canadienne-française dont on mettait en relief le conformisme», disent encore Hamelin et Beaulieu. Quoi qu'il en fût, Vincent Brosseau tranchait sur l'ensemble du journalisme québécois. Républicain, il savait pourquoi. Nourri dans l'*Encyclopédie* du siècle des Lumières, il donnait l'impression d'avoir été allaité par la déesse Raison. Comme à Voltaire, tant d'arpents de neige ne lui disaient rien qui vaille et, un jour, il mit les voiles pour le Midi...

Le *Clairon-Montréal* ne passa point, c'est le temps de le dire, comme une lettre à la poste! Le ministère fit des difficultés quand il constata que le sénateur lui faisait distribuer deux journaux au lieu d'un en utilisant la même franchise postale ou quelque chose du genre. Le clergé du lieu goûtait peu, de surcroît, le ton donné au nouvel hebdomadaire qu'on encartait dans le *Clairon* de Saint-Hyacinthe. Il se mit à le crier sur les toits, c'est-à-dire du haut des chaires paroissiales. Coincé en quelque sorte entre le trône et l'autel, mais soucieux de protéger l'acquis, Bouchard décida de changer le bandeau du journal pour en faire *Le Haut-Parleur*. Nommé rédacteur en chef des deux hebdomadaires, mon frère Guy reviendra à Montréal au début de 1955, à la fondation de *La Réforme*.

Il fallut quelques mois à Lapalme pour donner au Parti libéral les structures de son choix et pour s'entourer de collaborateurs diligents, d'une loyauté inconditionnelle. La tradi-

---

* *Les Journaux du Québec de 1764 à 1964*, collection Les Cahiers de l'Institut d'Histoire, Québec, Les Presses de l'Université Laval, 1965.

tion voulait que, sur le plan logistique, il existât deux appareils identifiés à partir d'une ligne imaginaire qui allait de Trois-Rivières à Sherbrooke. Certains souhaitaient que l'organisation et la trésorerie fussent centralisées dans la métropole pour satisfaire aux besoins de la clientèle électorale, compte tenu des ressources financières disponibles. Conscient de la barrière psychologique qui a toujours séparé Québecquois et Montréalais, Lapalme s'y opposa, — jugeant qu'il valait mieux s'arrêter au programme avant de s'attaquer à des questions de ménage ou de *housekeeping*. Le sénateur Paul-Henri Bouffard conserva conséquemment l'administration... des dettes, car la caisse était vide! Wilfrid Hamel, ancien ministre, se vit confier l'organisation, ou ce qui en restait, et Henri Dutil fut nommé chef du secrétariat. À Montréal — où Lapalme se sentait plus à l'aise, quoi qu'il en ait dit —, le changement se fit plus lent, mais aussi plus évident. Jean-Julien Perreault, architecte, hérita de la trésorerie, alors qu'on aurait dû s'en remettre à Arthur Fontaine. Heureusement, Laurent Lajeunesse assuma, avec une complète abnégation, la direction des bureaux. Mais on mettra un an à pourvoir aux exigences de l'organisation électorale dans les comtés. Quand enfin Louis-René Beaudoin, député aux Communes, renoncera à ses aller-retour entre Ottawa et Montréal, André Montpetit lui succédera. Mais il venait à peine d'occuper la charge que Louis Saint-Laurent le nommait juge. Ce n'est donc qu'à l'automne de 1951 que Jean-Marie Nadeau deviendra l'organisateur en chef.

Quoi qu'il en fût, l'appareil tournait déjà rond quand Lapalme me demanda de passer à la permanence du parti au début de septembre 1950, soit trois mois environ après le congrès plénier. La rentrée parlementaire devait avoir lieu le 8 novembre. Il s'imposait que George Marler, confirmé dans ses fonctions de leader intérimaire de l'Opposition, sût à quoi s'en tenir pour jouer pleinement son rôle. Mais Lapalme, pour l'heure, se préoccupait surtout de l'attitude de M. Saint-Laurent à l'égard du Parti libéral provincial. De but en blanc, il me demanda si je croyais possible que «le Premier Ministre nous cède la direction du *Canada*?

— On cherche sans doute à s'en défaire. Mais avant de vous en faire cadeau, on tiendra, je crois à s'assurer que le programme ne vient pas en conflit avec les politiques du gouvernement fédéral, lui dis-je.

— J'y ai songé... J'ai l'intention de demander à Jean-Marie Nadeau de prendre contact avec le bureau du Premier Ministre et, si possible, de voir C.D. Howe à ce sujet. Pour l'instant, Jean-Marie garde la direction du comité de publicité. Cette démarche lui revient. Si les choses s'arrangent, je voudrais vous confier la direction du journal.»

J'aurais dû lui dire aussitôt qu'il vaudrait mieux faire appel à Arthur Fontaine ou même à Antoine Geoffrion pour négocier une entente de cette nature. Mais une longue amitié m'unissait à Jean-Marie Nadeau et, tout compte fait, pourquoi ne pas faire état de nos divergences dès maintenant? «Si Jean-Marie doit se rendre à Ottawa, ne croyez-vous pas nécessaire de préciser au préalable les grandes lignes de la réforme que vous envisagez? Nous sommes d'ailleurs à la veille de la session... Nous devrons abattre nos cartes. Ce n'est que par la suite qu'on pourra négocier avec Louis Gélinas, le trésorier fédéral, le transfert du contrôle.

— Marler me dit que vous avez préparé ce qu'il appelle «*a position paper*» sur les grandes lignes de notre programme. Mais, depuis, le congrès a voté toute une série de résolutions. Je dois m'assurer qu'il n'existe pas de contradictions entre vos idées et celles des délégués. Je vais voir si nous pouvons nous réunir dès cette semaine.»

Quelques jours plus tard, je retrouve Marler et Nadeau chez Lapalme. Personne d'autre. Louis-René Beaudoin, qui fait office d'organisateur en chef, doit être à Ottawa. Mais l'absence de Perreault m'étonne. Il va de soi que le parti veuille échapper à l'influence indue des bailleurs. Mais il me paraît nécessaire, impérieux, que le trésorier soit informé de nos politiques et qu'il en comprenne le pourquoi. Si lui-même n'y voit clair, comment peut-il s'en faire l'avocat? Je m'attendais à un interrogatoire serré. Mais la discussion porte principalement sur la réaction probable de la Hiérarchie concernant la réforme de l'enseignement et sur celle du gouvernement fédéral au chapitre des richesses naturelles.

«C'est dans cette perspective que nous devons analyser le document; en nous efforçant de trouver des réponses aux difficultés qu'il soulève, affirme Lapalme en s'adressant à Marler.

— Si vous le croyez utile...»

Sans attendre la réponse, je note qu'il vaudrait mieux se partager la tâche, tout en nous rappelant que nous n'exerçons pas le pouvoir. «De toute façon, dis-je, nous ne pouvons faire qu'une seule chose dès maintenant: démocratiser le parti et lui donner des structures.

— D'accord, enchaîna Lapalme. Mais si nos amis d'Ottawa refusent d'en faire autant, nous allons nous retrouver avec deux Partis libéraux.»

En octobre, Lapalme m'apprend que les centrales syndicales insistent pour qu'il précise ses vues sur le rôle qui leur revient dans une société industrialisée et sur ce qu'il entend par *justice sociale*. «Puisque nous avons convenu d'examiner le programme en profondeur, peut-être pourriez-vous donner suite à la demande des syndicats. J'ai l'intention de leur répondre par écrit.»

Quand je lui remets mon texte, il en prend connaissance sur-le-champ. «C'est trop important pour en faire un mémoire à l'adresse des syndicats, me dit-il. J'en ferai mon discours du 4 novembre à Québec.

— Ce n'est peut-être pas l'endroit. Je crains la réaction du sénateur Bouffard et celle des percepteurs.

— Vous vous inquiétez vraiment des états d'âme de la trésorerie?

— Non... mais je crois que le trésorier doit être mis au courant de nos politiques avant le fait accompli. À la place de Bouffard ou de Perreault, je serais furax.»

La réaction des 1 700 convives réunis au Château Frontenac fut dans l'ensemble favorable. «Il y eut suffisamment de tapage dans les journaux, notera Lapalme dans ses mémoires*. À Québec, l'ancien journal libéral *Le Soleil* y alla d'un très court éditorial louangeur: *Un discours courageux*. Il

---

* Georges-Émile Lapalme tome II: *Le Vent de l'oubli*, Montréal, Leméac, 1970.

y avait belle lurette que nous avions vu *Le Soleil* écrire une chose semblable.» Mais à la sortie du banquet, «un puissant personnage du parti» lui dira: «Ce n'est pas avec des discours comme celui-là que vous trouverez de l'argent.» D'où ce commentaire de Lapalme:

> Le signal d'alarme sonnait donc dès la première heure en attendant que sous peu vienne s'ajouter le cri de ralliement de l'adversaire qui façonnera une opinion publique autour d'un mot qui nous collera dans le dos: communistes.

Tel que prévu, Jean-Marie Nadeau se rendit à Ottawa avec l'espoir qu'on nous céderait le contrôle du *Canada* au lieu de mettre la clef sous la porte. L'accueil fut glacial. C.D. Howe, pour sa part, jugeait inacceptable le discours du 4 novembre. Il le signifia à Nadeau en termes rudes: «*First get rid of those radicals!*» De son côté, M. Saint-Laurent comprenait mal que l'Opposition libérale s'opposât à la loi qui abandonnait à une société américaine (l'Iron Ore) l'exploitation du minerai de fer de l'Ungava en échange d'une redevance... d'un cent la tonne!

Quand tout va mal, il arrive souvent qu'on trouve une sorte de satisfaction morbide dans le malheur des autres. Ainsi la chute du pont Duplessis, le 31 janvier 1951, fit d'abord croire qu'on tenait enfin le scandale qui allait emporter le régime! Au contraire du pont de l'île d'Orléans, qu'il jugeait «étroit et croche comme Taschereau», le Chef n'avait-il pas clamé que celui de Trois-Rivières était «droit, large et solide comme l'Union nationale»? À son réveil le 1er février, payant d'audace, il accusa conséquemment les communistes de sabotage! Quand, de surcroît, Duplessis déclara à la Chambre qu'il prenait la chose «en chrétien», Lapalme fit une sainte colère. Mais un sondage lui ayant peu après révélé que, dans sa ville de Joliette, 17 p. 100 des électeurs y voyaient également la main de Moscou, il sombra dans un profond découragement avant d'entrer dans une nouvelle colère provoquée, cette fois, par les fédéraux.

Le 26 février, Louis Saint-Laurent se porta lui-même à la défense de Duplessis et, ce faisant, matraqua le Parti libéral provincial et son leader:

> [...] quant à moi, bien que j'habite dans la province de Québec, je ne me plains pas de dispositions qui ont été prises en vue d'exploiter ces ressources. Je sais : certains de mes amis ont reproché à l'administration provinciale le marché qu'elle a conclu. Pour ma part, je suis plutôt porté à croire qu'il faut la féliciter d'avoir conclu des ententes qui marquent le début de l'exploitation de cette région *.

Une réponse s'imposait. Lapalme m'annonça qu'il allait s'en charger et qu'il nous en soumettrait le texte dès le week-end. « Jean-Marie Nadeau m'a rappelé l'attitude des fédéraux à ce sujet en 1948. M. Saint-Laurent — ou est-ce C.D. Howe ? — a la mémoire courte, me dit-il. » J'en profitai pour lui suggérer de s'assurer de la présence du trésorier, Jean-Julien Perreault, et de celle d'Arthur Fontaine. La déclaration du Premier Ministre en avait révolté plus d'un. Après lecture de la mise au point, le sénateur Élie Beauregard prit sur lui de déclarer : « Ce n'est pas trop dur. Il faut que les choses soient dites. »

C'est au réseau français de Radio-Canada que Lapalme vida l'abcès et, dans un sens, leva l'étendard de la révolte contre l'intervention, à la fois intempestive et abusive, de Louis Saint-Laurent :

> En 1948, M. Saint-Laurent et tous les fédéraux ont pris part à la lutte contre M. Duplessis et aux côtés de M. Godbout et devant M. Louis Saint-Laurent, nous, les députés fédéraux, avons dénoncé les conditions des accords de l'Ungava. [...] En 1948, pas plus qu'aujourd'hui d'ailleurs, les libéraux ne s'opposaient à l'exploitation des gisements de fer de l'Ungava ; ils s'opposaient aux modalités du contrat qui les cédait gratuitement ou presque à des Américains.
>
> ....
>
> Nous voulons bien que nos ressources soient exploitées ; nous ne voulons pas que le peuple le soit. Mais, dans cette affaire de la fameuse déclaration de M. Saint-Laurent, il y a autre chose. Il y a que l'Ungava est une chose essentiellement provinciale et que tous les accords que l'on a pu et que l'on pourra faire à ce sujet, sont du ressort exclusif de la province. Il appartient donc à la politique provinciale de les juger, de les désapprouver [...]. Il faut rappeler également

---

* *Journal des Débats,* 26 février 1951, p. 706.

qu'avant M. Duplessis, il y a eu plus que quelques discours, par ici, par là, car ce sont les libéraux qui ont accordé les premiers permis d'exploitation des gisements de fer de l'Ungava le 12 août 1942.

Comme on a fait de cette question de l'Ungava une question vitale et même humanitaire; comme M. Duplessis et ses fidèles tentent, avec la déclaration Saint-Laurent, de couvrir toutes leurs turpitudes de ces derniers mois; comme dans la presse on a parlé de pacte de non-agression et de pacte de fer; comme les esprits sont troublés par tout ce qui se dit et s'écrit à la suite de cette déclaration, il y a un moyen de mettre les choses au clair et ce moyen c'est M. Saint-Laurent qui le possède.

Surpris en contradiction avec la politique du Parti libéral fédéral en 1948, avec son propre comportement car il était ministre depuis 1941, le Premier Ministre resta coi. Il mit, de fait, plus de temps qu'il n'en faut normalement pour rédiger une mise au point qu'il aurait voulu explicative. « Effectivement, écrira Lapalme dans ses mémoires, M. Saint-Laurent parla, mais Maurice Duplessis garda toujours dans sa poche le texte de la bienheureuse félicitation qu'il avait reçue, et jusqu'à sa mort, en Chambre et dans la province, il assena à notre parti, régulièrement et sans répit, l'argument massue qu'il lisait partout avec les accents de la volupté. M. Saint-Laurent n'avait pas réussi à effacer la trace de ses pas. »

○ ○ ○

Reconduit en juillet 1948, le gouvernement Duplessis en avait encore pour dix-huit mois, — soit le temps d'une dernière session. D'ici là, le Parti libéral devait remonter son appareil dans la plupart des comtés, dresser la liste de ses candidats et refaire le plein de sa caisse électorale. La déclaration de Louis Saint-Laurent risquait en outre de provoquer d'autres pactes de non-agression et de justifier le silence des timorés. Dans ces conditions, je pressais Lapalme d'amorcer tout au moins le projet d'une Fédération libérale: « Nous avons l'été pour nous engager dans cette voie. C'est le seul moyen qui nous reste de tenir en respect les collaborateurs. »

Mais Lapalme redoutait l'affrontement, croyant, non sans raison, qu'on risquait un schisme en voulant faire trop tôt.

Jean-Marie Nadeau jugeait, de son côté, que la réforme électorale pressait davantage. Mais comment, dans l'Opposition, pouvait-on couper court à la corruption d'un système dont la plupart des électeurs parvenaient à tirer profit? Ni les entreprises ni les syndicats ouvriers (même les plus catholiques) ne s'en formalisaient. Vendre son vote? Les curés de paroisse refusaient d'en condamner la pratique et, chez les gens de petite condition, chacun de ces bouts de papier devenait vite un effet négociable, le seul qu'ils possédassent.

Après de longs échanges avec Marler et Nadeau, nous avions convenu que, dans les circonstances données, tout nous commandait de nous rabattre sur le programme. Nous n'avions rien d'autre à opposer aux prébendes de l'Union nationale. Lapalme eut alors l'idée d'un *Digest de la Justice sociale*. Je pris contact avec Robert LaPalme qui se mit à l'oeuvre aussitôt. Chacune des caricatures illustrait un texte court qui montait en épingle l'un des points forts de notre plate-forme électorale. Lapalme s'en montra satisfait et se chargea d'en assurer la diffusion en province. Mais beaucoup nous accusèrent bientôt de nous faire les propagandistes du communisme et d'attiser la lutte des classes! Quoique conscient de s'aventurer sur un terrain miné, Lapalme heureusement s'effrayait peu de ces réactions qui témoignaient, avant tout, de l'hypocrisie des faux dévots et des crèchards.

De tous les hommes politiques que je connais ou dont je garde un souvenir vivant, aucun ne s'apparente à Georges Lapalme. Le courage l'habitait et sa fibre morale en faisait un être à part dans un univers où, le plus souvent, la fin justifie les moyens. Je doute qu'il ait eu l'étoffe d'un Premier ministre : la fonction exige, dit-on, qu'on soit cuirassé contre les bons sentiments et que la gratitude ne pèse pas lourd dans vos calculs... Il demeure, par contre, un leader d'opinion éclairé, ennemi des ambiguïtés auxquelles trop de chefs de parti ont recours quand ils n'osent dire ce qu'ils pensent. Je l'ai connu déçu, blessé, malade. Il prenait alors refuge dans le silence. Beaucoup s'efforçaient de l'arracher à sa solitude, mais en vain. Presque toujours, j'étais le dernier à venir chez lui, vers minuit, où il m'attendait sur la terrasse d'hiver de sa maison d'Outremont, un livre sur les genoux. Peu à peu, l'apôtre refaisait surface. Et le lendemain, il repartait dans les comtés éloignés — en pays de mission, disait-il — répandre la Parole : *Être libéral, c'est être socialement juste !*

○ ○ ○

Inaugurée le 7 novembre 1951, puis ajournée pour le temps des fêtes, la dernière session de la 23e législature fut prorogée le 23 janvier. On ne pouvait s'y tromper. Et de fait, la campagne électorale battait son plein depuis plus de deux mois quand, enfin, on annonça la dissolution des Chambres le 28 mai.

Lapalme avait engagé le combat avec «un beau désespoir» selon Corneille, — sans se rendre compte à quel point l'Union nationale avait robotisé* le processus démocratique. Dans son esprit, une élection n'est pas la guerre en ce sens que nul ne vous oblige à y participer. Elle relève davantage de la compétition sportive. Psychologiquement le miracle se produit : de chacun, le ring fait un vainqueur — jusqu'à l'uppercut ! Chaque assemblée donnait à Lapalme l'illusion d'un triomphe. À la direction du Parti libéral comme chez les journalistes, beaucoup s'y laissèrent prendre. Mais que pouvait-il faire, seul contre trois : la Caisse, le Chef et Saint-Laurent ? Cependant que la manne pleuvait sur les comtés comme jadis sur les juifs au désert, Duplessis allait tranquillement vers la Terre promise dont l'entrée, disait-il, devait être interdite aux communistes comme aux infidèles ! De la main droite, brandissant le *nihil obstat* du Premier Ministre du Canada aux accords sur l'Ungava et, de la gauche, le *Digest de la Justice sociale*, il nous vouait aux gémonies. Et pendant ce temps, à la connaissance de la Hiérarchie, les vestales de la Grande Noirceur, nonnes et

---

* *Robotiser* : Transformer en robot ; faire perdre certains caractères humains (liberté, choix...) à (qqn). Voir le *Robert*.

couventines, priaient Dieu d'assurer le triomphe de *la peur bleue* sur la justice et les droits de l'homme!

Le 16 juillet, après la fermeture des bureaux de vote dans le comté de Joliette, d'une humeur massacrante, Lapalme se rendit chez lui pour écouter le résultat d'un scrutin qu'il prévoyait désastreux. J'avais rejoint Jean-Marie Nadeau à l'hôtel Windsor à peu près à la même heure, sachant bien que Maurice Duplessis l'emporterait en 1952 comme en 1944 et 1948. Au début du mois, un sondage de Gallup, tenu secret, nous avait révélé que l'Union nationale jouissait d'un avantage certain et prédisait en outre la victoire d'Antonio Barrette, ministre, sur Lapalme, le chef du Parti libéral. «Nous sommes battus, mais avant de décrocher, nous devons analyser le vote soigneusement, me dit Jean-Marie Nadeau au moment d'ouvrir la radio. Plus tard, nous téléphonerons à Lapalme. Je le vois déjà découragé... S'il refuse de venir à Montréal, nous irons à Joliette. Mais nous devons nous préparer en conséquence.» Quelques minutes plus tard, à l'instant où Radio-Canada annonçait les premiers résultats, Arthur Fontaine venait se joindre à nous. À 20 heures, les stations françaises confirmaient l'élection de 22 députés libéraux et diffusaient une brève déclaration de Georges Lapalme «défait dans son comté», précisait-on.

«C'est à peu près trois fois plus que nous en avions. C'est une victoire morale, déclara Jean-Marie Nadeau.

— Mais on reste loin du pouvoir, nota Fontaine en haussant les épaules.

— Personne ne s'attendait à prendre le pouvoir, lui dis-je. De toute façon, une seule question se pose: l'attitude de Lapalme. Si nous parvenons à le convaincre qu'il s'agit bien d'une victoire morale, il reprendra son bâton de pèlerin. Sinon, le parti devra se chercher un autre chef.

— Dans ce cas, répondit Nadeau, avant de téléphoner à Lapalme, nous devons connaître notre pourcentage du vote populaire.»

Un coup de fil à la Presse Canadienne nous informa que les libéraux recueillaient plus de 45 p. 100 des voix. Par la suite, George Marler devait calculer que 27 candidats de l'Union nationale avaient été élus par une majorité globale de 11 000 votes, soit moins de 428 voix par comté. Il s'agissait bien d'une victoire morale... La vraie, Duplessis la tenait dans le creux de sa main.

Une fois en possession des chiffres, Jean-Marie Nadeau téléphona à Lapalme qui lui annonça sa démission. Mais après avoir insisté sur les résultats du scrutin, Nadeau parvint à le persuader de la nécessité d'une rencontre avant de donner suite à sa décision. Il venait à peine de raccrocher qu'Édouard Martel nous révélait le décès d'Henri Groulx, réélu député d'Outremont. On n'a jamais connu précisément l'heure à laquelle Groulx passa de vie à trépas. Mort trop tôt, le candidat de l'Union nationale l'emportait par défaut. Mais on n'en sut l'instant, de façon officielle, qu'après la proclamation d'usage de sa reconduction. Cette nouvelle changeait tout. Car du même coup, un moyen s'offrait d'assurer enfin l'entrée de Georges Lapalme à l'Assemblée législative. Jean-Marie Nadeau fit le reste et, dès le lendemain, notre rencontre, au lieu de s'arrêter au *postmortem* habituel, porta sur l'élection d'Outremont.

○ ○ ○

Pour être persuadé qu'Outremont demeurait sa planche de salut, Lapalme n'était pas pour autant convaincu qu'il devait rester chef du Parti libéral. «Que peut-on faire que nous n'avons déjà fait? disait-il. Beaucoup, sur qui je comptais, ont refusé de se battre à nos côtés. Croyez-vous que le député d'Outremont pourrait les amener à modifier leur attitude à l'égard de Georges-Émile Lapalme?»

J'étais convaincu, pour ma part, que seule une coalition des forces d'Opposition pouvait abattre l'Union nationale. Quoique d'un commerce difficile, seul Lapalme commandait le respect de tous ceux qui s'opposaient alors, fût-ce de façon occasionnelle, à Maurice Duplessis. Ses idées généreuses et sa droiture, comme sa résolution au combat, en faisaient le rassembleur naturel des éléments dispersés de la démocratie québécoise. «Nul autre ne dispose d'une base aussi large que vous et n'exerce une plus grande autorité morale, lui avais-je répondu. Vous seul pouvez donner, à chacun de ces groupes, la garantie qu'une fois la liberté du vote rétablie, chacun pourra revenir à son propre combat.

— Mais tous sont en contradiction les uns avec les autres. Vous voyez Jean Marchand et Réal Caouette travaillant, au coude à coude, au renversement du régime? Rappelez-vous l'attitude de Trudeau quand nous sommes allés le rencontrer chez lui...»

Lapalme avait la mémoire longue. Née avant l'élection de 1952, *Cité libre* lui semblait sortie «d'une abbaye pour hommes seuls». Mais la lecture des articles de Trudeau le réconfortait et il voyait en lui un allié naturel. Cet entretien d'un soir devait demeurer sans lendemain et Lapalme se refusait encore à l'oublier en 1970 * :

> J'ai le souvenir d'une rencontre académique: j'avais la responsabilité d'un parti, il n'avait que la sienne. Le fracas pouvait suivre chacun de mes mots; il pouvait clamer sans résonnance dans le grand public. J'étais déjà traité de communiste; il n'était pas encore le «traître» qui subit maintenant mes supplices d'alors. J'emportai l'image d'un homme sérieux, charmant, très *scholar*, sincère.

Certes, nos tentatives de rapprochement avec les syndicats, les nationalistes et les «citélibristes» (comme les appellera Michael D. Behiels**) étaient demeurées sans lendemain, mais je devinais que Lapalme hésitait à jeter sa démission sur la table. En connaître la raison me préoccupait moins que de trouver le moyen qui l'obligerait à reprendre son allant. Je m'en ouvris à Jean-Marie Nadeau. Pour en arriver à une même conclusion: seuls les combattants de 1952, élus ou battus, pouvaient maintenant lui faire une obligation de se présenter dans Outremont.

Marler se chargea d'organiser la rencontre et Lapalme en sortit candidat dans Outremont — où Henri Groulx venait

---

* *Le Vent de l'oubli*, Montréal, Leméac, 1970.
** Michael D. Behiels, *Prelude to Quebec's Quiet Revolution*, McGill-Queen's University Press, 1985.

d'être élu par 10 312 voix de majorité. Ce n'est pas un «comté sûr», mais une forteresse imprenable, nous disions-nous.

C'était compter sans Duplessis.

CHAPITRE
XXVI

On se demande encore aujourd'hui pourquoi Duplessis s'acharna à tout mettre en oeuvre pour liquider Lapalme. Pour décapiter du coup le Parti libéral provincial? L'hypothèse ne résiste pas à l'analyse. En premier lieu, perçu comme un radical, Lapalme demeurait une pomme de discorde au sein du parti : l'affaire de l'Ungava en témoignait. D'autre part, sur le plan de l'organisation, qui voyait Jean-Marie Nadeau en *père la victoire*? Enfin, «mes idées» risquaient peu de faire basculer la bourgeoisie et le clergé de notre côté! Duplessis ne croyait évidemment ni au péril communiste ni à la perte de la foi. Mais ces dangers inventés, ces horreurs de la propagande U.N., servaient à faire oublier la corruption des moeurs politiques en temps d'élection. Voilà ce qui le dérangeait. Il redoutait par-dessus tout l'éveil des consciences et la liberté du vote. L'arrivée de Georges Lapalme et de Jean-Marie Nadeau à la direction du parti avait eu pour premier résultat, dès l'automne de 1950, d'attirer l'attention sur ce point précis : le vol des élections. Même *L'Action catholique* se crut obligée d'y consacrer un court éditorial, le 26 décembre, à la suite du cri d'alarme lancé par la Chambre de commerce de Montréal :

La Chambre de commerce de Montréal a fait un louable effort pour un assainissement des moeurs électorales. Le résultat n'a pas répondu à son attente et pour cause. Voici ses réflexions qui ont une portée générale.

Lisez cette litanie: *corruption, annulation, argent, promesses, armes, boissons, cabaleurs, contestations, contrainte, manoeuvres frauduleuses, refus d'agir, négligence, faux serments, ignorance coupable, intimidation, altération, subordination, supposition de personnes, transports d'électeurs, violence, vote sans droit, télégraphes.*

Ne sursautez pas, ce sont là les perles que l'on retrouve à chaque élection, les joyaux qui parent la votation supposée démocratique. Ce sont là les apostasies, les crimes, les injustices, les fraudes qui font de nos appels au peuple, à un certain point de vue, des bouffonneries ridicules, des saletés dégoûtantes. Ce sont là des fautes qui nous coûteront notre liberté de peuple et d'individus.

Des personnes honnêtes en toutes autres matières vous affirmeront carrément que l'honnêteté et la politique ne peuvent aller de pair, que ces moeurs électorales sont indispensables à une élection et que sans elles il est inutile de vouloir se faire élire.

L'Action catholique ne devait jamais revenir sur cette question, du moins de façon aussi explicite. Les évêques (qui «mangeaient dans sa main» comme s'en vantait Duplessis) s'étaient vite résignés à un état de choses qui les troublait peu. Ce n'est qu'*après* l'élection de 1956 qu'ils autoriseront la publication du manifeste des abbés Dion et O'Neil sur la corruption électorale dans une petite revue, sans lecteurs, destinée aux clercs: *Ad Usum Sacerdotum*. De leur côté, les fédérations syndicales, — non pas couchées mais à plat ventre devant le Prince —, s'accommodaient volontiers de la dégradation des moeurs électorales: primo la bouffe! Enfin les nationalistes oubliaient tout pour l'absoudre au nom de la sacro-sainte autonomie provinciale!

Allant au fond de sa pensée, le Premier ministre avait déclaré un jour: «Ce n'est pas le Parti libéral que je veux détruire, mais l'Opposition.» On ne pouvait être plus précis. D'où sa décision de liquider Lapalme après s'être assuré du silence des purs et des intéressés, d'ailleurs tous confondus...

o o o

On peut y voir un étonnant concours de circonstances ou une suite ininterrompue de machinations. Tant de coïncidences m'apparaissent le fruit de l'acharnement. Résolu à tuer dans l'oeuf l'idée même d'une réforme électorale, en d'autres termes toute oppositon à ses politiques, Duplessis entend se débarrasser, à la faveur d'Outremont, de Lapalme et des *doctrinaires* qui l'entourent. Parce qu'il se sent menacé, l'homme du comité des Comptes publics retrouve son instinct du détail sans lequel toute conjuration est vouée à l'échec.

Le 20 septembre, quand enfin Lapalme se rend à l'appel des candidats de 1952, Jean-Marie Nadeau le rejoint à Joliette pour lui annoncer que la trésorerie a décidé, le même jour, de fermer les bureaux de l'organisation: manque d'argent. Il lui révèle en outre que les archives du parti seront confiées à... l'organisation fédérale! Puis il ajoute: «Je suis prêt à tout faire transporter à mon bureau s'il le faut. Quant à l'argent, nous irons le mendier chez nos militants, dollar par dollar.»

Le 10 octobre, à la suggestion de Jacques Vadeboncoeur qui accepte de s'effacer, des centaines de militants offrent officiellement à Lapalme la candidature libérale dans Outremont. Le même soir, Jean-Julien Perreault, le trésorier, lui adresse sa démission.

Au début de novembre, peu après la rentrée parlementaire, le Premier ministre dépose en Chambre le bill 34: il n'y aura dorénavant qu'un seul énumérateur, désigné par le gouvernement, pour dresser les listes électorales.

Lapalme a raison d'affirmer que le dispositif mis en place et le comportement des hommes d'argent ont pour but de le faire battre dans Outremont. Nadeau soutient que la mobilisation du parti ne suffira pas à déjouer cette cabale. «Il faut, dit-il, monter un appareil qui viendra à bout de la machine duplessiste. Outremont n'est quand même pas le comté de Saint-Jacques. Un propriétaire n'est pas un chambreur dont le vote est à vendre et dont le nom peut être impunément biffé des listes électorales.» Pour ma part, je ne crois pas que l'élection soit pour demain: Marler et les députés libéraux sauront s'opposer à chacune des dispositions du bill 34. Trouver un successeur à Perreault me semble plus urgent. Je mentionne le nom d'Antoine Geoffrion, qui a hérité du bureau de son père, Aimé Geoffrion, et qui a l'oreille d'Arthur Fontaine. Lapalme me demande pourquoi. Je lui réponds: «Parce que les fédéraux ont mauvaise conscience et que j'entends mettre la main sur *Le Canada*. Seul Geoffrion peut nous aider à y parvenir.

— À vous entendre, on croirait que vous appartenez à la curie romaine...

— Monsieur Lapalme, je n'ai jamais oublié le précepte de Nietzsche: «Pour les purs, tout est pur. Pour les cochons, tout est cochon.»

Un mois plus tard, Geoffrion devenait le trésorier du parti et je prenais en main la direction politique du *Canada*.

○ ○ ○

On ne pouvait entrer au *Canada* comme dans un moulin. «Il faudra forcer la porte», me répétait chaque jour Antoine Geoffrion. Le portier, si l'on ose dire, était heureusement acquis à notre point de vue. Bernard Tailleur, l'un des adjoints de Louis Gélinas, le trésorier fédéral, savait que le Premier Ministre voulait se défaire du journal. Mais restait à trouver un acheteur «respectable», c'est-à-dire riche à souhait et politiquement indifférent. «La dette accumulée s'élève à 200 000 $ et le déficit annuel à 90 000 $, m'assurait Geoffrion. Jamais je ne pourrai aller chercher autant d'argent. Il n'est pas dit cependant qu'on refusera de nous céder la direction en attendant de dénicher l'oiseau rare. Si l'on veut obtenir le prix fort, *Le Canada* doit demeurer un *going concern* jusqu'à la vente. C'est d'ailleurs pour ça que Bernard Tailleur est là.»

Mal payés, la plupart des journalistes qui, de près ou de loin, touchaient alors à la politique provinciale, assuraient leurs fins de mois en passant à la caisse de l'Union nationale. Les reporters du *Canada* faisaient la queue comme les autres à la porte de Jean Fournier, chargé des relations avec la presse écrite et parlée. J'en fis part à Tailleur cependant qu'Antoine Geoffrion en informait Louis Gélinas. Mais que pouvaient-ils faire? Sans être en faillite, l'entreprise était en débandade. On obéissait d'instinct à la raison du plus fort: chacun pour soi et Duplessis pour tous! Faute d'argent pour combattre le découragement qui s'était emparé de la rédaction (disait-il), Louis Gélinas se montrait pressé de passer la main. Mais nous ne pouvions, dans ces conditions, assumer la direction du *Canada*. Je le fis comprendre à Geoffrion: «Mais je peux tout au moins veiller à l'intégrité politique du journal. Il suffit qu'on me donne pleine autorité sur la Une et la page éditoriale. Laissons-les se démerder avec le reste!»

○ ○ ○

Peu, au sein du parti, croyaient que Jean-Marie Nadeau pouvait être redoutable quand l'indignation le gagnait. Flairant l'intrigue et se méfiant des riches, il se livrait à d'énormes colères dès que les apparences paraissaient justifier ses craintes. On le disait soupçonneux comme on craignait ses états d'âme. Mais trop souvent les faits lui donnaient raison pour qu'on pût le lui reprocher. Il avait, en réalité, les scrupules et la moralité d'un homme de gauche. Mais ses idées restaient près du libéralisme classique tel qu'on l'entendait au siècle des Lumières: toute réforme électorale ne vaut que si elle est fonction de l'éducation et, comme le dira plus tard Clemenceau, «l'État a trop d'enfants pour être bon père de famille». Les entreprises socialisées offrent, disait Nadeau, un danger égal aux trusts et aux monopoles. Seule la petite propriété, qu'elle soit commerciale ou terrienne, garantit l'exercice des libertés individuelles et vous protège de tout abus de pouvoir.

Jean-Marie Nadeau travaillait lentement comme beaucoup de paysans qui refusent sensément de pousser à bout leurs chevaux de labour. Économe et méthodique, il ménageait son temps au lieu de le gaspiller en voulant faire trop vite. Mais quand il vous disait: «nous sommes prêts», on pouvait s'y fier. Sans lui, je doute que nous l'aurions emporté dans Outremont. Lapalme, en plus de le reconnaître, a tenu à nous expliquer comment Nadeau s'y est pris:

Jean-Marie Nadeau dirigea l'ensemble des opérations; Jean-Paul Noël, nouveau député de Montréal-Jeanne-Mance, jouant le rôle de *field commander*, prit sous ses ordres les centaines d'hommes et de femmes qui répondirent à notre appel et vinrent de partout offrir leurs services. Il fit de cet ensemble un chef-d'oeuvre d'organisation moderne, créant des réseaux, des postes de manoeuvre et deux centres de radio placés très loin l'un de l'autre de façon à ce que la police politique de Maurice Duplessis ne puisse pas nous laisser en plan au cas où elle dénicherait et détruirait ce qu'elle croirait être notre unique émetteur.

Dès que l'énumération débuta, Nadeau fit filer certains énumérateurs afin de saisir au vol leurs tactiques, puis une fois en possession de leurs listes officielles, délégua des équipes qui refirent le travail des énumérateurs. Les résultats furent sensationnels. Dans tous les secteurs ainsi surveillés, les énumérateurs avaient accompli une fraude gigantesque.

....

L'étalage de cette ignominie dans les journaux eut l'effet désiré. Le candidat de l'Union nationale, Bernard Couvrette, honnête homme propulsé dans cette aventure, et le président de l'élection, également intègre, ne purent tolérer cette tache et nous donnèrent leur collaboration pour redresser cette inique situation.

....

Le 9 juillet ne fut pas un jour comme les autres à l'ombre du Mont-Royal. Comme nous l'avions prévu, la police provinciale, s'apercevant que les ondes nous servaient, finit par découvrir et mettre hors d'usage un de nos émetteurs. Elle s'aperçut bientôt que nous étions toujours en opération sur une autre fréquence, loin du poste détruit. Elle n'y put rien. À la porte des bureaux de votation comme à la porte de nos multiples postes de commandement, elle fit des siennes. Avec la collaboration de la police municipale d'Outremont, de Mont-Royal et de Montréal, nous pûmes souvent lui faire échec; la police d'Outremont menaça même d'arrêter des policiers provinciaux.

....

Le soir j'étais élu député d'Outremont, de ce comté qui, aux yeux de nos sympathisants, gardait quelque chose de prestigieux. La majorité obtenue me déçut... * .

Seul Lapalme, chef du parti et candidat dans Outremont, était en mesure de rappeler, avec cette précision, les métho-

---

* Georges-Émile Lapalme, *Le Vent de l'oubli*, Montréal, Leméac, 1970.

des utilisées pour faire «disparaître... l'Opposition» au régime instauré par Duplessis. Cette longue citation permet aussi de mieux comprendre sa déception. Groulx l'avait emporté, en 1952, par une majorité de 8 482 votes. Cette pluralité venait d'être coupée de moitié : 4 465 voix. Le même soir, il reconnaissait l'impossibilité d'étendre aux quatre-vingt-douze comtés du Québec le système de dépistage, mis en place dans Outremont, pour garantir la sécurité du vote face à la police provinciale.

Mais au moment de le quitter, je savais qu'à la déception s'ajoutait l'amertume. Je venais de lui apprendre que les fédéraux s'apprêtaient à liquider *Le Canada*. On venait de trouver preneur : les Éditions Fides. La négociation toutefois se poursuivait, car on entendait tout bazarder d'un même coup : le titre, l'immeuble et le matériel d'imprimerie. De surcroît, les Pères-Fides, comme on les appelait, avaient désigné un avocat de l'Union nationale pour leur fondé de pouvoir. Entre gérants, on n'est jamais trop prudents !

Faut-il mettre au compte de la malchance qu'on décidât, une fois le contrat signé, de fermer les portes du *Canada*, fondé en 1903, le jour même de l'entrée en Chambre de Georges Lapalme, le 18 novembre 1953 ? Comme par hasard, Wilfrid Hamel, battu en 1952, était élu maire de Québec ce jour-là... On peut croire au mauvais sort, et Lapalme y croyait. Mais faut-il pour autant renoncer à toute déduction ? Les fédéraux lui en demandaient vraiment trop.

○ ○ ○

Quelles que fussent les circonstances, elles n'affectaient jamais le comportement de Louis Saint-Laurent. Je le connaissais depuis vingt-cinq ans environ. Toujours fidèle à lui-même : calme, sans passion, ennemi de toute rhétorique. Il lui revenait, devait-il se dire, de fermer les portes du *Canada* après avoir vendu les meubles. Peut-être parce qu'il se faisait un devoir de justifier cette décision aux yeux du personnel ou, plus probablement, parce qu'il y voyait l'une de ces servitudes imposées aux chefs de parti. Bernard Tailleur m'avait demandé d'être là pour l'arrivée du P.M. Il se proposait curieusement de lui faire visiter l'immeuble depuis les presses jusqu'à la rédaction, — sans doute pour lui démontrer qu'il laissait la maison en bon ordre et que chacun restait au poste à l'heure du naufrage. «Quand le P.M. aura tout vu, nous nous rendrons à la rédaction où il prendra la parole, avait ajouté Tailleur. Tout le monde sera là.»

Comment oublier ce discours? Selon M. Saint-Laurent, les journaux de parti étaient chose du passé. On s'en doutait bien! Mais quand il ajouta qu'ils avaient perdu leur utilité puisque des quotidiens d'information les remplaçaient, grande fut la surprise. Au Québec, on n'en était pas là. Comment le chef du Parti libéral pouvait-il l'ignorer? «Nous vivons en outre en démocratie, dit-il, dans un pays où il est normal qu'un parti remplace l'autre, que le gouvernement change.» Bien sûr. Mais ne savait-il pas qu'il en allait différemment au Québec? Avait-il perdu le souvenir de 1952? Puis, avec ce haussement d'épaules qu'on lui connaissait, il termina en déclarant: «Nous sommes les gérants de la nation. Il appartient aux administrés de nous juger. Les journaux n'y peuvent rien. Si les électeurs estiment que nous avons été de mauvais gérants et qu'ils nous remplacent par d'autres, nous l'aurons mérité. Ce n'est pas parce que nous appartenons au Parti libéral que les gens doivent voter pour nous si c'est contre leur intérêt.» Cela dit, sans avoir même prononcé le nom de Duplessis, cet autre gérant, Louis Saint-Laurent rentra à Ottawa, sans doute convaincu qu'il venait de nous faire entendre la voix de la raison...

La nuit promettait d'être d'autant plus longue que tous, accablés, me paraissaient plus disposés à palabrer qu'à se mettre au travail. Fernand Lacroix, qui dirigeait les services d'information, me demanda s'il fallait changer quelque chose à la routine. Je lui répondis que, à la suite de l'élection d'Outremont, nous devions, pour la dernière fois, étaler à la Une les dessous de la démocratie au Québec: «Pour le reste, comme d'habitude... Je ferai moi-même le topo sur la mort du journal. Maintenant, je vais dîner avec Tailleur et Geoffrion.» J'entends encore Lacroix me dire avec son gros rire: «N'oublie pas le scotch quand tu reviendras!»

Une fois à table, Antoine Geoffrion m'annonça que Louis Gélinas, le trésorier fédéral, me téléphonerait au cours de la soirée. «Si les partisans de Lapalme sont furieux, me dit-il, les fédéraux se sentent un peu gênés. Avant de crier au scandale, tu devrais le laisser parler.» Fort de ce conseil, j'attendis patiemment le coup de fil de Gélinas. «Nous n'avons plus les moyens de publier un quotidien», furent ses premiers mots. Puis il me révéla l'objet de sa démarche: «Nous allons faire l'économie d'un déficit annuel de 90 000 $. J'ai l'intention de verser à M. Lapalme, pour fins de publicité, environ 20 000 $ par année. J'aimerais que vous le lui disiez vous-même.

— Croyez-m'en: le geste, dans les circonstances, sera apprécié. Je suis certain que M. Lapalme se fera un plaisir de vous remercier dès qu'il aura reçu le premier chèque.»

Pour ce que j'en sais, on oublia de donner suite à cet engagement. S'il y eut versement, Lapalme ne m'en parla point et Geoffrion ne m'en souffla mot. Chose certaine, nous manquions d'argent, au point que Lapalme s'était résigné, au printemps, à fermer les bureaux du parti: «Geoffrion ne peut plus assurer les fins de mois, me dit-il.

— Il faut lui mettre l'épée dans les reins.

— Qu'est-ce que vous voulez dire?

— S'il ne peut garantir les frais de bureaux, vous devez exiger sa démission. Je suis certain qu'Antoine trouvera l'argent.»

Les résultats furent modestes, mais suffisants, — quoique Lapalme dut se séparer de son secrétaire, Lomer Gouin. Bien sûr, le parti ne pouvait garder l'offensive sans journal. Si on en convenait, l'idée même d'un hebdomadaire, compte tenu de nos ressources, effrayait les plus résolus. Il fallait, de toute évidence, s'éloigner des sentiers battus. Nous étions à six mois de l'élection municipale. Rien, semblait-il, ne pouvait arrêter l'élan de la Ligue d'Action civique et faire échec à Jean Drapeau. Un dernier obstacle cependant restait à surmonter: si Camillien avait été relégué sur une voie de garage, les houdistes s'agitaient. Entre autres Lucien Croteau, qui, désireux de présider le Comité exécutif, tenait Drapeau pour un empêcheur de danser en rond. Il rêvait d'un journal comme certains rêvent d'une canne à pêche ou d'un fusil de chasse, jugeant qu'au municipal, tout est gibier! La disparition du *Canada* devait le mettre en appétit. Le jour vint où il prit l'initiative de me passer un coup de fil.

Politics make strange bedfellows. Croteau savait que je ne le connaissais pas et que nous avions peu à nous dire. Il décida en conséquence de couper au plus court. «Je sais que, durant la guerre, vous avez combattu Camillien et Drapeau qui veut lui succéder. De plus, vous êtes libéral et lui ne l'est pas. Nous avons tous les deux intérêt à faire un journal. *Le Canada* est mort, — pourquoi pas *Le Canada nouveau*? Si je trouve l'argent, accepteriez-vous d'en prendre la direction?

— Quel argent?

— Des gens qui s'intéressent à la politique municipale... Je suis contre Duplessis et j'ai toujours voté *rouge*. Drapeau ne peut pas en dire autant... Lapalme a besoin d'un journal et j'ai besoin de vous. Si plus tard, vous changez d'idée, vous pourrez toujours démissionner...»

Ce ne pouvait être qu'un pis-aller. Mais un pis-aller qui permettait, face à *Montréal-Matin,* de s'opposer tout au moins à l'Union nationale. Je n'eus d'ailleurs aucun mal à faire comprendre au parti qu'à cheval donné, on ne regarde pas la bride. Ni Jean-Marie Nadeau ni Hector Langevin n'oubliaient «le candidat des conscrits». De leur côté, Arthur Fontaine et Antoine Geoffrion croyaient que Drapeau «couchait avec Duplessis». Lapalme enfin se montra satisfait de répondre à la fermeture du *Canada* par le lancement du *Canada nouveau*, — fût-ce avec l'argent des autres!

Le Canada nouveau parut à la date annoncée: le 24 mai 1954. Jamais journal ne connut des débuts plus modestes. Nous avions cru bien faire, après visite des lieux, de loger la rédaction à l'étage d'une pâtisserie située rue Sainte-Catherine. Les couloirs sentaient nécessairement le sucre, l'oeuf et la farine. Mais l'immeuble n'était qu'à deux pas de l'imprimerie Peladeau où je devais me rendre chaque nuit pour faire la mise en pages et donner le bon à tirer. «Il suffira d'ouvrir les fenêtres», avais-je dit à Lucien Croteau. Elles devaient demeurer fermées tout l'été. Et pour cause: dès la tombée du soleil, les rats rappliquaient pour faire le guet sur les dormants en attendant le moment de se précipiter aux cuisines.

Le journal bien sûr coûtait plus qu'il ne rapportait. Lapalme s'en inquiétait. Et un soir, je me surpris à lui dire : « Tout annonce que Croteau devra y renoncer. Cela nous donne jusqu'à la fin d'octobre, je crois. Nous devrions peut-être songer à lancer notre propre hebdomadaire...

— C'est bien mon avis, mais où trouverons-nous l'argent nécessaire ?

— S'il le faut, nous tendrons la main comme dit Jean-Marie. »

Je ne croyais pas si bien dire.

○ ○ ○

Au début des années 1954, Maurice Lamontagne m'avait confié que *Le Fédéralisme canadien* allait paraître sous peu aux Presses universitaires Laval. Peu à cette époque croyaient que la Confédération fût en péril. La question offrait un grand intérêt ; mais son actualité m'échappait. Une fois de plus, Lamontagne voyait juste : « Nous n'avons pas de politique économique, mais nous cultivons les mythes, me dit-il. Si Duplessis reste au pouvoir, ce sera la ruine du Québec. Depuis douze mois, soixante-seize industries américaines se sont implantées au Canada : soixante-quinze en Ontario et une seule au Québec. Au nom de l'autonomie provinciale, on va jusqu'à refuser les subventions fédérales aux universités*.

Le Fédéralisme canadien provoqua une incroyable tempête. Seul ou à peu près, Pierre Trudeau ose écrire dans *Cité libre* que Lamontagne est « le premier à publier en français un livre qui examine le fédéralisme canadien à la lumière de la science économique moderne, et c'est là surtout que son travail a une grande valeur ». Lamontagne voulait alerter l'opinion et faire appel à la conscience politique de ceux qui

---

* Georges Lapalme dans *Le Vent de l'oubli* : « Qu'avons-nous produit depuis 1947 ?... génie mécanique, 0 ; ingénieurs physiciens, 0 ; ingénieurs miniers, 56 ; géologues, 40 ; génie administratif, 0 ; génie aéronautique, 0 ; génie agricole, 0. »

prétendent se préoccuper de l'avenir. Mais ce sont ses ennemis qui mobilisent!

Comment le faire taire?

Duplessis s'en chargera. Pour y parvenir, il frappera à la
tête de l'*establishment* de l'Université Laval, sachant que celui-ci ne respecte que le pouvoir et l'argent. Si grand est son
mépris de l'engeance qu'il n'hésite pas à lui mettre le marché
en main; ce sera Lamontagne ou les subventions. De toute
façon, les facultés regorgent de nationalistes acquis au régime comme Trudeau le notera: «Naturellement, notre élite
funambulesque fit vite comprendre à l'auteur qu'il manifes-
tait une prétention insupportable à parler idées quand on
discute race. Condamnée avant d'être écrite par le plus lucide (malgré tout) de nos journalistes, désavouée avant d'être
lue par le recteur (d'alors) de l'Université Laval et réfutée
sans être comprise par le professeur d'histoire de l'Université de Montréal*, l'oeuvre a eu le destin qu'elle était en droit
d'attendre de notre intelligentsia officielle.» Dans ces conditions, Lamontagne n'avait plus qu'à renoncer à sa carrière
académique. Dans un sens, ce fut heureux. Car de tous, il
était le mieux armé pour jouer un rôle de premier plan dans
la reconstruction du fédéralisme canadien.

C'est en décembre 1953, soit quatre ans avant la «vision» de Diefenbaker, que M. Saint-Laurent proposa aux
Communes la création du ministère des Affaires du Nord et
des Ressources naturelles: «*Apparently we have administe-
red these vast territories of the north in an almost conti-
nuing state of absence of mind. (...) This will be the first time
that this designation «northern affairs» will appear in the
name of a department of the government of Canada.*» En
mai, Jean Lesage héritait du portefeuille, Gordon Robertson
devenait sous-ministre et Maurice Lamontagne sous-ministre adjoint.

Pour Lamontagne, la liberté académique constituait le
fondement de l'enseignement universitaire. Il y voyait moins
une prérogative qu'une responsabilité à l'égard de tous ceux

---

* Trudeau s'était abstenu d'identifier le journaliste, le recteur et l'historien. On
l'aura deviné: il s'agissait d'André Laurendeau, de Mgr Vandry et de Michel
Brunet.

qui faisaient partie de l'institution. Dans cette perspective, elle devait aussi caractériser les rapports entre les grands commis de l'État et les gouvernants. À ses yeux, le duplessisme sapait les bases du fédéralisme canadien tout autant que le maccarthisme empoisonnait l'atmosphère des universités et du Congrès des États-Unis. Professeur à Laval, il n'avait pas craint de déclarer, au cours d'une conférence publique, que le communisme était un régime économique comme le capitalisme en est un autre, que les deux allaient durer et qu'ils devaient coexister de façon pacifique. De même, devenu sous-ministre fédéral, il restait convaincu qu'il fallait se défaire de l'Union nationale et il ne s'en cachait pas.

L'élection de 1952 nous avait prouvé que, si plus de 45 p. 100 des Québécois avaient voté pour le Parti libéral, Duplessis disposait néanmoins des moyens voulus pour manipuler le scrutin et rendre l'Union nationale invincible. Georges Lapalme et Jean-Marie Nadeau acceptaient, en conséquence, la nécessité d'un front uni des oppositions qui seul pouvait venir à bout de la corruption généralisée, — soit en paralysant le trafic des bulletins, soit en épluchant les listes électorales comme dans Outremont. Pour en être convaincu, Maurice Lamontagne jugeait qu'il fallait d'abord en persuader les leaders d'opinion en engageant avec eux un dialogue public. À cet effet, il songeait, depuis 1952, à la création d'un organisme de langue française, parallèle à la Canadian Institute of Public Affairs, qui deviendrait un lieu d'échanges accepté pour tous les groupes d'opposition. Par la suite, nous devions obtenir de Radio-Canada les subsides nécessaires pour assurer la participation d'écrivains et d'hommes politiques européens à ces assises annuelles de la libre parole. Tel fut le point de départ de la première rencontre de l'Institut canadien des Affaires publiques, à l'automne de 1954, sous la présidence de Léon Lortie qui allait devenir le secrétaire général de l'Université de Montréal en 1962.

Avant même sa fondation, l'I.C.A.P. eut son mécène: Hector Langevin. C'est à l'hôtel Windsor qu'il accueillit ceux qui avaient répondu à l'appel de Lamontagne: Thérèse Casgrain, Pierre Trudeau, Gérard Pelletier, Jean-Charles Falardeau, L.G. Giguère, Guy Gagnon et d'autres. On décida, d'un commun accord, que la rencontre de Sainte-Adèle aurait pour thème : *Le Peuple souverain* et que Beuve-Méry, le directeur du *Monde*, serait le premier conférencier invité. Nous voulions un Institut ouvert à tous et à toutes tendances. On se rangea à l'avis de Lamontagne d'un organisme fonctionnant sans règlements et sans élections. Bob (L.G.) Giguère se chargea du secrétariat ; puis on arrêta le programme de l'automne. On me confia l'exposé inaugural sur le thème choisi et, selon la formule adoptée, Pierre Trudeau et Marcel Faribault furent désignés comme commentateurs. Le choix du panel pouvait certes donner à réfléchir au régime. Mais avant tout, il témoignait du fait que l'Institut, ni parti ni église, était un terrain neutre où la règle voulait que chacun parlât librement.

Quand je fis part à Lapalme de la fondation de l'I.C.A.P., sa réaction me révéla à quel point le comportement des fédéraux et la campagne d'Outremont continuaient à le hanter. «En théorie, comme vous je m'en félicite, me dit-il. Mais que pouvons-nous en attendre? Faribault est un honnête homme. Mais vous le voyez s'opposant à Duplessis? Moi, pas. Trudeau? Avant que vous parveniez à le sortir de sa tour d'ivoire, les poules auront des dents!

— Mais il reste que Faribault accepte de participer à la rencontre et je doute que Duplessis s'en congratule. Sa présence est au fond caution de notre intégrité. De toute façon, nous n'avons rien à y perdre.»

Très soupe au lait, Lapalme réagissait toujours aux événements avec une spontanéité qui souvent décourageait ses collaborateurs. Mais ses sursauts d'indignation tenaient, avant tout, du réflexe et il fallait passer outre. Moins négatif que pessimiste de nature, on pouvait néanmoins s'y tromper. De fait, il lui aura fallu un courage certain pour sans cesse se ressaisir et reprendre la route quand tout l'incitait à retourner chez lui. N'avons-nous pas décidé, ce jour-là, d'aller semer, de région en région, l'idée d'une Fédération dès le début de l'automne? Lucide, il redoutait que ce projet mît fin à l'unité des libéraux en faisant éclater les organisations de comtés.

« Je ne crois pas au schisme, me dit-il. Mais je crains le fractionnement. Aussi je vous serais reconnaissant de préparer un mémoire sur les structures de cette Fédération et, surtout, sur sa raison d'être. Je veux que tous les libéraux, y compris M. Saint-Laurent, comprennent pourquoi nous voulons démocratiser le parti quelles qu'en soient les répercussions. »

CHAPITRE
XXVII

Si l'idée d'une Fédération libérale au Québec s'impose, le simple fait qu'il faudra la qualifier de *provinciale* nous révèle combien sa fondation fut difficile. Depuis Laurier, libéraux et Libéraux cohabitent partout au Canada: rouges et grits ayant appris à se comporter comme des *whigs*. À défaut d'une doctrine précise, la notion de Pouvoir devient synonyme de Progrès et chacun accepte de mettre de l'eau dans son vin. Mais souvent dans les fédérations, on se bute à des intérêts divergents que l'État central et les gouvernements régionaux ne peuvent réconcilier qu'à l'aide de compromis. L'affaire de l'Ungava ne vient-elle pas d'en fournir la preuve? Tant d'ambiguïté gêne les réformistes; mais la majorité des Québécois, anglophones et francophones, s'en accommodent d'autant mieux que Louis Saint-Laurent est Premier Ministre quand Georges Lapalme est chef de l'Opposition. Depuis le printemps, cependant, l'*establishment* s'en inquiète. Qu'on veuille donner aux libéraux un droit de regard sur les politiques du parti ne saurait qu'entraver la bonne marche d'un gouvernement qui fonctionne à la façon d'un conseil de gestion. De surcroît, les mots mêmes de *justice sociale*, de *réforme électorale*, sans parler d'un *risorgimento* sur le plan de l'éducation, sont porteurs d'une idéologie qui contrevient au laisser faire des Libéraux.

Ces frictions entre Libéraux et libéraux, de même que l'incompatibilité d'humeur entre Louis Saint-Laurent et Georges Lapalme, n'auraient pas suffi toutefois à provoquer la rupture. Le Parti libéral demeurait pour tous celui de la sécurité sociale. Aux yeux même du Premier Ministre, les nouveaux démocrates de la C.C.F. n'étaient que des « *Liberals in a hurry* », des libéraux pressés! La brèche s'ouvrira en janvier 1954, le jour où Maurice Duplessis annoncera la création d'un impôt provincial sur le revenu et saisira l'Assemblée législative d'un projet de loi à cet effet. Mais la cassure ne se produira qu'un an plus tard, — quand le Premier Ministre du Canada, malgré ses engagements antérieurs, consentira à la déductibilité du nouvel impôt. Le spectacle de Louis Saint-Laurent se rendant à Canossa le chapeau à la main, dans un hôtel montréalais où Duplessis l'attendait de pied ferme, rallumera du coup la flamme du nationalisme canadien-français. C'est à ce moment que remonte l'idée d'un Parti libéral *québécois* qui, reléguant au second plan Laurier et sa politique d'unité nationale, se voudra dorénavant le continuateur d'Honoré Mercier.

Longue est l'histoire de l'impôt provincial sur le revenu et, pour s'y retrouver, mieux vaut s'en tenir à l'ordre chronologique des événements. Le scénario de l'élection de 1952 reprenait, dans une large mesure, celui de 1944 et de 1948. Pour le chef de l'Union nationale, l'autonomie demeurait un thème inépuisable qu'il pouvait exploiter *ad infinitum*. Le « cadeau » d'un milliard à l'Angleterre lui avait permis, en 1944, de proclamer que « Duplessis donne à sa province quand Ottawa donne aux étrangers ». En 1948, « not' butin » devient synonyme d'autonomie. Quatre ans plus tard, le Chef fera de Lapalme, ex-député fédéral, « le p'tit frère d'Ottawa »! Et c'est à seule fin de renouveler l'arsenal que la Commission royale d'enquête sur les problèmes constitutionnels sera instituée le 12 février 1953 sous la présidence du juge Thomas Tremblay. Contrairement à l'attente du gouvernement, celui-ci prend sa tâche au sérieux. Au point qu'à la lecture du Rapport, le Premier ministre constate qu'on lui en demande beaucoup trop. Sans hésiter, il le fait mettre sous clef et décide de n'en plus parler. Mais certaines des recommandations sont reprises par la presse et divers groupes de pression. Entre autres, celle concernant la création d'un impôt provincial sur le revenu. Ce qui donne à réfléchir aux «penseurs» de l'Union nationale...

Maurice Duplessis avait été porté au pouvoir, en 1936, en accusant Alexandre Taschereau de prélever «des taxes sur les taxes». Durant la guerre, Adélard Godbout avait obtenu que l'État fédéral versât à son gouvernement 5 p. 100 de l'impôt perçu sur le revenu des particuliers. C'était reconnaître en principe la déductibilité de l'impôt provincial. Mais, du même coup, Ottawa le plafonnait. Duplessis s'y était opposé en accusant les libéraux de revenir au «régime des taxeux». Il devait même y renoncer peu après l'élection de 1944 contre l'avis pourtant de la Chambre de commerce de Montréal. Il en faisait un symbole et même une question de principe. Au point qu'à Rimouski, au cours de l'élection générale de 1952, il voulut s'en expliquer! «Nous avons aboli l'impôt sur le revenu établi sous M. Godbout, car l'impôt sur le revenu est un impôt sur le travail et sur le salaire, un impôt qui décourage et qui anémie l'action de l'individu et le progrès de la province. Il n'y aura pas d'impôt sur le revenu.» À quel moment et pourquoi Maurice Duplessis a-t-il changé d'idée? On n'en sait rien. Mais les faits parlent d'eux-mêmes: fort d'une opinion publique favorable, il comprit, au cours de 1953, qu'il tenait là le moyen de faire plier Louis Saint-Laurent et de faire perdre la face à l'Opposition libérale.

Quand l'Union nationale annonce son intention de prélever un impôt provincial sur le revenu, Duplessis ne prend par surprise ni Lapalme ni Marler. Depuis des mois, on sent venir le coup. À telle enseigne que l'Opposition est divisée: René Hamel, qui a fait ses classes au Bloc populaire, veut qu'on appuie le projet de loi et qu'on fasse porter le débat sur la déductibilité. Marler est contre: on ne peut voter pour une taxe imposée par le gouvernement. Lapalme partage ce point de vue et pour cause: les autorités fédérales refusent la déductibilité! Dans ces conditions, qui peut voter pour la double taxation? Ce serait condamner le Québec à la stagnation économique. Du 1er janvier au 30 octobre 1954, quarante-deux compagnies canadiennes ont déménagé leur siège social de Montréal à Toronto. Face à l'essor industriel de l'Ontario, les députés du Québec à la Chambre des communes demandent avec insistance que l'impôt provincial soit déductible. Mais M. Saint-Laurent et son ministre des Finances, Douglas Abbott, s'y opposent de façon formelle en disant que «Duplessis ne les fera pas chanter»! À ce sujet, Jean Lesage, se faisant l'interprète du gouvernement, ira jusqu'à déclarer aux Communes, le 14 avril 1954:

> Je me rends très bien compte que l'imposition du revenu des particuliers par le gouvernement du Québec et l'attitude (...) du gouvernement canadien à l'égard de la déduction totale de cet impôt créent dans ma province une division d'opinion qui risque d'avoir des effets malheureux pour l'unité du groupe ethnique auquel j'appartiens (...) Des citoyens du Québec nous ont demandé d'amender notre loi d'impôt sur le revenu pour permettre aux contribuables payant l'impôt à la province de le déduire contre l'équivalence de 15 p. 100 de l'impôt fédéral sur le revenu des particuliers.
>
> ....
>
> M. l'Orateur, ce n'est qu'après avoir mûrement pesé toutes les conséquences de l'acte que l'on nous a invités à poser que nous en sommes venus à la conclusion que nous ne pouvions accepter la proposition qui nous a été faite, je le dis encore une fois, par les contribuables du Québec et non par le gouvernement.

Le Premier ministre du Québec n'avait aucun intérêt à se faire quémandeur et à s'engager dans une négociation de cette sorte. Il tenait le bon bout du bâton. Résolu à faire d'une pierre deux coups, il souhaitait par contre que Lapalme fasse lui-même la preuve de l'inconsistance des politiques fédérales. À plusieurs reprises, Duplessis «nous y poussait» écrira Lapalme dans ses mémoires: «Si j'étais à la place de l'Opposition, j'irais trouver mes amis d'Ottawa et je leur demanderais d'éviter la double taxation en augmentant le montant déductible.» Et Lapalme d'ajouter: «Nous nous taisions..., croyant connaître la conduite future du gouvernement fédéral.» Comment le lui reprocher? Encore à l'automne de 1954, pour justifier son attitude «irréductible», Louis Saint-Laurent devait aller jusqu'à déclarer au Club de Réforme de la Vieille Capitale: «Québec est une province comme les autres.» Ce qui fera dire à Lapalme: «En janvier 1955, douze mois après l'exploit de Maurice Duplessis, le fédéral se mettait officiellement à genoux et accordait plus que ce qu'il avait refusé aux nôtres.»

Cette histoire d'impôt et son dénouement imprévu provoqueront un ressentiment qui, de façon progressive, conduira le Parti libéral provincial à prendre le relais de l'Union nationale. Georges Lapalme s'est d'ailleurs chargé d'analyser cette mutation dans *Le Vent de l'oubli*:

> Ici, brusquement, le temps se déchire et, à l'automne de 1954, l'homme haï, détesté, si souvent maudit, atteint une dimension politique que nous lui reconnaissons pendant que le Parti libéral se fait hara-kiri.
>
> ....
>
> Guidé par des têtes de chapitre de notre histoire depuis exactement cent ans, je prospecte le domaine aux endroits qui furent dépositaires des politiques nationales propres aux Canadiens français.
>
> C'est chez Mercier que le sens national naît. S'il se traduit par des incohérences, il n'embrasse pas moins avec passion tout le destin du peuple canadien-français, et le Parlement voit alors passer plus d'un rêve.
>
> ....
>
> L'inquiète intuition nationaliste de René Hamel avait eu raison contre l'arme politique traditionnelle.
>
> Nous fûmes plusieurs à retenir l'impression bien claire que cette renaissance de la question autonomiste nous annonçait une autre défaite. [...] Maurice Duplessis avait engagé sa seule vraie bataille de l'autonomie et l'avait gagnée.
>
> ....
>
> Novembre 1967 vient de mourir. Je sors d'un congrès national où je n'ai joué qu'un rôle d'observateur intéressé. Pendant qu'à Toronto les provinces se recueillaient de façon dramatique, 2 000 Canadiens français aux passions découvertes, venus d'entre les rives de deux océans et mêlant leurs adhésions politiques, ont cru voir la couleur de leurs rêves. Passant au milieu d'eux et les écoutant en même temps que j'entendais le passé me parler de ces mémoires que j'écris

dans la nuit, celle de l'oubli et de la solitude, j'engrangeais des témoignages qui se recoupaient. Je remontais très loin, à l'abbé Groulx des années 20, à *Notre Avenir politique*, à Maurice Duplessis, à la révolution tranquille accomplie par mon parti...

....

Peu à peu, je m'étais aperçu qu'il n'y avait pas eu hallucination collective et que Maurice Duplessis avait entendu d'avance, comme s'il eut plaqué un stéthoscope, les vibrations populaires. Je le voyais développer une stature différente, enveloppé dans ce qui était plus que le voile diaphane d'un mythe. Il prenait corps avec un certain rêve canadien-français chargé de trop de passé, pas assez d'avenir, s'ouvrant tout à coup sur une réalité lointaine mais possible. Je le voyais autrement. Je le voyais invincible ; j'ai lâché le mot qui m'explique.

On ne saurait être plus franc, — hélas !

Le revirement de Louis Saint-Laurent sur la question de l'impôt et la défaite de Lapalme en 1956 feront que le Parti libéral, à l'élection de 1960, se voudra à son tour «maître chez nous»! Duplessis enterré, Jean Lesage assumera allégrement l'héritage nationaliste en se proclamant le continuateur de Mercier. Il ne prévoyait pas, bien sûr, la surenchère de Daniel Johnson : «Égalité ou indépendance.» Et moins encore que René Lévesque (dont il avait fait un ministre) doublerait la mise en bon joueur de poker : «Souveraineté association», avec ou sans trait d'union...

L'enfer, dit-on, est pavé de bonnes intentions. Ce sont là les dangers de la vertu.

○ ○ ○

Nous en avions fait notre deuil : la Fédération libérale va se buter à la malveillance et, dans certains cas, à l'aversion de l'*establishment* fédéral. Seuls quelques députés aux Communes nous accordent un appui discret, convaincus qu'Ottawa s'apprête à céder au «chantage» de Maurice Duplessis. Aussi quand George Marler lui annonce, à l'automne, qu'il est nommé ministre des Transports, Lapalme en conclut qu'on s'emploie à faire le vide autour de lui, à le mettre sous cloche. Le Premier Ministre du Canada, sans avis préalable et contrairement aux usages, vient de disposer de son Numéro Deux, le seul qui soit apte à discuter d'égal à égal avec C.D. Howe et Douglas Abbott. Lapalme, dont les convictions sont heureusement servies par un courage appliqué, n'entend pas reculer pour autant. Mais le terrain lui paraît semé d'embûches. Cette histoire d'impôt me fait maintenant l'effet d'un marais dans lequel le parti, chaque jour, s'enlise un peu plus. Je lui rappelle, à ce propos, le conseil judicieux de Boukharine* à Lénine: «À toute vapeur à travers la boue.» Tant pis si, pour s'en sortir, on en éclabousse quelques-uns!

C'est dans un but précis que nous avions prévu une dizaine de rencontres régionales: donner à la Fédération des assises démocratiques pour mettre fin à l'anonymat d'un appareil qu'on rajeunissait par cooptation. Pour qu'elle ait en main l'outil de son indépendance, la Fédération allait devoir prélever une cotisation annuelle de quelques dollars. Dans une province où l'on tient la politique pour une affaire et le vote pour un effet de commerce, Lapalme s'interroge naturellement sur la réaction des libéraux: comment en faire des cotisants, c'est-à-dire des militants? Rationaliser le processus est chose facile. En convaincre la base exige toutefois un effort soutenu. Je crois, en conséquence, que nous devons profiter de ces assemblées pour nous engager dans un projet parallèle à la Fédération: la fondation d'un hebdomadaire.

«Mais où allons-nous prendre l'argent? se demande Lapalme.

— Nous allons tendre la main. La Fédération, ça n'est pas pour demain... Il faut se donner un objectif à court terme dont le besoin se fait sentir: un journal. Sans organe, comment atteindre les libéraux et, sans eux, comment bâtir une fédération? Si nous voulons en faire la base du parti, tous doivent comprendre et accepter ses principes et ses structures.»

Nous avons pris la route en octobre. Quelques mois plus tard, en mars 1955, *La Réforme* est mise en vente dans les kiosques. En réponse à notre appel, les participants ont versé

---

* Nikolaï Boukharine devait être exécuté en 1938, quatorze ans après la mort de Lénine. Tout à ses propos, il avait oublié Staline.

en petites coupures 30 000 $ (8 000 $ à Montréal) dans l'escarcelle d'un parti dont ils découvraient la pauvreté. Pour réduire les frais, le journal se fabrique sur la table de cuisine de mon appartement et une petite équipe de journalistes de métier lui assure une qualité professionnelle bien au-dessus de nos moyens : entre autres Willie Chevalier, Amédée Gaudreault et Yvon Turcot, qui fait ses classes. Du Portugal au Moyen-Orient, d'Helsinki à Marrakech, Hélène, ma femme, nous adresse des reportages politiques qui donnent du ton à *La Réforme*. Guy Gagnon, mon frère, voit à tout et veille à tout. Sans son savoir-faire, je doute que cet hebdomadaire dont il deviendra le directeur en 1958 eût pu survivre et durer une décennie.

La défaite de l'Union nationale demeure, bien sûr, notre raison d'être. Mais si l'élection générale, prévue pour 1956, doit conduire à la chute de Duplessis, pour Lapalme, Nadeau et moi, renouveler le parti et coaliser les oppositions restent des préalables. Journal de combat, *La Réforme* doit être, dans cette perspective, un organe de réflexion politique. Beaucoup de libéraux discutent le rôle de la Fédération et la nature des rapports entre elle et l'appareil traditionnel du parti. Aussi quand Lapalme déclare : « La Fédération, c'est le parti », il en fait sursauter plus d'un. La Fédération, de fait, ne peut se substituer ni à la trésorerie ni aux comités d'organisation dans les comtés. Il lui appartient, par contre, de déterminer la stratégie électorale et surtout de donner au parti un programme de gouvernement. Pour l'heure cependant une autre question tourmente Lapalme : comment empêcher la division, qu'on dit inéluctable, des provinciaux et des fédéraux ? Certes M. Saint-Laurent assume des responsabilités susceptibles de le mettre en contradiction avec les objectifs visés par le Parti libéral provincial. Lapalme le reconnaît et ne s'en plaint pas, — y voyant une contrainte du fédéralisme. Mais comment accepter que le Premier Ministre du Canada, au moment de retrouver le sens commun, ne se soit même pas demandé ce qui en résulterait pour les libéraux du Québec ?

La séance inaugurale du premier congrès annuel de la Fédération eut lieu le 4 novembre 1955 en présence du maire de Montréal, Jean Drapeau, comme le veut le bon usage. Il n'existait alors qu'un seul Parti libéral et, dans l'espoir d'arrondir les angles, nous avions adressé une invitation officielle à son chef, Louis Saint-Laurent. Qu'il l'ait acceptée, cela nous donnait à croire qu'on s'acheminait, sinon vers une réconciliation, du moins vers un accommodement. Son arrivée ne manqua pas d'ailleurs de créer un moment d'euphorie chez les 2 400 délégués présents. Mais de courte durée — car on s'attendait à autre chose. Ce n'est pas sans raisons suffisantes qu'il avait cédé à Duplessis. Mais les connaissant et les acceptant même, on voulait qu'il en profitât pour nous éclairer sur sa conception des relations fédérales-provinciales. Et de plus, puisqu'il s'était imposé de venir à Montréal, qu'il se fît l'avocat du rétablissement des libertés démocratiques au Québec. Mais après une longue dissertation sur la politique étrangère du Canada, le Premier Ministre jugea en avoir dit suffisamment. Dans ses mémoires, Lapalme s'en étonnera, comme il notera à juste titre le mépris que lui témoigna celui qu'il appelait toujours *Monsieur Saint-Laurent*:

> En dépit du fait que le congrès était considéré comme mon oeuvre et que la Fédération, de l'avis de tous, passait pour être mon enfant politique, que les délégués, par leur triomphe, avaient au moins rappelé mon existence à M. Saint-Laurent, celui-ci n'avait même pas prononcé mon nom!

Il nous fallut longtemps pour rétablir un certain ordre au sein de l'assemblée générale, sans toutefois parvenir à faire oublier le camouflet. Lapalme y mit toute sa volonté et, grâce à l'appui déterminé de la direction du congrès, les délégués reprirent leurs travaux en fin d'après-midi. Le projet de constitution fut ratifié tel que rédigé par Jean-Paul Grégoire, et la Fédération se dota, entre autres, de deux commissions permanentes: la commission politique présidée par Jean-Marie Nadeau et la commission de propagande qu'on me confia. Le lendemain, la plénière porta respectivement Gérard Lévesque et Jean-Paul Grégoire à la présidence et à la vice-présidence de la Fédération.

Nous avions mobilisé les forces vives du libéralisme et fait contre mauvaise fortune bon coeur. Mais la base et les cadres du parti refuseront de passer l'éponge. Profitant de la séance de clôture, J.A. Mongrain, maire de Trois-Rivières (ou est-ce Yvon Dupuis le député de Sainte-Marie?), après avoir dénoncé les pactes de non-agression, lancera aux fédéraux un avertissement qui finira par corroder le corps de doctrine qui, depuis LaFontaine et Laurier, constitue la raison d'être du libéralisme au Canada français: «Si vous êtes des nôtres en 1956, nous serons des vôtres en 1957; mais si vous nous considérez comme des orphelins en 1956, nous *penserons* à vous en 1957!»

C'était en 1955, mais déjà c'est le schisme.

Georges Lapalme sera défait en 1956 et Jean Lesage lui succédera.

Louis Saint-Laurent, battu le 10 juin, devra démissionner le 21 juin 1957.

Le Parti libéral du Québec a cessé d'être un Parti libéral comme les autres...

○ ○ ○

Comment définir l'état d'esprit qui, à quelques mois de l'élection générale, se fait jour à la direction du parti? La Fédération et *La Réforme* mettent en confiance les partisans du changement. Forts de ces victoires, ils s'apprêtent à gagner la guerre. Lapalme n'y croit pas et nous prédit, à l'heure des confidences, que nous nous casserons les dents sur l'impôt, comme hier sur l'Ungava. Je calcule qu'une coalition des oppositions devrait nous permettre de faire le plein des voix et nous donner justement ce «supplément d'âme» qui nous a manqué en 1952. Certes des 92 candidats libéraux, seuls 22 ont été élus. Mais nous avons obtenu plus de 45 p. 100 du vote populaire. J'y tiens et Lapalme se dit prêt à courir le risque de faire campagne, flanqué de René Chaloult et de Gilberte Côté-Mercier surnommée la Papesse. Jean-Marie Nadeau se demande si de telles alliances seront comprises et il s'en inquiète. Je lui rappelle que l'entente a pour but la défaite de l'Union nationale et que chacun reprendra sa liberté d'action une fois la place nettoyée. Puis je précise : « Il ne peut être question d'un programme commun de gouvernement. » Mais les craintes de Nadeau sont fondées. Si la statistique est valable, l'analyse que j'en fais reste courte. Combien de créditistes, de nationalistes et de syndicalistes votent déjà *libéral* à défaut d'autre chose ? Et combien de libéraux, que ces alliés encombrants rebuteront, voudront s'abstenir ?

Rêver d'une coalition et la forger vont de pair. Mais ce sont là deux entreprises qui diffèrent autant que le jour et la nuit. Pour se sentir libre, au besoin arbitrer de haut, Lapalme décide de s'en remettre, dans un premier temps, à Jean-Marie Nadeau, à René Hamel et à moi. Nous courons plus d'un lièvre à la fois ; d'où la nécessité de nous partager le terrain. Nadeau ouvrira la négociation avec les nationalistes ; Hamel se chargera du Crédit social et je m'attaquerai aux syndicats. Lapalme juge la tactique raisonnable. Mais c'est oublier qu'avant d'en arriver au front uni, les forces d'opposition auront à faire l'unanimité dans leurs rangs. Les anciens du Bloc populaire se méfient encore d'André Laurendeau, le rédacteur en chef du *Devoir*, qui lui-même ne parvient pas à s'entendre politiquement avec son beau-frère, Jacques Perreault, le symbole de la gauche nationaliste au Québec. Les créditistes politisés acceptent le leadership de Réal Caouette, ex-député aux Communes ; mais les croisés ne jurent que par le nom de la Papesse. Il y a bien quelque chose qui se prétend le Travail organisé. Mais à l'exception des activistes du vieux C.I.O. *, les unions internationales, affiliées à l'American Federation of Labor, estiment que « Duplessis est un gars aimable » alors que les syndicats catholiques, dans l'ensemble, entendent demeurer au-dessus de la mêlée. À telle enseigne que nous leur prêtons un type de salut qui les identifie : la main ouverte à la hauteur du nombril, placée de façon horizontale, — donc au-dessus des part...ies !

Jean-Marie Nadeau décida qu'il fallait, en tout premier lieu, saisir *Le Devoir* de notre projet. La rencontre coïncide-

---

* Committee of Industrial Organization.

ra, comme par hasard, avec l'heure du déjeuner. Mais nous en sommes encore à l'apéritif que déjà Nadeau et Gérard Filion se trouvent ailleurs : précisément à Saint-Césaire où Jean-Marie laboure, en week-end, la ferme paternelle. Laurendeau, qui s'intéresse peu aux choses de la terre, m'entraîne « du côté de chez Swann », car il vient de reprendre Proust. Quand le garçon apporte le café, le nom de Laurent Barré, le ministre de l'Agriculture, fait surface. De fil en aiguille, nous faisons l'unanimité contre Duplessis. Pour s'en débarrasser, explique Nadeau, il faut « haler tous ensemble » comme souvent *Le Devoir* le rappelle. Filion refuse de mettre son journal au service d'« une cause politicienne », mais se dit heureux des quelques candidatures suggérées dont celles de René Chaloult et de Pierre Laporte. Il accepte conséquemment de publier un encart sur le front électoral, mais à la condition de le présenter comme un pavé publicitaire en échange d'espèces sonnantes. Toujours hanté par le souvenir d'Alexandre Taschereau, Laurendeau insinue que notre projet a des relents d'électoralisme. Puis, tout en avalant ce qui lui reste de vin, il s'excuse en termes choisis de ne pouvoir manger de ce pain-là !

Notre rencontre avec Filion et Laurendeau, pour avoir débouché sur le vide, nous permettait de présumer que la candidature de quelques apôtres réputés donnerait à croire que les nationalistes participaient aussi à l'union des oppositions. Nous voulions davantage cependant et Jean-Marie Nadeau se chargea de faire appel aux bons offices de Jacques Perreault dont il aimait l'indépendance d'esprit. Mais au dernier moment, prenant son courage à deux mains, celui-ci adhéra à la C.C.F. Pendant ce temps, René Hamel avait pris langue avec Réal Caouette et Gilberte Côté-Mercier pour constater qu'ils ne communiquaient entre eux que par personnes interposées et se refusaient à tout tête-à-tête. Redoutant de se voir excommunié, Caouette exigeait une entente globale qui engagerait le parti et la secte. Mais comment y parvenir ? Hamel, en désespoir de cause, devait prendre l'initiative d'une *confrontation* tripartite dans un appartement du Château Frontenac, persuadé que le lieu aurait un effet modérateur sur le prosélytisme de la Papesse, Mais craignant de se trouver débordé, il m'avait demandé de me joindre à lui. À notre arrivée, Caouette nous attendait debout devant un parterre de chaises vides placées en rond autour d'un fauteuil Louis XIV inoccupé. «J'aime autant vous dire qu'Elle ne viendra pas seule. Vous pouvez vous attendre à toute une congrégation», nous dit-il les bras tendus vers le ciel. À l'heure dite, une femme décidée fit son entrée, suivie d'un cortège de bannières déployées, d'un carré de fidèles casqués d'un béret blanc et d'un mari... en retrait. D'un pas résolu, elle se dirigea aussitôt vers le fauteuil doré sans porter la moindre attention à ce qui se passait autour d'elle. Heureusement, il s'en trouvait un deuxième en vis-à-vis et tout aussi gros. Caouette, qui avait prévu l'occupation, y poussa littéralement René Hamel. Mais au lieu d'y voir une manifestation d'égalité, la Papesse en conclut que le fondé de pouvoir du Parti libéral venait de s'asseoir sur la sellette. Caouette, toujours debout, me souffla à l'oreille qu'Elle venait de l'exclure du concile.

«Nos conditions sont simples», déclara d'entrée de jeu Gilberte Côté-Mercier en s'adressant uniquement à René Hamel. «Vous pouvez les accepter ou non. Nous ne les changerons pas. Nous serons présents sur les tribunes à vos côtés et, parce que nous devons dire pourquoi, je prendrai la parole le plus souvent possible. Nous ne sommes pas des libéraux et nous participerons à la prochaine élection pour battre Duplessis et non pour arriver au pouvoir. C'est ce que vous voulez et c'est ce que nous voulons. Si vous nous acceptez tels que nous sommes, nous serons là. Il n'y a pas lieu de discuter votre programme. C'est le vôtre, ce n'est pas le mien. Mais nous demandons le droit d'expliquer notre adhésion à l'union des forces d'opposition et d'éclairer les gens sur la nature de notre mouvement. J'ai dit tout ce que j'avais à dire. C'est à prendre ou à laisser.»

Cet exposé, en plus d'être court, correspondait exactement à l'objectif que nous nous étions fixé. On ne pouvait rien y ajouter. Hamel confirma, sur-le-champ et par anticipation, le *nihil obstat* de Georges Lapalme. Cela fait, dame

Côté-Mercier retourna à ses dévotions sans même goûter aux rafraîchissements que nous avions commandés.

«Maintenant qu'Elle a dit oui, je suis prêt à m'embarquer», s'exclama Caouette à l'instant où je fermais la porte. Puis il ajouta: «Ça ne va pas être facile. Des bérets blancs? Vous en aurez partout au point où l'on ne verra plus les libéraux. Mais dites à Lapalme de ne pas s'énerver. Nous sommes là pour faire le travail.»

○ ○ ○

S'il fut un temps où ils m'impressionnaient, ceux qu'on dénomme aujourd'hui «les chefs ouvriers» me font bien rire. Combien sortent du rang? La plupart appartiennent, de fait et de volonté, à cette espèce dont le nom évoque la fonction publique: les budgétivores. Plus de 50 p. 100 des cotisants à la C.S.N. sont fonctionnaires ou à l'emploi des services d'utilité commune qui négocient leurs conditions de travail avec l'autorité provinciale ou municipale. Il en va de même d'ailleurs partout au Canada. Compte tenu des forces armées, on peut avancer sans risque d'erreur qu'un million de fonctionnaires font chanter, de saison en saison, une douzaine de gouvernements élus par 25 millions de contribuables. Ce qui est trop de gouvernements et trop de fonctionnaires. La croissance du *Big Labor* correspond, hélas, à l'évolution des entreprises qui vivent, de plus en plus, de subventions et de contrats à charge du cochon de payant. Si «le travail organisé» me fait rire, les pseudo-défenseurs de l'«entreprise libre» me font rigoler. Les multinationales et toutes ces sociétés agglomérées du *Big Business*, que rien ne rattache entre elles, n'ont plus qu'à menacer l'État de fermeture (tantôt d'une usine tantôt d'une plate-forme de forage) pour mettre en marche la pompe à fric. Et le *Big Government* viendra vite à leur secours en violant tous les canons de l'économie de marché.

Depuis que la mécanique des données s'est substituée aux rapports humains, nous sommes entrés dans ce que René Garneau appelait avec humour la civilisation des comptables. Mais on ne peut impunément remplacer la compréhension des comportements par des courbes de production. Car du coup le sens des responsabilités le cède à l'épreuve de force et toujours aux dépens des simples et des mal-armés. Jean-Marie Nadeau se méfiait autant des centrales syndicales que des holdings, et pour la même raison: la recette prime tout! «Les monstres contribuent davantage à l'expansion de l'empire américain qu'à la croissance de l'économie canadienne», disait-il sur un ton prophétique. Puis il ajoutait indigné: «Quant aux fédérations syndicales, elles paralysent l'embauche, mais nourrissent bien leurs chefs qui s'engraissent, le dimanche soir, au buffet du Ritz.» À l'époque, je m'étonnais des propos de Nadeau, mais il voyait juste. Quoi qu'il en fût, nous avions besoin des syndicats comme d'une caisse électorale. Comment, en effet, constituer un front uni des oppositions sans l'appui du travail organisé, tout au moins de quelques têtes d'affiche, et bien sûr sans argent?

Ma connaissance des syndicats, pour être limitée, remontait à l'avant-guerre. Gérard Picard, qui était alors le secrétaire général de la C.T.C.C., venait de négocier une convention collective avec la direction de *L'Action catholique*. Dans ce cas, pourquoi ne pas syndiquer la rédaction de *L'Événement-Journal*? Que ni le sénateur Nicol ni Henri Gagnon ne s'en montrent effrayés aurait dû éveiller notre méfiance. Surtout que le chanoine Chamberland, le fondé de pouvoir de la Hiérarchie, se félicitait ouvertement de ce contrat-maison contresigné par la Confédération des travailleurs catholiques du Canada. Je n'en compris toutefois la raison que le jour où le Boss Gagnon me demanda à dessein de lui expliquer pourquoi les noms de la plupart des reporters de *L'Action* se trouvaient sur les listes d'attente du *Soleil*. Oubliant la C.T.C.C., nous devions nous rabattre sur le C.I.O. Mais le projet demeura lettre morte.

Devenu éditorialiste à CKAC, l'idée d'un syndicat me revint quinze ans plus tard. Rien ne gênait autant Phil Lalonde, le directeur de la station, que d'avoir à se rendre chez le sénateur DuTremblay chaque fois qu'on lui réclamait une augmentation: «Ces pèlerinages n'en finissent plus», m'avait-il confié. J'en conclus qu'il accepterait volontiers qu'un autre le fît à sa place. *La Presse* n'était-elle pas syndiquée des pieds à la tête? On ne trouvait cependant aucun syndicat dans les stations de radio du Québec. Il s'agissait donc d'une première, et un choix s'imposait. La C.T.C.C. s'employait alors à faire oublier son caractère confessionnel en se montrant pointilleuse sur les fioritures qui sont la plaie des conventions collectives. La Fédération du travail, par contre, fait la preuve de son orthodoxie en mangeant dans la main de Duplessis à l'instar des évêques. Reste la Fédération des unions industrielles et je fais appel à Philippe Vaillancourt auquel me rattache une amitié de trente ans. Le personnel de CKAC, de toute façon, entend traiter lui-même avec *La Presse* et négocier un contrat global «à-la-C.I.O.». Vaillancourt, que je tiens au courant, m'explique que, si notre charte d'affiliation le prévoit, nous n'aurons d'ordre à recevoir de personne tout en bénéficiant des services d'usage en échange d'un prélèvement sur les cotisations mensuelles. Élu président du syndicat, je fis part à Phil Lalonde des demandes que nous entendions présenter au sénateur Du-Tremblay. Les heures supplémentaires l'embêtent encore plus que les augmentations. Mais dans quelle station de radio chanteurs et comédiens sont-ils intégrés au personnel? Pourquoi ne pas faire appel à des pigistes pour couper court aux demandes des journalistes qui en week-end veulent être payés en double? Quand je lui dis enfin que le syndicat veillera à la discipline au sein des services comme dans les professions libérales, Lalonde, soulagé, m'assure de son appui. De fait, notre première convention — en plus d'instituer une assurance-hospitalisation à frais partagés — établira une échelle des salaires supérieurs dans bien des cas à ceux de *La Presse*.

o o o

En vérité, il n'existait aucun moyen d'agir sur le mouvement syndical pris en bloc. Toute intervention dans l'arène syndicale se bute alors à une tradition nord-américaine de neutralité politique dont on ne s'écarte que pour punir ses ennemis du jour. La bureaucratie syndicale n'exerce, de toute façon, qu'une influence volatile sur la base. Si certains caïds s'affichent socialistes, d'autres n'hésitent pas à tirer profit du duplessisme. Mais les syndiqués votent selon leur coeur sans payer la moindre attention aux directives qu'on leur donne. Quelques-uns de ces chefs ouvriers, comme on les appelle, militent au Parti libéral. Mais on ne trouve nulle part «un vote ouvrier» à mettre au compte du travail organisé comme tel. Nous assurer l'appui de quelques leaders dont le nom fait symbole, est le plus que je puisse espérer de mes démarches.

Sur le plan politique, Jean Marchand s'affirme déjà comme le plus conscient, le plus déterminé, des dirigeants syndicalistes. Mais la C.T.C.C. fait face à des difficultés que beaucoup assimilent à une crise de conscience et je vois mal les membres du conseil confédéral bousculer l'aumônier pour se porter à notre aide! En réalité, la révision des politiques syndicales, à laquelle se livrent Picard et Marchand, relève d'une simple situation de fait. L'unification des trade-unions de l'American Federation of Labor et des syndicats industriels du Committee of Industrial Organization crée un état de choses qui annonce la mort du syndicalisme confessionnel. Mais on ne peut aller trop vite en besogne. Duplessis reste l'homme à abattre, mais pour l'heure la C.T.C.C. évite de se mouiller. En outre, le Crédit social est devenu la bête noire de Jean Marchand. À juste titre, il juge aberrantes les théories monétaires du major Douglas et l'usage qu'en fait Gilberte Côté-Mercier l'horripile. Autant de bonnes raisons pour frapper à d'autres portes. Président d'un syndicat affilié au C.I.O., je m'adresse de nouveau à Philippe Vaillancourt. Socialiste impénitent, il entend le demeurer.

«Je doute qu'aucune coalition, quelle qu'en soit la forme, puisse maintenant venir à bout de l'Union nationale, me dit-il. Mais chacun doit s'efforcer d'agir sur son milieu. Vous êtes en train de démocratiser le Parti libéral et certains s'y opposent. Nous devons faire de même au sein du monde syndical. L'obstacle, chez nous, c'est Roger Prévost. Si les syndicats affiliés au C.I.O. s'en mêlent, s'ils s'y mettent, ils peuvent le faire reculer et contribuer ainsi à miner le régime de Duplessis.

« — Mais en quoi cela fera-t-il avancer mon projet ?

— Tu es président d'un syndicat C.I.O. Pourquoi ne pas te présenter contre Prévost ?

— Jamais je n'arriverai à le battre.

— Bien sûr. Mais ta candidature devient un symbole. Chaque vote que tu reçois est un vote pour le front antiduplessiste. C'est comme ça que les journaux vont l'interpréter.

— Tu sais, de nous deux, c'est toi le jésuite. Mais je crains que beaucoup hésiteront à voter pour un libéral. Dans ce cas...

— Heureusement, tu es aussi un homme de gauche. C'est ça qui compte. Tu te présentes et... nous ferons le reste. »

Si la fusion de la Fédération du travail et de la Fédération des unions industrielles restait à faire, elles adhéraient toutes deux au Congrès canadien du travail. Leurs assises annuelles se tenaient conjointement et c'est là qu'il fallait contrer Roger Prévost, Louis Laberge et compagnie. Il ne pouvait être question de les culbuter. Mais s'y opposer démontrait déjà que les délégués, en partie tout au moins, rejetaient leur acoquinement avec le régime duplessiste. Je fus, bien sûr, battu à plate couture. Mais grâce à Roméo Mathieu, Huguette Plamondon, Fernand Daoust et, en premier lieu, à Philippe Vaillancourt, je fis un *score* honorable : le C.I.O. avait donné à plein.

○ ○ ○

Pour les manipulateurs de l'Union nationale, notre machine de guerre prêtait à rire. De la dissolution de la législature à l'élection de 1956, tout allait d'ailleurs concourir à détruire le moral des réformistes. Lapalme avait donné une conscience au Parti libéral : la Fédération. Mais régler l'économie de la coalition se révéla une entreprise téméraire. Nous voulions mobiliser l'opinion en opposant un programme de justice sociale aux prévarications du régime. L'Union nationale s'empressa de le dire inspiré de Karl Marx. Face aux nonnes et aux curés de village priant le ciel de me ramener dans le giron de l'Église, les sermons de Gilberte Côté-Mercier devenaient une bouffonnerie. Quand Duplessis citait enfin les déclarations de Louis Saint-Laurent pour justifier l'impôt provincial sur le revenu, les nationalistes restaient cois comme des carpes. Malgré ces handicaps, Lapalme et ses candidats parvenaient quand même à garder l'offensive, — sauf sur un point: les accusations répétées de communisme dont j'étais la cible. Ce qu'on disait et ce qu'on publiait relevait de la diffamation la plus obscène. Mais combien, à l'époque, s'y laissèrent prendre? L'Union nationale recourait, pour sa part, à des insinuations dont l'énormité devait faire s'esclaffer Duplessis. Mais sa valetaille, sur les instructions de Noël Dorion, contrevenant aux lois, distribuait à la tonne des pamphlets anonymes sans nom d'imprimeur. En dépit de leur infantilisme, ces libelles affolaient les petites gens comme ils perturbaient le Parti libéral. Au point que Lapalme me demanda, un jour, si j'accepterais de rencontrer un aréopage de libéraux millésimés qui voulaient être rassurés: «Tout cela m'écoeure, me dit-il, mais si vous refusez, je ne vois pas comment nous nous en sortirons. Car Duplessis en sera vite informé.»

La rencontre eut lieu au Club de Réforme, mais sans Lapalme que j'avais pressé de s'abstenir. Jean-Marie Nadeau, Antoine Geoffrion, Hector Langevin et Arthur Fontaine s'y trouvaient. Mais je les avais priés de ne pas intervenir: «Puisqu'il s'agit d'une comparution, j'en fais mon affaire. Et ne vous inquiétez pas: je connais mon dossier.» Ils étaient là une trentaine d'honnêtes bourgeois que je connaissais bien et dont plusieurs me témoignaient de l'amitié. Je pris note de la présence de Philippe Brais dont le franc-parler en intimidait quelques-uns. Certain que tous se diraient satisfaits si lui-même se félicitait de mes explications, je décidai de m'adresser directement à lui. Brais n'avait-il pas occupé pour la Couronne dans les procès intentés dans le cadre de l'affaire Gouzenko? Il ne pouvait pas ne pas me comprendre.

On m'accusait en gros de m'être trouvé en compagnie de membres reconnus du Parti communiste canadien et d'avoir participé, à leurs côtés, à des assemblées publiques durant la guerre. C'était vrai et je pris plaisir à rappeler qu'on pouvait tout aussi bien me reprocher de fréquenter des nationalistes et des capitalistes avec lesquels j'étais aussi en désaccord. Mais quand on affirmait que j'avais révélé à l'ex-député Fred Rose la date et le lieu précis de l'invasion, en l'occurrence le secret le mieux gardé de la Seconde Guerre mondiale, il fallait être cinglé pour le croire. L'Union nationale laissait évidemment à d'autres la besogne de répandre de telles inanités. Ses candidats, toutefois, ne se gênaient pas pour répéter que je m'étais planqué à Washington et à Rio au moment de l'affaire Gouzenko. Mais comment supposer que, chef de poste de France-Presse, j'aurais pu tromper la vigilance du F.B.I. * ? Comment imaginer qu'avant de retenir mes services par contrat, la Brazilian Traction ait négligé de se renseigner sur mon compte ? Et comment expliquer enfin que la commission judiciaire, chargée de faire enquête sur l'affaire Gouzenko, n'ait pas cru nécessaire de me convoquer à comparaître si la Gendarmerie royale disposait d'un dossier m'incriminant comme on le soutenait ?

À la suite de mon exposé, je répondis à autant de questions qu'on voulut m'en poser. Philippe Brais donnant l'exemple du contentement, on se déclara heureux de ces éclaircissements. Mais je savais bien qu'aucun d'entre eux ne s'illusionnait : ils n'avaient jamais cru à ces accusations de communisme et tous demeuraient convaincus que rien ne pouvait empêcher la propagande duplessiste de porter fruits. Dans ces conditions, que faire sinon offrir à Lapalme de me retirer ? Je pris donc rendez-vous après avoir demandé à Jean-Marie Nadeau de m'accompagner. L'indignation chez lui tenait lieu de colère ; plus justement, ses emportements se manifestaient par des propos indignés. Lapalme venait à peine de refermer la porte, et je n'avais encore rien dit de mes intentions, que Nadeau déclarait que je n'aurais jamais dû me prêter à cette confrontation, qu'il y voyait « une comédie dégueulasse », car aucun des participants ne croyait fondée cette campagne de dénigrement. Lapalme l'interrompit pour

---

* Federal Bureau of Investigation.

lui rappeler les raisons qui expliquaient cette rencontre et l'usage qu'en aurait fait Duplessis si je m'y étais refusé. Mis en cause, je lui fis remarquer que l'Union nationale n'allait pas lâcher prise pour autant et que, dans ces conditions, j'étais prêt à lui remettre ma démission. «Il n'en est pas question», répliqua Lapalme sur un ton décidé. Et Nadeau d'enchaîner : «Tu ne peux pas démissionner, tu fais tout.» J'ignorais à l'époque qu'il avait déjà noté dans ses *Carnets politiques* * : «[...] journal *La Réforme,* programme politique, organisation interne, il est l'âme de tout... sans lui nous n'aurions probablement ni journal ni fédération.» Pour ces raisons, j'étais devenu la cible de Duplessis. Compte tenu d'une situation sur laquelle le parti n'avait aucune prise, on devait selon moi, si on refusait ma démission, me demander de monter en ligne, me laisser le champ libre pour faire appel à l'opinion publique. Mais il ne m'appartenait pas de le proposer à Lapalme, qui connaissait les difficultés rencontrées par ses candidats face à l'alliance du trône et de l'autel. La réunion se termina sans qu'il en fût question...

---

* Jean-Marie Nadeau : *Carnets politiques*, Montréal, Éditions Parti Pris, 1966.

CHAPITRE
XXVIII

Georges Lapalme aura cru jusqu'à la fin de sa vie que, si tous les adversaires de l'Union nationale avaient eu le courage de s'engager à ses côtés, le Québec se serait libéré de Maurice Duplessis trois ans avant que la mort nous en débarrassât. C'était aussi mon point de vue le 21 juin 1956, soit au lendemain de l'élection générale ; mais au mieux une hypothèse dix ans plus tard. Et cette supposition elle-même m'apparaîtra une illusion d'optique quand je retrouverai Lapalme à Montréal à l'automne de 1976. Il reste vrai, par contre, que si les antiduplessistes d'occasion s'étaient montrés plus intrépides et, dans certains cas, moins pleutres, l'Opposition libérale, réduite à vingt députés, aurait marqué des points au lieu de perdre des plumes. Chacun, bien sûr, aura ses raisons pour respecter la loi du silence. On pourrait, à la rigueur, les grouper en ballots mieux étiquetés ; mais j'en ferai deux balles comme dans les soldes. Les uns, par frousse, se refusaient à une confrontation qui risquait de compromettre leur confort bourgeois ; les autres (par principe, disaient-ils) ne voulaient se salir ni l'esprit ni les mains en se frottant de trop près aux libéraux. Tels les béjaunes du nationalisme et les puceaux de *Cité libre* qui, pour rester purs, avaient excommunié en bloc toute la gauche du Parti libéral d'un Rassemblement des forces démocratiques!

Faut-il se surprendre du scrutin de 1956? S'il en scandalisa plus d'un, le résultat se révèle conforme à une tradition commune à l'ensemble du Canada. Que l'argent y fut pour beaucoup est une évidence. Six mois avant l'élection, le chanoine Raoul Drouin, de la Commission des écoles catholiques de Montréal, en dénonçait les méfaits * : «Il faut s'insurger avec véhémence contre ceux qui, de façon indigne, acceptent de l'argent en retour de leur vote. Ne faudrait-il pas s'insurger avec plus de véhémence contre ceux qui achètent le vote de leurs semblables? Trafic le plus honteux que celui d'échanger une chose sacrée — le témoignage de sa conscience — pour une pièce de monnaie. Fustigeons d'un même blâme celui qui vend son vote, celui qui l'achète et le pouvoir public qui tolère une telle infamie.»

Certes la corruption électorale est plus criante dans «la belle province» que partout ailleurs au Canada. Il en coûte plus cher, par exemple, pour assurer l'élection d'un ministre au Québec que dans les Prairies et les Maritimes ou en Ontario. À la demande expresse de Lapalme, on me fit en 1956 une petite place d'observateur à la trésorerie du parti. J'apprendrai ainsi en cours de route qu'un ministre ou un ministrable coûte 25 000 $ à Montréal, 15 000 $ à Toronto, 5 000 $ à Winnipeg et moins de 3 000 $ à Halifax. Mais combien peut-on acheter de comtés au prix où ils se vendent? Dans ces conditions, je doute que l'argent seul explique la défaite du Parti libéral. Si l'Union nationale fit élire 72 députés en 1956, c'est que Duplessis n'avait pas fait son temps.

La Confédération a 120 ans. Mais quatre Premiers Ministres ont exercé le pouvoir pendant 70 ans: Macdonald (19 ans), Laurier (15), King (21) et Trudeau (15). Borden et Saint-Laurent, par comparaison, semblent modestes: moins de neuf ans chacun. En va-t-il autrement dans les provinces? En Colombie-Britannique, l'assiette au beurre restera aux mains des Bennett, père et fils, durant trente et un ans. Pour sa part, le Crédit social, en Alberta, occupera toute la place

---

* *L'École canadienne,* livraison de décembre 1955.

de 1935 à 1971, et quand Peter Lougheed recueillera l'héritage, il le fera profiter pendant quatorze ans. Terre promise du socialisme, la Saskatchewan se comporte-t-elle différemment? De 1944 à 1982, Thomas C. Douglas, W.S. Lloyd et A.E. Blackeney se maintiendront au pouvoir trente et un ans durant. Ross Thatcher, qui fera la soudure entre 1964 et 1971, est lui-même un « ex » de la C.C.F. transformé en libéral d'occasion. Au Manitoba, Sir R.P. Roblin, le grand-père, refusera de bouger de 1900 à 1915, soit durant quinze ans, et son petit-fils, Duff Roblin, élu à son tour Premier ministre en 1955, n'abdiquera qu'en 1967 pour entrer au Sénat. Terre-Neuve ne rejoindra la Confédération qu'en 1949. Mais les *Newfies* en comprendront vite les usages: une fois plébiscité, Jos Smallwood ne lâchera l'os à moelle que vingt-trois ans plus tard. En Nouvelle-Écosse, de 1933 à 1954, Angus Macdonald ne sera en selle que dix-huit ans. L'a-t-on renvoyé chez lui pour qu'il pût, de 1940 à 1945, retrouver un second souffle? Mais non: durant ce temps, il sera ministre de la Défense nationale pour le service naval dans le gouvernement de Mackenzie King. Au Nouveau-Brunswick enfin, quatre hommes seront Premiers ministres durant cinquante-deux ans: A.G. Blair, J.B. McNair, Louis Robichaud et Richard Hatfield. Soit un bail respectif de 13, 12, 10 et 17 ans. Seule exception à la règle: l'Île-du-Prince-Édouard. Cette province en miniature a connu 28 Premiers ministres depuis 1873. Parce qu'on est à même de se juger comme ça se fait entre voisins? Ne serait-ce pas plutôt un arrangement, un calcul voulu? Quelle famille ne compte aujourd'hui un ministre parmi ses vieux, fût-ce par alliance? *Small is beautiful!*

Qu'on y voie un phénomène de longévité ou une manifestation caractérisée de nos origines anglo-normandes, il revenait à *Central Canada* de démontrer, en premier lieu, que la stabilité et la continuité valent mieux que ces accès de fièvre que d'autres appellent le changement. Si, en Ontario, the *Big Blue Machine* a maintenu le Parti conservateur sur les rails de 1943 à 1985, soit plus de 42 ans, le Parti libéral au Québec, de Marchand à Taschereau, avait été le gouvernement de 1897 à 1936. Taschereau exerçait le pouvoir depuis déjà seize ans quand Duplessis lui succéda en 1936. Celui-ci sera à son tour Premier ministre durant dix-huit ans. C'est beaucoup, dira-t-on. Mais compte tenu de l'extraordinaire durée des chefs de gouvernement et des partis politiques au Canada, on s'en étonne moins. Quelles que soient les tendances «idéologiques» de chacun, chefs et partis pourront toujours miser sur le conservatisme obstiné du corps électoral.

Fortes sont les traditions et «virer son capot» reste une apostasie comme changer d'Église. Il n'en va plus ainsi? Notons que l'Union nationale et le Crédit social, entre autres, apparaissent déjà comme des épiphénomènes de notre histoire politique. Le séparatisme québécois se rétrécit, sous nos yeux, comme une peau de chagrin. Les *castors* font aujourd'hui la queue chez Brian Mulroney: Lucien Bouchard, ambassadeur en France, Denis de Belleval, président de Via Rail, et tutti quanti. Chacun, somme toute, se retrouve Gros-Jean comme devant, c'est-à-dire conservateur, libéral ou «libéral pressé», comme Louis Saint-Laurent désignait déjà les partisans de la C.C.F. au temps de Tommie Douglas...

o o o

C'est au début des années soixante que Charles de Gaulle, qui venait de rendre une dernière visite à un Churchill méconnaissable, déclara aux journalistes présents: «La vieillesse est un naufrage.» Sans en être là, Louis Saint-Laurent à 75 ans donnait déjà des signes d'épuisement à la dissolution des Chambres, le 12 avril 1957. Lui-même aspirait au repos. Mais la direction du Parti libéral, atteint de boulimie, l'avait littéralement poussé dans l'arène sous prétexte que lui seul pouvait venir à bout de Diefenbaker. «*Even if we have to run him stuffed*», aurait même déclaré l'un de ses ministres*. Incroyable mais vrai, la plupart des pontes de la presse écrite et parlée le disaient aussi. Entre autres Blair Fraser qui, pour avoir anticipé sur les faits, annoncera dans *Maclean's* la re-

---

* *Pearson, his Life and World,* Robert Bothwell, Toronto, McGraw-Hill Ryerson Limited, 1978.

conduction d'un gouvernement déjà battu! S'en remettant aux «stratèges», *Uncle Louis* se rendit à Winnipeg de peine et de mal avec, dans la poche, un discours qu'il répétera jusqu'à la fin de la campagne électorale et dont peu se souviennent. Mais comment oublier le spectacle pénible de ce vieux leader d'un parti éviscéré, lisant un texte plat et parfois sans suite quand il lui arrivait, comme à Montréal, d'en sauter une page ou deux?

Il sera toujours difficile, dans une démocratie, de distinguer l'action d'un gouvernement du comportement du parti politique dont il est en dernier ressort la manifestation ou l'expression. On peut juger le raisonnement spécieux, mais dans ce cas, il me paraît vraisemblable. Louis Saint-Laurent, à plus d'un titre, fut un bon Premier Ministre; mais il reste, à mes yeux, le fossoyeur du Parti libéral. Les gérants de la nation, comme il aimait désigner ses ministres, possédaient le sens des affaires ainsi qu'en témoigne C.D. Howe. Leur administration s'inscrit, en outre, dans le droit fil de la pensée libérale telle que Laurier et King l'entendaient: l'unité nationale et l'affirmation de l'identité canadienne constituent la raison d'être du pouvoir fédéral. Dans le premier cas, le gouvernement de Louis Saint-Laurent, en instituant les paiements de péréquation, permettra aux provinces dont le revenu moyen reste inférieur au revenu national moyen d'assurer à leurs contribuables les mêmes services de base que l'Ontario, la Colombie-Britannique et l'Alberta. Dans le second cas, la création du Conseil des Arts va contribuer à faire échec à l'expansion culturelle des États-Unis. Louis Saint-Laurent avait eu heureusement la perspicacité de faire de Maurice Lamontagne le conseiller économique du conseil des ministres. C'est à son concours judicieux comme à ses efforts persistants que nous devrons ces mesures de justice distributive et de progrès intellectuel qui donnent au fédéralisme canadien sa valeur pratique et son caractère humaniste. Mais avant tout, le gouvernement de Louis Saint-Laurent voudra, en y parvenant d'ailleurs, respecter la règle fondamentale des entreprises bien administrées: vivre selon ses moyens. Sous la direction du ministre des Finances, Douglas

Abbott, l'équilibre budgétaire ira de soi et les excédents serviront à réduire la dette accumulée. Ce qui n'empêchera pas le pouvoir central de mettre en oeuvre la construction de la Transcanadienne et d'amorcer l'assurance-hospitalisation.

Fort de ses dossiers, le gouvernement décida d'aller au peuple à la façon d'un conseil d'administration qui se présente devant l'assemblée annuelle de ses actionnaires. Les électeurs voulaient plus : « *They ask for vision, a sense of national purpose and national destiny* », aurait dit, à ce moment, un conservateur non identifié que cite Robert Bothwell dans sa biographie de Pearson. Les gérants oubliaient que les partis sont d'abord des annonciateurs et qu'ils n'existent qu'en fonction de leur vocation. Ils croyaient, bien sûr, au libéralisme, à son rôle historique, mais non à la nécessité du levain dans la pâte. À quoi bon un levier quand tout se mesure à la rentabilité de l'entreprise et que les sociétaires bénéficient d'une gestion éclairée ? L'outil forgé par Mackenzie King leur paraissait maintenant encombrant et superflu. Pour tout dire, l'ère des barons régionaux leur semblait dépassée et le Parti libéral un engin anachronique.

En Ontario et dans les provinces de l'Atlantique, peu prévoyaient la défaite du gouvernement. Mieux informés de l'emprise exercée par Diefenbaker sur l'opinion publique des Prairies et de la côte du Pacifique, beaucoup de libéraux cependant prenaient le train en marche sans le crier sur les toits. Au Québec, par contre, tous croyaient Saint-Laurent invincible. Aussi, quelle surprise dans Landerneau de se retrouver sur le quai de la gare, le 10 juin 1957, quand on s'attendait à descendre à Ottawa — comme d'habitude ! Pour la première fois depuis belle lurette, le Canada français était en panne d'essence. Avec 112 députés, le Parti conservateur ne disposait que d'une majorité relative. Mais bien suffisante face aux 105 libéraux élus, dont 64 dans le Québec. Foin du *bloc solide* ! Représentés par neuf quidams du bon bord, comment ne pas se sentir isolés ? Il fallait se résigner, pour l'instant, à ne jouer qu'un rôle symbolique, au mieux secondaire, au conseil des ministres *. Mais chacun se

_____
* Léon Balcer, Solliciteur général, et Paul Comtois, ministre des Mines et des Relevés techniques.

disait décidé, *rouge* ou non, à sortir de l'opposition à la première occasion.

Dix jours plus tard, Louis Saint-Laurent se retirait sous sa tente et John Diefenbaker accédait au pouvoir. Bien qu'à la base, nul ne contestait alors le leadership de Georges Lapalme, c'est à ce moment que l'*establishment* du parti se mit à lui chercher un successeur. Le calcul relevait d'une croyance populaire que l'histoire ne dément pas : l'élection d'un gouvernement conservateur à Ottawa entraînerait nécessairement l'élection d'un gouvernement libéral à Québec. Encore fallait-il trouver l'oiseau rare dont les réformistes, Lapalme en tête, finiraient par s'accommoder et, à la fois, capable de refaire la trésorerie, de remplir la caisse. Un nom revenait sans cesse dans les conversations des courtiers d'élections : Jean Lesage. Ambitieux et bon orateur, il avait, disaient-ils, l'oreille de C.D. Howe qui, battu dans Port Arthur par un instituteur bagoulard inscrit à la C.C.F., Douglas Fisher, venait de s'installer à Montréal. Résolu à profiter de la conjoncture, ils engagèrent les pourparlers dès le début de l'été. Mais Lesage se montrait réticent. S'il se sentait en porte-à-faux par rapport au programme politico-économique des néo-libéraux, il restait persuadé de la défaite du gouvernement conservateur dans un proche avenir. Il savait en outre que, pour devenir chef du Parti libéral provincial, il lui faudrait accepter au préalable les principes et les structures qui distinguaient celui-ci du Parti libéral canadien. Mais la pression se faisait chaque jour plus forte et, pour le député Lesage, la tentation de plus en plus irrésistible.

En août, alors que nous discutions de la marche du prochain congrès de la Fédération, Lapalme s'interrompit subitement pour me dire : « Vous l'ignorez peut-être, mais je sais qu'on s'apprête à *me démissionner*. On négocie déjà avec Lesage. Je me demande si je ne devrais pas profiter du congrès pour annoncer que je quitte la politique...

— Vous seul pouvez prendre cette décision, monsieur Lapalme. Mais quelle qu'elle soit, nous nous devons de défendre ce que nous avons construit. Que vous partiez ou non, votre héritage doit être sauvegardé.

« — Si vous saviez combien tout ça m'écoeure ! Mais vous avez raison. Tâchons de sauver les meubles. »

Il semble curieux que, dans un parti en voie de démocratisation, la démission de Georges Lapalme ait été négociée par quelques personnes sans mandat précis. Et tout aussi étrange que le choix de son successeur se fût arrêté sur un membre de la Chambre des communes qui se refusait à résigner ses fonctions avant d'être élu à la direction d'un parti de plus en plus provincialiste. Mais il reste que le scénario de cette histoire, somme toute anormale, sera mis au point par une dizaine d'hommes de bonne volonté décidés à limiter les dégâts. D'un côté, Lapalme, Jean-Marie Nadeau, Gérard Lévesque, le président de la Fédération, et moi. De l'autre côté, Jean Lesage, qui avait eu la sagesse de s'en remettre à Maurice Lamontagne, que Lapalme respectait, et le seul des fédéraux, à ce point de vue, que Nadeau tenait en estime. Mais c'était l'avant-scène. Dans la coulisse, Arthur Fontaine et Antoine Geoffrion représentaient un *establishment* absent des négociations proprement politiques, et c'est avec eux que j'ai traité jusqu'au baroud d'honneur des réformistes au congrès de la Fédération libérale à l'automne de 1957.

On ne saurait comprendre la nature et l'état des relations entre Georges Lapalme et le Parti libéral si l'on ne tient compte du vote flottant qui, au dernier moment, détermine le résultat du scrutin. Les réformistes, qui tenaient en main la Fédération et *La Réforme*, le voyaient à juste titre comme le symbole du changement et la garantie morale du renouvellement. Mais la F.L.Q. ne pouvait prétendre représenter le parti qui demeurait un rassemblement dont la doctrine s'articulait, selon sa disposition d'esprit, à partir d'une seule idée, commune parce que simple : le progrès. Toutes les tendances s'y croisaient et chacun y trouvait son compte. Car cela faisait du Parti libéral un carrefour où, après s'être serré la main, chacun rentrait chez soi pour veiller à ses intérêts. Dans ces conditions, la présence de Lapalme devenait gênante. Pour beaucoup de libéraux, il n'avait pas la baraka ; et comme l'*establishment*, ils souhaitaient un chef dit charismatique ayant la tête de l'emploi, — c'est-à-dire celle d'un

Premier ministre. Mais pour réussir l'opération, il fallait avant tout s'assurer du concours de Lapalme, dont on redoutait les humeurs.

Jean Lesage était suffisamment souple pour se prêter aux engagements les plus précis quand les circonstances le lui commandaient. Au cours des entretiens qui devaient conduire à l'entente désirée, je n'ai jamais senti chez lui beaucoup de réticence. S'il entretenait quelques restrictions mentales, le jésuite ne se sentait pas. Nos conditions de ralliement étaient d'ailleurs peu nombreuses quoique irréductibles : Lapalme devient le Numéro Deux ; les réformistes sont maintenus dans leurs fonctions ; la Fédération, *La Réforme* et le programme restent intacts. Lesage avait retenu de ses humanités le judicieux avis de Molière : « Le Ciel défend, de vrai, certains contentements / Mais on trouve avec lui des accommodements. » S'il perdait la prochaine élection, ce *gentlemen's agreement* devenait caduc et, s'il l'emportait, l'exercice du pouvoir lui permettrait de satisfaire aux ambitions légitimes des militants de première ligne. « À chacun sa fiole », disait-il sur un ton rassurant.

C'est avec Maurice Lamontagne et Jean-Marie Nadeau que j'avais mis au point les conditions dans lesquelles les réformistes accepteraient un changement de chef. Dans notre esprit, l'arrivée de Lesage à la direction du parti devait se faire dans un contexte suffisamment harmonieux pour que l'autorité morale de Lapalme en sorte grandie. Sans précédent, l'entreprise se révélait en outre difficile. Car Lapalme se refusait à nous donner l'assurance qu'il se résignerait à servir sous Lesage. Quand la question se posait, il s'enfermait le plus souvent dans un silence impénétrable. Dans l'impossibilité de pouvoir arrêter un scénario, sinon méthodique, tout au moins agencé, je me rendis compte un jour que cette affaire devait se régler au coup par coup. Le congrès de la Fédération nous offrait l'occasion de démontrer notre volonté de maintenir nos structures et nos principes. Mais il s'imposait de reconnaître, d'autre part, que le leadership de Lapalme était contesté et non seulement par l'*establishment*.

«Nous pouvons toujours soutenir que la Fédération c'est le parti, mais ce n'est pas chose faite, lui dis-je. Il y a cependant un moyen de s'en sortir en mettant toutes les chances de notre côté.

— Lequel?

— Le congrès confirmera votre autorité et votre rôle. Mais nous devons en profiter pour annoncer la tenue d'un congrès plénier du Parti libéral. Monsieur Lapalme, la question du leadership doit être vidée. Si vous êtes candidat, nous serons tous là. Mais de cette façon, vous aurez six mois pour en décider.»

À vrai dire, l'idée d'un congrès plénier ne réglait rien. Mais je savais d'instinct que Lapalme, Lesage et les porte-parole de l'*establishment*, Fontaine et Geoffrion, y verraient une solution de compromis qui, tout en leur permettant de gagner du temps, écartait pour l'instant la possibilité d'un affrontement. Je me trouvais conséquemment en mesure d'ordonner la suite des événements. Car si Lapalme hésitait à se décider, Lesage croyait toujours au mirage d'un retour au paradis terrestre du pouvoir. Pressés d'en finir, Arthur Fontaine et Antoine Geoffrion voulaient obtenir de Lapalme un engagement précis. J'eus vite fait de leur faire comprendre qu'il ne fallait rien précipiter, surtout qu'ils n'en avaient pas les moyens. Compte tenu de son attitude dans l'affaire de l'impôt sur le revenu, Lesage n'inspirait toujours qu'une confiance médiocre aux réformistes qui n'oubliaient pas sa longue collaboration avec les duplessistes dans Montmagny-L'Islet.

«Mais vous venez de me dire que vous avez réglé cette question avec Lamontagne et Nadeau, nota aussitôt Fontaine.

— Oui, mais à condition que Lesage s'engage au congrès plénier à maintenir et à continuer l'oeuvre de la Fédération.

— Mais si Lapalme ne déclare pas qu'il se retire, nous n'avons aucune garantie, souligna Geoffrion.

— Mais quelle garantie avez-vous que Lesage sera candidat si Diefenbaker est battu?

— Vous croyez à l'Immaculée Conception? me demanda Fontaine en vidant son verre.

— Je ne crois pas aux miracles, surtout en politique. Mais je crois aux faits et aux réalités. Quand Diefenbaker sera réélu, Lesage se réveillera à Québec, P.Q. * Lapalme, comme nous, veut la défaite de l'Union nationale. Mais il n'acceptera jamais qu'on le passe tout simplement par-dessus bord. Moi non plus. Le parti a besoin d'un nouveau chef, mais le nouveau chef a besoin de Lapalme. Si le parti éclate, nous serons battus en 1960. »

Au lendemain du congrès de la Fédération, à la suite du triomphe qu'on lui fit, Lapalme se trouva en position de force pour décider de son statut au sein du Parti libéral. Nous n'avions plus qu'à attendre l'élection générale. En janvier 1958, Lester B. Pearson avait assumé l'héritage de Louis Saint-Laurent. Au printemps, grâce au concours des 25 députés de la C.C.F. et des 19 créditistes de l'Alberta, il parvenait à renverser le gouvernement. Le résultat fut fracassant : le Crédit social éliminé, la C.C.F. démolie et le Parti libéral littéralement assiégé dans ses dernières redoutes du Québec et de l'Ontario. Le 12 mai, suivi de ses 207 députés dont 50 de « la belle province », John Diefenbaker, *The Chief*, revenait en vainqueur à Ottawa, face à 48 libéraux déshérités, en majorité francophones, et aux 8 survivants de la C.C.F.

○ ○ ○

Nous étions exactement à dix-huit jours du congrès plénier du P.L.Q. qui devait se réunir à Québec le 30 mai. Lapalme avait enfin rendu les armes et Lesage pouvait dormir en toute tranquillité. René Hamel et Paul Gérin-Lajoie s'étaient portés candidats au leadership, mais comme on fait acte de présence : pour la forme et pour la galerie. Le programme toutefois réservait à Lapalme la séance d'ouverture et Lesage se faisait du sang d'encre. À telle enseigne que, redoutant ce qu'on appelle un *write-in* ** en anglais, il n'adressera sa démission au Speaker des Communes que le 3 juin, une fois

---

* Député de Montmagny-L'Islet depuis 1945, Jean Lesage avait été reconduit, à l'élection de 1953, par 5 245 votes de majorité. Réduite à 3 135 voix en 1957, il s'en tira de justesse en 1958 avec 726 votes de pluralité.

** Vote donné à un candidat non inscrit.

élu chef du Parti libéral provincial. On n'est jamais trop prudent.

Le résultat catastrophique du 12 mai allait curieusement mettre fin à l'incertitude qui s'emparait de Georges Lapalme dès qu'on soulevait la question de son avenir politique. Nous nous étions retrouvés, ce soir-là, chez Jacques Vadeboncoeur, l'organisateur en chef, pour sabler le champagne en compagnie de Lionel Chevrier, le Lapointe de Pearson, et des députés de Montréal dont on prévoyait la victoire. Non qu'on crût à la défaite du gouvernement conservateur, mais on tenait le Bloc solide du Québec pour indestructible! Installé dans un coin du salon, Lapalme surveillait d'un oeil attentif l'arrivée des quelques élus dont la mine piteuse lui faisait oublier sa propre humiliation. Il nota, entre autres, l'entrée de Roch Pinard, l'ancien secrétaire d'État, et celle du sénateur Eugène Lefrançois, qui avait cédé *son* comté de Laurier à Lionel Chevrier en 1957 à la condition d'être nommé illico à la Chambre haute. Seul à faire belle figure, il m'avait soufflé à l'oreille au moment de me serrer la main : «Pensez pas que le Bon Dieu n'a pas été bon pour moi!» L'aveu me parut si drôle que je ne pus m'empêcher d'en faire part à Lapalme qui, subitement rasséréné, décida de rentrer chez lui en me demandant de l'accompagner.

«Nous sommes maintenant sur le même pied: tous battus et par Duplessis, me dit-il. Maurice Lamontagne, l'un des rares à voir clair, défait dans Québec-Est, le comté de Sir Wilfrid! Duplessis ne l'a pas raté et Diefenbaker lui doit une fière chandelle : cinquante députés... J'espère que les fédéraux vont enfin se réveiller.

— Le congrès vous fournira l'occasion de le dire...

— ... et beaucoup d'autres choses.

— Moi aussi j'ai des choses à dire, mettons des comptes à rendre. Duplessis m'a soigné à la dernière élection. J'entends faire appel aux délégués pour qu'ils endossent la direction donnée au parti et, en même temps, expliquer mon action.

— Je ne sais pas à quel moment vous pourrez prendre la parole. C'est un congrès de leadership et il y a des candidats sur les rangs. J'imagine que le programme a été arrêté après consultation avec Lesage.

— Monsieur Lapalme, je ne vous demande pas d'intervenir. Mais vous pouvez être certain que je parlerai. Je voulais simplement vous prévenir que j'entends voir Lesage à ce sujet et que, s'il le faut, je sortirai l'artillerie. »

Lesage m'accueillit avec cordialité. Mais le ton changea quand il comprit que je voulais m'adresser aux délégués en séance plénière.

« Tu peux prendre la parole dans l'un des comités de travail, mais en séance plénière ? Le programme dit en toutes lettres qu'à part Lapalme, seuls les candidats s'adresseront à l'assemblée générale.

— Dans ce cas, mon cher Jean, je serai candidat à la direction du parti. »

Je le sentis se raidir. Il est possible qu'il y vît, sur le coup, l'amorce d'une machination. Car il me demanda aussitôt si Lapalme était au courant de ma démarche.

« J'en ai informé Lapalme et il sait que j'entends rendre mes comptes. Mais il ignore que je me porterai candidat si c'est là le seul moyen d'exercer mon droit de parole en assemblée générale.

— Mais nous avons un accord. Vous vous êtes engagés, Lapalme, Nadeau et toi, à appuyer ma candidature.

— Tu n'as pas à t'inquiéter. Lapalme est un homme d'honneur qui respecte ses engagements. En ce qui me concerne, j'ai participé à la négociation qui portait sur le retrait de Lapalme et la continuité de la Fédération. Mais à aucun moment il n'a été question d'interdire à quiconque le droit de se présenter. Le fait est que Gérin-Lajoie et René Hamel sont candidats...

— Eux ne parlent pas au nom de Lapalme. Toi, c'est différent.

— Tu veux dire que ma candidature pourrait influencer le vote des réformistes quand notre accord a pour but d'empêcher que le parti se casse en deux ? La solution est simple : on modifie le programme des séances et... on n'en parle plus. »

Lesage se donna quelques secondes de réflexion. Puis il me demanda calmement : « Quand veux-tu parler ? »

Lapalme devait s'adresser au congrès le 30 mai en soirée, à la séance d'ouverture. L'ordre du jour prévoyait que les trois candidats à la direction prendraient la parole devant l'assemblée générale le 31 mai, dans l'après-midi, juste avant le scrutin. Les commissions de travail s'étaient réservé la matinée. Il suffisait de les réunir en plénière avant le déjeuner, vers 11 heures, pour me permettre de m'adresser à l'ensemble des délégués.

Au moment de nous séparer, Lesage me déclara sur un ton assuré : « Si les libéraux font l'unité, s'ils sont derrière Lapalme et moi, nous prendrons le pouvoir et tu ne seras pas déçu. »

○ ○ ○

Peut-on résumer le discours de Georges Lapalme tout en rendant justice à ses intentions ? Les circonstances se prêtaient à des interprétations rapides, souvent contradictoires, et sa charge d'émotion lui donnait, qu'il l'ait ou non voulu, un caractère subjectif. Quand on le relit aujourd'hui, ce discours se présente comme un bilan global de son action politique entre 1948 et 1958. Mais là est le hic : le bilan reste inséparable de l'histoire du Québec sous l'Union nationale, indissociable des relations fédérales-provinciales d'alors et de l'ordre clérico-social en train de crétiniser « la race ». Sans hésiter, Lapalme choisira de se mettre en cause. Car il entend justifier ainsi sa conception de l'État et d'expliquer, par le biais, ses défaites électorales. Mais on peut aussi y voir, en même temps qu'un plaidoyer pro domo, un véritable appel à l'opinion publique par-dessus la tête des délégués. À quoi bon le pouvoir s'il débouche sur un simple changement de gouvernement ? D'où la nécessité de faire du Parti libéral l'instrument d'une nouvelle société.

On l'avait écouté dans un silence tendu qui témoignait de l'attention prêtée à son exposé. Mais à la fin, l'ovation fut telle que beaucoup se demanderont si Lapalme ne cherche pas à se faire plébisciter sur place. Les réformistes voient dans ce discours un manifeste dûment pensé; d'autres, venus là pour élire un nouveau chef, en tirent la conclusion qu'il vaut peut-être mieux garder celui qu'on s'apprête à remplacer. Si grande est la confusion qu'il faudra toute une nuit de conciliabules avant que le délégué moyen ne retrouve le sens des réalités.

Au cours de la matinée, après m'avoir affirmé qu'il ne regrettait pas son discours, Lapalme me répéta qu'il n'était pas dans la course. « J'ai d'ailleurs rassuré Lesage à ce sujet, me dit-il. Je sais qu'il y a des irréductibles chez nos amis. Mais rien ne me fera changer d'avis. » À mon arrivée à l'assemblée générale, vers 11 heures, le vieux Colisée était plein. Mais un certain désordre régnait du fait que les uns s'interrogeaient sur la raison d'une plénière avant celle de l'après-midi réservée aux candidats, et que d'autres, je crois, me voyaient déjà comme l'annonciateur du retour de Lapalme aux commandes. La nature m'a donné du coffre et j'eus tôt fait d'obtenir qu'on mît fin aux discussions et aux va-et-vient d'un groupe à l'autre.

Mon propos était simple : si Duplessis tient toujours la province dans sa main, c'est qu'il n'existe pas au Québec de véritable opinion publique. Chacun se tait parce qu'il a peur de perdre son job ou d'aller en enfer. Avant même d'arriver sur le marché du travail, nous sommes conditionnés par un système d'enseignement qui fait un péché d'orgueil ou contre l'esprit de toute réflexion sur la condition humaine. Le système a ses profiteurs : ceux qui conçoivent l'exercice du pouvoir comme l'exploitation d'un bien personnel et ceux qui utilisent leur autorité morale comme un instrument d'obscurantisme. Etc.

Comme je parlais sans notes, il ne me reste en mémoire que les grandes lignes de cette philippique. Mais le message était clair et on l'avait compris *. Quand je descends de la tribune, des centaines de militants viennent à ma rencontre en criant : « à la chefferie ! » Si je rappelle ce moment de ma vie, c'est qu'il confirme un précepte d'Alain : « L'important

---

* Voir le document F en appendice.

est le plus souvent imprévisible *.» Il existe toujours des impondérables dont aucun scénario ne saurait tenir compte parce que la raison ne retient, par définition, que ce qui est raisonnable et ne peut faire la part du feu, ou celle de l'émotion. Si j'avais répondu à l'appel des réformistes, peut-être serais-je parvenu à mobiliser un *ginger group* au sein du parti, — donc à faire le jeu de l'Union nationale que nous voulions culbuter. Le scrutin, heureusement, devait se dérouler comme notre scénario le prévoyait. En fin d'après-midi, Gérin-Lajoie obtenait cent voix et René Hamel cinquante. Jean Lesage était passé comme un boulet de canon!

Le même soir, après avoir pris congé de Georges Lapalme, je rentrais à Montréal avec Jean-Marie Nadeau. Nous avons parlé de Khrouchtchev, premier secrétaire du P.C. soviétique, qui venait d'être élu Premier Ministre de l'U.R.S.S. Curieusement les *Carnets politiques* de Nadeau ne font aucune mention de l'élection de Jean Lesage à la direction du P.L.Q. Mais il est vrai qu'un an plus tôt, le 28 juin 1957, il avait noté: «L'Union nationale quand elle disparaîtra, trouvera des prolongements dans le Parti libéral...» C'est dire sa lassitude. À la suite de l'entrée du 22 novembre de la même année, il cessera de tenir son journal de bord. Il voudra cependant y ajouter une vingtaine de lignes, les dernières, en juillet 1960 pour rappeler que le Parti libéral (au pouvoir) «a le coeur à gauche... mais les portefeuilles de bailleurs de fonds sont à droite». Ce qui lui remet en mémoire ce vers d'Aragon: «[...] combat jamais achevé de l'homme contre la nuit».

---

* Alain, de fait, va beaucoup plus loin, trop à mon avis: «Tout ce qui arrive d'important à n'importe qui est imprévu et imprévisible.»

CHAPITRE
XXIX

Mon entrée à *La Presse*, à l'automne de 1958, correspondra par analogie au moment de mon arrivée à la direction de *L'Événement-Journal* de Québec vingt ans plus tôt. Dans la force de l'âge et mieux aguerri, je connais maintenant les pièges du métier, mais aussi ses ressources. La maison, d'autre part, m'est familière : depuis près d'une décennie, je tiens une chronique politique à CKAC qui appartient alors à l'empire des Berthiaume, dont la veuve DuTremblay fait l'effet d'être l'homme fort de la famille comme, à Chateaubriand, la duchesse de Berry. Déjà la présidente m'avait informé, en février, qu'elle songeait à me ramener à la presse écrite. Après m'être arrêté à des emplois excentriques, dans le sens premier du mot, cette perspective d'un retour aux sources me rend heureux. À l'instar des vieux *seminars* allemands du haut Moyen Âge, toute salle de rédaction m'apparaît alors comme une oasis où, malgré les tabous, la liberté de pensée et le franc-parler restent l'humus de la science du bien et du mal.

Je savais depuis longtemps qui était Mme DuTremblay. Mais par personne interposée, par son mari que nous appelions le gendrissime. Toujours présente aux négociations qui précèdent la signature des conventions de travail, mais se voulant invisible, c'est dans le secret d'un petit cabinet, attenant à la chambre du conseil, qu'elle suivait nos délibérations. Notre dernière rencontre remontait à la mort du sénateur, en octobre 1955, quand j'étais allé, accompagné de quelques collègues de CKAC, lui présenter nos respects. En ce temps-là, la coutume voulait que chaque membre du personnel trouvât sur sa table, le jour de son anniversaire, une rose et la carte de la présidente. Mais le 21 février 1958, ni rose ni carte ; par contre un message me demandant de me rendre à *La Presse* où Mme DuTremblay me donnait rendez-vous à 15 heures. Je devais la trouver seule, diminutive au bout d'une table qui remplissait toute la pièce, — à la place habituelle de feu le mari. Devenue subitement la Présidente, elle était autre : pour la première fois vêtue d'un tailleur qui lui allait bien et coiffée avec soin. Je sentis aussitôt le vent vert d'un rajeunissement, et je compris qu'elle se proposait de diriger l'entreprise d'une main d'autant plus ferme que celle-ci s'ornait maintenant d'un diamant dont les feux faisaient oublier le mince anneau d'or qui la rattachait au passé.

À mon arrivée, Mme DuTremblay s'occupait à feuilleter *La Patrie-Dimanche* d'un doigt rapide. Mais devant elle, je vis *ma* rose placée à plat sur le sous-main. Son assurance insoupçonnée, ce journal ouvert et cette fleur qui semblait m'attendre, tout annonçait un entretien fructueux. Mais elle me demandait déjà en pointant *La Patrie* : « Qu'est-ce que vous en pensez ? » Puis sans attendre ma réponse, elle enchaîna sur le ton de l'infaillibilité : « C'est à refaire de la première à la dernière page. Voulez-vous vous en charger ? » Je n'eus même pas le temps de lui dire : « Oui, madame », qu'elle m'informait de tous ses projets.

« Bien entendu, je tiens à ce que vous conserviez votre chronique à CKAC. Nous allons équiper la station d'une nouvelle antenne et installer de nouveaux émetteurs. Le terrain est déjà acheté. Comme vous le savez, le nouvel immeuble de *La Presse* est en construction et nous remplacerons les vieilles rotatives. Il faut aussi refaire le journal et j'aurai sans doute besoin de vous. Jacques Bélanger vous verra à ce sujet.

426

Enfin, je compte sur vous. Je voulais vous le dire moi-même. »

Sur ce, la Présidente me tendit la rose comme s'il se fut agi d'un bâton de maréchal...

o o o

Situé rue Sherbrooke à proximité de CKAC, rue Sainte-Catherine, le bureau de Jacques Bélanger était à quelques minutes de mon domicile qui donnait sur le vieux séminaire de Saint-Sulpice. Ce qui me permettait d'aller à mes affaires sans avoir à laisser derrière notre Tico-Tico, le setter irlandais que nous avions ramené du Brésil via Paris. Bélanger ne cacha pas son étonnement en nous voyant. « C'est mon témoin », lui dis-je et, du coup, il passa au tutoiement. Comptable comme son père avant lui, l'homme de confiance de Mme DuTremblay possédait une clientèle de notables qui faisaient sa fortune et sa joie. Féru de généalogie, il connaissait le Tout-Montréal francophone et les idiosyncrasies de chacun. Doué d'une grande curiosité, il respectait d'autant plus le savoir et la culture chez les autres qu'il y voyait le fruit d'une longue patience au contraire des biens meubles et immeubles dont on hérite ou qui se transmettent quand on est un *self-made-man.*

« Mme DuTremblay m'a fait part de ses intentions, me dit-il, et elle t'a prévenu que les difficultés ne manquent pas. La construction du nouvel immeuble en est une. Ça baigne dans l'eau. Stabiliser le terrain coûtera cher. Le déficit de *La Patrie-Dimanche* s'élève à 400 000 $ par an. Ça ne peut pas continuer. *La Presse* est sans rédacteur en chef depuis qu'Eugène Lamarche a pris sa retraite. Hervé Major fait l'intérim, mais la Présidente a d'autres idées. Elle veut renouveler les journaux. À ce sujet, le moral est bas dans la salle de rédaction. Enfin, au conseil d'administration, aucun des directeurs ne s'entend avec les neveux Berthiaume. Comme tu le vois, ce n'est pas le paradis. Ça peut prendre du temps, mais les choses finiront pas s'arranger. Il faut que tu sois patient... »

Ce n'est qu'aux derniers jours de septembre que *La Presse*, à la faveur d'une grève qui s'annonçait imminente, acceptera de tourner la page. Dans l'entre-temps, je devais souvent revoir Bélanger, apprendre à le connaître. Au point que nous étions déjà sur la même longueur d'onde quand, le 1er octobre, la rédaction du journal décida de débrayer. Son ascendant sur Mme DuTremblay s'exerçait à bon escient et la plupart s'en félicitaient. Je m'en rendis compte lorsque celle-ci se réconcilia avec l'idée de s'en remettre à l'arbitrage d'un comité de conciliation également voulu par l'entreprise et le syndicat. «Antoine Geoffrion va représenter *La Presse* et Jean-Paul Geoffroy la C.T.C.C., me dit Bélanger au téléphone. Il faut un troisième homme et les deux parties sont d'accord sur ton nom. La Présidente compte sur vos recommandations pour mettre fin au conflit le plus tôt possible, mais aussi pour changer les choses.»

Il fallait se donner une procédure, mais auparavant trouver un terrain neutre où l'on pourrait se rencontrer à loisir et se sentir à l'aise. Hélène ne devait rentrer qu'en décembre de son long périple en Chine, en Corée du Nord et au Viêt-nam. J'offris à Geoffrion et à Geoffroy de se réunir dans notre appartement plutôt que dans un hôtel. «On ne sera pas dérangé trop souvent?» me demanda Geoffroy. Je lui répondis en riant: «Tico-Tico assistera, bien sûr, aux délibérations. Mais tu peux compter sur sa discrétion. En outre, il n'a pas le droit de vote.»

Dès la première séance, il m'apparut que les points en litige, d'une importance secondaire, avaient en réalité servi de prétexte au débrayage. Il s'agissait au fond de raviver une salle de rédaction, profondément humiliée, où la consigne d'Eugène Lamarche continuait de faire loi: «Les reporters, il faut mener ça à coups de pied dans le cul.» Les journalistes réclamaient l'institution d'une caisse de retraite et pour Roger Mathieu, élu président de la Confédération des travailleurs catholiques du Canada, le droit de reprendre ses fonctions à *La Presse* au terme de son mandat. On eût tôt fait de disposer de ces deux questions. Dans le premier cas, Antoine Geoffrion se porta garant que l'entreprise entendait bel et bien constituer un fonds de pension prévoyant la retraite obligatoire à 65 ans. D'autre part, je croyais improbable que Mathieu songeât même à revenir un jour au journalisme. Geoffroy en convint et Geoffrion s'empressa, dans ces conditions, de consentir à une demande qui engageait l'entreprise à moins que rien.

Le troisième point allait se révéler fondamental parce que le syndicat en faisait une affaire de principe. Heureusement dans un sens, car nous allions aborder, par ce biais, la question même de la réorganisation du journal. Seuls, disait-on, le rédacteur en chef, en l'occurrence Hervé Major, et le directeur des services d'information, Roméo Leblanc, échappent à l'autorité du syndicat. Par voie de conséquence, Léon Roberge, l'adjoint de Leblanc en soirée, doit être syndiqué d'office. Cette attitude me paraissait contraire au sens commun. Comment un grand quotidien peut-il fonctionner sans cadres supérieurs, reconnus comme les fondés de pouvoir de la direction? Mais comment le faire comprendre au syndicat quand *La Presse* en était encore au stade artisanal, qu'elle appartenait au folklore du Canada français?

«Le cas Roberge est un faux problème, dis-je. Nous ne parviendrons jamais à le résoudre si nous le traitons de façon isolée. C'est la structure de la salle de rédaction qu'il faut changer, — donc que nous devons envisager. Mais je doute que notre mandat nous autorise à formuler un projet de réorganisation. Quoi qu'il en soit comment expliquer que l'affaire Roberge puisse empêcher le règlement de la grève quand il s'agit tout au plus d'un grief? Ça ne tient pas debout. On en a fait un symbole, mais le problème est autre. On peut, sans doute, trouver une solution au grief, mais ça ne réglera pas le problème de *La Presse*.

— Tu as peut-être raison, déclara Geoffroy. Mais il s'agit précisément de décider si Roberge doit être ou non membre du syndicat. Je ne vois pas comment un projet de réorganisation répondrait à la demande des journalistes, qui sont en grève. C'est leur retour au travail que nous devons négocier.»

La règle veut qu'après chaque séance, les représentants de l'entreprise et du syndicat fassent rapport à leurs commettants de la marche des négociations en cours. Le comportement de Geoffrion et de Geoffroy allait bientôt m'indiquer qu'on s'était montré intéressé, de part et d'autre, à l'idée d'une réorganisation. J'en vins, peu à peu, à mettre les points sur les i. À la fin, j'en fis une question de confiance : « Si *La Presse* et le syndicat sont d'accord, je procéderai, dès le retour au travail, à une enquête en profondeur. Chacun des syndiqués, s'il le désire, me fera part de ses vues. Après consultation avec Jacques Bélanger, je saisirai le conseil d'administration d'un projet de réorganisation avant la fin du mois. Si on le souhaite, j'expliquerai même la nature de mes propositions aux instances supérieures de la C.T.C.C. Le cas Roberge, pour l'heure, doit demeurer en suspens car il reste inséparable de la nouvelle structure d'une salle de rédaction à laquelle je veux rendre sa dignité. »

Au dernier moment, Jean-Paul Geoffroy souleva la question classique du remboursement des salaires qui n'avaient pas été versés durant la grève. Antoine Geoffrion lui répondit qu'il refusait d'en discuter : « Il est inconcevable qu'on demande d'être payé quand on refuse de travailler. » Je partageais ce point de vue. Nous avions réussi, d'autre part, à conclure un accord, peu conforme aux usages de la négociation collective, en évitant précisément les questions de principe. Il fallait, de toute évidence, en venir à un accommodement qui permettrait, aux uns et aux autres, de sauver les apparences. Dans ce but, je pris soin de présenter le compromis que j'envisageais sous la forme d'une question : « Pour annoncer le changement et les temps nouveaux, *La Presse* pourrait peut-être considérer l'idée d'un boni de Noël ? »

Le même soir, le 14 octobre vers 23 heures, les représentants du syndicat signeront, en ma présence, un protocole d'entente avec Jacques Bélanger et Antoine Geoffrion, membres du conseil d'administration : les piquets de grève seront levés au cours de la nuit et la rentrée aura lieu le lendemain matin, à 7 heures. Le scénario s'arrête là. Resté seul avec Bélanger et Geoffrion, je demande qui ouvrira les portes de

La Presse: «Le geste peut sembler symbolique, mais qui accueillera le personnel après treize jours de grève?» Réponse de Bélanger: «Puisque tu as choisi ce mode de règlement et que tu t'en portes garant, il vaut mieux que ce soit toi.»

Je fus le dernier à rentrer. Avant de me rendre à la rédaction, je fis le tour des bureaux et des ateliers en m'attardant ici et là chez les chefs de service. À mon arrivée à la salle de rédaction, je me rendis directement au *desk* pour serrer la main de Maurice Dagenais et pour lui demander de me trouver un pupitre inoccupé et suffisamment à l'écart: «J'occuperai le bureau de Major pour la durée de l'enquête, mais uniquement quand on voudra me voir privément. En travaillant ici, je ferai plus vite connaissance avec chacun et, surtout, je serai déjà rendu si je juge nécessaire d'intervenir.» Je ne croyais pas si bien dire. Vers 11 heures, j'entendis quelqu'un s'exclamer en faisant allusion à Léon Roberge: «Je ne supporterai pas longtemps la présence d'un *scab*.» Je reconnus la voix du président du syndicat, Jacques Daoust.

Mieux valait régler cet incident sur-le-champ. Mais avant de me rendre au *desk*, je fis signe à un messager de fermer les portes pour indiquer à tous que cette affaire devait demeurer entre nous. Puis face à la salle, mais en m'adressant directement au contradicteur, j'ouvris l'abcès: «Dans cette rédaction, personne n'a le droit de mettre qui que ce soit en quarantaine. Je comprends qu'on ait des états d'âmes ou des chaleurs. Mais après les heures de travail. Chacun aura l'occasion, s'il le veut, de me faire part de ses sentiments. Si on a quelque chose sur le coeur, c'est à moi qu'on doit le dire. Mais en temps et lieu. Nous sommes ici pour faire un journal et non pour mener des combats d'arrière-garde. La grève est terminée et — je le rappelle à tous — l'entente signée constitue un armistice qui doit être respecté.»

○ ○ ○

Vers la fin du mois, je pris contact avec Jacques Bélanger pour l'informer que tous les éléments du rapport se trouvaient maintenant réunis, mais que je voulais en discuter certains aspects avant de le mettre au point et de le présenter au conseil d'administration. Il estimait que la situation s'était déjà redressée. Visiblement satisfait des premiers résultats, il me déclara, dès mon arrivée au Mount Stephen Club, que Mme DuTremblay se montrait pressée de me nommer chef de la rédaction.

«Dans ce cas, elle ne s'étonnera pas que le rapport fasse état d'une nouvelle structure et des postes à créer sans mentionner toutefois un seul nom. Selon moi, toute nomination, chaque promotion, relève du rédacteur en chef, de lui seul.

— J'imagine que les changements proposés vont coûter cher.

— Mon cher Jacques, un bon journal coûte moins cher qu'un médiocre ou un mauvais, s'il rapporte davantage. Avant tout, c'est une question d'hommes. *La Presse* ne sera jamais un grand quotidien sans cadres supérieurs. Mon rapport porte là-dessus. Seuls présentement le rédacteur en chef et le directeur des services d'information échappent au syndicat. Je propose que la rédaction soit dirigée par cinq ou six cadres non syndiqués. J'insiste aussi sur la nécessité d'un comité de production ou de coordination que tu présideras, comprenant le rédacteur en chef, le chef des ateliers et le directeur des ventes qui deviendra à la fois responsable du tirage et de la publicité.

— Tu crois que les syndicats accepteront?

— Je veux surtout savoir si je peux compter sur l'appui du conseil d'administration. Quant aux journalistes, je suis sans inquiétude. Ils comprendront vite qu'il existe un rapport de cause à effet entre la création d'un conseil de rédaction qu'on respecte et le bien-être, comme le rendement, de la troupe. Si je peux me permettre une comparaison: c'est la troupe qui remporte les batailles, mais l'état-major qui gagne ou perd la guerre.

— J'espère que tu trouveras une autre comparaison pour expliquer ça à Mme DuTremblay, commenta Bélanger avec un sourire.

— Je lui dirai qu'elle a hérité d'un commerce artisanal, mais qu'elle doit en faire une entreprise fonctionnelle.»

Au moment de passer à table, Bélanger me demanda si nous pouvions discuter du cas de Léon Roberge et, par la suite, de la négociation d'une nouvelle convention collective avec le syndicat des journalistes : « Ces questions ne relèvent pas de toi, du moins pas encore. Mais à l'instant où tu deviendras rédacteur en chef, tu devras t'en occuper. » Je lui répondis que le rapport ne mentionnait qu'indirectement Major et Leblanc.

« Mais c'est l'affaire Roberge qui presse. Qu'en penses-tu ?

— Vous avez déjà forcé Hervé Major à prendre sa retraite et vous avez relégué Roméo Leblanc sur une voie de garage. Comment *La Presse* peut-elle croire que la rédaction ne tiendra pas compte de ces précédents dans le cas de Léon Roberge ? Les carottes sont cuites, comme on dit.

— Tu veux dire qu'on doit s'en séparer ?

— Je le crains. Il faut distinguer, bien sûr, entre l'affaire Roberge et la négociation d'une nouvelle convention. Mais les deux deviennent inséparables si on les situe dans la perspective d'une réforme générale. Si le journal devait demeurer ce qu'il était hier, disons un bulletin paroissial, je trouverais injuste qu'on ait liquidé Major et Leblanc. Mais si vous les aviez confirmés dans leurs fonctions, l'idée même d'une *Presse* nouvelle disparaissait. Qu'on le veuille ou non, ils sont devenus le symbole d'un régime incompatible avec la réorganisation que nous envisageons. Cela dit, *La Presse* doit faire avec Roberge ce qu'elle a déjà fait avec Major et Leblanc : à la retraite avec plein salaire, car tous se sont conformés aux directives qu'on leur donnait. »

Après un moment de silence, Bélanger m'assura qu'il partageait ce point de vue : « Mais je vais régler ça directement avec la Présidente, précisa-t-il. Il vaut mieux que cette affaire soit derrière nous quand tu seras nommé rédacteur en chef. Reste la convention de travail. Dans le passé, Lamarche et Major n'ont jamais participé aux négociations. Mais nous faisons face à une situation différente.

— En effet... Comment pourriez-vous faire abstraction du conseil de rédaction et oublier l'existence d'un *managing editor*? Le syndicat doit devenir un interlocuteur valable, reconnaissant que les journalistes se jugent à leur rendement professionnel et non en fonction de leur comportement syndical.

— Il y aura sûrement un prix à payer.

— Jacques, on a toujours cru que les salaires prévus au contrat étaient des maxima. On a eu tort. La nature n'est pas égalitaire. Dans une salle de rédaction, comme partout ailleurs, certains sont mieux doués, ont plus de culture et de savoir-faire que d'autres. C'est ce que je souhaite faire entendre aux journalistes. Mais la direction doit aussi reconnaître que les meilleurs valent plus cher.

— De mon côté, je tâcherai de le faire comprendre au conseil d'administration. »

Ni lui ni moi ne devions y parvenir. Les syndiqués y voyaient une conception élitiste du métier et les directeurs, des frais superflus.

○ ○ ○

Dans le tome II de *L'Histoire de la Presse* *, Cyrille Felteau témoigne des changements, sans doute envisagés par la nouvelle direction du journal, mais dont le détonateur fut incontestablement cette grève de treize jours qu'il qualifie de « fraîche et joyeuse ». La routine, née du système, avait tué depuis longtemps tout esprit d'initiative au sein de l'entreprise. « Mais à qui la faute si ce n'est à ceux qui ont recruté le personnel, qui l'ont formé et dirigé depuis vingt ans ? » comme je l'avais rappelé à la Présidente peu après ma nomination. Pour connaître les déficiences et les besoins précis de la rédaction, il fallait cependant que chacun se trouvât à même de faire preuve de ce qu'il avait dans le ventre. Les circonstances allaient nous permettre de donner à chacun sa chance et d'en juger.

Jacques Bélanger calculait que le tirage moyen du journal devait atteindre 250 000 pour assurer la rentabilité de l'en-

---

* *Histoire de La Presse (1916-1984)* Cyrille Felteau, Montréal, Les Éditions La Presse, 1984.

treprise. Car du coup, disait-il, nous pourrions majorer en proportion les tarifs de publicité. Or, le bon à tirer dépassait rarement 225 000 exemplaires, — loin derrière le *Star*, qui faisait précisément 275 000. Paul Hogue, le directeur des ventes, croyait qu'on pouvait y parvenir. Mais à la condition de fabriquer un journal qui en fût un et qui serait de fait «le plus grand quotidien français d'Amérique» s'il était mis en vente dans tous les kiosques du Québec. On s'apprêtait à déménager dans le nouvel immeuble où on était en train de monter trente-six blocs de presse flambant neufs. Dans ces conditions, le chef des ateliers, Roger Marchand, se montrait optimiste. Quand je fis part de ces perspectives d'avenir au conseil de rédaction, la réaction fut double : on se disait heureux de la décision, mais on s'interrogeait sur les moyens disponibles. On comptait au *Star*, par exemple, vingt-cinq rédacteurs de plus qu'à *La Presse* et sans les problèmes de la traduction. C'est à ce moment, je crois, que les membres du conseil prirent pleinement conscience du fait que chacun, au sein d'une direction collective, devient solidaire et garant des responsabilités assumées par le groupe.

Le conseil de rédaction comprenait à l'origine Georges Langlois, éditorialiste en chef; Gustave Lafontaine, *managing editor*; Maurice Dagenais, directeur des services d'information; Paul-Marie Lapointe, secrétaire de la rédaction et, bien sûr, le rédacteur en chef. Antoine DesRoches, qui dirigeait l'équipe de nuit, y fut rapidement associé et Roger Champoux, par la suite, devint mon adjoint. Mais en plus de s'acquitter de ses obligations courantes, chacun devait se charger en outre des tâches spécifiques. Par exemple, Lapointe et DesRoches travaillaient en équipe à modifier le style de *La Presse* et à rajeunir sa mise en pages. D'une *Presse* morte, nous voulions faire *le livre du peuple*. L'homme moyen, en effet, lit rarement autre chose qu'un journal par jour. Le tenir informé des affaires du monde et des besoins de son milieu n'a jamais été une besogne facile; et moins encore pour «un grand tirage» qui doit, par définition, transcender les clientèles particulières. Depuis longtemps, *La Presse* témoignait de son «indépendance» en affichant une neutralité socio-politique qui lui valait la réputation d'une marie-couche-toi-là. Mais faire comprendre que *La Presse* comptait user de sa liberté allait parfois se révéler difficile : Duplessis restait au pouvoir et on n'oubliait pas que j'avais milité au Parti libéral... Nous étions sept au conseil et tous présents dans la salle de rédaction à divers moments du jour et de la nuit. Mais je voulais qu'en plus d'être tenu au courant des projets en train, chacun des journalistes se sentît personnellement engagé dans le renouveau du journal. D'où mon habitude de leur expliquer, en m'adressant à eux, le processus des décisions prises et les nouvelles règles du jeu.

Nous avions à refaire progressivement le journal tout en préparant le lancement des éditions de Trois-Rivières, de Sherbrooke et de Québec. À Montréal, le tirage augmentait. Mais nous ne pouvions le porter à 250 000 sans l'apport des villes de province. Refaire *La Presse* ne tenait pas du génie, hormis qu'on y vît, comme Buffon, « une plus grande aptitude à la patience ». Car chaque changement voulu affectait presque toujours l'ensemble des opérations. Ce qui signifiait un autre recours au conseil d'administration. *La Presse* publiait, à l'époque, une édition dite de 5 heures qui se vendait mal parce qu'on n'y trouvait pas les cotes de fermeture de la Bourse. Devant mon étonnement, on m'avait répondu qu'il en coûterait trop cher pour ajouter une heure de travail à l'horaire des ateliers, du tirage et de la distribution. Le hasard parfois vous sert. Le jour même où j'entendais demander qu'on allongeât en conséquence le budget des services touchés, je découvris à mon arrivée que chaque directeur m'attendait en lisant la dernière édition du... *Star* ! « Je serai bref, dis-je. Je voudrais que vous nous donniez les moyens de publier les cotes de fermeture. Cela vous permettra de lire *La Presse* au lieu d'acheter le *Star*. » Cinq minutes plus tard, j'informais Hogue et Marchand que nous disposions des crédits nécessaires.

La publication des trois éditions régionales envisagées exigeait l'ouverture de bureaux suffisamment bien équipés pour assurer la couverture des événements locaux et la livraison à domicile. Mais comment recruter des journalistes du cru et monter des centres de distribution sans bousculer les habitudes acquises, l'immobilisme d'un milieu satisfait du statu quo? Les quotidiens en place et bien assis appartenaient tous, pour l'heure, à la chaîne Nicol, à l'empire du *Soleil* «couchant» parce que déjà promis au démembrement: *L'Événement-Journal* de Québec, *Le Nouvelliste* de Trois-Rivières et *La Tribune* de Sherbrooke. Toute idée de concurrence les troublait. Mais quand les reporters les mieux cotés décidèrent de passer chez l'ennemi, ils se montrèrent outrés.

Je crois encore que les éditions régionales valaient leur pesant d'or. *La Presse* allait d'ailleurs atteindre presque aussitôt l'objectif de 250 000 que Jacques Bélanger s'était fixé. Sur le plan logistique, Trois-Rivières et Sherbrooke se situaient déjà dans la grande banlieue de Montréal et notre présence en force s'imposait depuis longtemps dans Québec et ses environs. Mais une deuxième raison justifiait cette politique d'expansion. Une couverture adéquate des événements partout en province ne pouvait qu'entraîner une augmentation rapide du tirage dans la région métropolitaine. Du même coup, *La Presse* doublera le *Star* en le délestant de sa clientèle francophone.

Ce qui a fait chavirer, certains diront capoter l'entreprise, c'est d'être allé littéralement trop loin en prolongeant la route de distribution jusqu'au Saguenay-Lac-Saint-Jean au lieu de s'arrêter à Québec. Pour arriver en fin d'après-midi au «royaume du Saguenay», il nous fallut, en premier lieu, modifier l'horaire de la rédaction et avancer dangereusement l'heure de mettre sous presse. En outre, ce n'est qu'une fois la décision prise et annoncée, que nous découvrirons l'importance des querelles de clocher propres à la région. Nous prévoyions un seul bureau. Deux mois plus tard, on en comptait trois: Chicoutimi, Kénogami-Jonquière et Arvida. Toutes ces difficultés auront pour effet de déséquilibrer le système et de gaspiller les bénéfices qu'un projet moins extravagant nous aurait valus. Mais cette extravagance reste une aberration partagée. Quand Paul Hogue se lance à l'assaut du royaume, il ne fait qu'obéir à des raisons de famille : sa fille y habite, et c'est se rapprocher d'elle que de lui porter *La Presse* tous les jours. Nous aurions dû lui dire : non. Mais de nous tous, il est seul à connaître vraiment les lieux. Personne d'autre ne sait à quel point les municipalités, villes et villages demeurent jaloux de leur autonomie. Chacun le tient d'ailleurs pour un chef de tirage imaginatif et compétent. Bien qu'en contrepartie, l'homme soit un verbomoteur, de surcroît remuant. Mais s'il énerve, on ne peut s'en passer. Car nul ne se montre plus dévoué à *La Presse* dont il veut faire le Numéro Deux des cent quatre quotidiens du Canada, — « *next to* The Toronto Star », dit-il. De fait, il y parviendra. Lorsque nous partirons fonder *Le Nouveau Journal*, en avril 1961, *La Presse* fera près de 300 000 en semaine et plus de 325 000 en week-end.

○ ○ ○

L'automne de 1958 reste pour moi inoubliable. Jamais octobre et novembre n'avaient été aussi ensoleillés. Au point qu'on pouvait se croire à Paris ou à Londres, profitant enfin d'un climat continental ou tempéré, comme on s'obstine à qualifier celui du Québec alors qu'au contraire on y gèle. Comment oublier ces derniers mois d'une année faste pour la presse écrite et parlée ? De Gaulle de retour au pouvoir, élection d'un pape républicain, Jean XXIII, et Castro culbutant le régime du sergent Batista. Mais j'ai d'autres raisons de me rappeler cet automne prolongé. Mon père mourra d'épuisement, à la fin d'une longue vie de travail, le 29 novembre. Né en 1880, il n'avait pris sa retraite qu'en 1955, plus de soixante ans après son premier emploi. Il avait rêvé d'un fils avocat ou notaire, nationaliste sur les bords, conservateur et respecté des notables de bonne bourgeoisie. Je souhaitais le rendre heureux, fût-ce, comme on dit, par la bande. Mais il devait mourir à 78 ans sans savoir, je le crains, que je venais d'être nommé rédacteur en chef de *La Presse*...

C'est en décembre que j'allais retrouver Hélène. Elle revenait d'un long voyage en Extrême-Orient qui, de Paris à Bucarest et, par la suite, de Moscou à Pékin, l'avait conduite jusqu'à Pyong Yang en Corée du Nord et, de là, à Hong-Kong, Hanoi, Calcutta et Manille aux Philippines. La première des journalistes canadiens à se rendre en Chine populaire, son retour retiendra, on s'en doute, l'attention soupçonneuse d'Ottawa et de Québec, en plus de soulever la hargne des professionnels du maccartisme. Bill Stevenson, envoyé spécial du réseau anglais de Radio-Canada à Hong-Kong, s'étonnera qu'Hélène ait pu voyager seule, durant trois mois, dans un pays où l'Occident n'est représenté que par un chargé d'affaires britannique et quelques diplomates scandinaves.

À peine rentrée à Montréal, Hélène se mettra à la rédaction de *La Chine aux Chinois* * qui paraîtra en deux tranches dans les *Écrits du Canada français* * * parce que le Conseil des Arts refusera de subventionner sa publication aux Éditions HMH, dont le directeur est Claude Hurtubise. Je tiens de Robert Élie que le comité de lecture du Conseil se montrait disposé à donner son aval, lui-même s'en faisant l'avocat, mais qu'au dernier moment l'intervention des autorités fédérales fit qu'on s'y opposât. Ironie des choses et combien typique du perpétuel «compromis canadien», *La Chine aux Chinois*, allégé, il est vrai, de sa partie historique, paraîtra dans une revue subventionnée que publient précisément les Éditions HMH !

Faut-il rappeler que cette saison voit enfin l'amorce d'un néo-nationalisme qui, par la suite, provoquera au Québec la crise du séparatisme? Après quinze ans de duplessisme, on ne peut que s'en étonner. Mais c'est aussi l'époque où, du Viêt-nam à l'Algérie, la gauche révolutionnaire fait appel au sentiment national des *damnés de la terre*! Dans *Histoire de La Presse*, mon vieil ami Cyrille Felteau écrit que «c'est le résultat inespéré et spectaculaire de la première grève à *La Presse* qui a incité les réalisateurs de Radio-Canada à utiliser la même arme quelques semaines plus tard contre la société d'État (avec des résultats beaucoup moins tangibles il est vrai)». Alors qu'on s'attendait au renouveau des émissions,

---

* *Écrits du Canada français,* Montréal, septembre et décembre 1961, nos X et XI.
* * Voir le document F en appendice.

cette grève restera malheureusement sans effet sur la programmation des réseaux de télévision de Radio-Canada. Au contraire de *La Presse*, où les changements apportés contribueront à modifier la présentation et le style des quotidiens du Québec et de l'Ontario. Mais la grève des réalisateurs aura des séquelles d'un autre ordre. Sans qu'on l'eût voulu, elle marquera l'évolution des partis et le comportement des politiciens québécois. Jusqu'à l'automne de 1958, René Lévesque avait su résister à la tentation du nationalisme. Conscient des inégalités socio-économiques qui affligent la race des hommes, il se situait, comme beaucoup d'entre nous, à gauche de la barricade quand un affrontement se produisait entre l'impérialisme européen et les peuples dominés. Au moment de la grève de Radio-Canada, il devait opter pour cette solution de facilité : le nationalisme. Avec les conséquences que l'on sait.

○ ○ ○

L'exercice d'un métier ou d'une profession obéit, dans la plupart des cas, à un ensemble de règles dont l'État se porte garant. Tous les métiers ou presque font aujourd'hui l'objet d'un enseignement spécialisé. Ni la typographie ni la menuiserie ne s'apprennent sur le tas. Les syndicats qui décernent les certificats de compétence doivent en outre se conformer aux exigences du ministère du Travail ou des Ressources humaines. Médecins ou dentistes, avocats ou notaires, ingénieurs ou architectes sont de même comptables de leurs actes à des instituts professionnels autonomes mais réglementés. Des normes académiques déterminent leur compétence, même si celle-ci reste parfois disputée. Seuls les journalistes échappent à toute discipline institutionnalisée comme à la surveillance des pouvoirs publics. Des conseils de presse protègent, dit-on, les individus qui s'estiment lésés ; mais leurs édits se conforment, le plus souvent, aux dispositions du Code pénal concernant la diffamation. Quoi qu'il en soit, je doute qu'il puisse en être autrement. Comment, en effet, assujettir la presse écrite et parlée à des prescriptions de qualité et aux canons d'un code d'éthique sans toucher à la liberté ?

Puisqu'il en va ainsi, les journalistes n'ont d'autres choix pour se bien gouverner que de se laisser guider par un sens aigu de leurs responsabilités. Les moyens de communication constituent, pris en bloc, une entreprise de service public qui ne peut être qu'un simple gagne-pain. Si le mot *vocation* étonne et si le mot *honneur* fait peur, disons que nul ne peut se faire le témoin d'une société sans un minimum d'honnêteté intellectuelle. Mais les peuples n'ont jamais que la presse qu'ils méritent...

La pratique du journalisme a connu, depuis une trentaine d'années, une évolution comparable à l'observance des lois en Occident : chacun pour soi et le bon Dieu pour tous. À mon arrivée à *La Presse*, les quotidiens n'étaient plus des organes de parti à proprement parler. Ils avaient cédé la place aux quotidiens d'information. Considérée comme une marchandise, l'information ne pouvait échapper aux impératifs de la loi de l'offre et de la demande. En bonne logique, on en vint rapidement à compenser l'insuffisance des appointements par la rentabilité des «assignations». Des sports aux spectacles, des opérations de courtage à la gastronomie, tout rapportait — jusqu'aux funérailles, longtemps tenues pour une petite prébende. Dans ces conditions, le compte rendu politique se calculait évidemment à tant la ligne et la manchette faisait prime.

L'Union canadienne des journalistes de langue française s'intéressait de près à cette question. Et d'autant plus que le *Star* et la *Gazette* avaient déjà mis fin à cette coutume en relevant les salaires. Jean-Marc Léger, le secrétaire général, croyait non sans raison que si *La Presse* bougeait, les autres suivraient. Au moment de négocier une nouvelle convention de travail, le conseil d'administration, pressé par Jacques Bélanger, avait consenti à une augmentation substantielle des appointements. Le syndicat, de son côté, se montrait résolu à faire preuve de vigilance sur ce point. Mais encore fallait-il que le premier pas dans cette voie eût valeur de symbole. Vincent Prince, correspondant parlementaire à l'Assemblée législative, exerçait une influence certaine sur la rédaction. Il lui revenait d'être l'incitateur du changement.

Depuis longtemps, en effet, le gouvernement provincial adressait, chaque année, aux membres de la tribune de la presse, un chèque de quelques centaines de dollars. Mais seuls ses collègues anglophones s'empressaient de le retourner au Speaker de la Chambre.

«Ne croyez-vous pas que nous pourrions en faire autant? dis-je à Vincent Prince.

— Cela tombe bien. Je serai élu sous peu président de la tribune de la presse. Je le proposerai et je compte sur l'appui de la majorité.»

Ce qui fut fait. Peu après, les responsables de la chronique municipale de Montréal suivaient l'exemple donné. Jean-Marc Léger ne manqua pas d'en prendre note pour le rappeler au congrès de l'U.C.J.L.F., en avril 1959.

Dans toute société, l'autorité d'un journal repose, avant tout, sur son équipe rédactionnelle. Mais pour donner sa mesure, celle-ci doit compter avec les ateliers et une administration alerte. Un quotidien sera toujours une entreprise collective au service d'objectifs communs. L'anonymat n'a jamais été un moteur d'action: un bon reporter a besoin d'être visible pour se sentir utile. *La Presse* faisait le plus fort tirage des journaux français du Québec, mais ses journalistes, à quelques exceptions près, avaient peu de présence. Parfois un nom de plume tenait lieu de signature; mais qui reconnaissait l'auteur sous ce masque? Un an devait suffire pour rendre à chacun sa fierté. En 1960, *La Presse* décrochait d'un seul coup six prix de journalisme attribués par la maison Bowater: Fernand Beauregard, Roger Champoux, Amédée Gaudreault, Marcel Gingras, René Montpetit et Jean Paré.

o o o

Bien avant la chute du rideau, je sentais s'ordonner comme au théâtre les péripéties et les tribulations qui allaient me conduire de *La Presse* au *Nouveau Journal*. Walpole, qui jeta les bases du régime parlementaire anglais dont nous avons hérité, dit quelque part: «Pour ceux de la rue, la vie est une tragédie, mais vu d'une fenêtre, le spectacle se transforme en comédie. » Dans *La Comédie humaine*, Balzac le confirme quand il décrit les mille et une misères des Français d'hier. Témoin des querelles toujours recommencées qui opposent Mme DuTremblay et ses soeurs aux petits-fils de Trefflé Berthiaume, je le déplore parce qu'elles nous rendent ridicules. En plus de me compliquer la vie, j'y vois l'illustration de l'incapacité des familles canadiennes-françaises, une fois parvenues, à perdurer. Des noms s'imposent d'office, viennent à l'esprit... Mais à quoi bon les rappeler ? Seules quelques familles de robe auront tenu un siècle ou plus avant de sombrer dans la médiocrité et l'oubli. Mais vingt-cinq ans plus tard et décanté, ce mauvais drame bourgeois de 1960 devient une comédie bouffe dont les personnages falots, souvent grotesques, font rire à force de mésaventures.

Tout a commencé le 7 septembre 1959, à la mort de Maurice Duplessis. À la requête d'Arthur Berthiaume et de sa soeur, Mme Gabriel Lord, le gouvernement de l'Union nationale avait ordonné à *La Presse*, en 1955, de construire un nouvel immeuble dans un délai extrêmement court et de procéder à son rééquipement. Pour être sensé, le projet allait se révéler plus coûteux qu'on ne le prévoyait. Il fallut conséquemment couper tout dividende aux actionnaires. *La Presse* dut même emprunter lourdement. Duplessis enterré, espérant dans des jours meilleurs, Mme DuTremblay mit à l'étude un projet de Fondation qui reposait sur l'achat du journal. En plus d'assurer ainsi l'indépendance de *La Presse*, cette Fondation visait au progrès des institutions culturelles du Québec et à des fins de bienfaisance. Devenu Premier ministre le 11 septembre 1959, Paul Sauvé mourra à son tour le 2 janvier 1960. Antonio Barrette lui succédera. Le 22 juin, le Parti libéral prend le pouvoir. À la suite de la décision négative rendue par le nouveau gouvernement, Mme DuTremblay, frustrée dans son projet, annonce d'abord la création de la Fondation, puis son départ de *La Presse*, le 19 avril 1961. Tout s'est joué en moins d'un an et demi.

Pour l'intelligence d'un récit révélateur de nos moeurs,

mais ennuyeux, j'ai regroupé en annexe* quelques-uns des articles que j'ai publiés à l'époque (sous la signature de *La Direction* et même d'Angélina DuTremblay!) pour justifier notre comportement. Qu'ils constituent un plaidoyer pro domo ne fait aucun doute. Mais ils expliquent aussi pourquoi tant de mes camarades de travail ont choisi de participer à la fondation du *Nouveau Journal* au lieu de rester au chaud. Je voudrais, ce faisant, élucider enfin l'attitude de *La Presse* durant la campagne électorale de 1960. Mme Du Tremblay comptait, à l'évidence, qu'Antonio Barrette accepterait que la propriété du journal fût cédée à la Fondation en échange de quatre millions de dollars versés aux trois frères Berthiaume et à leur soeur. D'où la neutralité de *La Presse* au cours de l'élection. L'enterrement de Duplessis m'avait rassuré; mais je souhaitais, on s'en doute, que ses héritiers politiques fussent écartés du pouvoir pour longtemps. Que la Présidente et ses conseillers aient jugé prudent de mettre en veilleuse le conseil de la rédaction m'a déplu, — mais sans m'inquiéter. Car les temps étaient révolus où l'on pouvait utiliser *La Presse* à des fins partisanes. J'ai voulu quand même, pour plus de sûreté, adresser alors une note de service à mes collaborateurs dans laquelle je rendais compte de la situation qui m'était faite.

Cela dit, il me reste à raconter mes démarches auprès de Jean Lesage, le Premier ministre, dans l'espoir de changer le cours des choses. Enfin je voudrais rappeler mes derniers jours dans une salle de rédaction dont j'avais fait ma maison dès la première heure.

○ ○ ○

Je pris rendez-vous avec le Premier ministre au début de janvier 1961. Mme DuTremblay venait d'annoncer son intention de remettre à une Fondation les titres de propriété de *La Presse*, de *La Patrie-Dimanche*, et de CKAC, comme de lui céder, le temps venu, l'ensemble de ses biens qu'on évaluait à quatorze millions de dollars. Il ne s'agissait pas

---

*Voir le document G en appendice.

d'une visite de courtoisie. J'avais d'ailleurs sur moi une lettre du 17 novembre 1959, dans laquelle Lesage me disait: «Je tiens à ce que tu connaisses mon état d'esprit. En d'autres termes, je suis furieux. Mais je suis patient, et j'aurai mon tour...! Tant pis pour ceux-là qui restreignent *ta* liberté!» Puis il avait ajouté de sa main: «Amitié, Jean.» Je ne venais pas plaider un dossier; moins encore négocier une affaire. Car je n'y voyais ni une question de droit ni une transaction entre tante et neveux. Qu'on acceptât enfin de placer les relations entre patrons et syndicats dans le cadre de la liberté d'information et de l'intérêt public me semblait tomber sous le sens. C'était compter sans le ressentiment des coqs de village.

Je me rendis au Parlement bien avant l'heure prévue. Mais à mon arrivée, je tournai à gauche plutôt qu'à droite pour aller frapper d'abord à la porte de Georges-Émile Lapalme. Son cabinet était situé à l'extrémité opposée des bureaux du Premier ministre, redécorés (sous Duplessis) dans un style dit d'époque où le baroque le disputait au faux Louis XV. On avait heureusement épargné les pièces réservées au Procureur général. Non pas qu'Alexandre Taschereau ou Maurice Duplessis en aient aimé l'austérité, assortie à la nature des fonctions. Mais la tradition faisait que le Premier ministre se réservât, en ces temps, le portefeuille de la Justice. Ce qui valait au sous-ministre titulaire d'occuper les lieux, et l'on s'en souciait peu... J'en connaissais bien le style, et sa rigueur de bon aloi me plaisait. Je conservais le souvenir de ces fauteuils et des chaises d'appoint tapissés de crin de cheval noir, — faits pour qu'on s'y tienne droit. Et je m'attendais à redécouvrir ces vieilles bibliothèques fermées à clef et cette large table de travail dont le cuir poli rappelait le passé. Quel choc de retrouver Lapalme dans un décor modern style quand je prévoyais le revoir, lisant Chateaubriand, dans un mobilier qui lui revenait en propre! Il avait tout bazardé et prenait plaisir aux gadgets qui lui permettaient de communiquer simultanément avec Montréal et Chicoutimi...

Dans son esprit, ces changements saugrenus appartenaient sans doute à ce qu'il appellera «le paradis du pouvoir» dans le tome III de ses mémoires. L'homme, cependant, demeurait lui-même. Ses premiers mots furent pour me dire que le gouvernement annoncerait sous peu l'institution d'un ministère des Affaires culturelles.

«C'est un heureux concours de circonstances, lui dis-je, puisque votre nomination va coïncider avec la création de la Fondation Berthiaume-DuTremblay si Lesage accepte d'y donner suite. Je le sais mal disposé. Mais il s'agit d'une solution bénéfique aux difficultés de *La Presse*. Je souhaite que le sens commun l'emporte sur d'autres considérations.

— Je doute que vous puissiez le faire changer d'idée. Il y a là une question de droit, ne l'oubliez pas, et aussi d'intérêts variés. Vous me comprenez...

— Je connais les difficultés auxquelles vous faites allusion. Mais je verrai quand même Lesage.»

Lapalme devait préciser par la suite que si rien ne s'opposait, en soi, à l'établissement d'une Fondation, le gouvernement n'était pas disposé à toucher au testament de Trefflé Berthiaume. Puis revenant au ministère des Affaires culturelles, il me demanda si j'accepterais de faire partie du Conseil des Arts du Québec: «Il faudra aussi trouver un président et un sous-ministre, ajouta-t-il. Quoi qu'il arrive à *La Presse*, nous aurons bientôt l'occasion de nous en parler.»

Jean Lesage me reçut avec beaucoup de cordialité et sa faconde habituelle. Son objection fondamentale à la Fondation, voulue par Mme DuTremblay, tenait au fait qu'elle serait constituée des biens de ses neveux comme des siens propres. Je lui fis remarquer que cet «achat forcé», selon lui, était en échange de quatre millions de dollars. Il jugeait la somme insuffisante. Rien ne s'opposait à ce que cette somme fît l'objet d'une négociation. «De toute façon, lui dis-je, je vois mal que *La Presse*, dans les conditions actuelles, puisse rapporter à chacun des quatre Berthiaume cinquante mille dollars par année.» C'est alors que le Premier ministre prononça le mot *spoliation*. Dès cet instant, je compris l'inutilité de tenter même d'influencer sa décision. Je n'avais plus qu'à ramasser mes cliques et mes claques.

○ ○ ○

Je revis Lapalme en février. Il désirait me faire part des structures du Conseil des Arts et des quelques noms qu'il avait en tête. Je m'en félicitais, mais le projet clochait : « Il peut sembler préférable qu'au lieu de fonctionnaires, vous vouliez y mettre des écrivains et des artistes représentatifs de la culture au Québec, lui dis-je. Mais ce sont ceux qui précisément demanderont des subventions, qui décideront des achats de livres. Comment peut-on être mécène et boursier en même temps ? » Une autre chose me troublait : le ministre pouvait-il, dans une petite société comme la nôtre, se dissocier des décisions prises par les membres du Conseil et s'obliger à défendre des choix réprouvés par les bien-pensants et par l'Opposition parlementaire ? À mon avis, il s'imposait que le ministre s'en remît plutôt au comité directeur d'un Conseil des Arts dont la liberté fût patente, quitte à bien le choisir. Pour être moins brillant, peut-être moins fécond, ce statut le placerait à l'abri des ressacs éventuels. Mais fasciné par André Malraux, Lapalme se croyait en mesure de faire front à ces difficultés et se refusa, en conséquence, à modifier ce qu'il appelait sa « loi-cadre ».

Peu après, Lapalme me révélait au téléphone qu'il voulait faire son sous-ministre de Guy Frégault, le directeur du Département d'histoire de l'Université d'Ottawa. « Je ne voudrais pas me buter à un refus, me dit-il. Peut-être vaudrait-il mieux que vous tâtiez le terrain en prenant l'initiative de cette démarche. S'il se montre intéressé, il pourrait venir me rencontrer chez moi, à Outremont. » En réponse à mes questions, Lapalme me renseigna, sans hésiter, sur le traitement, les bénéfices et les pouvoirs inhérents aux fonctions. Sur-le-champ, je pris contact avec André Laurendeau, qui ne me cacha pas son scepticisme quant à mes chances de succès : « Il appartient à une autre école de pensée », me dit-il. Mais il m'apprit, d'autre part, que Frégault désirait revenir au Québec comme il souhaitait influencer, sans doute par ses livres, l'évolution de la société canadienne-française. De fait, il me fut facile de le convaincre que la politique était quand même un autre levier que l'enseignement supérieur et que la direction du ministère des Affaires culturelles lui permettrait d'exposer tout au moins ses propres idées. Nous n'étions pas toujours sur la même longueur d'onde, mais je respectais chez Frégault le sens de la mesure. Sans doute ébranlé par les propos de Laurendeau sur mon action politique, il avait accepté, à la demande expresse de Paul Toupin, de parrainer ma candidature au fauteuil de Léopold Richer à l'Académie canadienne-française, en 1959, contre la volonté des nationalistes les plus militants de la Compagnie. Au point qu'il avait fallu un second tour de scrutin et toute l'autorité du président Victor Barbeau pour venir à bout de la cabale. Le prestige de Frégault dans le milieu académique ne pouvait qu'être utile à Lapalme et cautionner la vocation du nouveau ministère. En d'autres termes, son nom était une valeur sûre. La rencontre d'Outremont porta fruits. Moins d'un mois plus tard, Jean-Charles Falardeau devenait le président du Conseil des Arts et Guy Frégault arrivait à Québec, dans l'ancienne capitale de l'Empire français d'Amérique dont il avait la nostalgie.

○ ○ ○

Au moment d'annoncer notre décision de quitter *La Presse*, jeudi le 20 avril, la rédaction et tous les services du journal en étaient informés depuis plus d'une semaine. On connaissait notre intention de lancer un nouveau quotidien, comme on savait qu'une trentaine de journalistes s'apprêtaient à remettre leur démission au vice-président du conseil, Gilles Berthiaume. De part et d'autre, chacun regrettait d'avoir à quitter d'anciens camarades de travail. Mais à aucun instant, je n'ai senti d'amertume chez ceux qui allaient se trouver, pour la première fois dans leur vie professionnelle, en concurrence avec un quotidien du soir de langue française s'adressant à la même clientèle. La cérémonie des adieux eut lieu au Press Club, logé à l'hôtel Mont-Royal, dans une atmosphère d'amitié réciproque, nourrie de souvenirs communs qu'on évoquera jusqu'au matin. Et chacun s'en félicitera quand moins d'un an plus tard, Renaude Lapointe,

Cyrille Felteau, Antoine DesRoches, et combien d'autres, reviendront à *La Presse*.

Au cours de ces derniers jours, certains demanderont à me voir. De ces entretiens, trois me reviennent à l'esprit. Quand mon départ fut devenu évident, Maurice Chartré (qui s'apprêtait à recueillir la présidence du conseil d'administration en remplacement de J. Alex Prud'homme) se mit aussitôt en quête d'un rédacteur en chef. Avant d'accepter son offre, Gérard Pelletier se fit toutefois un point d'honneur de passer à mon bureau. Il ne voulait rien conclure, avant que je lui confirme ma démission. «Rien ne t'oblige à partir, me dit-il. Tu peux demander ce que tu veux, on te le donnera.» Je lui répondis que ma démission était irrévocable. Mais que j'appréciais, comme il se devait, ce geste de camaraderie et que sa loyauté me touchait beaucoup. Je me rappelle avoir ajouté: «Ta nomination me prouve aussi que les changements apportés à *La Presse* ne permettent plus qu'on fasse appel à n'importe qui. Le journal a cessé d'être n'importe quoi.»

C'est chez moi que j'accueillis Claude Ducharme, le beau-frère de Charles-Arthur Berthiaume, mon condisciple de Brébeuf. Nous avions, Ducharme et moi, milité au Parti libéral sous Lapalme, affronté les mêmes difficultés le plus souvent au coude à coude. «Je me doute bien que ma démarche est inutile, dit-il en me serrant la main. Mais je tenais à venir te dire que la nouvelle direction souhaite vivement que tu restes à la barre. Tes conditions, si tu en as, sont déjà acceptées.» Il devinait les raisons de ma démission. Mais je voulus les lui rappeler: «Je ne suis pas en guerre contre les Berthiaume. Je quitte parce que je veux faire un journal qui sera la propriété d'une Fondation et dont l'indépendance sera du coup garantie. Dis à Charles-Arthur que j'aurais aimé atteindre le même but en restant à *La Presse*.»

J'ai d'autres motifs pour ne pas oublier ma rencontre avec Paul Hogue, le chef du service des ventes. Il n'avait pas été invité à se joindre à ce que Cyrille Felteau appellera «la dissidence». D'un naturel bavard et envahissant, il énervait littéralement Jacques Bélanger et la plupart des membres du conseil de la rédaction qui allaient être les principaux artisans du *Nouveau Journal*. Il le ressentait, et j'avais insisté pour qu'on reconnaisse ses mérites dans la déclaration signée conjointement avec Jacques Bélanger. Ce qui me valut une ultime visite de sa part : « Si je suis si bon, pourquoi ne voulez-vous pas que je vienne ? » me demanda-t-il en fermant la porte de mon bureau.

Paul Hogue était un être sensible, emporté, mais désireux de servir. Nous lui devions beaucoup et non seulement sur le plan du tirage. Quelque peu nationaliste, il avait aussi ce que j'appelais un sens arithmétique de la justice. Le fait que le *Star* eût le même volume de publicité que *La Presse* le mettait dans tous ses états. La maison Eaton soutenait qu'il en était ainsi parce que sa clientèle se partageait également entre francophones et anglophones. Ce qui semblait incroyable dans une ville de langue française à 70 p. 100. « Je serais curieux de connaître le moyen qu'on utilise pour en être aussi convaincu », lui avais-je dit pour la forme, persuadé qu'on n'y parviendrait jamais. Mais quand on le mettait sur une piste, Hogue ne revenait jamais les mains vides. La maison Eaton établissait ses statistiques linguistiques d'une curieuse façon. Au bas de chaque facture, le vendeur devait cocher l'une des deux cases indiquant si l'acheteur avait utilisé l'anglais ou le français. « C'est un scandale », lança Hogue en expliquant à Bélanger que beaucoup de Canadiens français recouraient à l'anglais en sachant d'expérience qu'il fallait s'armer de patience quand on voulait être servi en français. J'estimais, dans ces conditions, qu'il nous revenait de démontrer que la méthode utilisée contredisait la réalité. Mais comment ?

L'occasion d'en faire la preuve se présenta tout naturellement quand *La Presse*, à l'exemple du *Toronto Star,* décida de publier sur neuf colonnes plutôt que sur huit. « Qu'allons-nous faire de cette colonne ? » demanda Hogue en précisant que jamais Eaton ne consentirait à nous donner plus de publicité qu'au *Montreal Star*. Mais un jour, il eut l'idée d'offrir cette colonne gratuitement à la maison Eaton dans l'espoir que, après un mois d'essai, elle y trouverait son profit.

«Surtout si les mêmes produits ne sont pas annoncés dans le *Star*», lui dis-je. Hogue s'arrêta aussitôt de parler. Après un moment de réflexion, levant les bras au ciel, il s'écria que nous avions enfin la solution : «Si ces produits annoncés seulement dans *La Presse* se vendent bien, ce sera la preuve que les clients d'Eaton sont des Canadiens français, même s'ils s'adressent en anglais aux commis du magasin.» Une fois de plus, Hogue devait s'en tirer avec les honneurs de la guerre.

J'ai gardé un souvenir pénible de ma dernière conversation avec Paul Hogue. «Pourquoi ne voulez-vous pas que je vienne avec vous?» Dieu sait que nous en avions besoin! Mais comment lui dire que la plupart le jugeaient encombrant? C'était un mal-aimé, comme on en rencontre de temps à autre, l'un de ces êtres qui cherchent à se justifier d'avoir raison. Ce qui fait qu'on voudrait se trouver ailleurs quand ils sont là...

J'ai quitté *La Presse* au lever du jour comme j'y étais entré en 1958, après avoir fait le tour de la rédaction, des ateliers et des services de nuit. Je tenais à serrer la main de chacun. Le hasard voulut que je n'y revinsse qu'en 1977, après mon retour au Canada, à l'heure de Paul Desmarais et de Roger Lemelin. La saga de Trefflé Berthiaume s'était terminée, comme tant d'autres, à la deuxième génération avec la disparition de sa fille : Angélina DuTremblay.

CHAPITRE
XXX

Il existe mille et une manières de raconter un événement, ancien ou récent, qu'on prétend vérifiable. La chanson de geste de Jeanne d'Arc en témoigne : jugée hérétique par l'évêque catholique de Beauvais en 1431, réhabilitée par Calixte III en 1456 et canonisée en... 1920, d'où vient Jéhanne, relapse ou sainte ? De sa naissance, de son baptême même, point de trace. Ainsi Dumas fils et Flaubert écriront, à cinq ans d'intervalle, *La Dame aux camélias* (1852) et *Madame Bovary* (1857) dont le destin est commun et la mort parallèle. Mais qui est typique des ménages à trois d'une époque riche en cocottes, et laquelle est la vraie ? Tout homme, toute chose, ville ou vie prête à des variations qui peuvent s'imbriquer comme se contredire. Surtout si on invoque une prétendue authenticité photographique qui nous vaut de belles cartes postales ou l'horreur du cinéma-vérité, tout aussi faux comme tout aussi vrai.

Le Nouveau Journal ne fait pas exception à la règle et chacun en parle à partir de ses choix. Je doute, par exemple, que Mme DuTremblay en ait gardé le même souvenir que moi. Beaucoup y voient une aventure sans lendemain, une expérience de laboratoire conduite avec l'argent des autres qui a fait long feu. Il demeure, pour certains, une parenthèse dans la chronologie du journalisme canadien : brillant peut-être mais promis à l'échec parce qu'avant son temps. *Le Nouveau Journal* reste, pour d'autres, un chapitre de l'histoire de *La Presse* qu'il chevauche. Autant de vérités dont l'addition explique la vie courte, mais remarquée, d'un journal qui fait date. Jamais, dans les rédactions du Québec, on ne s'est souvenu aussi longtemps d'un quotidien qui a si peu duré. Pourquoi ne pas en conclure qu'il a rempli son rôle, atteint son objectif, en libérant la presse écrite du Canada français de ses servitudes sacro-saintes ?

○ ○ ○

Peu de choses dans la vie échappent à la question d'argent. Au début de juin, si je ne me trompe, Jacques Bélanger me dit que Mme DuTremblay désirait que nous l'accompagnions au siège social de la Banque de Montréal. Je la savais résolue et ne doutais nullement de son intention arrêtée de fonder un quotidien du soir. Mais un transfert immédiat de liquidité signifiait qu'on pouvait dès maintenant se mettre à l'oeuvre. Dans sa requête au gouvernement provincial, Mme DuTremblay disait son intention de céder à une Fondation la propriété de ses entreprises de presse et elle demandait le droit d'acquérir, dans ce but, la part des neveux en échange de quatre millions en espèces. Pour ce faire, l'argent avait été libéré et un chèque visé épinglé au projet de loi. Le moment était venu de placer cette somme à la disposition du *Nouveau Journal*. Mais au lieu de verser le tout à notre compte bancaire, Jacques Bélanger avait jugé plus convenable de n'y déposer qu'un million. Pourquoi, en effet, immobiliser trois millions quand ils appartenaient à une Fondation et que celle-ci s'engageait à répondre à nos besoins sur appel ? N'étions-nous pas nous-mêmes la propriété de cette Fondation ? Et après tout, c'était l'argent de Mme DuTremblay. Cette façon d'agir, dans ces conditions, m'apparaissait raisonnable et fort décente. L'avenir allait cependant nous prouver que nous aurions dû insister pour que les quatre millions fussent disponibles en tout temps, selon le cheminement critique établi par Bélanger. Car treize mois peuvent peser lourd sur un esprit scrupuleux et, si on a déjà un âge certain, provoquer d'imprévisibles sursauts quand les troubles de l'âme s'emparent de vous...

○ ○ ○

Les anciens de *La Presse* qui nous avaient suivi formaient, à ses débuts, l'équipe du *Nouveau Journal* sous la direction d'un conseil où se retrouvaient Georges Langlois, l'éditorialiste en chef; Paul-Marie Lapointe, le directeur des services d'information, Antoine DesRoches, le secrétaire de la rédaction, et Gustave Lafontaine, le *managing editor* dont Jacques Bélanger fera rapidement son adjoint. Paul Boudreau, venu de CKAC, lui succédera et, au cours des semaines suivantes, une vingtaine de rédacteurs viendront grossir le peloton de tête initial.

On ne fonde pas un quotidien sans réfléchir longuement à ce qu'on en fera. Gérard Pelletier me dira, par la suite, qu'on s'attendait à quelque chose dans le style *Daily News* ou *France-Soir*. Nous voulions au contraire, un journal qui reflétât les travaux et les jours d'une société en évolution, industrialisée et francophone, de même que la nature de ses rapports avec l'État fédéral et les problèmes qui en découlent. La présentation, les contenus et le style du *Nouveau Journal* démontrent que nous souhaitions en faire un *produit* exportable parce que débarrassé de son accent du terroir et de son caractère régional. Sa fondation remonte à près de trente ans et je doute que, même chez les journalistes, beaucoup s'intéressent encore à une tentative qui a porté fruits même si elle a peu duré. Je crois donc utile de rappeler ce que l'équipe avait en tête, c'est-à-dire les raisons qui nous ont conduits à publier un quotidien de ce type plutôt que de répéter l'un ou l'autre des journaux qu'on trouvait déjà dans les kiosques.

La Presse, pour la plupart d'entre nous, avait été une rampe de lancement. Nous nous y étions fait la main en étoffant, entre autres, la chronique de politique étrangère et en nous engageant dans le journalisme d'enquête. Des éditoriaux qui donnaient souvent à réfléchir, les caricatures signées LaPalme et, avant tout, une tribune des lecteurs mis en appétit de liberté nous avaient permis d'agir sur l'opinion publique. Nous voulions maintenant aller plus loin et mettre les points sur les i. Qui dit journal d'information dit du même coup que les faits doivent avoir priorité sur les vues et les tendances personnelles des rédacteurs. Les faits ou les événements constituent la matière première des quotidiens et leur raison d'être. Mais il ne suffit pas de les rapporter de façon impartiale. Il faut encore les analyser pour qu'on en voie les effets. Par voie de conséquence, le commentaire donne suite aux reportages et aux dépêches qu'il explique ; mais il doit s'en tenir rigoureusement à l'enchaînement des faits et procéder par déduction. Il s'apparente, à ce point de vue, à l'examen clinique, au diagnostic si l'on veut. Mais il ne peut aller jusqu'à condamner ou absoudre. Juger doit demeurer la chasse gardée de l'éditorial qui seul engage la direction, donc le journal. La frontière qui sépare le commentaire du leader reste étroite. D'où la difficulté de la définir avec précision et, surtout, de la respecter. Du service étranger à la chronique politique, le commentaire allait de soi si l'on voulait éclairer l'information quotidienne. Qu'on ait parfois violé la ligne de démarcation relève de l'inexpérience, mais non d'un parti pris. Tous acceptaient que seule la direction pût commettre *Le Nouveau Journal* et, en dernier ressort, faire un choix d'ordre politique ou socio-économique.

Un journal d'information, pour être le témoin de son milieu, doit reconnaître qu'il ne peut tout à la fois se donner une politique éditoriale cohérente et prétendre représenter la totalité des courants d'opinion. Ses choix, par définition, refléteront souvent des points de vue minoritaires si l'on tient compte du morcellement des idées. D'autres orientations existent dont le lecteur doit connaître l'argument. Mais le sens commun demande qu'on ait alors recours à des collaborateurs ou à des *columnists* qui n'appartiennent pas à l'équipe rédactionnelle. La publication d'un quotidien reste une entreprise collective, et le lecteur s'y perd s'il devient un cahier d'oeuvres libres. L'illustration des thèses contradictoires, mais essentielles à la compréhension d'une société, doit être abandonnée à des signatures étrangères à la rédaction. C'est dans cette perspective que *Le Nouveau Journal* fit appel à une douzaine de personnalités bien identifiées et représentatives de l'intelligentsia du Canada français. Je rappellerai, pour mémoire, quelques noms: Victor Barbeau, Paul Toupin, Thérèse Casgrain, André Langevin, Germaine Guèvremont, Yves Thériault, etc.

Sur le plan de l'information proprement dite, nous nous étions fixé pour objectif d'accorder toute l'attention voulue aux tendances qui, fussent-elles en conflit avec la politique éditoriale du *Nouveau Journal*, se manifestaient et faisaient école. Comment s'en prendre à ses adversaires et combattre un mouvement si on se refuse au préalable de rapporter ce qu'ils ont dit? Surtout comment expliquer à vos lecteurs que, pour être informés de leurs déclarations, ou de leurs décisions, ils devront lire un autre journal? La clientèle séparatiste, à cette époque, comptait peu, guère plus en tout cas que celle des sociaux-démocrates. La direction s'opposait à ces idéologies en page 4 ou 6 * : le Canada français ne pouvait s'enfermer dans un ghetto ni le Québec se couper de l'économie nord-américaine. Mais ces poussées, d'abord instinctives, appartenaient à l'actualité. Pour être encore fumeux, le mythe d'un État français en Amérique, comme le concept d'un paradis socialiste perdu dans un univers capitaliste valaient cependant qu'on fît écho au discours respectif de leurs théoriciens. À *La Presse*, une question du même ordre s'était posée. Les thèses percutantes du Mouvement laïc de langue française méritaient d'être connues et nous en avions assuré la dissémination. Mais en éditorial, je devais préciser l'attitude du journal et apporter quelques réserves aux propositions de Marcel Faribault, de Paul Lacoste et de Gérard Pelletier, le président. J'acceptais, on s'en doute, que l'Université de Montréal fût laïcisée. Mais je souhaitais en contrepartie la fondation d'une institution d'enseignement supérieur catholique comme Louvain en Belgique. Dans une province aussi croyante que le Québec, cela me semblait re-

---

* Voir le document I en appendice.

lever du processus démocratique. Je proposais même qu'on fît appel aux jésuites dont le M.L.L.F. et tant d'autres se méfiaient. Pourquoi ne pas faire de Sainte-Marie et de Loyola une université bilingue comme, en Ontario, l'Université d'Ottawa et l'Université laurentienne de Sudbury ? Si le Mouvement laïc évita de se prononcer à ce sujet, les jésuites s'empressèrent de m'inviter à déjeuner...

Depuis une trentaine d'années, beaucoup de choses ont changé dans les salles de rédaction — pour le mieux parfois, mais souvent pour le pire. Ce qui était innovation est devenu monnaie courante. Mais quant aux « nouvelles », ça va de mal en pis. Il devient chaque jour plus facile de recruter un reporter spécialisé ou un *columnist*, mais plus difficile de trouver des nouvellistes qui se satisfont de leur sort. Jean Paré, le directeur de *L'Actualité*, le notait déjà quand il était au *Nouveau Journal*. Depuis, il a souvent rappelé que, si les journaux n'attachent plus l'importance voulue au reportage proprement dit, les journalistes eux-mêmes s'y intéressent de moins en moins. On oublie, semble-t-il, que le compte rendu des événements du jour est le pain quotidien du lecteur moyen et que, s'il doit tromper sa faim, il apprendra vite à se gaver d'illustrés et de télévision. Les reporters sont les fantassins des rédactions. Ce sont eux qui doivent occuper le terrain. Mais le divertissement l'emporte de plus en plus sur l'information parce que la presse écrite se veut à l'image de la presse audiovisuelle.

Le Nouveau Journal, sur ce plan, s'est fourvoyé et je le regrette. Nous avions d'excellents reporters : Renaude Lapointe, Jean-V. Dufresne, Gilles Constantineau, Amédée Gaudreault, Pierre Chaloult et bien d'autres. Mais nous manquions de petites mains, comme on dit chez les grands couturiers qui, eux non plus, ne peuvent s'en passer. J'ai eu la chance d'apprendre mon métier dans des journaux du matin où chacun devait être disponible à toute heure et apprendre à tout faire pour compenser le manque de personnel. Nous avions toute la nuit devant nous et personne ne s'étonnait si on lui demandait de traduire une dépêche ou de prêter main-forte à un camarade débordé. La règle voulait qu'on fît ses classes sur le tas et qu'on apprît vite à connaître «les détours du sérail». Il n'y a plus de quotidiens du matin ou presque. Dans les grands journaux du soir, le *desk* n'a ni le temps ni la volonté d'enseigner le français aux débutants et de leur faire comprendre que nul ne devient professionnel s'il n'a été polyvalent. Au lieu d'imposer à tous quelques années d'internat, on les condamne pour la plupart à une médiocrité sans rémission jusqu'au moment de sombrer dans l'oubli.

○ ○ ○

Pour témoigner d'un certain déséquilibre dans sa composition, l'équipe du *Nouveau Journal* était d'une rare qualité sur le plan professionnel. Nous avions voulu bâtir une rédaction d'hommes et de femmes au talent sûr, sans nous préoccuper de leurs convictions politiques ni même de leurs idiosyncrasies. On y trouvait peu de béni-oui-oui. Tout devenait sujet à controverse. Le service politique, dirigé par Louis Martin, semblait même avoir pour règle le principe de Gide : «Il ne peut y avoir hétérodoxie, s'il n'y a orthodoxie.» Nous rêvions d'un quotidien dont la marque serait la qualité de l'écriture et la rigueur grammaticale. Pour Paul-Marie Lapointe, à la veille de publier *Arbres* * et Antoine DesRoches, le français était notre outil de travail comme la voix est l'instrument du chanteur. Tout journaliste se devait d'en connaître la morphologie et la syntaxe. Beaucoup de nos camarades jouissaient d'ailleurs d'une notoriété littéraire de bon aloi. En premier lieu, Georges Langlois, l'auteur d'un essai remarqué sur la démographie canadienne-française ; mais aussi les deux Godin, l'un et l'autre nés à Trois-Rivières : Gérald, le nationaliste et le poète, qui deviendra ministre sous René Lévesque, et Marcel, l'iconoclaste et le romancier, qui refusera toute sa vie de servir les nouvelles églises. D'autres encore dont Naïm Kattan ** qu'une connaissance profonde des littératures française et anglo-américaine conduira au

---

* *Choix de poèmes* — *Arbres*, Montréal, Éditions de l'Hexagone, 1960.
** Voir le document J en appendice.

Conseil des Arts, et Michel van Schendel, militant de gauche, qui fera carrière dans l'enseignement supérieur.

Comment être bon journaliste si on ne sait écrire? Cela dit, le compte rendu des événements et leur analyse relèvent moins de la littérature que d'un certain savoir-faire. Produit périssable par nature, le topo quotidien exige quand même, pour mériter l'attention, une grande habilité d'écriture comme une honnête connaissance de la grammaire. Le métier veut qu'on publie à chaud. Ce qui fait qu'on se relit souvent avec surprise, — quitte à s'en consoler en se disant que demain on n'en parlera plus. De surcroît, le français reste au Canada une langue apprise dans le sens précis où l'entendait Victor Barbeau: professeur titulaire de langue et de littérature française à l'École des hautes études commerciales de Montréal, il se disait professeur de langue étrangère... Ce n'est en effet ni dans la famille ni dans les meilleures maisons qu'on apprend, par osmose, à se promener *dans* et non *sur* la rue ou que le verbe *advenir* ne se conjugue qu'aux troisièmes personnes du singulier et du pluriel.

Compte tenu des incorrections dont il est difficile de se défaire, surtout du peu de temps dont on dispose pour rédiger et titrer la copie avant de la remettre à la composition, je doutais qu'il fût possible de publier un quotidien sans ces fautes courantes et trop de bavures de syntaxe. Mais comment faire? Nous étions à quarante-huit heures du lancement quand ma secrétaire m'annonça que Jacques Martineau demandait à me voir d'urgence. Français, catholique militant mais pétainiste comme tant d'autres, il avait été rédacteur en chef du *Journal des débats* avant et sous l'occupation. La Résistance passera l'éponge. Mais aucune des rédactions parisiennes n'ayant voulu de lui, il se trouvait littéralement en carafe à Montréal: «Mon permis de séjour est venu à expiration, me dit-il. Vous êtes mon dernier recours. À moins d'un emploi confirmé par écrit, les services d'immigration exigent que je rentre à Paris dès demain.» Il ne pouvait être question de lui faire une place au sein d'une équipe déjà suffisamment étoffée et réfractaire à l'intégrisme cléricopolitique qu'il symbolisait. D'autre part, dédouané par la

République mais ne pouvant gagner sa vie, Martineau allait être expulsé le lendemain. La guerre en avait fait une épave, à la merci d'un oui ou d'un non. Il me revint alors cette longue conversation avec Joseph Barnard, le rédacteur en chef du *Soleil*, à mon arrivée à *L'Événement-Journal* en 1939 : «Pour que les journalistes paient davantage attention au bon usage du français, m'avait-il dit, il faudrait qu'ils puissent constater, chaque jour, leurs fautes *de visu*. Nous aurions besoin d'un Français au métier sûr pour corriger les erreurs courantes au crayon rouge. Mais ce serait le diable dans le bénitier. J'y ai renoncé.» Mais ces propos remontaient à plus de vingt ans. Pourquoi ne pas tenter maintenant l'expérience, en courir le risque?

«Je ne peux vous offrir un emploi à la rédaction, mais je peux vous dépanner, dis-je à Martineau. *Le Nouveau Journal* paraît l'après-midi. Après 6 heures du soir, la salle se vide. Vous vous y installez. Vous prenez le journal et vous corrigez au crayon rouge. Cela fait, vous épinglez au mur, bien en vue, les pages corrigées. Vous ne vous ferez pas d'amis. Mais votre travail, j'en suis sûr, portera fruits.»

Le Nouveau Journal fut lancé le 5 septembre 1961. À 6 heures du soir, la rédaction se retrouva en bloc à une réception qui se termina dans l'euphorie. À mon arrivée au journal, le lendemain matin à 7 heures, je vis au mur les pages corrigées au crayon rouge. À la mine des journalistes au travail, il était évident que la plupart n'appréciaient pas le procédé. Je m'y attendais et j'étais prêt à faire un sort aux objections d'amour-propre. C'est alors que Paul-Marie Lapointe me glissa à l'oreille qu'il voulait me voir dans mon bureau. «Vous n'en avez parlé à personne et la réaction est mauvaise», me dit-il. Je lui répondis que j'étais disposé à m'en expliquer devant toute la rédaction comme à l'accoutumée, mais après l'heure de tombée. Toutefois, s'il le jugeait à propos, je pouvais recevoir sur-le-champ ceux que j'appelais les durs de durs. «Il vaudrait mieux procéder de cette façon, me dit Lapointe. Ainsi, il n'y aura pas interruption de travail et nous viderons l'abcès.» Quelques instants plus tard, il revenait dans mon bureau accompagné de Jean-V. Dufresne, de Jean-Pierre Fournier et de Gilles Constantineau.

«Nous savons tous pourquoi nous sommes ici, leur dis-je. Il est donc inutile de me faire un dessin. Vous jugez le procédé choquant, et je vous comprends. Mais votre réaction me prouve que le coup a porté. Chacun évitera les mêmes erreurs. Le *desk* devra aussi se montrer plus vigilant. L'équipe du *Nouveau Journal* est incomparable. Et cependant, on commet des fautes par habitude ou manque de réflexion. Si notre premier numéro avait été impeccable, vous ne seriez pas ici pour protester contre le procédé et la présence d'un Français qui, par besoin, s'est résigné à faire ce travail. Personne d'autre ne l'aurait accepté. Cela dit, je suis sûr que bientôt nous pourrons faire l'économie d'un crayon rouge. Si vous connaissez un autre moyen qui nous permettrait d'atteindre le même but, nous pouvons en discuter.

— C'est ce qu'on appelle un traitement de choc, enchaîna Jean-V. Dufresne. Je reste persuadé que vous auriez dû nous en parler. Le moyen utilisé est brutal. Mais le patient va sans doute survivre, comme on dit. Et je crois, qu'à la longue, il s'en portera mieux.»

○ ○ ○

Logés aux derniers étages de l'immeuble voisin de la *Gazette*, les bureaux du *Nouveau Journal* répondaient d'autant mieux à nos besoins que nous en avions assuré nous-mêmes l'aménagement. Au contraire de ce qu'on a écrit et dit à ce sujet, la salle de rédaction, bien que fonctionnelle, était modestement équipée. Mais d'un goût sûr. Faire beau ne coûte pas plus cher que faire laid; souvent moins. Mais encore faut-il s'y connaître et savoir choisir. Un excellent contrat d'impression nous liait, d'autre part, à la *Gazette* et, sur le plan technique, chacun pouvait dormir sur ses deux oreilles. Malheureusement, nous devions buter contre des difficultés de production dès nos premiers contacts avec l'atelier. Après avoir regardé d'un air intrigué la maquette du journal dessinée par Paul-Marie Lapointe et Antoine DesRoches, le prote leva les bras au ciel en s'écriant qu'on lui demandait de faire des miracles. «Je ne crois pas aux miracles, mais je crois à ce qui existe déjà», lui dis-je en lui présentant quelques exemplaires du *Daily Express* et de *France-Soir*. Il me répondit qu'en Europe on savait fignoler. «Comme dans tous les métiers, ajouta-t-il. Il y a aussi de bons ouvriers en Amérique. Mais les artisans se font rares. La patience n'est pas notre fort...» Quand il se rendit compte que nous avions la tête dure, il se résigna de bonne grâce. Peu à peu, les typographes eux-mêmes se prirent au jeu: pour nous donner, au début, ce que nous voulions et nous suggérer, par la suite, d'heureux changements.

Le contrat d'impression prévoyait qu'on embaucherait une centaine de pressiers et de typographes de langue française. Ce qui fut fait. Mais après une semaine de publication, Peter White, le président du conseil d'administration, trouvait sur sa table un grief en bonne et due forme. *The Gazette* était un quotidien du matin et *Le Nouveau Journal* paraissait l'après-midi. L'équipe de nuit, anglophone par définition, exigeait de remplacer en bloc l'équipe de jour en invoquant une disposition de la convention collective concernant l'ancienneté. Aussitôt alertés, Jacques Bélanger et moi fûmes invités à nous joindre au comité de négociation pour faire prévaloir ce que nous appelions *good horse sense.* Mais l'Union typographique Jacques-Cartier n'en démordait pas: si la copie expédiée à l'atelier est claire, disait-on, les typos composeront exactement ce qu'ils ont sous les yeux. Un choix s'imposait: la grève ou la capitulation. Dans ces conditions, mieux valait limiter les dégâts. Avec le résultat que, du soir au lendemain, la rédaction de la *Gazette* eut à se débrouiller avec *a French-speaking night-shift* et celle du *Nouveau Journal* avec une équipe de jour de langue anglaise.

C'était le monde à l'envers, cul par-dessus tête. Et d'autant plus que les correcteurs d'épreuves, à la *Gazette* comme ailleurs, faisaient partie de l'union typographique. Les deux journaux paraissaient à l'heure, mais si lente était la correction, qu'on mettait sous presse sans se préoccuper des coquilles. Les leaders syndicaux se montraient conscients du danger, mais les anglophones se refusaient à reprendre le travail de nuit. N'y tenant plus, le comité de négociation en appela aux caïds de Philadelphie où se trouvait le siège de l'Union. Nous en faisions une question de sens commun; ils soutenaient que le français n'était pas du chinois, que nous utilisions le même alphabet. Il ne nous restait plus, pour nous en sortir, qu'à démontrer qu'il existait quand même, entre les deux langues, certaines différences dont il fallait tenir compte. Mais lesquelles? C'est en examinant la copie destinée à l'atelier que j'y suis parvenu, mais par hasard. Subitement, j'ai constaté, pour l'avoir sous les yeux, que le mot reportage, qui se divise en français après «repor» pour envoyer «tage» à la ligne suivante, se coupe différemment en anglais: *report-age*. Mais comment indiquer aux typos que l'emploi du trait d'union varie d'une langue à l'autre? Dès le lendemain, les gens de Philadelphie rendaient les armes et les anglophones reprenaient le travail de nuit.

○ ○ ○

Depuis l'époque lointaine où le curé de Granby devait obtenir mon départ précipité de *La Voix de l'Est* en échange de son silence *, mes rapports avec la Hiérarchie demeuraient inexistants. J'estimais que le clergé canadien-français exerçait une autorité et des pouvoirs qui, partout ailleurs, appartenaient aux laïcs sous une forme ou sous une autre. Même en Espagne franquiste, l'État pouvait, en vertu du concordat, opposer son veto aux nominations du Saint-Siège. Mais convaincu que les peuples ont le droit fondamental de se donner les institutions de leur choix, je n'en faisais pas une croisade. Après tout, il ne peut y avoir usurpation s'il y a consentement. On me tenait néanmoins pour un irréductible. Mon arrivée à *La Presse*, dans ces conditions, en troubla plus d'un. Mais ne trouvant rien à redire à mon comportement, on en vint à se résigner. Dans une province catholique, fût-ce de surface, il s'imposait selon moi que «le plus grand quotidien français d'Amérique» prêtât attention aux cérémonies comme aux activités de l'Église. *La Presse* étant un journal d'information et non un organe de combat, com-

---

* Voir *Les Apostasies*, tome I : *Les Coqs de village*, aux Éditions La Presse.

ment aurais-je pu, sans abus de confiance, utiliser à des fins personnelles la tribune dont je disposais?

Un an ou deux avaient suffi pour entamer l'influence indue des autorités catholiques. L'indifférence, sinon le doute, gagnait les milieux les plus traditionnels, et les pasteurs voyaient s'amenuiser rapidement le troupeau. On réclamait déjà la création d'un ministère de l'Éducation et, de moins en moins, on reconnaissait aux clercs un statut privilégié. Prêtres et fidèles luttaient de vitesse : ceux-là pour défroquer, ceux-ci pour divorcer. La foi du charbonnier n'avait pu résister au détachement sans heurt des pratiques d'hier. Au moment de déterminer les contenus du *Nouveau Journal*, le conseil de la rédaction voulut s'arrêter à un état de choses, que peu avaient su prévoir, avant d'en arriver à cette décision : la nouvelle réalité doit l'emporter sur le folklore. En d'autres termes, les rapports de l'Église avec les pouvoirs publics et le rôle du Vatican dans les affaires du monde se révélaient maintenant plus importants que les manifestations religieuses de tous les jours. C'est dans cette perspective que nous avions invité le cardinal Léger à se joindre à nous pour célébrer la fondation du *Nouveau Journal*. Mais la secrétairerie du palais cardinalice avait jugé inopportun d'y donner suite.

Dès le mois d'août, Paul-Marie Lapointe et Antoine Des-Roches s'appliqueront à recruter cinq ou six journalistes encore à leurs débuts, dont Francine Léger. Résolue à gagner son sel, elle devait s'employer, peu après le lancement du *Nouveau Journal*, à convaincre le cardinal que ses bureaux faisaient fausse route. Un jour, elle demanda à me voir. C'est à ce moment que je découvris qu'elle était l'aînée de Gabrielle et de Jules Léger, le représentant permanent du Canada auprès de l'O.T.A.N.* à Paris.

«J'ai déjeuné hier avec mon oncle, me dit-elle. Il serait heureux de vous rencontrer. Si cela vous convient, vous pourrez vous faire accompagner de deux personnes de votre choix. J'en préviendrai le palais. Mais avant de fixer l'heure

---

* Organisation du traité de l'Atlantique Nord.

et l'endroit de la rencontre, le cardinal veut s'assurer que vous accepterez son invitation. »

Je lui répondis, sans hésiter, que Jacques Bélanger et Paul-Marie Lapointe m'accompagneraient, qu'elle pouvait en informer son oncle dès maintenant. Quelques jours plus tard, nous étions invités à dîner non pas au palais, mais dans une très jolie maison de Lachine, de surcroît classée, dont le cardinal avait fait sa datcha. Ravi par le site et la décoration, je lui en fis mes compliments. Il voulut alors m'expliquer comment cette propriété, face au Saint-Laurent, lui était tombée du ciel. L'archidiocèse l'avait acquise dans l'intention d'y loger une communauté de religieuses anglaises désireuses de se fixer au Canada. Ses propriétaires, le directeur d'une boîte de nuit montréalaise et la danseuse étoile, qui devaient s'en défaire avant de se séparer, en demandaient peu. Son Éminence, contrat en main, ne pouvait que s'en féliciter. La maison tenait en effet du musée et la présence des Soeurs blanches en faisait presque un sanctuaire dans le sens que lui donnait Flaubert. Mais un jour qu'il se trouvait à Rome, le cardinal apprit que les neuf nonnettes anglaises s'étaient envolées avec l'arrivée du printemps. C'est alors qu'on lui fit entendre qu'au lieu de renoncer à cette propriété, il pourrait y recevoir ses hôtes dans l'intimité et réserver les appartements du palais aux réceptions officielles.

Le repas, qu'on avait soigné, fut fort agréable. Détendu, le cardinal se montra intéressé par nos projets et reconnut qu'il valait mieux expliciter aux lecteurs la mission mondiale du Saint-Siège que de s'en tenir à la sempiternelle chronique religieuse. Le maintien de la paix et l'intégration souhaitée des populations du tiers monde à la communauté chrétienne devaient avoir le pas sur les préoccupations traditionnelles du clergé canadien-français. Je me rappelle lui avoir dit que l'Église, bien sûr, avait des responsabilités pastorales qu'elle se devait d'assumer, mais que celles-ci demeuraient étrangères aux nôtres. *Le Nouveau Journal* ne pouvait se faire le défenseur de la foi. Nous devions nous en tenir aux faits. Pour ma part, je jugeais nécessaire de m'opposer à toute *combinazione* politico-cléricale relevant de l'influence indue. Je songeais, ce disant, à la magouille qui avait conduit son prédécesseur à Victoria. En fin de soirée, nous en étions venus à une sorte d'entente cordiale. Mais cette rencontre venait aussi de nous mettre sur la piste d'un grand reportage : *La Vérité au sujet de Mgr Charbonneau*, par Renaude Lapointe.

Quelques semaines plus tard, je recevais une seconde invitation. Nous devions, cette fois, dîner en tête-à-tête. Le cardinal avait toujours rêvé d'une basilique à Marie-Reine-du-Monde, au flanc du Mont-Royal. Il n'aimait pas, à juste titre, l'immeuble de briques roses qui lui tenait lieu de palais cardinalice. Il ne le cachait pas, et j'en conclus que, dans son esprit, ce projet d'un temple à la Vierge chevauchait celui d'un véritable *palazzo*, digne du plus grand diocèse du Commonwealth britannique. Mais convaincu que la construction d'un pareil édifice se buterait à une opinion publique hostile aux entreprises somptuaires, il en avait fait son deuil. En vérité, le projet échoua parce qu'il coïncidait avec la querelle des hauts lieux de pèlerinage au Québec. Le cardinal, bien sûr, ne m'en souffla mot. Mais que la cathédrale Saint-Jacques devienne la basilique de Marie-Reine-du-Monde confirmera mes informations.

En ce temps-là, Sainte-Anne de Beaupré et l'Oratoire Saint-Joseph étaient seuls à recevoir chaque année d'innombrables pèlerins, américains ou canadiens, en quête d'un miracle ou tout simplement dévots. Aucun conflit d'intérêts n'opposait la congrégation du Très-Saint-Rédempteur aux pères Sainte-Croix. Québec avait sa *saison* et Montréal s'accommodait du reste. Mais le jour vint où les oblats de Marie-Immaculée voulurent, à leur tour, construire une basilique à la gloire de Notre-Dame du Cap. Les rédemptoristes et les Sainte-Croix se trouvèrent aussitôt au coude à coude pour faire échec à ces visées ambitieuses. Sans pour autant y renoncer, l'idée d'un troisième lieu de pèlerinage, situé à mi-chemin du Mont-Royal et du mont Sainte-Anne, la basilique fut laissée à demi construite cependant qu'on demandait à Rome de trancher le débat. Ne sachant à quel saint se vouer, la secrétairerie du Vatican décida de mettre le dossier en veilleuse. L'affaire traînait toujours quand le ciel résolut d'intervenir, mais à sa façon : sur le point de se scinder, frères et pères Sainte-Croix venaient eux-mêmes de changer les données du problème. On entendait, de part et d'autre, procéder avec discrétion et dans l'harmonie. De toute évidence, le collège (classique) Saint-Laurent et les Éditions Fides appartenaient aux pères comme le collège (commercial) Notre-Dame et l'imprimerie Saint-Joseph revenaient aux frères. C'était le coup du menuisier, mais on s'y résigna. Hélas ! quand on en arriva à l'Oratoire, le joyau de l'auréole, il fallut constater qu'on venait de tomber sur un os.

« C'est l'oeuvre du frère André. Ça nous appartient donc.

— Mais depuis quand les frères peuvent-ils célébrer la messe ? »

Ni les uns ni les autres ne voulant lâcher prise, on fit appel aux lumières de la Ville éternelle pour la deuxième fois.

La secrétairerie n'aime pas qu'on la bouscule : chaque chose en son temps. Et on n'y pensa plus... C'est alors qu'on eut vent, chez les Sainte-Croix, que le cardinal projetait d'ériger une basilique à Marie-Reine-du-Monde en dos à dos avec l'Oratoire Saint-Joseph. Passe encore qu'on lui dressât un temple au Cap-de-la-Madeleine. Mais à quelques mètres de l'Oratoire ? Jamais ! Sur-le-champ, on adressa une troisième supplique au Saint-Siège en réclamant que la secrétairerie d'État se mît aussitôt en prise. Les desseins de la Providence se révélaient imprévisibles. Il fallait donc cette fois régler l'affaire. Le cardinal en fera les frais : il n'y aura pas une seconde basilique au flanc du Mont-Royal. Mais en contrepartie, les pères Sainte-Croix cesseront toute opposition au parachèvement de Notre-Dame du Cap. Ainsi la Sainte Vierge n'y perdra rien. Le lendemain, la secrétairerie d'État pouvait enfin verser aux archives vaticanes les trois dossiers de la querelle des hauts lieux de pèlerinage au Québec.

Amen.

○ ○ ○

Trois mois environ devaient s'écouler entre notre départ de

La Presse et la parution du *Nouveau Journal*. L'équipe, à vrai dire, n'avait nul besoin d'être rodée, la plupart des journalistes étant des professionnels respectés de leurs pairs. Mais il avait quand même fallu s'arrêter au partage des tâches et veiller à l'équilibre des services rédactionnels. Du rédacteur en chef à Ernest Pallascio-Morin, responsable des publi-reportages, nous étions cinquante-cinq*, y compris Robert LaPalme et Berthio dont les caricatures illustraient, avec perspicacité, les ridicules et les travers de l'époque. Nous avions regroupé les journalistes au sein de services autonomes dont les chefs se rapportaient à un *desk* central, toujours présent, qui relevait du conseil ou, plus précisément, de Lapointe et de DesRoches. Cette structure pyramidale reposait sur l'autorité de cadres spécialisés comme elle permettait à la plupart des rédacteurs de se faire une signature dans un domaine donné. Seul nous préoccupait le départ fortuit de l'un des hommes clefs assurant l'efficacité du système. Ce qui se produisit à la fin de l'automne.

Georges Galipault dirigeait le service étranger avec toute la compétence et le savoir-faire qu'on lui connaissait. Mesuré dans ses jugements, mais inébranlable dans ses principes, il tenait notre métier pour l'un des composants de toute société démocratique. Il nous quittait à regret pour respecter un contrat signé avec l'Unesco, quelques mois plus tôt, qui allait le conduire à Lomé à titre de conseiller du gouvernement togolais en matière de communication. Deux ans plus tard, il montera à Dakar pour diriger un stage de journalisme écrit et parlé, à l'usage de l'Afrique francophone, qui donnera naissance au C.E.S.T.I. ** que l'Agence canadienne de développement international prendra en charge en 1969. Nommé directeur adjoint de la *United Nations Relief and Works Agency*, il partira pour le Proche-Orient en 1974. D'abord à Ammãn en Jordanie, puis à Jérusalem d'où l'U.N.R.W.A. veille à l'instruction et à la santé des réfugiés palestiniens : 16 000 employés dont 12 000 enseignants. Il en deviendra le directeur général, en résidence à Damas, avant

---

* Voir le document K en appendice.
** Centre d'étude des sciences et des techniques de l'information.

de prendre sa retraite en 1982. Rentré au Canada, tout commandait qu'on eût l'intelligence d'utiliser son unique expérience du tiers monde: quatre ans d'Indochine, treize ans d'Afrique noire et huit ans de Liban, de Jordanie, d'Israël et de Syrie! Comme de bien entendu, on n'en fit rien...

Les libéraux venaient de reprendre le pouvoir à Québec après dix-huit ans de duplessisme et, à Ottawa, les conservateurs s'apprêtaient à le perdre pour vingt ans. Dans ces conditions, nous misions beaucoup sur le service politique. Cyrille Felteau, correspondant parlementaire, suivait de près les travaux de l'Assemblée législative. Mais avant tout, il s'appliquait à rationaliser les éléments dispersés de *la révolution tranquille*, qui décollait à peine, pour qu'on pût en comprendre le but et en mesurer la portée. Guy Bourdon, de son côté, veillait à l'information locale dans une ville où l'on confond souvent nouvelles et potins, ô Péladeau! Dans la capitale fédérale, Amédée Gaudrault et Jean-Marc Poliquin avaient du pain sur la planche: le gouvernement de John Diefenbaker, à la veille d'être culbuté, parvenait mal à contrôler l'ordre du jour des Communes. Ses 210 députés semblaient à bout de souffle, face à Mike Pearson, Paul Martin, Lionel Chevrier et Jack Pickersgill que Maurice Lamontagne alimentait inlassablement d'idées et de statistiques. *The Chief* avait bien l'allure d'un Premier Ministre; mais il n'était qu'une image unidimensionnelle. De fait, le ridicule des situations l'emportait le plus souvent sur le vide de la pensée et la réalité des scandales qui faisaient la Une des journaux canadiens. À telle enseigne que si, dans la belle province, personne n'oubliait *les culottes de Vautrin* (qui appartenaient au folklore du régime Taschereau), elles étaient sur le point d'être remplacées par *les culottes à Dorion*. Avec cette différence qu'Irénée Vautrin les avait achetées à même la caisse du ministère de la Colonisation alors que Noël Dorion perdra tout simplement les siennes à l'aéroport de Dorval, — faute de bretelles...

Le conseil de la rédaction considérait comme acquis que l'information quotidienne doit conduire à des études compréhensives dites de vulgarisation, quand elle porte sur des questions aussi fondamentales que les relations entre l'État et l'Église ou l'ordre constitutionnel, c'est-à-dire *The law of the land.* Si l'on croit que le journal quotidien demeure le livre du peuple, le grand reportage permet en effet d'instruire le lecteur quand les actualités ne font que le renseigner *. Au lendemain de notre rencontre avec le cardinal Léger, le conseil décidera de rouvrir le dossier de Mgr Charbonneau. Je dis *rouvrir*, car *Cité libre* avait consacré en partie son numéro de janvier-février 1960 aux manoeuvres assez odieuses qui devaient aboutir, sur l'ordre de Pie XII, à la démission forcée et sans appel du quatrième archevêque de Montréal le 2 janvier 1950. Cet article, assez court et signé *Cité libre*, portait avant tout sur la procédure, instituée au concile de Trente, qui permet à la secrétairerie d'État de censurer et de condamner l'accusé sans même l'entendre. Quand on sait l'horreur que la *Star Chamber*, abolie en 1641, a toujours inspirée à Pierre Trudeau, on peut croire qu'il en était l'auteur. Nous voulions naturellement aller beaucoup plus loin et révéler enfin au grand public les dessous d'une machination politico-cléricale que seuls connaissaient les 600 lecteurs de cette revue. Prévoyant la réaction négative de l'Union nationale et de la Hiérarchie, je voulus expliquer, en éditorial, pourquoi *Le Nouveau Journal* en avait ainsi décidé: «La réponse tient en quelques mots: le drame de Mgr Charbonneau reste celui de notre milieu; ses combats furent les nôtres et, à travers eux, nous pouvons suivre l'histoire d'une génération appliquée à repenser les structures sociales et politiques de la Cité. [...] On constatera à la lecture de ce grand récit [...] que Mgr Charbonneau symbolise en quelque sorte le drame d'une ville, la sienne, qui a d'autres besoins que l'ensemble du pays de Québec.»

Mgr Charbonneau était mort à Victoria le 19 novembre 1959. Il nous parut approprié, à la veille du deuxième anniversaire de sa disparition, d'étaler au grand jour «*one of the greatest secrets in the Canadian Church*», comme le *Victoria Daily News* venait de le rappeler. Mais à qui s'en remettre?

---

* Voir le *Robert. Instruire*: «Mettre en possession de connaissances nouvelles.» *Renseigner*: «Mettre au courant».

Le conseil de la rédaction fut unanime : Renaude Lapointe. Après vingt-cinq ans de carrière, je ne connaissais aucun journaliste, homme ou femme, plus consciencieux. Il lui fallait en outre faire vite, car il s'agissait d'un périple de 28 000 kilomètres et d'interviewer, en cours de route, environ cent cinquante personnes. Elle-même notera dans l'avant-propos de *L'Histoire bouleversante de Mgr Charbonneau** :

> À chacune (des cent cinquante personnes) nous avons demandé l'obole d'un témoignage protégé par l'anonymat : à ses amis et aux membres de sa famille dans différentes villes de l'Ontario et du Québec ; aux membres du clergé et de plusieurs communautés, à Montréal, à Ottawa, à Québec ; aux citoyens de Victoria et aux religieuses de l'hôpital et du couvent où vécut Mgr Charbonneau ; à des prêtres et supérieures d'institutions, ses anciens élèves, disciples ou condisciples dispersés dans le pays, et même aussi loin qu'à Rome et en Louisiane ; à des anciens ministres provinciaux ; à des personnalités civiles et universitaires ; au délégué apostolique d'alors, S.E. Mgr Ildebrando Antoniutti, aujourd'hui nonce à Madrid, au délégué actuel, S.E. Mgr Sebastiano Baggio, et, enfin, aux porte-parole des congrégations romaines suivantes : la Consistoriale et la Secrétairerie d'État.

Renaude Lapointe n'épargna ni sa peine ni sa patience reconnue pour contrôler l'authenticité des témoignages reçus et pour colliger tous les faits pertinents à la retraite imposée comme à l'exil voulu de celui qu'on appelait «le lion de l'épiscopat». Il ne se trouva d'ailleurs personne pour s'interroger sur son objectivité et contester le dossier. Celui-ci mettait en cause Maurice Duplessis et l'archevêque de Rimouski, Mgr Georges Courchesne «qui se voyait comme le sauveur de l'Église canadienne menacée...»

Menacée par qui ?

Du mémoire de 128 pages présenté au Vatican, Renaude Lapointe retiendra que Mgr Courchesne accusait formellement l'archevêque de Montréal «de ne plus être en communion avec la hiérarchie, de préparer un schisme dans l'Église

---

* Publié du 18 novembre au 16 décembre, sous le titre de «La Vérité sur Mgr Charbonneau», le grand reportage de Renaude Lapointe fut repris par les Éditions du Jour, à Montréal, en 1962,

du Québec en se séparant des évêques et en voulant diviser l'opinion, et de prêcher un catholicisme social avancé, c'est-à-dire de gauche».

D'autre part, le Premier ministre avait confié à deux membres de son gouvernement (Antonio Barrette, le ministre du Travail, et le Dr Albini Paquette, le ministre de la Santé) de voir à la préparation d'un acte d'accusation, conçu à partir de la grève de l'amiante, signé *Custos* qui signifie «gardien» en latin, alors langue des Églises catholiques romaine et anglicane. On se doute bien que les deux chargés de mission s'empressèrent de s'en remettre à quelque clerc de service d'obédience intégriste. Beaucoup à l'époque se sont interrogés sur l'identité de l'auteur. Renaude Lapointe apportera cette précision : «La rédaction de l'ouvrage a été attribuée au R. P. Émile Bouvier, s.j., connu pour ses sympathies pro-patronales et pro-Union-nationale ; il n'a pas opposé de démenti à cette prétention.» Quoi qu'il en fût, les ministres responsables de l'opération se rendirent dans la Ville éternelle, en toute discrétion, pour déposer le document entre les mains expérimentées du pro-secrétaire d'État, Mgr Tardini.

Que disait le rapport *Custos*?
Le texte de Renaude Lapointe est révélateur :

> Rédigé, prétendait-on, par un groupe de catholiques militants, et soumis à l'attention du Vatican, il laissait entendre que la grève de l'amiante avait fait le jeu de Moscou et désignait, sans les nommer, Mgr Charbonneau et quelques autres, accusés en substance «de se faire les complices des chefs communistes en exerçant une influence indue pour démolir l'autorité du seul gouvernement catholique en Amérique du Nord».

Que Pie XII se soit laissé convaincre par des arguments de cette nature en dit long sur le désarroi qui régnait alors au sein de la curie. Entre autres, le gouvernement du Québec, bien que constitué de ministres en majorité catholiques, n'était et n'avait jamais été «un gouvernement catholique» dans le sens accepté par le Saint-Siège et reconnu par l'ensemble des États. Parler de schisme, dans une province cléricalisée jusqu'à la moelle, équivalait à croire à la quadrature du cercle. Soutenir enfin que Mgr Charbonneau se faisait le complice «des chefs communistes» démontrait que le Vatican, à l'instar de Duplessis et de la Gendarmerie royale, se refusait à distinguer entre les réformistes et les révolutionnaires. Pie XII, dix ans après la Seconde Guerre mondiale, revenait au *Syllabus* de Pie IX pour nous ramener à 1864.

La Seconde Guerre mondiale, qui vit se désintégrer les empires coloniaux et se défaire «les missions étrangères», avait ébranlé au Canada français le magistère de l'Église. Au début, seuls les notables et les intellectuels osaient s'interroger sur le rôle de la Hiérarchie et des clercs dans les sociétés pluralistes de l'ère industrielle. À partir de 1950, l'affaire Charbonneau contribuera à *décléricaliser* le peuple des faubourgs ouvriers et des villes de province. Mais en vérité ce n'est qu'en 1961, au moment où *Le Nouveau Journal* portera le débat sur la place publique, qu'on prendra pleinement conscience du grenouillage qui avait entraîné la chute de l'archevêque de Montréal. À compter de ce jour, le Pouvoir civil pourra procéder en paix, sans opposition véritable, à la laïcisation de l'enseignement et des institutions politiques.

Dans «La vérité sur Mgr Charbonneau», Renaude Lapointe devait faire état de quelques témoignages verbaux. Certains valent d'être rappelés, car ils expliquent comment son action fut perçue et pourquoi on se détourna, par la suite, de ceux qui avaient voulu tuer l'homme libre qui était en lui :

— Il voulut moderniser la maison: le toit lui tomba sur la tête.
— Pour faire plaisir à plusieurs, il eût fallu qu'il méprisât les juifs et les Anglais, enfin tous ceux qui n'étaient pas «les élus de Dieu: les Canadiens français».
— Il ne croyait pas au motto: langue gardienne de la foi. Sa grande idée: le rapprochement des catholiques, surtout irlandais et canadiens-français, grâce au bilinguisme.
— Il favorisait les laïcs plus que les membres du clergé.
— Quand ils l'ont détrôné, j'ai pas digéré ça.
(Un chauffeur de taxi).

o o o

Mme DuTremblay parlait peu et se refusait à toute discussion si elle n'avait déjà des vues arrêtées sur le sujet. Timide de nature mais déterminée, nul ne parvenait alors à la faire changer d'idée. Une fois en confiance, elle s'en remettait par contre à votre jugement et toute explication lui paraissait superflue. Sans en être conscient, du moins au début, j'avais joué un rôle certain dans l'évolution imprévue du conflit qui l'opposait à ses neveux. Au point que ni la Hiérarchie ni l'Union nationale ne devaient parvenir à la convaincre qu'elle traitait avec le Diable en personne. De fait, après m'avoir nommé rédacteur en chef de *La Presse*, elle n'hésita pas à me confier la vice-présidence du conseil d'administration du *Nouveau Journal*. Nos entretiens étaient brefs; presque toujours en présence de Jacques Bélanger. Il s'agissait à vrai dire de courtes séances d'information pour la tenir au courant. Je dirigeais la rédaction comme je l'entendais, et jamais la Présidente ne se montra inquiète du ton et des contenus du journal. Une seule fois je voulus qu'elle prît connaissance d'un texte avant de le publier: «La vérité sur Mgr Charbonneau». Dès le lendemain, elle me le rendit en exprimant sa satisfaction.

Depuis la mort du sénateur, Mme DuTremblay vivait seule dans son appartement du Château — lequel lui appartenait. Aucune mondanité, si ce n'est, à l'occasion, un bridge en soirée avec les Prud'homme et la mère de Jacques Bélanger. Angélina DuTremblay, née Berthiaume, consacrait le gros de son temps à l'administration de ses biens et ses veilles à sa succession. Neveux et nièce ne tenaient aucune place dans sa vie; mais ils continuaient d'occuper ses pensées. D'intimes, elle n'avait que ses soeurs: Helmina, qui habitait Rome, veuve de Louis-Joseph Rivet, dont on disait qu'il avait été de l'*Opus Dei*, et Anna, retirée et recluse dans un couvent de la Vieille Capitale. Entre autres dons, les Rivet avaient largement contribué, semble-il, à la construction de la basilique souterraine de Lourdes en 1958. D'où l'intérêt constant qu'Helmina et Anna portaient à la succession Berthiaume-DuTremblay gérée par l'aînée, Angélina. Au tout début, l'idée de la Fondation ne les avait guère séduites.

Mais elles devaient s'y résigner après avoir constaté qu'elles pourraient un jour en affecter les revenus à des oeuvres pies.

C'est au cours de janvier que Jacques Bélanger me téléphona d'urgence pour m'apprendre que la Présidente, de retour de Québec, l'avait saisi de ses tourments. Quatre ans environ après mon premier entretien avec elle, le doute s'emparait d'elle. Sa soeur Anna y était sûrement pour quelque chose et les circonstances s'y prêtaient. Nous étions en train de négocier l'achat du *Petit Journal*, l'hebdomadaire des frères Maillet, et nos pourparlers avec Pierre Lazareff, visant à une association avec le groupe de *France-Soir* étaient sur le point d'aboutir. Mme DuTremblay s'était même rendue à Québec pour en informer Anna. Celle-ci n'avait pas raté l'occasion de semer l'effroi et de convaincre son aînée qu'à ce rythme la succession allait y passer!

«Son séjour à Québec, en compagnie d'Anna, l'a troublée, me confia Bélanger à mon arrivée au Mount Stephen Club. Tu sais ce qu'elle m'a dit? Que ce n'est pas avec *Le Nouveau Journal* qu'elle allait gagner son ciel sur la terre.

— Ça veut dire quoi en ce qui nous concerne?

— Pour l'instant, elle ne veut entendre parler ni du *Petit Journal* ni d'une association avec *France-Soir*. Nos projets sont à l'eau.

— Et *Le Nouveau Journal*?

— Je crois qu'elle va retrouver ses esprits.»

Quinze jours plus tard, la Présidente avait repris son calme et la vision de l'enfer s'estompait... Mais elle se refusait à toute négociation avec les frères Maillet et à tout accord avec Pierre Lazareff. Comme elle venait, d'autre part, de virer un demi-million au compte du *Nouveau Journal*, nous nous disions que, pour l'heure, l'essentiel était sauf.

«Le ciel aidant, me dit Bélanger non sans humour, nous pourrons peut-être reprendre nos projets à Pâques ou à la Trinité...»

o o o

Il fallut se rendre à l'évidence: sans aller jusqu'à vouloir se retirer du *Nouveau Journal*, Mme DuTremblay s'enfermait dans un mutisme opiniâtre qui se traduisait par un refus de pourvoir. Elle rejetait d'office et sans discussion l'idée même d'investir davantage dans une entreprise encore à ses débuts. Des quatre millions que nous croyions acquis, il n'en restait que deux. Assez, selon Jacques Bélanger, pour nous permettre d'atteindre, en temps prévu, un seuil raisonnable de rentabilité. Hélas! nos besoins d'argent étaient immédiats. Mais toutes nos requêtes se butaient à une fin de non-recevoir. Scrupules? Avarice? Plus simplement peut-être, usure de l'âge, — quand une immense fatigue vous gagne et qu'on se mure dans un silence méfiant...

Dans le numéro 244 du *Nouveau Journal*, le dernier, l'Équipe publiait à la Une un p.p.c. dans lequel je relève cette phrase: «Si *Le Nouveau Journal* disparaît, ce n'est pas parce que le public lecteur n'en a pas voulu. Les causes sont ailleurs: dans une administration déficiente où les responsabilités seront sans doute déterminées un jour.» On aurait pu aller beaucoup plus loin... Ma nomination à la vice-présidence du conseil constituait, aux yeux de la Présidente et de Jacques Bélanger, un geste de solidarité et une garantie d'intégrité intellectuelle à l'égard des anciens de *La Presse*. Mais elle venait aussi confirmer le caractère non lucratif d'une entreprise qui échappait aux normes habituelles du marché. Personne ne se faisait d'illusions sur mon habileté en affaires et mes qualités d'administrateur. Zéro pour la question, aurait dit mon ami Jean Davidson. De son côté, pour être versée dans les questions d'argent, Mme DuTremblay n'avait rien d'une administratrice gestionnaire. Tout reposait sur Jacques Bélanger. Comptable réputé, spécialisé dans le financement des entreprises, il avait fait un entrepreneur de l'inventeur Bombardier, remis sur les rails l'imprimerie Thérien et Frères, modernisé enfin l'économie du journal *La Presse*. Mais il n'était pas ce gérant typique, présent et sur les lieux, qui veille, jour après jour, à la gestion interne d'une industrie ou d'un commerce devenu *son affaire*.

Il demeure cependant que les choses auraient pris une tout autre tournure si le service de distribution ne s'était effondré dès la première semaine. Nous avions l'impression de publier un journal introuvable. Même à Montréal, il n'arrivait à destination qu'en soirée au lieu d'être mis en vente à partir de 15 heures. L'expertise de Paul Hogue nous manquait. Bélanger, débordé, décida de s'en remettre à Gustave Lafontaine pour trouver quelqu'un qui s'y connût en tirage. Quand Lafontaine y parvint, il était trop tard : il venait d'être terrassé par une thrombose coronarienne.

D'une grande sincérité et dévoué à l'extrême, Gustave Lafontaine appartenait à cette race d'hommes qui se donnent à l'entreprise quand ils y croient. Pour avoir dû assumer des responsabilités qui le dépassaient, il devait littéralement se tuer à la tâche. À peine nommé *managing editor* du *Nouveau Journal*, il devenait l'adjoint de Jacques Bélanger. À ce titre, il devenait aussi le secrétaire du conseil d'administration. Au début, chacun s'en félicita. Mais dès qu'il fut évident qu'on allait en faire, à toutes fins utiles, le gérant de l'entreprise, je me rendis compte, comme bien d'autres, qu'on lui en demandait trop. Ni lui ni moi n'étions des gestionnaires ; Mme DuTremblay ne savait pas administrer (même si elle savait compter) et Jacques Bélanger restait absent.

○ ○ ○

Né à l'automne, mort au printemps, *Le Nouveau Journal* aura navigué sans cesse à contre-courant. L'ordre des choses voulait donc qu'il disparût dans un temps donné. Mais sa seule présence créera une conjoncture bénéfique dans l'histoire du journalisme canadien-français : la coexistence de trois rédactions vigilantes, dont l'une dirigée par André Laurendeau et l'autre par Gérard Pelletier. Cette parenthèse, qui s'ouvre le 5 septembre 1961, va se fermer le 30 mars 1965 avec le départ en catastrophe de Pelletier, à la suite d'une grève de sept mois durant lesquels *La Presse* suspendra sa publication. Dans l'entre-temps, Laurendeau sera devenu, le 19 juillet 1963, coprésident de la Commission royale d'enquête sur le bilinguisme et le biculturalisme. Victime d'une rupture d'anévrisme en 1968, il mourra à Ottawa sans retourner au *Devoir*.

Au début de juin, Mme DuTremblay nous annonce sa décision de mettre la clef sous la porte. J'aurais compris qu'elle se retirât du *Nouveau Journal* pour soulager sa conscience puisqu'elle en était là. Mais qu'en plus de renoncer, elle veuille déclarer faillite et confier aux syndics la liquidation de l'entreprise, cela me tourne l'estomac. Je la reverrai une dernière fois au moment de nous rendre à la banque, en compagnie de Jacques Bélanger, pour fermer le compte du journal. Assise entre nous, sur la banquette arrière de sa limousine, elle fait pitié : si le remords s'est emparé de son âme, elle regrette surtout ses deux millions...

À la mi-juin, il ne nous reste plus qu'à fixer la date de parution de notre dernier numéro. Mais encore faut-il s'assurer que cette ultime livraison soit d'une qualité égale aux 243 numéros précédents. Personne, à vrai dire, n'a le coeur à l'ouvrage, mais le sens de l'honneur l'emportera. Urgel Lefebvre et Lambert de Bruycker sont les derniers à se rendre aux ateliers de la *Gazette* pour contrôler la mise en pages et donner le bon à tirer.

C'était jeudi, le 21 juin. En octobre 1958, au nom d'une direction absente, j'avais ouvert les portes de *La Presse* aux grévistes qui rentraient au travail au lever du jour. Je vais cette fois fermer celles du *Nouveau Journal*, faire face aux questions de la presse écrite et parlée, — seul représentant d'un conseil d'administration en banqueroute.

« Faut-il s'excuser de mourir quand la rumeur publique vous a déjà enterré ? »

Ainsi commence l'éditorial que j'ai rédigé la veille, avant de prendre congé des services de nuit. Je dois des explications à nos 43 000 lecteurs ; mais surtout rendre des comptes à mes camarades de la rédaction. J'entends témoigner de leurs mérites, dire bien haut qu'ils sont l'honneur de notre métier. On comprendra que je veuille répéter aujourd'hui ce qu'alors j'écrivais. C'était mon dernier éditorial et j'avais 50 ans...

Un quotidien, c'est d'abord une équipe.
Le Nouveau Journal avait un style qui le distinguait de l'ensemble des journaux canadiens. Né libre, il voulut faire

usage de sa liberté. Qu'il ait eu des ennemis apparaîtra demain comme la preuve de son indépendance face aux pouvoirs.

....

Depuis trente ans que j'exerce ce métier, j'ai dirigé beaucoup de publications dont cinq quotidiens. Mais jamais pareille équipe n'avait été rassemblée. [...] Beaucoup auront fait au *Nouveau Journal* leur apprentissage de la liberté. Tous avaient rêvé d'un quotidien d'information qui fût à la fois élégant et *articulé*. Pour avoir tenu cette gageure 244 fois, il est normal que leur effort soutenu, victorieux, fasse aujourd'hui mon orgueil.

Notes et documents

NOTES

AVANT-PROPOS

1. Le *Larousse* définit le patriotisme comme étant «l'amour de la patrie». C'est court, mais suffisant. *Webster*, d'ailleurs, n'en dit pas davantage: *the love or devotion to one's country*. Somme toute, le patriotisme témoigne d'un sentiment d'appartenance au milieu et, implicitement, d'une volonté d'abnégation quand il faut en protéger l'intégrité ou en assurer la défense. Le nationalisme, au contraire, est une idéologie ou une doctrine que soustend l'idée d'expansion et de reconquête, — fut-ce celle du Labrador quand on se proclame Québécois pur et dur! On le trouve à l'origine des guerres coloniales qui ont elles-mêmes abouti à l'ethnocentrisme des États-nations du Tiers-Monde comme des conflits européens qui, de Louis XIV à Hitler, ont toujours eu un relent d'hégémonie. Le dictionnaire Webster y voit «... *a sense of national consciousness exalting one nation above all others and placing primary emphasis on promotion of its culture and interests as opposed to those of other nations or supranational groups*». Par exemple: *Speak white!* ou en allemand: *Deutschland uber alles!* Le *Robert* note, pour sa part, que le mot peut avoir des sens divers mais, quand on s'arrête à ceux qui ont été retenus, on constate que chacun d'eux représente une facette du nationalisme intégral tel que l'entendait Charles Maurras:

> Nationalisme: 1° Exaltation du sentiment national; attachement passionné à la nation à laquelle on appartient, accompagné parfois de xénophobie et d'une volonté d'isolement. V. *Chauvinisme, patriotisme.* «Le départ de nos dernières troupes provoqua une explosion de nationalisme» (Gaxotte). 2° Doctrine fondée sur ce sentiment, subordonnant toute la politique intérieure au développement de la puissance nationale et revendiquant le droit d'affirmer à l'extérieur cette puissance sans limitation de souveraineté. *Le nationalisme intégral de Charles Maurras.* «Scènes et Doctrines du nationalisme», de Barrès.

3° Doctrine, mouvement politique qui revendique pour une nationalité le droit de former une nation. *Les nationalismes européens du XIXe s.*

CHAPITRE XI

1. *Les Morticoles*, roman de Léon Daudet publié chez Fasquelle, à Paris, en 1891. Dans cette satire de la pratique médicale, l'auteur appelle *morticoles* ceux qui vivent de la mort... des autres!

2. *Souvenances 1,* entretiens de Georges-Henri Lévesque avec Simon Jutras, aux éditions La Presse, à Montréal, novembre 1983.

CHAPITRE XII

1. Cette citation et celles qui apparaissent dans les pages suivantes sont empruntées aux *Mémoires* de Winston Churchill, du général de Gaulle et de Jean Monnet.

2. J'ai assisté à cette séance du Parlement en compagnie de Jos. Barnard, le rédacteur en chef du *Soleil*. J'entends encore Churchill ajouter après une pause de cinq à dix secondes: «*What chicken! What neck!*»

3. Au XVIIe, on prêtait au mot ressort le sens que l'on donne aujourd'hui à dessein.

4. *André Laurendeau* de Denis Monière, éditions Québec-Amérique, Montréal, 1983. Cette lettre à l'abbé Groulx est datée du 9 août 1940.

5. *Ces choses qui nous arrivent: chroniques des années 1961-1966,* d'André Laurendeau, aux éditions HMH, Montréal, 1970. Traduction anglaise de Philip Stratford publiée en 1973 sous le titre *Witness for Quebec*, éditions MacMillan of Canada, Toronto.

6. Dans *André Laurendeau*, Denis Monière reconnaît que ni Groulx ni Laurendeau n'étaient séparatistes. Pour le premier, «c'était une hypothèse qu'il ne fallait envisager qu'en dernier recours», dit-il; pour le second, il fallait «prévoir l'explosion et (s'y) préparer de l'intérieur», comme Laurendeau s'en est d'ailleurs expliqué dans *L'Action nationale* de décembre 1940. Quoi qu'il en soit, il convient de rappeler qu'après avoir lancé son célèbre cri de guerre: «Notre État français, nous l'aurons!», l'abbé Groulx avait prudemment ajouté: «Je ne demande pas de constituer un État en dehors de la Confédération. Je demande la simple exécution du Pacte de 1867.»

CHAPITRE XIII

1. Lors de la cérémonie qui accompagne la présentation des lettres de créance, l'ambassadeur Jules Léger, en avril 1964, devait reprendre cette *petite phrase* quoique sous une forme modifiée et dans un tout autre contexte. Ce qui provoqua néanmoins l'ire du général de Gaulle. C'était trois ans avant le «Vive le Québec libre!», mais le président de la Ve République française se faisait déjà l'avocat du démembrement de la fédération canadienne. Dans son allocution, l'ambassadeur Léger avait jugé utile d'informer le chef de l'État de la nouvelle politique du Canada à l'égard de la France.

Notre évolution depuis 1960 a pris un rythme très accéléré qui tient parfois de la révolution. Ces développements ne peuvent se faire *contre* la France: nos origines et notre tradition s'y opposent. Il s'agit de savoir s'ils auront lieu *sans* la France ou *avec* la France.

Le Général tient pour acquis, à cette époque, que le Canada, dominé par les États-Unis et la Grande-Bretagne, ne peut défendre son indépendance «relative» qu'en s'associant étroitement à la France. Par voie de conséquence, il ne cacha point son irritation et s'en ouvrit à la presse. Quelques semaines plus tard, contrairement au bon usage, il décida de ne pas inviter l'ambassadeur Léger au dîner qu'il offrit, à l'Élysée, en l'honneur de M. Jean Lesage, Premier ministre du Québec.

CHAPITRE XIV

1. Ce texte et les déclarations du général de Gaulle, faites au cours du déjeuner qu'il offrit à quelques-uns d'entre nous, de même que les propos tenus par l'amiral Muselier sont extraits de *Vent du large* publié aux éditions Parizeau, février 1944, Montréal.

2. Darlan fut abattu de deux balles de revolver, à 15 heures, le 24 décembre dans un couloir du palais d'Été (Alger) par Bonnier de La Chapelle, fils d'un journaliste de *La Dépêche algérienne*. Moins de vingt-quatre heures plus tard, à 7 h 30 du matin, donc le jour de Noël, on le fusillait d'urgence au champ de tir d'Hussein-Dey, sans chercher à élucider cette question: qui avait inspiré et ordonné le complot? Du comte de Paris, qui se voyait en rassembleur de l'empire français, à l'Intelligence Service résolument anti-Vichy; du général de Gaulle aux sbires de l'amiral Canaris, beaucoup y trouvaient leur compte. Même Roosevelt qui, selon Churchill, tenait l'amiral pour «un expédient provisoire». Pour le commandant du corps expéditionnaire américain, le général Clark, «la mort de Darlan fut un acte de la Providence». Tant de gens avaient intérêt à sa liquidation, qu'il reste impossible, semble-t-il, de donner, encore aujourd'hui, un visage et un nom à l'instigateur de la volonté du Très-Haut...

CHAPITRE XVI

1. Les fondateurs de la Ligue pour la défense du Canada s'étaient donné un état-major de dix membres. Outre le président Prince et le secrétaire Laurendeau, on y trouvait (en plus de Jean Drapeau, Philippe Girard et Gérard Filion) Maxime Raymond, député aux Communes, qui veillait sur la trésorerie du mouvement; Georges Pelletier, le directeur du *Devoir*, et trois personnes qui, pour le Québecquois que j'étais, sont demeurées sans visage: J. Alfred Bernier, L.A. Fréchette et Roger Varin qui respectivement représentaient l'Association des voyageurs de commerce, la Société Saint-Jean-Baptiste et les mouvements de jeunesse.

CHAPITRE XVIII

1. Dans *Jacques Cartier, premier toponymiste de la Nouvelle-France*, Jean-Paul Drolet, président du Comité permanent canadien des noms géographiques, explique ainsi l'origine du dicton connu «*faux comme un diamant du Canada*»:

Cartier avait reçu pour mission de «*découvrir certaines ysles et pays où l'on dit qu'il se doibt trouver quantité d'or et autres riches choses*». Comme chacun sait, il n'a rien trouvé de tout cela, pas même la route de l'Ouest vers l'Asie, ce pays de cocagne qui, paraît-il, regorgeait d'épices, de soieries, d'or et de pierres précieuses. Il n'a pas non plus trouvé ces pays lointains d'où les Espagnols rapportaient de grandes quantités d'or. Même les «*diamants du Cap*» recueillis dans le rocher de Québec et la pyrite de fer des environs furent cause d'une triste déconvenue à son retour en France et sont à l'origine du dicton «*faux comme un diamant du Canada*».

CHAPITRE XX

1. En réalité, ce drapeau était le fanion de l'amiral Coligny, chef du parti protestant durant les guerres de religion, qui fut assassiné lors du massacre de la Saint-Barthélemy en 1572. Son frère Odet, évêque de Beauvais, cardinal de Châtillon, embrassa lui-même la foi calviniste avant sa mort en 1571. Damien Bouchard devait découvrir ces faits trop tard pour corriger en conséquence son discours du Sénat. Mais il constata son erreur quand la Société historique du Protestantisme français au Canada décida d'intervenir dans le débat et le nota dans le dernier chapitre de ses *Mémoires*:

> Le chanoine Groulx compromit sa réputation d'écrivain national le jour où il choisit le labarum des fils de la Laurentie. Quand il fixa son choix sur l'étendard qui lui paraissait concrétiser l'idéal d'un peuple à mentalité moyenâgeuse, il avait négligé de s'informer à la source pour savoir qui avait apporté au pays ce pavillon couleur d'azur; sa croix blanche et ses fleurs de lis l'avaient convaincu qu'il était de l'époque royaliste.

> Or un beau matin, le premier ministre Duplessis reçut, à sa grande stupéfaction, une résolution de la Société historique du Protestantisme Français au Canada, le félicitant d'avoir donné à la province de Québec, sur la suggestion du Chanoine Groulx, un pavillon apporté dans notre pays par les protestants lors de la fondation de la colonie. C'était là un simple détail, j'en conviens, mais il avait échappé à l'oeil de lynx de notre historien plutôt nationaliste que national.

DOCUMENT A

La Revue d'histoire de l'Amérique française (vol. 38, n° 1) publiait, à l'été de 1984, un article remarquablement documenté de Mme Andrée Lévesque, du département d'histoire de l'Université d'Ottawa, intitulé « Mères ou Malades : Les Québécoises de l'entre-deux-guerres vues par les médecins. » L'auteur y dresse le bilan du comportement des « médecins-politiciens ou politiciens-médecins » face au rôle des femmes dans la société canadienne-française. Entre autres choses, Mme Lévesque s'arrête au problème de la prostitution et de la propagation des maladies vénériennes. Nous avons retenu de ce document révélateur les deux ou trois pages qui portent sur l'attitude et l'action des médecins chaque fois que la question du vote des femmes a été inscrite au feuilleton de l'Assemblée législative :

De 1929 à 1940, treize projets de loi[37] furent déposés à l'Assemblée pour amender la loi électorale et accorder aux femmes le droit de vote au même titre que les hommes. Dix fois sous le gouvernement d'Alexandre Taschereau, trois fois sous celui de Maurice Duplessis, ces projets de loi ne passèrent pas la deuxième lecture et furent habituellement renvoyés à six mois, ou aux calendes grecques. Finalement, cinq mois après son arrivée au pouvoir, le gouvernement d'Adélard Godbout pilota à terme le projet de loi du Premier ministre qui accorda le suffrage aux Québécoises. Huit fois, les médecins participèrent activement aux débats et ce, dans les deux camps. À trois occasions, en 1932, 1933 et à l'automne 1936, ils parrainent même les projets de loi et rencontrent l'opposition de collègues de leur profession. Une brève analyse du contenu des discours échangés de part et d'autre du parquet montre une préoccupation toute spéciale pour la maternité ; on prétend que celle-ci influencera le comportement des femmes ou les rendra indifférentes aux devoirs électoraux.

Le Dr Anatole Plante, député libéral de Montréal-Mercier, spécialiste en hygiène infantile, s'est tôt fait l'apôtre de l'égalité politique des femmes. Il a appuyé le Bill Vautrin en 1931 et aux deux sessions

---

37 En ne comptant pas le projet de loi du conseiller législatif Henri Miles, en 1922, qui ne fut même pas mis aux voix.

suivantes il proposera lui-même l'amendement à la loi électorale en faveur du suffrage féminin. Ses discours tentent de rassurer les élus : si le rôle de la femme, selon Plante, ne se réduit pas à la maternité, elle exercera son droit de vote sans toutefois négliger ses devoirs de mère de famille[38]. Il réitère qu'elle doit être la «reine du foyer» mais sans être confinée exclusivement au royaume domestique. Que les adversaires se rassurent, «les femmes n'abandonneront pas leur foyer et leurs enfants pour venir écouter des discours politiques», et si, un jour, elles sont élues à l'Assemblée «elles y trouveront une place comme les fleurs qui ornent nos foyers»[39].

Il ne faut cependant pas croire que le docteur Plante, par ses envolées oratoires, veuille reléguer les femmes à la décoration. Leur fonction maternelle, on l'a vu, entraîne celles d'éducatrices, de soignantes, de réformatrices. L'exercice du vote permettra à celles-ci d'appuyer les réformes touchant l'éducation, la famille, le travail des femmes et des enfants. En leur accordant voix au chapitre, Plante croit rétablir une certaine justice car, dit-il, «par notre faute, nous les hommes, la femme a été arrachée au foyer et jetée dans la vie économique du pays»[40]. La participation économique, dont il semble qu'elles soient les victimes, devrait les entraîner à une participation politique. Le plaidoyer de Plante en faveur du suffrage féminin vise à apaiser les craintes de ses confrères en faisant confiance aux femmes pour ne pas déroger à leur premier devoir.

L'opposition conservatrice présente chaque fois un médecin pour réfuter le Dr Plante et chacun insistera sur la maternité menacée. Lors de la session de 1932, les féministes dénoncent le mauvais goût, voire la vulgarité, du député de Lévis, le Dr Arthur Bélanger, lorsqu'il affirme que les femmes ne veulent d'autres titres que celui de «reine du foyer» et non celui de «trotteuse de hustings»! Il poursuit: «Ce qu'on aime le mieux, c'est une femme qui s'occupe de ses affaires et qui reste à sa place. Le rôle de la femme, c'est le rôle de la maternité. Je ne dis pas pour cela qu'elle est une machine à élever les enfants.» Et de répéter le vieil adage: «La paternité est une croyance, la maternité, une certitude.»[41]

Un an plus tard, le Dr Ernest Poulin donne la réplique au Dr Plante. Léon XIII est invoqué pour confirmer «la nature et les aspirations différentes» des femmes et des hommes: «L'homme construit le foyer, la femme en a la garde.» La gardienne du foyer ne doit pas voter, poursuit-il, parce que ce serait aller contre l'enseignement religieux, contre l'ordre social, contre l'intérêt de la femme, d'où ruine de la société, de la femme, de la famille. Si, selon le Dr Poulin, la femme a l'énorme responsabilité de «tenir dans ses mains les destinées des hommes et des peuples», elle a quand même besoin de protection car l'orateur termine en expliquant: «Si nous voulons garder la femme

---

38 *La Patrie*, 21 janvier 1932.
39 *Le Canada*, 23 février 1933.
40 *Ibid.*
41 *La Patrie*, 21 janvier 1932.

reine du foyer, c'est que nous l'aimons. »[42] La question en litige semble plutôt le titre de reine que celui d'électrice et l'enjeu le foyer plutôt que le bulletin de vote. Bien que député d'un comté libéral urbain où les associations féminines sont assez dynamiques (Montréal / Laurier), le Dr Poulin est convaincu que les femmes refusent le suffrage; il propose donc un référendum où seules les femmes voteront.

Les disciples d'Esculape seront silencieux lorsque le dentiste Gaspard Fauteux (Montréal / Ste-Marie) présentera la Loi relative au vote des femmes en 1934. Par contre, en 1935, le Dr Pierre Gauthier, de Portneuf, se fera le principal adversaire du bill Rochette sur le suffrage féminin en présentant une motion pour le reporter à six mois. Gauthier fonde son argumentation sur sa qualité de médecin: c'est en tant que tel qu'il avait déjà appuyé le suffrage féminin, dit-il, et c'est comme médecin qu'aujourd'hui il s'y oppose. Sa profession lui dicte ses premiers devoirs: «Le médecin, affirme-t-il, aime trop profondément pour faire taire la voix de son devoir.» Son devoir est de sauvegarder la famille et «c'est en vertu de ce principe que l'enfant a besoin de sa mère que nous voudrions empêcher la femme d'obtenir le droit de suffrage».

À partir de 1936, le Dr Albini Paquette brandira le spectre de la maternité assiégée pour faire obstruction aux derniers projets de loi sur le suffrage féminin. À la session de mars 1936, son discours parsemé de sous-entendus, d'allusions à «la petite différence», à «celle qui s'occupe de réchauffer le nid», provoque les rires de l'Assemblée. Devant cet être qu'il voit «fait d'amour, d'abnégation, de choses admirables», Paquette ne peut se décider et s'abstient de voter.

À la deuxième session de 1936, comme à celle de 1938, il répétera le même message: la femme mérite sans doute le cens électoral, mais il faut le lui refuser parce que ce privilège détruirait les foyers. «La femme, si elle veut rester digne de son très noble rôle de mère, a le devoir impérieux de s'occuper avant tout de son foyer. Qu'on laisse donc la femme là où Dieu l'a placée.»

Outre son chef, Maurice Duplessis, c'est le Dr Paquette qui se fera jusqu'à la fin le porte-parole de l'opposition au vote des femmes. De 1936 au 12 avril 1940, il confirmera la séparation des sphères féminines et masculines, la différenciation des rôles, l'incompatibilité du rôle politique, même au niveau de l'électorat, avec celui, sublime, de mère de famille. Les médecins politiciens, de 1926 à 1940, sont aux toutes premières lignes des débats sur le rôle politique des femmes et majoritairement ils s'opposent à ce qu'elles puissent voter. D'un côté ou de l'autre, ils invoquent la protection de la maternité, protection garantie ou compromise par le statut civique.

---

42 *Le Canada*, 23 février 1933.

DOCUMENT B

Dans un essai remarquable intitulé *Canadian Political Parties (Historical Booklets N° 8*, 1964) le Professeur F.H. Underhill démontre que les partis politiques ont été, depuis l'alliance LaFontaine-Baldwin sous l'Union, le point de rencontre des «deux peuples fondateurs» dont la collaboration pouvait seule assurer la conduite des affaires publiques et affermir l'autorité du gouvernement fédéral sur l'ensemble de la nation. L'essai du Professeur Underhill s'arrête au gouvernement Saint-Laurent - Howe. Depuis, nous avons eu Pierre Trudeau et Brian Mulroney. Il est incontestable que M. Mulroney, par-dessus la tête de Bennett et Diefenbaker, a renoué avec la tradition de Macdonald. Mais il n'a pas jugé nécessaire pour autant de se donner un lieutenant qui symbolisât la présence française au sein de son parti. Tout comme M. Trudeau d'ailleurs qui n'a jamais cru utile d'avoir à ses côtés un Numéro Deux de langue anglaise. À mon avis cela tient au fait que MM. Trudeau et Mulroney, étant eux-mêmes symboliques, à l'évidence, du Canada bilingue et biculturel, n'ont jamais éprouvé le besoin d'un intermédiaire pour s'adresser aux uns et aux autres.

Responsible government implies well-organized parties because everything depends upon a party being able to maintain a stable majority in a representative assembly. What impressed Lord Sydenham, the first governor under the Union, was the chaotic condition of local politics. He didn't think Canadian politicians capable of forming stable parties. So he made *himself* the centre around which a cabinet would cohere. It was the function of a new coalition between French and English Reformers to prove the governor wrong in his judgement. But it took them several years to do so. The LaFontaine-Baldwin coalition didn't quite become a party in their day, and it broke up quickly when they retired in 1851. Nevertheless it is one of the great achievements in Canadian political history. It was the beginning of organized party government.

The LaFontaine-Baldwin coalition was also the first example of what has become the most striking and distinctive feature of our Canadian politics — the bi-racial party which for the moment overcomes differences between French and English and brings them together inside one party to conduct a government on principles on which they can agree. This first example was followed by the Liberal-Conservative party of John A. Macdonald and George E. Cartier in the 1850's — a coalition of French Canadians under Cartier with Church support, the English Canadians in Montreal business and in the Eastern Townships, the Upper Canadian Tories led by the moderate Macdonald, and a good many Upper Canadian Baldwin Reformers.

This coalition gradually solidified into a party under the skilful leadership of Macdonald and Cartier. It managed to hold office for most of a period of forty years from the mid-fifties to the mid-nineties. Under Macdonald the Upper Canadian Tories learned to abandon their high-and-dry anti-democratic and anti-French Family-Compactism and to become part of a genuinely popular party. Under Cartier the French Canadians abandoned their opposition to Montreal business and joined in a programme of railway building and economic expansion. The function performed by this French-English Liberal-Conservative coalition was taken over by Laurier's Liberal party after 1896, and by the King Liberal party after the bitter cleavage over conscription in 1917.

Apparently French and English have discovered that the only effective way in which the deep racial differences in Canada can be overcome is through a bi-racial party of this kind under a sort of joint leadership: LaFontaine-Baldwin, Macdonald-Cartier, Laurier-Fielding, King-Lapointe, St. Laurent-Howe. Apparently also the Canadian community is incapable of supporting two effective bi-racial parties at the same time. So the political scene is apt to be dominated for a generation or more by one of these parties until it has exhausted its capacity for leadership, when another party of the same bi-racial composition takes its place in control of government.

DOCUMENT C

Dans cette longue mise au point qu'Yves Laurendeau consacre au livre de Denis Monière, trois pages environ portent sur le sentiment religieux, plus justement le problème de la foi, chez André Laurendeau, son père:

L'agnosticisme d'André Laurendeau

Dans cette étude consacrée tout entière à la pensée d'André Laurendeau et à son évolution, M. Monière a choisi, Dieu sait pourquoi, de taire son agnosticisme. Une telle omission, étonnante en soi[6], me paraît d'autant moins admissible que M. Monière a pris la peine, dans ses chapitres III et IV, d'analyser divers aspects du catholicisme de Laurendeau durant les années 1930.

André Laurendeau a perdu la foi dès les années 1940. Mis à part les confesseurs, seule sa femme l'a su à cette époque. Plus tard, il s'en est confié à Charlotte Boisjoli. En 1964 et 1965, enfin, il l'a dit ou

---

[6] Trois des personnes que M. Monière a interviewées et qu'il remercie au début de son livre lui ont parlé de manière circonstanciée de l'agnosticisme d'André Laurendeau, en juin et en août 1983.

écrit à ses quatre aînés. Peut-être d'autres personnes ont-elles reçu cette confidence, mais cela semble assez peu probable.

Officiellement, extérieurement, Laurendeau a toujours tenu à se montrer croyant et pratiquant. Pourtant, il n'allait pas à la messe : cela pouvait être mis sur le compte de son agoraphobie, alibi idéal car elle n'était pas simulée, seulement un peu exagérée pour les besoins de la cause.

Sur les circonstances de la perte de la foi, sur les motifs de son silence, il s'est expliqué par écrit par deux fois, en 1964. D'abord, à mots couverts, dans le *Magazine Maclean*[7] ; puis, en termes clairs, dans une lettre à son fils Jean[8].

Dans sa lettre, il écrivait :

> Donc j'ai perdu la foi, et si je puis mettre une date sur cet aveu, c'est grâce à toi, qui ne t'en doutais guère. Tu as fait ta première communion le 19 mai 1945. D'habitude, à cette cérémonie, les parents communient eux aussi : je l'avais fait pour Francine deux ans plus tôt. Mais je venais de m'avouer que je ne le pouvais plus. Je me suis donc fait porter malade, et j'ai passé la journée dans mon lit — furieux de devoir jouer cette comédie. Je m'y croyais forcé : j'étais chef provincial d'un parti officiellement catholique, je siégeais comme député en face de Duplessis, dont le règne commençait. J'avais trente-trois ans. Je me débattais «contre le doute» depuis au moins sept ans, peut-être depuis dix ans (1935, mon arrivée à Paris), peut-être depuis toujours : il me semble que j'ai toujours oscillé de l'incroyance au fanatisme [religieux]. Mais en cette année 1945, il a fallu que je me rende, que je m'admette à moi-même : il n'y a plus rien, c'est fini.

> Il y avait eu deux sortes de motifs. Les uns étaient de type rationnel : «la non-universalité de l'Église après vingt siècles, le fait qu'on attrape sa foi avec sa race, par le hasard de la naissance» ; des objections, aussi, «sur l'historicité du Christ et la valeur mythique de son personnage». Les autres motifs étaient de type plus empirique ; en particulier la sensation que, quand on prie, on ne fait que se parler à soi-même.

> Dans ce temps-là, ton confesseur te dit : «C'est une tentation.» Mais il me semble que ce sont les parties les plus nobles de mon être qui sont engagées. «Orgueil». Merde au confesseur.

> Et on s'avoue enfin qu'on ne croit plus.

[7] *Le Magazine Maclean*, mai et juin 1964. Textes reproduits in *Ces choses qui nous arrivent*. 192-201.
[8] Lettre à Jean Laurendeau, juillet 1964. Ce document ne se trouve pas à la Fondation Lionel-Groulx, mais on avait offert à M. Monière de le lui montrer.

Notons qu'André Laurendeau ne fera jamais profession d'athéisme. Il jugeait que le terme d'agnosticisme correspondait mieux à l'absence de certitude où il se trouvait quant à la non-existence ou à l'existence d'un Dieu.

Une fois l'aveu fait à soi-même, puis à l'épouse, se pose le problème de l'attitude à adopter face aux enfants. Mais comment vous confier ce que vous n'auriez pas compris et [qui] vous aurait troublés? J'ai pris l'habitude du silence. J'ai failli la rompre huit ans plus tard: en 1953, tu avais 15 ans, Francine 17, je me sentais faux devant vous, devais-je vous parler? [Ta mère] et moi avons convenu que je prendrais le conseil d'un tiers: ce fut le P. Régis[9], dont j'avais aimé le dernier carême à l'École des Parents. Il n'a pas pris mon incroyance au sérieux, l'assimilant à une névrose, et il a opté pour le silence. J'ai donc continué de me taire. Au reste, j'avais peur d'une indiscrétion de jeune homme ou de jeune fille, et, *socialement, j'avais besoin du secret*[10], car j'étais journaliste à un quotidien catholique.

Ceci me posait un problème. Je me disais: ai-je le droit? le lecteur me prend pour ce que je ne suis pas. [...] J'en suis encore là: le secret m'est toujours socialement nécessaire, et je le trouve honteux, beaucoup moins cependant que jadis; j'en ai pris mon parti.[...]

J'ai (...) ressenti d'abord la perte de la foi comme un manque, un vide, ou même comme une infirmité. Je n'avais pas l'agnosticisme conquérant, mais honteux. Je n'aurais pas eu l'idée de m'en glorifier, mais de l'avouer, si je l'avais cru possible. Aussi me suis-je souvent reconnu dans *La ligne du risque*, de Pierre Vadeboncoeur.[11]

Ce genre de divorce d'avec son milieu et, en définitive, d'avec soi-même, André Laurendeau l'a évoqué dans sa chronique du *Magazine Maclean*, en la personne d'un marguillier de province «qui a trompé tous ses proches sur ce qu'il est» et qui s'en confesse à lui. Ce marguillier, bien évidemment, c'est Laurendeau lui-même, facilement reconnaissable sous le masque.

Quand [le marguillier] parle de sa foi perdue, du mensonge qu'il maintient auprès de tous, j'ai parfois la sensation d'être un confesseur, on dirait qu'il va me demander l'absolution.[12]

Pour le marguillier, révéler son incroyance aux siens qui n'y eussent rien compris, c'eût été rompre avec eux, devoir refaire sa vie ailleurs.

---

9 Louis M. Régis, dominicain.
10 Souligné par André Laurendeau.
11 Court essai de Pierre Vadeboncoeur paru dans *Situations*, 4e année, no 1 [1962]: 1-58 (reproduit, avec une ou deux retouches, in *La ligne du risque. Essais* (Montréal, HMH, 1963) (165-218).
12 André Laurendeau, *Ces choses...*, 197.

— Qu'auriez-vous fait à ma place? Je suis un brave homme d'athée, pas un héros...[13]

Alors il restait le silence, avec le sentiment de culpabilité, l'étouffement, la sclérose...

Le péché du marguillier, à ses propres yeux, ce n'était point de ne pas croire, mais de présenter à ses concitoyens une image fausse de lui-même. Il fallait enfin que quelqu'un sût qui il était, et le hasard m'a imposé d'être ce témoin.

L'intolérance de son milieu était-elle aussi redoutable qu'il le croyait? Il a sans doute eu tort, d'abord pour lui-même, de se cacher, mais non de craindre le scandale et la vengeance. [...] Le marguillier, en tant que non-conformiste, aurait été vomi par toutes les communautés étroites et homogènes : son chef-lieu ne fait pas tache, il est l'incarnation même des lois que vit une société fermée sur elle-même.[14]

Enfin, l'auteur disait écrire ce texte

en mémoire d'un pauvre diable englué dans ce marécage et qui n'a jamais réussi à se libérer — d'un notable de province entouré de l'estime de ses concitoyens parce qu'il n'avait pas contrevenu à leurs lois, s'étant au préalable soigneusement avorté lui-même.[15]

Comme M. Monière, je considère qu'*Une vie d'enfer* et *Deux femmes terribles*, les oeuvres littéraires les plus désespérées d'André Laurendeau, sont l'expression d'une sorte de non-être canadien-français, ainsi qu'un exutoire aux sentiments de culpabilité résultant d'une liaison amoureuse. Mais comment ne pas voir que l'instinct «d'autodestruction» (Monière, p. 246 et 255), la volonté de vous montrer pire que ce qu'on vous croit, l'insistance sur l'«hiatus entre les apparences et la réalité des êtres» (p. 257), y sont *aussi* l'expression à peine transposée de la culpabilité plus ancienne que lui faisait éprouver le secret de son incroyance, et, peut-être, les premiers pas en direction d'un aveu encore jugé impossible? M. Monière s'est privé là, à n'en pas douter, d'une clef importante pour comprendre l'évolution de Laurendeau et pour interpréter certains aspects de son oeuvre.

S'avancer, oui, mais sans devancer trop. N'étant pas armé des certitudes qui créent les prophètes, André Laurendeau n'a pas voulu la rupture. Plus qu'un Paul-Émile Borduas ou qu'un François Hertel, il a craint l'opprobre des siens. Il a préféré, à l'ostracisme ou à la stérilité d'un exil intérieur, l'assurance de pouvoir être entendu dans son milieu, de la tribune où il se trouvait déjà. Mais de quels déchirements, de quel mépris de soi n'a-t-il pas payé ce choix, avant de trouver, dans la cinquantaine, un début de réconciliation avec lui-même?

---

13 *Ces choses...*, 198.
14 *Ces choses...*, 200.
15 *Ces choses...*, 201.

DOCUMENT D

Voici les paragraphes essentiels des communiqués publiés, le 27 juin 1943, à Londres et à Washington:

1. His Majesty's government in the United Kingdom recognize the French Committee of National Liberation as administering those French overseas territories which acknowledge its authority and as having assumed the functions of the former French National Committee in respect of territories in the Levant. His Majesty's government in the United Kingdom also recognize the Committee as the body qualified to ensure the conduct of the French effort in the war within the framework of inter-allied co-operation.

2. The government of the United States take note with sympathy of the desire of the committee to be regarded as the body qualified to ensure the administration and defence of French interest. The extend to which it may be possible to give effect to this desire must however be reserved for consideration in each case as it arises.

On these understanding the government of the United States recognizes the French Committee of National Liberation as administering those French overseas territories which acknowledge its authority.

This statement does not constitute recognition of a government of France or the French Empire by the government of the United States.

DOCUMENT E

Il ne fait aucun doute que Roosevelt, sans se commettre de façon formelle, fut loin de s'opposer à la demande de Staline. Si, au cours de sa conférence de presse du 25 avril, il souleva la possibilité de réclamer que la représentation des États-Unis à l'Assemblée générale fût aussi portée à trois, ce fut uniquement pour se défendre des critiques que sa décision risquait de faire naître. Il suffit de lire, pour le constater, le compte rendu qu'en donne Donald Day dans son ouvrage déjà cité: *Franklin D. Roosevelt's Own Story.*

Q: Mr. President, do you think we will have a chance to talk with you again on other subjects before you go to the San Francisco Conference, such as the proposal of Russia that it get three votes in the Assembly?

FDR: I think you will see me several times before I go. It would really be great fun if I went on the air and simply read the things which have appeared in the papers.

Q: There certainly have been as many different interpretations as I have ever seen on anything.

FDR: As a matter of fact, this plea for votes was done in a very quiet way.

Stalin said to me: «You know there are two parts of Russia that have been completely devastated. Every building is gone, every farm house, and there are millions of people living in these territories. It is very important from the point of view of humanity — and we thought as a gesture they ought to be given something as a result of this coming victory. We thought it would be fitting to give them a vote in the Assembly — one is the Ukraine and the other is White Russia.» He asked me what I thought.

I said, «Are you going to make that request to the Assembly?»

He said, «I think we should.»

I said, «I think it would be all right, but I don't know how the Assembly will vote.»

He said, «Would you favor it?»

I said, «Yes, largely on sentimental grounds. If I were on a delegation which I am not, I would probably vote «yes».

That has not come out in any paper.

Then I said, «If the Conference in San Francisco should give you three votes in the Assembly, I do not know what would happen if I don't put in a plea for three votes in the States.»

It is not really of any great importance. It is an investigatory body only. I told Stettinius to forget it. I am not awfully keen for three votes in the Assembly. It is the little fellow who needs the vote in the Assembly.

Q: They don't decide anything, do they?

FDR: No.

DOCUMENT F

Mardi le 3 juin 1958, André Laurendeau publiait dans *Le Devoir* un article intitulé: «Le «cas» Jean-Louis Gagnon», quand j'étais la cible des bien-pensants. Ce papier paru dans la rubrique consacrée à *l'actualité*, en page éditoriale, venait curieusement au moment où je quittais, à toutes fins utiles, le Parti libéral provincial. Laurendeau est le seul journaliste qui ait jugé sain, à l'époque, de se porter à ma défense, bien qu'il me tînt avec raison pour un adversaire politique. Mais son témoignage est aussi un jugement sur notre milieu et c'est pourquoi j'ai cru utile de le retenir.

Le «cas» Jean-Louis Gagnon

Jean-Louis Gagnon a posé devant le congrès libéral le «cas» Jean-Louis Gagnon. Il est singulier. M'y étant arrêté à plusieurs reprises, et bien avant ce jour, j'ai le goût de le reprendre. On verra qu'un adversaire idéologique parvient à des conclusions assez voisines de celles de «l'accusé».

Jean-Louis Gagnon exerce une influence au sein du Parti libéral. Mais elle est sans commune mesure avec sa valeur. Par ses dons, de journaliste, d'orateur et d'écrivain; par sa culture, son goût des idées, l'aisance et la fougue avec lesquelles il les exprime; par la générosité de son caractère et de son esprit: cet homme mérite d'être au premier rang dans un parti plus riche en politiciens, organisateurs et trésoriers qu'en hommes.

Il a déjà pris des positions extrêmes. Il aima jadis le paradoxe, et son imagination flamboyante leur donnait un tour inoubliable. Il a sévèrement attaqué ses adversaires de choix (le soussigné doit en savoir quelque chose). Il a des idées qu'on ne peut toutes ramener à la tradition.

Mais s'il est discuté, cela tient moins à sa carrière, moins à des réactions propres aux libéraux, qu'aux campagnes de ses adversaires. Il est devenu leur cible préférée; non pour des motifs valables, et il y en aurait; non par le fait d'attaques directes, et certaines se justifieraient; mais par la rumeur, le pamphlet anonyme, les ragots, les allusions, à la fois claires et insaisissables, les pièces toujours invoquées d'un procès imaginaire.

— Mais quoi enfin?
— Ces propos de table, ces violences, ces écrits de jeunesse...
— Cela reste vague. Quoi encore?
— Cette amitié pour la Russie au temps de la guerre...
— Ne poursuivez pas: vous risqueriez de compromettre cent hommes d'affaires respectables, sans compter quelques prélats. En ces temps-là l'amour de la Russie se portait bien. L'État intentait à René Chaloult un procès où on lui reprochait notamment d'avoir ironisé sur «nos amis les Russes et nos frères les Chinois»...

Tout reste vague, confus, invérifiable. Mais que dans la réalité la pensée de Jean-Louis Gagnon proteste contre ces acoquinements; qu'il soit de toute évidence un vrai libéral quand il en reste si peu; que l'autre insinuation lancée contre lui, celle d'opportunisme, ne tienne pas puisque au sein d'un parti où l'argent est roi il a lutté contre les trésoriers et pour une démocratisation que le ministère secret des libéraux repousse de toutes ses forces; que la liberté même de son caractère et de ses propos rende ridicule l'accusation de communiste: on l'admet, et puis on recommence.

Ce qui paraît redoutable c'est qu'une semblable distorsion de la réalité soit possible. C'est que de braves gens y participent avec la sensation d'accomplir un acte de justice. C'est que l'abominable calomnie puisse, dans une certaine mesure, triompher d'un homme, rendre stérile une partie de ses efforts et seulement à moitié utile l'une des plus dynamiques personnalités politiques de notre milieu.

Qu'on lui tienne rigueur de ses positions réelles, qu'on l'attaque pour telle de ses idées qui paraît inacceptable : cela est légitime et sain. Il veut réformer un parti que pour ma part je crois irréformable ; son canadianisme paraît souvent naïf ; il n'accorde pas à l'État du Québec l'importance qu'il faut, à mon sens, lui reconnaître ; d'autres idées nous divisent. Pourquoi inventer des griefs qui sont, sur le plan moral, l'équivalent d'une escroquerie ? Pourquoi la bassesse des rumeurs qu'on invente à son sujet trouve-t-elle crédit auprès d'hommes qui s'efforcent, d'habitude, de pratiquer la charité ? Et par quelle étrange folie des partisans croiraient-ils apaiser les requins de la calomnie en leur jetant comme otages leurs meilleurs combattants ?

Au congrès, Jean-Louis Gagnon a fait front. On l'a acclamé. Son prestige paraît restauré. Cela regarde les libéraux. Mais ce qui regarde tous les esprits indépendants, c'est un problème plus général : il faut refuser les arguments faciles et lâches, fondés sur l'émotion et le préjugé, qui permettent de liquider un ennemi comme les bandits assassinent au coin d'une rue. Je me félicite que cette fois les calomniateurs aient raté leur victime.

ANDRÉ L.

DOCUMENT G

Le premier numéro des *Écrits du Canada français* parut aux Éditions HMH en septembre 1954. Robert Élie, Jean-Louis Gagnon, Gilles Marcotte, Gérard Pelletier, Paul Toupin et Pierre Elliott Trudeau constituaient alors le comité de rédaction. Pour mémoire, voici le texte de la *Présentation* qui explique la raison d'être des *Écrits*, suivi de la liste des écrivains désireux de s'associer à sa publication.

PRÉSENTATION

Fondés par un groupe d'écrivains qui n'ont d'autre objet que de servir la littérature d'expression française en Amérique, les ÉCRITS DU CANADA FRANÇAIS seront une collection d'oeuvres libres. Non pas qu'individuellement, chacun des collaborateurs répugne à tout engagement, mais bien parce que leur rencontre au sein d'une entreprise commune doit permettre, au contraire, le dégagement des tendances et des formes les plus actuelles de notre production littéraire.

En réunissant sous une même couverture quatre ou cinq textes qui n'ont pour seul lien qu'un même souci d'authenticité et de qualité intellectuelle, les ÉCRITS veulent offrir aux lecteurs canadiens et étrangers la possibilité de prendre contact avec divers aspects de la littérature canadienne-française contemporaine tout en fournissant aux écrivains un moyen commode de publication.

Périodiquement, les ÉCRITS publieront des oeuvres d'imagination: nouvelles, poèmes ou pièces de théâtre, et des essais d'intérêt général. En abordant l'étude des grands courants de pensée actuels, peu importe leur nature, les ÉCRITS entendent contribuer à l'examen des questions disputées qui sont la nourriture de tout humanisme.

Les signataires de cette présentation ont confié à un comité de rédaction le soin d'établir l'équilibre de chaque édition et d'assurer aux ÉCRITS une tenue littéraire qui en fasse un article d'exportation comme de consommation locale. Là s'arrête la responsabilité du comité de rédaction. Par définition, les ÉCRITS ne seraient plus une collection d'oeuvres libres s'il en était autrement.

Paul Beaulieu
Robert Charbonneau
Roger Duhamel
Robert Élie
Jean-Louis Gagnon
André Giroux
Lomer Gouin
Alain Grandbois
Éloi de Grandmont
Anne Hébert
Jean-Pierre Houle
Claude Hurtubise
André Langevin
Jeanne Lapointe

André Laurendeau
Roger Lemelin
Jean LeMoyne
Gilles Marcotte
Gérard Pelletier
Marcel Raymond
Ringuet
Guy Roberge
Roger Rolland
Guy Sylvestre
Paul Toupin
Pierre Elliott Trudeau
Roger Viau
Jean Vincent

DOCUMENT H

Ces pièces d'un dossier constituent l'arrière-plan ou la toile de fond d'une longue querelle de famille qui finira, un jour, par déborder le cadre étroit d'intérêts particuliers pour affecter la vie d'hommes et de femmes étrangers au conflit. On notera qu'il y est peu question de la nature juridique du conflit. On n'y fait allusion qu'indirectement. D'une part, la question m'échappe et, d'autre part, elle devait demeurer absente ou presque du débat public, — bien qu'essentielle. Je laisse à d'autres la tâche d'en traiter s'ils le jugent à propos. Mon but s'inscrit dans un contexte différent. Ceux qui auront la patience de lire ces documents, reproduits de *La Presse* dans leur ordre chronologique, comprendront mieux peut-être comment et pourquoi *Le Nouveau Journal* fut fondé.

---

1 — Le jeudi 19 janvier 1961

Un événement exceptionnel

La présidente de LA PRESSE

demande à Québec le droit d'instituer

la FONDATION

Berthiaume-DuTremblay

Le gouvernement provincial a été saisi, ce matin, d'une requête d'un caractère exceptionnel! Accueillie favorablement, cette requête sera le point de départ d'un vaste programme d'aide et d'encouragement.

Il s'agit d'une FONDATION, — la première du genre au Québec dont le produit, chaque année, sera affecté à des oeuvres philanthropiques, à l'avancement de la science et au progrès des arts et des lettres dans notre province.

Cette Fondation sera l'oeuvre de Mme P.-R. DuTremblay, fille du fondateur de *La Presse* et veuve de feu le sénateur DuTremblay qui, durant de longues années, assura le progrès de notre journal.

La requête ou la demande d'incorporation, qui a été déposée ce matin au bureau du Secrétaire provincial, est présentée conjointement par Mme Angélina Berthiaume (Mme DuTremblay), M. J.-Alexandre Prudhomme, c.r., et M. Jacques Bélanger, comptable agréé.

La requête qui s'adresse au lieutenant-gouverneur de la province précise que les personnes déjà nommées (et autres personnes qui pourront devenir membres de la corporation en voie d'institution) entendent créer un organisme qui portera officiellement le nom de FONDATION BERTHIAUME-DuTREMBLAY.

Les buts de la Fondation

Les requérants soulignent que les objets de la Fondation Berthiaume-DuTremblay sont les suivants : EMPLOYER LES REVENUS ET BIENS DE LA CORPORATION À DES FINS DE BIENFAISANCE, DE CHARITÉ, DE SECOURS AUX PAUVRES, INDIGENTS, PRISONNIERS, ENFANTS, VIEILLARDS, MALADES OU INFIRMES ; DES FINS D'ÉDUCATION, DE RECHERCHES MÉDICALES OU SCIENTIFIQUES ; D'ENCOURAGEMENT AUX LETTRES ET AUX ARTS ; D'AIDE À LA JEUNESSE ; D'ORGANISATION, ASSISTANCE ET SUPPORT D'HÔPITAUX, REFUGES, ASILES, CRÈCHES, UNIVERSITÉS ET AUTRES ÉTABLISSEMENTS D'ÉDUCATION OU D'ENSEIGNEMENT ET TOUTES AUTRES FINS DE MÊME NATURE, LE TOUT SANS RESTRICTIONS QUANT AUX CROYANCES RELIGIEUSES DES PERSONNES QUI, DIRECTEMENT OU INDIRECTEMENT, PEUVENT BÉNÉFICIER DE TEL EMPLOI DES REVENUS ET BIENS DE LA CORPORATION.

Puis dans le style propre à ces sortes de documents, la requête indique tous les droits qui pourront être ceux de la Fondation de même que les devoirs qu'elle devra assumer.

Est-il nécessaire d'indiquer ici que Mme Pamphile DuTremblay est présidente de la Compagnie de Publication de LA PRESSE Limitée ; que Me J.-Alexandre Prudhomme est président du conseil d'administration de cette compagnie et que M. Jacques Bélanger est directeur général adjoint.

☆ ☆ ☆

La FONDATION BERTHIAUME-DuTREMBLAY aura bientôt pris le départ. Son action se révélera éminemment féconde et précieuse. Le but qu'elle poursuivra est à ce point vaste et généreux qu'il convient de saluer sa mise en oeuvre au titre d'un événement.

---

2 — Le samedi 25 février 1961

Mise au point

Le comité des bills privés de l'Assemblée législative devra considérer, dans un avenir prochain, deux projets de loi concernant la structure financière de LA PRESSE et la réorganisation de son conseil d'administration. L'un, déposé par MM. Gilles, Arthur et André Berthiaume et leur soeur, Mme Gabriel Lord (née Marie Berthiaume), vise à enlever, pour leur bénéfice personnel, à Mme P.-R. DuTremblay, fille de l'hon. Trefflé Berthiaume et veuve du sénateur DuTremblay, la direction effective de la Compagnie de Publication de La Presse Limitée.

Le second, car il a été déposé subséquemment, a pour seule requérante Mme P.-R. DuTremblay, et a pour but d'obtenir le droit d'acquérir, moyennant dédommagement équitable en espèces, les actions du capital social de la Compagnie de Publication de La Presse Limitée, présentement détenues par les fiduciaires nommés en vertu du testament ou de la donation de l'hon. Trefflé Berthiaume, fondateur de LA PRESSE. Ce dernier projet de loi permettra au plus grand quotidien français d'Amérique, devenu propriété d'une Fondation canadienne-française, de jouer pleinement son rôle comme institution nationale du Canada français. Le produit de la vente des actions sera placé par les fiduciaires dans d'autres valeurs au profit des héritiers éventuels, le tout en conformité des désirs du testateur.

Ce n'est pas la première fois que ceux-là mêmes qui ont construit LA PRESSE se voient forcés de défendre son intégrité jusque devant le Parlement provincial. Saisi d'un projet de loi dont les requérants étaient précisément M. Arthur Berthiaume et Mme Gabriel Lord, le gouvernement Duplessis, en 1955, ordonna à la Compagnie de Publication de La Presse Limitée de construire un nouvel immeuble — ceci dans un délai extrêmement court — et de procéder à son rééquipement. Ce qui fut fait. Mais les charges financières imposées à l'entreprise furent telles qu'il fallut couper tout dividende aux actionnaires. C'est là le seul reproche que les requérants du premier bill font aujourd'hui à la direction du journal. Mais on oublie que celle-ci, pour faire face aux obligations qu'elle avait dû assumer à la demande expresse des requérants du bill de 1955, fut forcée de recourir à un emprunt de plusieurs millions.

Le gouvernement pourrait être tenté de répondre aux uns et aux autres qu'il n'est pas tenu de remplir le rôle d'un tribunal de dernière instance. En vérité, seule une loi peut aujourd'hui modifier ou changer la loi de 1955 et fournir à la direction actuelle du journal le moyen d'administrer, dans l'unité et la concorde, une entreprise qui emploie près de 1,300 personnes.

La question posée dépasse largement la personnalité de ceux qui se présenteront devant le comité des bills privés. Certes, les députés devront juger de quel côté sont la raison et le sens commun. Mais il y a un moyen fort simple d'y parvenir. Il suffit, en effet, d'analyser les mobiles qui font agir chacun des requérants. Si, d'une part, on n'invoque que l'intérêt personnel, d'autre part, on tient compte des besoins de l'entreprise, de son progrès et des services qu'elle doit rendre à la communauté canadienne de langue française.

À ce propos, on nous permettra peut-être d'attirer l'attention de nos lecteurs sur le fait que tout Canadien français, quelle que soit sa situation sociale ou son allégeance politique, a le devoir de protéger l'ensemble des entreprises qui constituent l'acquis économique de notre groupe ethnique. Dans une conférence à laquelle nous avons fait écho, le Premier ministre, M. Jean Lesage, après avoir fait le bilan de l'effort soutenu de plusieurs maisons d'édition et de publication du Canada anglais pour «occuper» le marché québécois de langue française, soulignait en termes non équivoques le danger d'une culture dite de traduction. LA PRESSE est véritablement la seule grande entreprise de presse du Canada français. Mais que demain sa stabilité économique soit ébranlée, que l'aventure se substitue à la raison, qu'elle cesse enfin d'être en mesure de faire face à ses obligations financières et il pourrait arriver qu'elle passât, corps et âme, en des mains étrangères.

À l'occasion d'un conflit de ce genre, la tentation peut être grande pour tout parti politique au pouvoir de souhaiter un accommodement rentable avec l'une des parties en présence. Précisément parce que sa mission est d'éclairer l'opinion et non de gouverner, LA PRESSE ne saurait renoncer à son indépendance. Notre journal, qui sera toujours au service du peuple, ne sera jamais à la solde d'un parti. Qu'ils soient au pouvoir ou dans l'opposition, après les avoir tous traités avec une égale justice, nous nous réservons le droit de juger tous les partis et leur personnel politique. La neutralité a toujours été une forme d'abstention. L'indépendance véritable a d'autres exigences et nous voulons croire que tous les hommes publics, mandataires du peuple, le comprendront.

Tous les jours, notre journal pénètre dans plus de 300,000 foyers du Québec. L'impartialité de son information, son dévouement aux causes populaires et l'usage qu'il sait faire de son indépendance lui valent d'être considéré comme «l'ami du peuple». Compte tenu de son rayonnement et de la place qu'il occupe dans le milieu canadien-français, sa situation n'est comparable à celle d'aucune autre entreprise de presse. C'est afin de s'assurer que cette mission ne sera pas interrompue, paralysée par des intérêts secondaires, que la présidente de LA PRESSE, Mme DuTremblay, a voulu qu'une Fondation soit instituée et que les revenus du capital employé servent à l'avancement des sciences, des lettres et des arts comme au progrès social du Canada français.

Il serait inacceptable à la raison que l'oeuvre amorcée soit compromise par une coalition d'intérêts connus et d'ambitions inavouées.

LA PRESSE a besoin d'une direction éclairée, stable et vigilante. D'où le projet de loi dont Mme DuTremblay est la seule requérante parce que, des trois fiduciaires, elle est la seule qui ne demande rien d'autre à LA PRESSE que l'honneur de servir.

LA DIRECTION

Mme P.-R. DuTremblay, trois directeurs et le chef de la rédaction quittent LA PRESSE

Mme P.-R. DuTremblay a remis, ce matin, sa démission aux membres du conseil d'administration réunis en assemblée plénière. Elle quitte la présidence de la Compagnie de Publication de La Presse Limitée dont elle était aussi la directrice générale.

Trois autres directeurs ont résigné leurs fonctions et le conseil en exercice a aussi ratifié la démission du chef de la rédaction.

Madame DuTremblay a tenu à annoncer elle-même aux chefs de service sa démission et celle de:

M. Jacques Bélanger, C.A., directeur général adjoint;

M. J.-Alex. Prud'homme, C.R., président du conseil d'administration;

M. C.-Antoine Geoffrion, C.R., secrétaire de la compagnie;

M. Jean-Louis Gagnon, chef de la rédaction.

Dans une déclaration écrite, Mme DuTremblay précise que le gouvernement provincial ayant indiqué qu'il n'avait pas l'intention de donner suite au projet de loi déposé au comité des bills privés, elle n'est plus en mesure de garantir l'avenir de LA PRESSE et qu'il existe un danger que cette institution glisse en des mains étrangères. D'où sa démission.

De leur côté, dans une déclaration conjointe, MM. Jacques Bélanger et Jean-Louis Gagnon affirment qu'ils se voient forcés de remettre leur démission: «Nous quittons LA PRESSE parce que les réformes de structure qui avaient été envisagées deviennent impossibles à réaliser. L'attitude du gouvernement provincial concernant le projet de loi de Mme DuTremblay ne nous laisse aucun autre choix.»

L'assemblée générale annuelle de la Compagnie de Publication de La Presse Limitée ayant lieu le 27 avril prochain, ce n'est qu'à cette date que les démissions données prendront effet, ou à une date ultérieure si cela est légalement nécessaire. Fiduciaire en vertu de la succession de l'hon. Trefflé Berthiaume, Mme DuTremblay doit démissionner à ce titre devant un juge de la Cour supérieure.

Il est entendu qu'étant héritière au premier degré de feu son père, Mme DuTremblay conserve ses intérêts dans la compagnie.

Précisons enfin que Mme DuTremblay a demandé à ses procureurs de retirer le projet de loi dont elle avait saisi le comité des bills privés après que MM. Gilles, Arthur et André Berthiaume, ainsi que leur soeur, Mme Marie Lord, eurent eux-mêmes déposé un bill à Québec.

Déclaration conjointe de MM. Bélanger et Gagnon

Ce n'est pas sans avoir longuement réfléchi à la gravité de leur décision que les signataires de cette déclaration ont pris la résolution de rendre leur démission publique et d'en informer immédiatement les lecteurs de LA PRESSE. Ayant hérité d'une situation de fait, où la division ne le cédait qu'à l'absence des structures nécessaires, ils se sont efforcés, durant toute la durée de leur mandat, de créer au sein de l'entreprise un climat de confiance en recherchant d'abord une stabilité qui ne fut pas ennemie du progrès. Sachant l'importance de leur tâche, ils ont voulu faire de LA PRESSE le premier quotidien du Canada et doter le Québec d'un journal qui eût toutes les caractéristiques d'une institution nationale.

Nommé vérificateur de la Compagnie de Publication de La Presse Limitée en avril 1957, l'un des signataires, Jacques Bélanger, C.A., ne devint directeur général adjoint du journal qu'en avril 1959; ceci sur une base temporaire, à temps partiel, puisqu'il n'entendait pas renoncer à l'exercice de sa profession. LA PRESSE devait alors faire face à de grandes difficultés. La tâche était fort lourde et, en acceptant de la partager avec la présidente, il y vit l'occasion de servir ses compatriotes. Dans l'intervalle, soit en décembre 1958, le second signataire, Jean-Louis Gagnon, journaliste, avait été nommé chef de la rédaction.

Le sénateur DuTremblay était mort en 1955. Déjà divisé, le conseil se trouvait partiellement réduit à l'impuissance et l'administration proprement dite laissait à désirer. Malheureusement, il devait s'écouler plusieurs années avant que le cours des choses pût être changé. En avril 1957, soit avant l'arrivée des signataires à LA PRESSE, l'état général de l'entreprise ne prêtait pas à l'optimisme. Non seulement le tirage du journal avait sensiblement baissé, mais LA PATRIE, sous la direction personnelle de M. Gilles Berthiaume, était en perte de vitesse. L'administration était à refaire.

D'autant plus que la loi de 1955, en obligeant la compagnie à construire un nouvel immeuble et à renouveler son équipement technique avant que les réserves nécessaires aient été constituées, avait créé une situation telle qu'on pouvait déjà constater qu'il faudrait éventuellement négocier un emprunt de plusieurs millions. Les plans prévus étaient inadéquats, l'équipement qu'on se proposait d'acheter était insuffisant, il fallait donner suite au projet d'un plan de pension et, pour toutes fins pratiques, repenser le journal.

C'est en octobre 1958 qu'eut lieu l'arrêt de travail. Il se prolongea treize jours. Le tirage de LA PRESSE était alors de l'ordre de 232,000. Dès la rentrée, il fallut se mettre à la besogne pour négocier les nouveaux contrats de travail tout en préparant le déménagement dans le nouvel immeuble.

On nous avait dit que les presses qu'on était à monter pourraient tourner dès le mois de juin. En fait ce n'est qu'un an plus tard, en octobre 1959, qu'il fut possible de changer d'immeuble. Notre premier soin avait été de créer un sentiment d'unité au sein du personnel. Mais tout en travaillant à refaire les cadres au niveau de la direction, notre tâche la plus urgente restait à relancer le journal afin que son tirage en flèche puisse nous permettre de faire face aux engagements contractés.

L'équipe rédactionnelle donna à plein. Renouvelé, le journal devait connaître une popularité nouvelle. Dès le début de 1959, le Montréalais moyen se mit à parler de «La Presse nouvelle».

À l'époque, le journal était plafonné à 64 pages et l'équipement technique ne permettait pas d'augmenter, entre 10 heures du matin et 4 heures de l'après-midi, le tirage de LA PRESSE. Les rotatives tournaient au maximum de leur capacité. Le quotidien est un produit périssable, en ce sens que tout exemplaire qui n'est pas vendu aux heures prévues se transforme du coup en papier d'emballage. Ce qui explique pourquoi le tirage ne pouvait être augmenté en faisant tourner les presses après la fermeture des usines et des bureaux. Pour toutes fins pratiques, c'est en commençant plus tôt et non en finissant plus tard qu'on pouvait mettre plus d'exemplaires en circulation. Mais où les vendre sinon en Mauricie, dans les Cantons de l'Est, à Québec et au Saguenay? D'où l'édition provinciale puisque celle-ci répondait aussi à cet autre impératif: fournir au Canada français un journal populaire qui fût à la hauteur de ses aspirations.

L'équipe qui s'était constituée pour assumer la direction effective du journal se buta constamment à l'opposition de ceux des membres du conseil d'administration qui, aujourd'hui, demandent au gouvernement de la province de leur abandonner le contrôle de LA PRESSE. C'est dans ce climat chargé d'hostilité, qu'il fallut mettre la dernière main au déménagement et négocier un emprunt de plusieurs millions. Soit par leur attitude négative, soit en s'abstenant, ces directeurs ne firent qu'ajouter aux difficultés inhérentes à cette phase de transition.

Le déménagement se fit en octobre 1959. Comparativement au même mois de l'année précédente, notre tirage était passé de 232,000 environ à 254,000 et plus. Les faits nous donnaient raison. Tel que prévu le rodage du nouvel équipement fut assez long. Pour faire face aux impondérables d'une exploitation à ses débuts, il avait fallu prendre des décisions rapides, parer au plus pressé et, parfois, improviser des solutions. Il y eut conséquemment une période de rajustement. Malheureusement ceux qui, dans le passé, s'étaient opposés à tout persistèrent dans leur dissidence quand la nouvelle administration, désireuse de faire face à ses obligations financières tout en assurant le progrès du journal, décida, comme elle l'avait fait depuis quelques années, de couper tout dividende.

En octobre 1960, le tirage de LA PRESSE atteignait 275,000. Nous avions conscience d'avoir accompli honnêtement notre mandat. Mais l'opposition, refusant de désarmer, avait posé un geste irrémédiable.

Lorsque MM. Gilles, Arthur et André Berthiaume ainsi que leur soeur, Mme Marie Lord, déposèrent à Québec un projet de loi dans lequel ils demandaient conjointement que le contrôle de LA PRESSE fût enlevé à Mme P.-R. DuTremblay, présidente et directrice générale du journal, il devint évident que la situation ne pouvait durer plus longtemps. Ils n'avaient pas la confiance des bailleurs de fonds ni celle des principaux chefs de service. Après le décès du sénateur DuTremblay survenu en 1955, Mme DuTremblay avait prévu que ses biens personnels serviraient à instituer une fondation. Désireuse d'assurer la continuité de LA PRESSE, elle décida de faire échec au bill déjà déposé à Québec en présentant son propre projet de loi.

Sous l'empire de ce nouveau bill, LA PRESSE serait devenue propriété de la Fondation après qu'on eut dédommagé largement les héritiers éventuels. Le départ de MM. Gilles et Arthur Berthiaume aurait permis la réorganisation du conseil d'administration où l'entrée des chefs de service était prévue. Le gouvernement provincial ayant indiqué qu'il n'avait pas l'intention de donner suite au projet de loi dont Mme P.-R. DuTremblay était la seule requérante, celle-ci donna instruction à ses procureurs de le retirer.

LA PRESSE est aujourd'hui une entreprise saine et rentable. En février dernier, son tirage, en semaine, était de l'ordre de 298,000 et, le samedi, il atteignait en moyenne 326,000. Se classant au premier rang des journaux canadiens, LA PRESSE, en 1960, vit son volume de publicité dépasser trente millions de lignes agate. C'est donc un journal en plein essor que nous remettons à ceux qui devront prendre la relève. Le coût de production ayant lui-même été réduit, sa stabilité paraît normalement assurée.

Certes tout ceci n'a pu se faire, n'a été fait, qu'avec le concours et l'appui constants des chefs de service et du personnel. En dépit d'une situation que tous connaissaient, leur dévouement envers l'entreprise fut tel que le programme d'expansion, jumelé avec le déménagement dans le nouvel immeuble, fut conduit à bon terme. Il convient ici de rendre au directeur des ventes M. J.-P. Hogue, un témoignage mérité. Tant à la direction du service de la publicité qu'à celui du tirage, M. Hogue fut l'un des artisans de ce que le public appelle encore «La Presse nouvelle».

Nous quittons LA PRESSE parce que les réformes de structure qui avaient été envisagées deviennent impossibles à réaliser. L'attitude du gouvernement provincial concernant le projet de loi de Mme Du-Tremblay ne nous laisse aucun autre choix. La continuité de l'entreprise ne pouvant plus être garantie, du moins à nos yeux, par un conseil d'administration capable d'assumer les responsabilités requises, nous jugeons conséquemment que le mieux à faire est de laisser à d'autres la tâche de poursuivre une oeuvre à laquelle nous nous sommes donnés sans marchander comme le prouvent les résultats obtenus.

Jacques Bélanger
directeur général adjoint
Jean-Louis Gagnon
chef de la rédaction

Intervention de l'UN au sujet
des démissions à LA PRESSE

M. Lesage expose
son point de vue

QUÉBEC (J.M.) — La démission de la présidente de la « Compagnie de publication de La Presse », Mme P.-R. DuTremblay, de trois autres directeurs de cette entreprise et de son chef de la rédaction a eu des échos hier après-midi pendant la séance de l'Assemblée législative. À la suite d'une intervention de M. Daniel Johnson, député UN de Bagot, M. Jean Lesage, chef du gouvernement, a exposé son point de vue devant la demande des avocats de Mme P.-R. DuTremblay, désireuse d'instituer la « Fondation Berthiaume-DuTremblay ».

M. Johnson: « Dans son édition finale d'hier, LA PRESSE rapportait la démission de Mme P.-R. DuTremblay et de directeurs du journal. D'après leurs déclarations, il semble que le gouvernement a refusé d'étudier un projet de loi présenté au nom de la « Fondation Berthiaume-DuTremblay ». S'il est exact que les autorités provinciales ont décidé de ne pas procéder à l'étude du bill, je tiens à faire valoir les privilèges des membres de cette Chambre. Quand un projet de loi est soumis au Parlement, il appartient à tous les députés d'en prendre connaissance et de fixer son sort. »

Le député de Bagot note toutefois que, dans le cas de la « Fondation Berthiaume-DuTremblay », il a pu ne s'agir que d'une « pétition-fantôme ».

Dans sa réponse, le premier ministre explique :

« Les avocats de Mme DuTremblay m'ont exposé les dispositions du bill et m'ont demandé si, le gouvernement et moi-même, nous serions disposés à recommander à l'Assemblée législative l'adoption de ce projet de loi.

« On voulait que le Parlement autorise le paiement de montants précis aux héritiers, montants fixés dans le bill et que les représentants de la famille Berthiaume trouvent insuffisants.

« J'ai dit aux avocats de Mme DuTremblay que, s'ils s'entendaient avec les enfants Berthiaume sur des sommes acceptables par les deux parties, je recommanderais à la Chambre d'approuver le projet de loi.

« J'ai aussi ajouté qu'il n'appartient pas aux législateurs d'établir unilatéralement un prix. Cela serait une expropriation pure et simple, qui équivaudrait à une spoliation.

« Si Mme DuTremblay a retiré son bill, c'est probablement à la suite de la réponse que je viens de vous rapporter.

« Il y a un principe que j'ai toujours suivi : il ne nous appartient pas de léser des intérêts existants, et donc d'exproprier les enfants Berthiaume contre leur gré à un prix absolument insuffisant. »

M. Talbot

Appuyant M. Johnson, M. Antonio Talbot, chef de l'Opposition, fait observer qu'il s'agissait non pas d'un projet de loi du gouvernement, mais d'un bill privé; le problème intéressait donc tous les membres de la Chambre basse et devait être porté à leur attention.

M. Lesage: «Je n'ai pas empêché d'imprimer le projet de loi. Ce sont les avocats de Mme DuTremblay qui ont décidé de ne pas le faire. Sinon j'aurais recommandé de suivre la procédure ordinaire et j'aurais envoyé le texte au comité des bills publics dont je suis le président...»

Le premier ministre dit encore: «Ce n'est pas moi qui ai couru après les avocats; ce sont eux qui sont venus me consulter personnellement; et c'est à la suite de ma réponse qu'ils ont décidé de retirer leur projet de loi.»

M. Talbot proteste parce que le chef du gouvernement l'a interrompu; et le leader de l'Opposition réaffirme que M. Lesage n'a pas respecté les droits de la députation, car il n'appartient pas au premier ministre, dit-il, de décider, seul, si un bill privé doit être présenté, oui ou non, à l'Assemblée législative.

Le chef du gouvernement riposte: «Il n'est pas permis au député de Chicoutimi de prétendre qu'on a violé les prérogatives des membres de la Chambre basse.»

Il ajoute: «Je ne fais pas fi des droits de l'Assemblée législative quand je donne mon avis sur un problème si on me le demande. J'ai exprimé mon opinion comme je le pouvais d'après le règlement; mais le chef de l'Opposition, lui, ne devait pas donner la sienne puisqu'on ne la lui avait pas demandée...»

M. Talbot veut prendre la parole. Il s'ensuit un chahut marqué de bruyantes protestations du côté ministériel. Le président Lucien Cliche déclare que le débat est clos. Le député de Chicoutimi n'accepte pas ce verdict et interjette appel devant l'Assemblée.

Par 45 contre 28, la majorité gouvernementale appuie M. Cliche.

---

6 — Le lundi 24 avril 1961

Lettre
ouverte
au
premier ministre

M. le Premier ministre,

Il y a longtemps que je voulais vous écrire. J'avais songé à le faire au lendemain de mon premier voyage à Québec, le 26 janvier dernier. En vain j'avais tenté d'obtenir, de votre part, un entretien privé. Le 2 février, mes procureurs, à ma demande, vous ayant écrit à ce sujet, de nouveau je me rendis à Québec, mais sans plus de succès. C'était le 6 février. Je n'avais pas hésité à faire ces démarches, car je les croyais nécessaires au bien du journal auquel mon père et mon mari ont donné beaucoup. Lorsqu'il devint évident que vous vous refusiez à cet entretien, je fus sur le point de vous écrire. Mais je ne voulais pas forcer votre porte et, de plus, je croyais qu'il valait mieux m'en remettre à votre jugement. Certes nous devions nous rencontrer; mais beaucoup plus tard, quand déjà vous aviez décidé que ma place n'était plus à la direction de LA PRESSE. Ce jour-là, à votre demande, j'étais accompagnée de mes procureurs et de ceux qui, depuis, ont jugé nécessaire de résigner leurs fonctions. Puis-je vous dire, M. le Premier ministre, que cet entretien me fut pénible? Vous aviez déjà choisi votre voie. Ce qui veut dire qu'il ne me restait plus qu'à trouver le courage de quitter cette maison dont j'ai presque l'âge...

Mais vous sachant pressé, permettez-moi d'en venir aux faits.

J'ai pris connaissance, par les journaux, de votre déclaration à l'Assemblée législative, jeudi dernier, concernant le projet de loi, maintenant retiré, dont j'avais saisi le comité des bills privés. J'ai noté que tous ont rapporté de façon identique les réponses que vous avez données aux questions qui vous furent posées. Le compte rendu de la Presse Canadienne étant semblable à ceux de tous les courriéristes parlementaires qui ont assisté au débat, je suis forcée d'en conclure qu'on a rapporté fidèlement vos paroles. Malheureusement, il s'est glissé, dans votre interprétation des faits, certaines erreurs ou demi-vérités qui sont de nature à tromper l'opinion publique et vos collègues de la Chambre.

Entre autres choses, je note que vous avez parlé de «spoliation» et que, selon vous, mes procureurs n'ont pas «donné suite» à mon projet de loi. Mais surtout je retiens de votre exposé cette phrase qui, vous le reconnaîtrez, donne à croire que j'ai cherché à dépouiller de leurs biens ma nièce et mes neveux:

«Il y a un principe que j'ai toujours suivi: il ne nous appartient pas de léser des intérêts existants et donc d'exproprier les enfants Berthiaume contre leur gré à un prix absolument insuffisant.»

Je ne doute pas, monsieur, que vous ayez des principes. Mais croyez bien que je n'en suis pas dépourvue et qu'à mon âge d'autres mobiles vous animent que la passion du gain. Ces choses-là ne s'emportent pas en Paradis!

Toutefois, avant d'aborder ce sujet, je voudrais rectifier les faits en ce qui concerne mon projet de loi et la façon dont vous en avez disposé. Comment pouvez-vous dire, M. le Premier ministre, que «ce projet de loi ne s'est pas matérialisé», quand il fut en fait présenté en première lecture au comité des bills privés? Comment pouvez-vous oublier qu'à plusieurs reprises mes procureurs ont demandé qu'on le donnât à l'impression? À cause de sa forme, le bill, avez-vous dit, était «irrecevable». À votre demande, il fut décidé de remplacer le mot «incompétents» (lequel désignait les enfants Berthiaume considérés comme administrateurs) par un terme acceptable à vos conseillers. Dès ce moment rien ne pouvait plus s'opposer à l'impression du bill — si ce n'est apparemment l'intérêt de certains membres de ma famille représentés par Me Claude Ducharme, président du comité de publicité de votre parti et de la commission de propagande de la Fédération libérale du Québec, beau-frère de M. Arthur Berthiaume. C'est alors, qu'allant jusqu'au bout de votre pensée, vous m'avez informée que mon projet de loi, devenu «recevable» par suite du changement apporté à la forme, demeurait pour vous «inacceptable» dans sa substance. À telle enseigne que le bill demeura sur votre table jusqu'au jour où je pris la décision de vous rendre la tâche facile en donnant instruction à mes procureurs de le retirer tout simplement.

Si, par la suite, je pris la décision de résigner mes fonctions, de démissionner, c'est que la situation qui m'était faite ne me laissait aucun autre choix. Il importe en effet de ne pas oublier que ce sont MM. Gilles, Arthur et André Berthiaume ainsi que leur sœur, Mme Marie Lord, sur les conseils de Me Claude Ducharme, qui les premiers ont déposé à Québec un projet de loi à l'effet de m'écarter sans plus de la direction effective du journal. J'ai retiré mon bill parce que vous-même m'avez dit qu'il était «inacceptable». Si l'autre projet de loi, après avoir été imprimé, se trouve toujours devant le comité des bills privés, c'est évidemment que, ne l'ayant pas jugé «inacceptable», vous n'avez pas demandé aux requérants de le retirer. Il existe quand même une logique des faits dont il faut tenir compte!

Je m'étonne, M. le Premier ministre, que vous ayez parlé de «spoliation». Les faits ne sont nullement conformes à l'interprétation que vous en avez donnée. «Il ne nous appartient pas, avez-vous dit, de léser des intérêts existants, et donc d'exproprier les enfants Berthiaume contre leur gré à un prix absolument insuffisant.» Vous savez bien pourtant que le testament de mon père non seulement n'interdit pas la vente du journal, mais qu'il la prévoit. En ce qui concerne le prix offert, je comprends mal votre attitude. N'avons-nous pas reconnu qu'il pouvait être, en effet, difficile pour le législateur de l'établir correctement et proposé en conséquence qu'une maison responsable soit chargée de le faire? De toute façon, compte tenu des engagements financiers contractés et des responsabilités qui pèsent sur l'entreprise, les héritiers éventuels, dans l'occurrence ma nièce et mes neveux, auraient été largement dédommagés en obtenant le moyen de s'assurer chacun un revenu annuel de $50,000 à $60,000. Depuis quand, M. le Premier ministre, l'homme qui vend sa maison n'est-il pas tenu de rembourser le prêt hypothécaire antérieurement contracté? LA PRESSE vaut ce qu'elle vaut — moins les dettes, c'est-à-dire l'emprunt négocié en février 1960 et le passif constitué par le plan de pension qui est en vigueur depuis le 1er janvier 1958.

Comment ne pas voir que la vérité est ailleurs?

Croyez-moi. Le projet de loi présenté par ma nièce et mes neveux, en demandant qu'on m'enlève la direction effective de LA PRESSE, n'a jamais eu d'autre objet que celui de leur fournir le moyen de retirer de l'argent, toujours plus d'argent, d'une entreprise dont la seule importance, à leurs yeux, est d'être une source de revenus substantiels.

Le bill 122, leur bill, le proclame en toutes lettres.

Que disent les pétitionnaires pour justifier leur action?

La réponse se trouve à la page 7: «Que plusieurs des bénéficiaires du revenu et héritiers se trouvent présentement dans une situation précaire.»

Que demandent les mêmes pétitionnaires?

Tout simplement de me retirer le contrôle de l'entreprise afin qu'ils aient la voie libre. La requête est là, clairement exprimée, à la page 9, article 3, paragraphe s.

Et pourquoi faire?

Eux-mêmes le disent à l'article 5, page 10:

«Les fiduciaires en vertu de la donation devront faire des avances aux bénéficiaires du capital de la donation pour leur permettre de subvenir à leurs besoins selon leur situation sociale, et lesdits fiduciaires sont autorisés, à ces fins, à emprunter tout montant d'argent qu'ils jugeront nécessaire et à fournir toute garantie au prêteur et, en particulier, sans limiter ce qui précède, à donner en gage toutes ou partie des actions communes faisant l'objet de la donation.»

L'article est suffisamment clair pour qu'il ne soit pas nécessaire d'en préciser la portée. Mais puisque je suis attaquée dans mon honneur, accusée de «spoliation», je me dois, M. le Premier ministre, de porter certains faits à la connaissance du public.

Le bill affirme que «plusieurs des bénéficiaires se trouvent présentement dans une situation précaire» et demande en conséquence qu'on leur accorde le droit de «donner en gage des actions communes» afin qu'ils puissent «subvenir à leurs besoins selon leur situation sociale».

Savez-vous, M. le Premier ministre, combien d'argent ces mêmes personnes ont reçu de 1947 à 1956?

M. Gilles Berthiaume a reçu plus de $1,000,000.

M. Arthur Berthiaume a reçu plus de $500,000.

M. André Berthiaume a reçu plus de $500,000.

Mme Marie Lord a reçu plus de $500,000.

Ce qui fait un total dépassant $2,500,000, somme à laquelle il convient d'ajouter les jetons de présence et le traitement annuel versés à MM. Gilles et Arthur Berthiaume.

Que certains d'entre eux se trouvent aujourd'hui «dans une situation précaire» étonnera sans doute beaucoup de vos collègues. Mais si j'étais à votre place, cela me laisserait songeur.

Vous me direz que j'ai reçu également ma large part des profits réalisés. Certes. D'où cette Fondation constituée de mes biens personnels.

Il est révélateur, je crois, que le mécontentement de ma nièce et de mes neveux remonte plus particulièrement à 1957 quand, par suite des dispositions restrictives de l'acte de fiducie relatif à l'émission de débentures que la construction et l'aménagement du nouvel immeuble avaient rendue nécessaire, tout dividende se trouva prohibé. Dès cet instant, on chercha à m'enlever la direction effective de l'entreprise. Le bill 122 demande en fait de déclarer incompatibles «les charges de fiduciaire en vertu du testament et de fiduciaire en vertu de la donation» quand ce sont elles précisément qui ont toujours permis au président de la Compagnie de Publication de La Presse Limitée d'assurer un contrôle nécessaire. Après la mort de mon père, l'hon. Trefflé Berthiaume, mon frère, M. Arthur Berthiaume (le père des requérants), et mon mari, le sénateur DuTremblay, ont avant moi occupé les mêmes fonctions et les mêmes charges. La loi de 1955 elle-même en a reconnu la nécessité.

J'ai noté avec intérêt, M. le Premier ministre, que vous aviez déclaré à l'Assemblée législative que «le gouvernement actuel n'entendait pas intervenir dans un désaccord concernant l'administration du journal». J'en suis heureuse parce que j'estime que si LA PRESSE ne peut devenir la propriété d'une Fondation, elle doit demeurer aux mains des Berthiaume. De toute manière, puisqu'il est inacceptable à vos yeux que je conserve le contrôle effectif de cette entreprise fondée par mon père, comment pourriez-vous accepter que la direction en soit donnée à d'autres qu'aux enfants Berthiaume?

Cette lettre est déjà trop longue. Je ne voudrais toutefois la terminer sans vous dire que je ne cherche aucune querelle et que si j'ai choisi et de retirer mon bill et de démissionner, c'est précisément parce qu'en coupant court à toute opposition, j'entends mettre fin au conflit. La passion politique ne m'a jamais aveuglée et je n'ai guère l'habitude de la polémique. Je voulais cependant rétablir les faits, car la vie m'a enseigné que l'honneur est d'abord le fruit de l'honnêteté.

Veuillez croire, M. le Premier ministre, à l'expression de mes meilleurs sentiments.

A. DuTremblay
présidente et directrice générale

Samedi, le 22 avril 1961.

DOCUMENT I

Il y a vingt-cinq ans et pour n'être encore qu'un mouvement, le séparatisme québécois retenait déjà l'attention de Londres et de Paris. Le *Times*, qui chaque année ou à peu près consacrait un supplément au Canada, m'avait demandé un article sur l'importance d'un phénomène qu'on s'expliquait d'autant moins que l'économie canadienne-française était en expansion et que la Révolution tranquille annonçait des lendemains qui chantent. Rédigé en français, le *Times* s'était chargé de faire traduire le texte en anglais. Mon papier et la traduction furent publiés simultanément le 26 février 1962.

L'ILLUSION DU SÉPARATISME

par JEAN-LOUIS GAGNON
Rédacteur en chef, *Le Nouveau Journal*, Montréal

On prend volontiers pour acquis que le nationalisme exacerbé des peuples longtemps dominés est le fruit de leur infériorité économique. En réalité, s'il arrive que l'extrême pauvreté peut être, à l'occasion, un moteur d'action pour les nations qui, politiquement affranchies, cherchent à franchir la dernière étape de leur libération, la plupart des pays qui rêvent d'indépendance ne s'engagent résolument dans cette voie que le jour où leurs classes moyennes ont déjà goûté à une certaine aisance.

Le fait même que le séparatisme au Québec ait repris du poil de la bête à l'instant où, pour la première fois dans leur histoire, les Canadiens français gagnent de l'argent, semblerait confirmer cette théorie qui, par ailleurs, correspond au conservatisme traditionnel du Canada français.

Il n'y a pas de peuples, si pauvres soient-ils, qui n'aient ses riches. Dès le lendemain de la conquête anglaise, ceci a été la règle au Québec comme partout ailleurs dans le monde. Mais pour quelques familles bien loties, le petit peuple canadien-français avait un standard de vie nettement inférieur au petit peuple du Canada anglais. Sorte d'Afrique polaire, le Québec fut longtemps la terre élue des grandes compagnies anglo-saxonnes (canadiennes ou américaines).

Espèces sonnantes

La guerre de 1939-45 devait mettre fin au mythe de notre vocation agricole. Du jour au lendemain, presque sans transition, Québec découvrit les bienfaits et les tourments de la civilisation industrielle. Le standard de vie monta en flèche, mais, parallèlement, le vieil humanisme d'une bourgeoisie libérale qui s'était volontairement limitée à la pratique du droit et de la médecine fut battu en brèche par une génération d'hommes d'affaires moins préoccupés de belles-lettres que d'espèces sonnantes.

C'est à la lumière de cette évolution sociale qu'il faut examiner le séparatisme d'aujourd'hui. Comment autrement expliquer que ses chefs et ses cadres se recrutent en exclusivité ou presque dans les milieux relativement aisés de la moyenne bourgeoisie? Si la grande bourgeoisie, parce qu'elle est associée aux intérêts anglo-canadiens, est imperméabilisée en quelque sorte contre l'aventure séparatiste, le petit peuple des villes et des campagnes est, pour l'heure, si peu sûr de sa fortune qu'il n'entend pas s'engager dans une politique d'isolement susceptible, du moins à ses yeux, de couper court son pouvoir d'achat.

Il est typique qu'en 1962, les leaders «naturels» des trois factions séparatistes — exception faite de M. Raymond Barbeau qui dirige l'aile d'extrême-droite du mouvement — n'ont rien de commun avec les jeunes intellectuels des expériences précédentes. M. André d'Allemagne gagne honnêtement sa vie dans une agence de publicité et le Dr Chaput, chimiste, est très représentatif de cette bourgeoisie moyenne que rien ne permet de confondre avec l'intelligentsia. Mais il n'est pas dit que cela soit un signe de faiblesse. Au fait, ce qui, aujourd'hui, peut apparaître comme un handicap aux yeux d'un observateur étranger pourrait bien être demain un élément de succès. Le Canada, comme les États-Unis, est un bateau mono-classe. Et dans la mesure où le prolétariat est pressé de se confondre avec la petite bourgeoisie d'abord et la moyenne bourgeoisie ensuite, on peut prévoir que le séparatisme s'étoffera.

Toujours un mythe

Mais pourquoi le séparatisme? Peuple vaincu, le Canada français se serait probablement réconcilié avec l'idée de confédération si celle-ci, après nous avoir donné un État, avait réussi à créer une véritable nation. Malheureusement, 95 ans après le pacte de 1867, la nation canadienne est un mythe. Encore récemment, il fallait passer par les États-Unis quand on voulait se rendre en voiture de Québec à la côte du Pacifique; 35 ou 40 ans après l'invention de la radio, le réseau «national» ne transmet toujours qu'en anglais dans les régions et les provinces où l'on juge insuffisant le nombre des Canadiens de langue française; enfin le Canada reste sans drapeau et sans hymne national.

Même s'il est exact que la majorité des Canadiens français tient le séparatisme pour une solution impraticable, beaucoup y voient un aiguillon susceptible d'éveiller le Canada anglais à la réalité québécoise. Considéré comme un moyen, le séparatisme est devenu subitement un «joker», un atout précieux, aux mains des hommes politiques du Québec. Il transcende les partis et chacun l'utilise pour obtenir du gouvernement fédéral des concessions longtemps attendues. Sous la pression des événements, il n'est pas contraire à la logique des choses qu'éventuellement le séparatisme s'avère rentable. Et d'autant plus que beaucoup parmi les Canadiens anglais les plus influents jugent que seule une Nouvelle Alliance (l'expression est de M. Pearson, leader du Parti libéral) peut mettre un frein à l'impérialisme économique et culturel des États-Unis.

Plus d'un million de Canadiens français, soit 20 pour cent de la population francophone du Canada, habitent les provinces dites anglaises. Québec, pour l'instant, ne demande pas que le Canada devienne un État binational — donc bilingue. Mais un jour, il faudra bien que la majorité anglaise s'y résigne si elle veut prévenir le morcellement de la confédération. Un État binational peut se concevoir de deux façons: ou bien deux pays souverains, deux nations, comme jadis l'empire austro-hongrois, vivront coude à coude au sein d'une confédération véritable ou bien le Canada restera un et indivisible, mais le bilinguisme sera la règle *a mari usque ad mare*.

Un exemple fera mieux comprendre la nature véritable et l'actualité de cette question. La population du Nouveau-Brunswick est de langue française dans une proportion de 40 pour cent et plus. D'où vient, dit-on, que cette province ne soit pas bilingue au même titre que le Québec?

Un État libre?

Rien n'indique que ce soit l'intention des autorités compétentes de normaliser, dans un avenir prochain, une situation qui, dans les conditions actuelles, est une prime au séparatisme. Mais il va de soi qu'il faudra y venir si l'on veut empêcher la balkanisation du Canada au bénéfice des États-Unis. Car il n'est pas nécessaire d'être grand clerc pour prévoir que si, demain, Québec — un peu à la façon de l'Irlande — décidait de se donner un statut d'État libre, toutes les provinces canadiennes, déjà à demi américanisées, n'auraient d'autre solution que de s'annexer aux États-Unis. Pour la Colombie britannique et les provinces de l'Ouest, la tentation serait si forte qu'elles ne pourraient y résister longtemps. Éventuellement l'Ontario devrait s'y résigner et les provinces maritimes, ces marches de l'Atlantique, qui déjà constituent une région sous-développée, finiraient bien par se rendre compte que ce n'est pas en demeurant fidèles à une Grande-Bretagne rattachée au Marché commun qu'elles pourraient se refaire une santé économique.

Le moindre mal

Est-il besoin de préciser que l'État libre du Québec lui-même ne saurait tenir longtemps contre une Amérique pressée de compléter son unité politique? Habitué à un standard de vie qu'il doit entièrement à sa position géographique, le Canada français, de toute façon, n'hésiterait pas à choisir l'annexion comme un moindre mal si l'indépendance, compte tenu de la situation créée, aboutissait à son isolement — donc à la dégringolade de son économie.

Encore que cela puisse se démontrer clairement, il n'est pas dit qu'il suffirait, demain, de convaincre les Canadiens français que le séparatisme est un premier pas vers l'annexion pour les persuader que la confédération reste un moindre mal et, qu'à ce titre, ils devraient s'en accommoder. Les peuples insatisfaits sombrent aisément dans la passion politique. Hélas.

DOCUMENT J

Quand on me demanda d'accueillir Naïm Kattan au sein de l'Académie canadienne-française, le 17 novembre 1983, j'en fus heureux. Entre autres raisons, son élection venait confirmer l'ensemble de mes vues sur les rapports entre la langue et la culture, l'homme et la société. Le nationalisme sera toujours une rue à sens unique qui conduit au ghetto, de même que les libertés collectives s'exercent le plus souvent aux dépens des libertés individuelles. En ouvrant ses portes à Naïm Kattan, notre Compagnie reconnaissait en quelque sorte qu'«il est faux de soutenir qu'on perd son âme en changeant d'idiome». C'est pour en témoigner que j'ai tenu à reproduire en appendice ce discours d'accueil.

Permettez-moi, en premier lieu, de vous souhaiter la bienvenue au nom de l'Académie canadienne-française et de vous dire combien je suis heureux de vous accueillir au sein de notre Compagnie. C'est à votre talent d'écrivain que vous devez votre élection à l'Académie; mais je voudrais aussi célébrer votre pratique du journalisme et, plus encore peut-être, votre participation inlassable à la renaissance culturelle du Canada français.

Nous nous connaissons, Monsieur, depuis plus de trente ans. Vous veniez d'arriver à Montréal et je sais bien qu'en ce temps-là ce n'était pas la fête tous les jours. Mais quand même je crois que nous étions heureux. La guerre était derrière nous. Vous découvriez alors le Canada avec ce long regard qui s'était posé, tour à tour, sur Bagdad, sur Paris, sur Amsterdam, sur New York. Vous aviez choisi le Canada comme on choisit ses amis, dit-on, à défaut de choisir ses parents. Mais vous me fasciniez pour une autre raison. Juif d'origine, vous étiez passé de la Faculté de droit de Bagdad à la Sorbonne, boursier du gouvernement français. Comme Panaït Istrati né Roumain, repêché par Romain Rolland au moment où il allait se noyer, vous aviez décidé d'être un écrivain de langue française. Koestler, à son tour, suivra un cheminement comparable qui le fera passer du hongrois à l'allemand, puis du français à l'anglais. Et contrairement à ce que beaucoup prétendent, vous deviez aussi démontrer par vos oeuvres, — comme Panaït Istrati et Koestler —, que si la langue, par son architecture et ses richesses sémantiques, est l'aboutissement ou le couronnement d'une culture spécifique, il est faux de soutenir qu'on perd son âme en changeant d'idiome. Israël et l'Irlande en sont d'ailleurs d'étonnants exemples.

Votre essai intitulé *Le Réel et le Théâtral* ainsi que vos souvenirs d'enfance et de jeunesse: *Adieu Babylone*, nous ont fait comprendre comment s'est opéré ce miracle qui a inspiré à Michel Tournier, dans *Le Vol du vampire*, cette note de lecture à votre sujet:

«On pense plus généralement au problème si grave pour l'écrivain, pour l'homme de langue (...), du déracinement, de l'exil, du réenracinement. Ce destin lourd à porter pour tout homme est particulièrement redoutable pour l'écrivain, lequel entretient avec la langue qu'il parle et écrit des relations plus intimes et substantielles qu'aucun autre homme. Il y aurait une étude psychologique, littéraire, voire linguistique à faire sur ces grands migrants dont certains ont changé de patrie et de langue plusieurs fois.»

Et Michel Tournier ajoute: «Ce que nous apprend leur exemple, c'est que l'exil qui détruit les faibles est une source d'enrichissement pour les forts.»

Votre grande tradition culturelle juive et votre connaissance profonde du monde arabe vous ont permis de jeter un point de lumière entre le Proche-Orient et l'Occident chrétien. C'est-à-dire entre les trois civilisations qui ont choisi de se donner un seul Dieu. Plus tard, devenu Canadien de langue française, vous saurez expliquer, avec le même bonheur, les rapports et les affinités qui existent entre notre littérature et celle de l'Amérique anglophone. J'ajoute que, dans ce cas, vous avez fait oeuvre de pionnier et, du coup, payé en nature votre dette au(x) peuple(s) canadien(s) — au pluriel comme au singulier.

Vous avez fait des livres, mais aussi une contribution substantielle aux journaux et aux périodiques du Québec. Du *Bulletin du Cercle juif de langue française* au *Devoir*, la route est longue, coupée par un événement que nous avons vécu ensemble: la naissance du *Nouveau Journal*. Heureusement, une autre aventure dans laquelle je vous ai aussi entraîné a connu un destin moins fragile puisque nous allons en célébrer le 30e anniversaire en 1985: les *Écrits du Canada français*.

Ce sont vos livres, vos articles et vos chroniques qui vous ont conduit au fauteuil que vous occupez maintenant au sein de notre Compagnie. Mais avant de terminer, je vous dois, comme à nous, de rappeler le rôle que vous avez joué à la Commission royale d'enquête sur le bilinguisme et le biculturalisme et, surtout, l'apport de votre esprit créateur au progrès de notre littérature depuis que vous dirigez le Service des Lettres du Conseil des Arts du Canada.

Ceci dit, le moment est venu, Monsieur, de prendre votre place méritée parmi nous.

DOCUMENT K

La fin du *Nouveau Journal* entraînera forcément la dispersion des cinquante-cinq journalistes présents à sa fondation. Seul Georges Galipault nous avait quittés. D'autres, par contre, devaient se joindre à nous en cours de route, dont Lambert de Bruycker et James Bamber. Voici, pour mémoire, la liste des rédacteurs telle que publiée le jour du lancement, le 5 septembre 1961.

RÉDACTION:
Rédacteur en chef: Jean-Louis Gagnon

Éditorialiste en chef: Georges Langlois
Directeur de l'Information: Paul-Marie Lapointe
Secrétaire de la rédaction: Antoine DesRoches
Gérant de la rédaction: Paul Boudreau

ADJOINTS AU PUPITRE:
Chef des nouvelles locales: Pierre LaFrance
Chef des dépêches: Léo Fournier
Chef des services spéciaux: Jean-Paul Quinty
Chef du pupitre (le soir): Urgel Lefebvre
Chef du pupitre (la nuit): Marcel Dupré

DIRECTEUR ARTISTIQUE:
Gilles Guilbault

CARICATURISTES:
Robert LaPalme
Berthio

REPORTERS:
Gisèle Bergeron
Pierre Chaloult
Gilles Constantineau
Jean-V. Dufresne
Jacques Fontaine
Normand Girard
Raymond Grenier
Fabienne Julien
Renaude Lapointe
Robert Millet

SERVICE ÉTRANGER:
Chef du service: Georges Galipault
Michel van Schendel
Naïm Kattan
Pierre Mignault
Bernard Valiquette

INDEX

des noms de familles, institutions,
organismes, journaux et périodiques.

521

SOMMAIRE

JEAN-LOUIS GAGNON

Né à Québec le 21 février 1913, Jean-Louis Gagnon appartient à une vieille famille venue du Perche, il y a près de 350 ans, pour s'établir sur la côte de Beaupré. Il fait ses humanités chez les jésuites, aux collèges Sainte-Marie et Brébeuf à Montréal, et ses classes de philosophie à l'Université d'Ottawa. À 20 ans, il fonde *Vivre*, revue politique et littéraire, avec Pierre Chaloult et Philippe Vaillancourt. Il devient rédacteur en chef de *La Voix de l'Est* de Granby en 1935, mais rentre à Québec en 1936 à la suite de difficultés avec le clergé local. Durant quelques mois, il collabore à *La Nation* et s'inscrit à la toute nouvelle École des Sciences sociales de l'université Laval. À l'automne 1939, il est nommé chef de la rédaction de *L'Événement-Journal*, quotidien du matin. Il a 27 ans.

Favorable à la participation du Canada à la Deuxième Guerre mondiale, Jean-Louis Gagnon fait campagne pour le *oui* aux côtés du Premier ministre Godbout lors du plébiscite de 1942 sur le service obligatoire pour outre-mer. Il part à Londres comme correspondant de guerre du *Soleil* et, successivement, il entre dans les bureaux de l'Intelligence Service du Foreign Office qui lui confie la direction de la West African Broadcasting Unit , à Accra, en Côte d'Ivoire (Ghãna), dont la tâche est de préparer le débarquement allié en Afrique du Nord. Il revient au Canada en 1943 et publie, aux Éditions Parizeau, un grand reportage sur l'Angleterre en guerre, la France combattante et les colonies africaines dans la mêlée. À la demande du Comité de la France libre, il reconstitue, depuis Montréal, les services de l'agence France-Amérique (ex-Havas) et, en 1944, il devient chef de bureau de l'agence France-Presse à Washington. En 1946, il est nommé directeur de l'information et des relations publiques de la Brazilian Traction, Light, Heat and Power (Brascan) à Rio de Janeiro, au Brésil. Il est sur le point de partir en Chine pour assumer la direction des bureaux de l'A.F.P. à Hong-Kong et Canton quand la rupture des relations entre Paris et Pékin met fin au projet. Il entre alors à CKAC comme éditorialiste où, deux ans avant toutes les autres stations du Québec, il organise un syndicat industriel, affilié au C.I.O., qui regroupe, conséquemment, tout le personnel.

Dès son retour à Montréal en 1949, Jean-Louis Gagnon s'est engagé dans la lutte contre l'Union nationale. Il collabore étroitement avec Georges-Émile Lapalme, le nouveau leader des libéraux, et Jean-Marie Nadeau, l'organisateur en chef du parti provincial. On lui confie la direction du quotidien libéral *Le Canada*; quand cesse la publication de celui-ci, pour des raisons d'économie, il fonde l'hebdomadaire *La Réforme*. Il devient peu après l'initiateur de la Fédération libérale provinciale, qui se donne pour objectif de démocratiser les structures du parti. Le gouvernement Duplessis l'accuse d'être un cryptocommuniste et multiplie à son sujet de virulents pamphlets tirés à des centaines de milliers d'exemplaires. Ce qui ne l'empêche pas de lancer *Les Écrits du Canada français* — qui a fêté son 30e anniversaire en 1985 — et d'y publier *La Fin des haricots*.

En octobre 1958, Mme Berthiaume-DuTremblay, résolue à transformer et à réformer *La Presse*, le nomme chef de la rédaction. Jean-Louis Gagnon s'entoure aussitôt de collaborateurs d'expérience parmi lesquels on remarque notamment Georges Langlois, Gustave Lafontaine, Paul-Marie Lapointe et Antoine DesRoches. Avec le concours d'une équipe élargie, le journal fait peau neuve entre octobre 1958 et la mi-juin de 1961. Puis c'est *Le Nouveau Journal*, dont le premier numéro est mis en vente le 5 septembre. À la suite d'une décision de Mme DuTremblay, Jean-Louis Gagnon est forcé de rendre les clefs le 21 juin 1962. L'aventure a duré moins d'un an, mais elle a marqué profondément les entreprises de presse du Canada. Gagnon revient à la presse parlée comme éditorialiste à CKLM, qui est alors la plus récente des stations radiophoniques de Montréal.

Jean-Louis Gagnon a 50 ans en 1963 et s'engage dans une nouvelle carrière. Membre de la Commission royale d'enquête sur le bilinguisme et le biculturalisme, il en devient le coprésident à la mort d'André Laurendeau. Il assume ensuite la direction générale d'Information-Canada dès sa création. De 1972 à 1976, il est ambassadeur et délégué permanent du Canada auprès de l'Unesco, à Paris. Nommé commissaire du Conseil de la radiodiffusion et des télécommunications canadiennes (le CRTC), il rentre à Ottawa à la fin de l'été de 1976. Après vingt ans de fonction publique, il prend sa retraite le 21 février 1983, le jour de son 70e anniversaire de naissance.

Au cours de sa longue carrière, Jean-Louis Gagnon fut l'objet de nombreuses distinctions professionnelles et honorifiques:

Trophée Laflèche «pour la plus grande contribution à la radio canadienne» (1957); Membre de l'Académie canadienne-française (1959); Grand Prix du Journalisme de l'Union canadienne des journalistes de langue française (1962); Membre du Conseil des Arts du Québec (1963); Trophée du Congrès du spectacle de l'Union des artistes, section commentaires (1963); Désigné «Journaliste de l'Année» par le Cercle national des journalistes/National Press Club (1970); Doctorat d'honneur en Droit décerné par l'université Laurentienne, Sudbury (1970); Membre de la Société royale du Canada (1971); Membre de l'Ordre de la culture française au Canada (1972); Officier de l'Ordre du Canada (1980).

La composition de ce volume
a été réalisée par
les Ateliers de La Presse, Ltée

Achevé Imprimerie
d'imprimer Gagné Ltée
au Canada Louiseville